KB152527

20 세기
중국사 강의

(二十世紀中國史綱)

(하권)

지음　진충지 (金沖及)

옮김　김아영 (金兒英)
　　　쑨핑 (孫萍)

기획　장원 (張園)

토담미디어

국립중앙도서관 출판예정도서목록(CIP)

20세기 중국사 강의. 下 / 지은이: 진충지 ; 옮긴이: 김아영
, 쑨핑. -- 서울 : 토담미디어, 2017
    p. ;   cm

원표제: 二十世纪中国史纲
원저자명: 金冲及
중국어 원작을 한국어로 번역
ISBN 979-11-6249-028-0 04910 : ₩12000
ISBN 979-11-6249-025-9 (세트) 04910

중국사[中國史]

912.07-KDC6
951.04-DDC23   CIP2017032942

목 차

제 17 장
6 · 25 전쟁

중국 국민이 최선을 다해 인민정권의 입지를 다지고 국민경제를 회복하기 위해 노력을 하고 있을 때 먹구름이 갑자기 중국 동북 상공에 짙게 드리워졌다. 그것은 바로 한국전쟁이었다. 한국전쟁은 신중국의 안보에 대한 심각한 위협이었으며 신중국은 한국전쟁에 큰 관심을 쏟을 수밖에 없었다.

이것은 신중국 수립 이후 가장 중대한 대외전쟁, 정치투쟁이자 군사투쟁이었다. 전쟁의 발발에 대해 정신적으로 어떠한 준비도 되어 있지 않는 것은 아니었다. 왜냐하면 세계가 냉전 대치국면으로 접어든 후, 날이 갈수록 긴장 상태가 더욱 고조되었고, 미국정부가 당시 신중국에 대해 적대적인 정책을 시행하고 있었기 때문이다. 이 전쟁을 신중국은 결코 보고 싶어 하지 않았다.

한국전쟁이 발발하기 한 달여 전인 1950년 5월, 중국에서는 주은래가 주임을 맡고 있던 중앙군대 재편성위원회가 수립되었고, 1년 이내 120만 명을 제대시키기로 결정했다.

한국전쟁이 6월 25일에 발발했다. 27일, 미국 대통령 트루먼은 한국전쟁을 확대하는 동시에 중국 내정에 간섭하겠다는 내용의 성명을 발표했다. 그는 성명에서 "이런 상황에서 공산당부대의 대만 점령은 태평양 지역의 안보에 큰 위협이 될 것이다. 또한 이곳에서 합법적으로 필요한 임무를 수행하는 미국군대에 위협이 될 것이다. 이를 근거로 나는 이미 제 7 함대에게 대만에 대한 모든 공격을 방어할 것을 명령했다."고 밝혔다. 미국정부가 중국주권과 영토를 제멋대로 침범하는 이런 잘못된 정책과 야만적인 행위는 중화민족의 큰 분노를 사는 것이 당연했다. 그것은 나쁜 결과를 가져왔고 이후 20 년간 중미관계에 깊은 영향을 미쳤다.

중국 정부의 대응은 신속하고 분명했다. 6 월 29 일, 주은래는 외교부장의 자격으로 《인민일보》에 성명을 발표했다. '트루먼이 27 일 발표한 성명과 미국 해군의 행동은 어디까지나 중국 영토에 대한 무력 침략이고 유엔헌장과 완전히 위배되는 행위'이며, '미국 제국주의자들이 어떤 방해 작전을 펼치더라도 대만이 우리 땅이라는 사실은 영원히 변하지 않을 것'이라고 밝혔다.

미국은 한국에서의 군사적 행동을 계속해서 확대해나갔다. 6 월 30 일, 트루먼은 미군에게 참전 명령을 내렸다. 7 월 2 일, 미군 선발대는 남한 부산에 상륙했고 즉시 최전방 전쟁에 뛰어들었다. 더글러스 맥아더 (Douglas MacArthur) 는 '유엔군 총사령관'으로 임명되었다. 미국과 다른 국가들의 육·해·공군도 잇달아 전쟁에 참전했다. 한반도에 인접해있는 중국 동북지역은 중국의 중공업기지였다. 제 4 야전군이 산해관 (山海關) 으로 들어가 남하한 후, 광활한 동북지역에 남은 제 42 군단은 북만주 지역에서 건설작업을 하거나 농작물을 재배에 투입되어 병력은 거의 비어있는 상태였다. 만약 일이 터지면 대처할 방법이 없음은 불 보듯 뻔했다. 중국 정부는 7 월, 원래 광동 (廣東), 하남(河南)의 전략적 보충대였던 제 38 군단, 제 39 군단, 제 40 군단을 동북지역으로 이동시켜 제 42 군단과 통합하여 동북지역의 국경수비 군으로 재편성했다. 이것은 '만일의 경우'에 대비하기 위해서였다.

9월 15일, 미국군대는 맥아더의 지휘 하에 한반도 서해안에서 인천상륙작전을 펼쳤고 대거 북진하여 38선 부근까지 밀고 올라갔다. 미국의 항공기는 중국 영공을 계속 침범했고 동북지역의 안보는 심각한 위협을 받았다.

이 모든 진행상황은 중국을 더 이상 참지 못하게 만들었다. 10월 1일, 《인민일보》는 주은래가 국경절 경축행사 때 연설한 내용을 발표했다. 그는 단호한 어조로 "중국 국민은 평화를 사랑하지만 평화를 지키기 위해서 침략전쟁에 항거하는 것을 절대 두려워하지 않습니다. 중국 인민은 외국의 침략을 절대 허용하지 않을 것이며, 제국주의자들이 제멋대로 우리의 이웃국가를 침략하는 것을 가만히 보고만 있지 않을 것입니다."라고 선포했다. 3일 새벽 1시, 주은래는 주중 인도 대사 파니카(Kavalam Madhava Panikkar)와 긴급회견을 갖고, 정중하게 두 가지 의견을 제시했다. "미국 군대가 지금 38선을 넘어 전쟁을 확장하려고 한다. 미국 군대가 정말 그렇게 행동한다면 우리는 좌시하고 않고 제재할 것이다. 이 사실을 귀국의 총리에게 보고해주기 바란다."는 의견과 "우리는 한국전쟁이 반드시 평화적으로 해결되고, 조속히 종식되어야 하며 한반도를 침범한 군대도 빨리 철수해야 한다. 그리고 관련 국가는 반드시 유엔과 공동으로 평화적인 해결방법을 논의해야 한다."는 의견이었다. 인도정부는 이 내용을 즉시 미국 국무원에 통보했다.

주은래는 이 두 차례의 성명에서 중국인은 도리에 어긋나는 행동을 하지 않기에 군사행동을 취하기 전 먼저 선전포고를 한 것이며, 전쟁 참전의 선택은 강요에 의한 것이라고 밝혔다. 이것은 더욱 많은 사람들의 호응을 얻었다. 성명에는 또 중국인은 자신이 한 말에 책임을 진다는 것을 알렸다. 이 두 차례의 성명 내용은 이후 국제적으로 매우 큰 인상을 남겼다.

제1절 어렵고도 과감한 결정

중국 정부가 정중하게 경고했으나 미국정부, 특히 극동에 있는 최고사령관 맥아더는 중국 정부의 위협을 허세로 간주했고, 막 수립된 신중국은 현대 신식무기를 갖추고 있는 미군과 대적할 힘도 없을뿐더러 감히 대적하지 못하리라고 생각했다.

오만한 미국정부는 항상 모든 세력을 물리칠 수 있는 무소불위의 막강 파워라고 여겼다. 그들은 중국 정부의 거듭된 경고를 진심으로 받아들이지 않고, 군대를 대거 38선 너머로 보내어 거센 불길처럼 매우 빠른 속도로 중국 국경에 도착했다. 북한정부와 김일성은 10월 1일, 두 차례 군사지원을 요청했다. 일촉즉발의 긴박한 순간이었다. 중국 군대는 참전을 위해 북한으로 향할 것인지 수수방관할 지 즉각 최후의 결단을 내려야했다.

6·25 전쟁 참전여부는 결코 쉽지 않은 결정이었다.

중국인은 역사적으로 언제나 평화를 사랑하는 민족이었다. 신중국이 수립되고, 전국의 민중은 모두 평화로운 환경에서 자신들만의 국가를 건설하기를 원했다. 구중국이 오랜 전쟁으로 남긴 것은 온통 상처뿐이었고 물자는 극도로 부족하여 모든 분야에서 심각한 어려움을 겪고 있었다. 머지않아 싸우게 될 상대는 미국이라는 이 세계 최고 강대 국이었다. 하지만 중국 군대는 미국과 싸워본 적이 없었으며 무기, 물 자조달 등 미국보다 뒤떨어졌다. 일단 참전하면 중국의 대도시와 공업 기지에 대한 미국의 대규모 공습을 방어할 수 있도록 사전 준비해야 한 다. 심지어 중국 대륙까지 전쟁을 확장할 수도 있었기 때문에 큰 위험 부담을 안아야 했다. 이런 이유로 진지하게 고민하지 않을 수 없었다.

모택동은 이 문제에 대해 오랜 시간 고민했다. 그는 10 월 2 일 스 탈린에게 보낼 전보를 준비했다. 서두에 이렇게 썼다. "우리는 지원군 의 명의로 일부 군대를 북한 영토 내에 파견해 미국과 이승만 앞잡이 들의 군대와 전쟁을 할 것이며, 북한을 지원할 것이다. 우리는 이렇게 하는 것이 마땅하다고 생각한다. 만약 한반도 전체가 미국의 손에 넘 어간다면 북한의 혁명은 완전히 실패할 것이고, 이로 인해 미국침략자 들이 더욱 더 제멋대로 날뛰어 아시아 지역에 이롭지 않은 상황을 야 기할 것이기 때문이다." 그러나 중국 지도층의 이 문제에 대한 의견이 엇갈려 이 전보는 부쳐지지 않았다.

당시 반대 의견을 제시한 주요 이유는 "(1) 우리는 전쟁의 상처가 아직 아물지 않았다. (2) 토지개혁 사업이 아직 마무리되지 않았다. (3) 국내 토적 및 간첩들이 청산되지 않았다. (4) 군사장비나 군사훈련이 미비하다. (5) 일부 군인과 인민이 전쟁을 반대한다." 등이었다. 이 이 유들은 거짓이 아니라 실제 상황을 말한 것이었다.

중앙위원회 정치국은 연이어 회의를 개최했다. 모택동은 회의석 상에서 "여러분이 제시한 의견에는 모두 그럴만한 이유가 있을 것입 니다. 그러나 위급한 상황에 처한 이웃을 옆에서 보고만 있으면 마음 이 편치 않고 매우 괴로울 것입니다."라고 말했다. 팽덕회는 "북한을 위해 군대를 출동시키는 것은 꼭 필요한 것이고 손실이 있다고 해도 해방전쟁에서 몇 년 늦게 승리를 거둔 것이라고 생각하면 된다. 만약 미군이 압록강변과 대만에서 버티고 있다면, 언제든지 침략전쟁을 일으킬 핑계거리가 될 수 있다."고 말했다. 주은래는 전국 정부협상회의 상무위원회 보고에서 이런 결정을 내리게 된 이유에 대해 상세하게 설명했다. "중국과 북한은 순망치한의 관계입니다. 입술이 없으면 이가 시리게 됩니다. 북한이 만약 미국 제국주의에 의해 제압된다면 우리나라 동북지방도 위태로워집니다. 우리나라의 중공업 절반이 동북지방에 있고, 동북지역의 공업 절반이 남쪽에 위치하고 있습니다. 모두 적의 폭격 위협 범위 내에 있게 됩니다. 8 월 27 일부터 어제 (10 월 23 일) 까지 두 달간, 미국 제국주의의 비행기가 우리나라를 12 차례나 침입했습니다. 최근에는 압록강뿐만 아니라 관전 (寬甸) 까지 들어가 시위와 정찰을 하고, 총을 쏘고 폭탄을 투척했습니다. 만약 미국 제국주의가 압록강까지 쳐들어온다면 어떻게 마음 놓고 편하게 농사를 지을 수 있겠습니까 ?"

"압록강 1,000 리가 넘는 방어선에는 많은 부대가 필요합니다. 그리고 해가 거듭될수록 언제 공격이 들어올 지도 모릅니다. 어떻게 마음 놓고 이렇게 계속 농사를 짓고 건설작업을 할 수 있겠습니까 ? 게다가 적이 만약 북한을 점령해버린다 해도 이렇게 손 놓고 있을 수는 없습니다. 아시아에서의 북한의 지위와 전망을 보면 우리가 도와주지 않을 수 없습니다. 서로 돕고 의지하는 관계인 점을 감안해서도 도와야 합니다. 이것은 적이 우리 집 대문에 불을 지르는 것과 같은 상황이며 결코 우리가 스스로 화를 자초하는 것이 아닙니다."

"북한문제는 우리에게 있어서 비단 북한에만 국한된 문제일 뿐만 아니라, 대만문제와도 연관이 있습니다. 미국 제국주의와 우리는 적대 관계이고, 미국은 국가 방위선을 대만해협으로 정해 놓고 말로는 침략도, 간섭도 아니라고 떠듭니다."

10월 8일, 모택동은 명령을 내렸다. 동북 변방군대를 중국 인민 지원군으로 바꾸고, 팽덕회를 사령관 겸 정치위원으로 임명했다. 같은 날, 스탈린과의 공군지원 및 무기제공에 관한 협의를 위해 주은래를 소련으로 파견했다. 당시 사람들은 소련이 공군을 출동시킬 수 있을지에 큰 관심을 기울였다. 미국이 북한에서 이미 제공권을 장악하고 있었기 때문이었다. 스탈린은 무기 제공은 가능하다는 의사를 비추었으나, 비행기가 격추당하여 국제적인 문제가 야기될 것을 우려해 소련의 공군이 북한 영내에 진입할 수 없다는 의견을 표했다. 이런 상황에서 한국전쟁에 참여하겠다는 결정을 내릴 수 있겠는가? 공산당 중앙위원회는 10월 13일 긴급 정치국회의를 열었다. 그날 밤, 모택동은 소련에 있는 주은래에게 전보를 쳤다. "정치국 동지들과 의논한 결과 우리군이 북한에 출동하는 것이 유리하다는 데 동의했다. 앞에서 말했듯이 적극적인 정책을 펼치는 것이 중국과 북한, 그리고 아시아뿐만 아니라 전 세계에 이롭다. 반면에 우리가 군대를 출동시키지 않고 적들이 압록강을 점령하도록 내버려두고 국내와 국제 반동세력의 기세가 하늘을 찌르도록 놔둔다면 모두에게 불리해진다. 그렇게 되면 우선 동북지역이 더 불리해지는데, 모든 동북 변방군대가 제압될 것이고 남만주 지역의 전력(電力) 또한 적의 손아귀에 들어갈 것이다. 요컨대, 우리는 꼭 참전을 해야 한다. 참전하면 이익을 얻고 참전하지 않는다면 막심한 손실을 입게 될 것이다."

중국인은 매우 중대한 결정을 내렸다. 10월 19일 늦은 밤, 중국

인민지원군 26 만 명은 공군의 엄호 없이 압록강을 건너 한국전쟁에 참전했다.

제 2 절 다섯 차례의 전투

중국 군대는 현대무기로 무장한 미국군대와 싸워본 적이 없었다. 미국 군대도 중국 지원군 같은 상대를 만나본 적이 없었다. 그래서 1차 전투가 매우 중요했다.

미군은 계속해서 중국 군대가 한국전쟁에 참전할 엄두를 못 낼 것이라고 잘못 판단했으며, 중국 지원군이 이미 몰래 북한에 대거 들어온 사실도 모른 채 거만하게 거침없이 북진했다. 그래서 지원군은 상대방의 허를 찌르는 불시의 공격을 가할 수 있었다.

지원군은 한국전쟁 초기에 많은 어려움을 겪었다. 시간이 촉박해 충분하게 전쟁 준비를 하지 못했으며, 지형에 익숙하지 않았을 뿐 아니라 말도 통하지 않았다. 무기도 오래된 구식이었으며 제공권도 없었다. 그런데도 불구하고 부대의 사기는 하늘을 찌를 정도로 높았고 용감했으며 잘 숨었고 대담하게 근거리전도 펼쳤다. 특히 야간전투로 상대방을 매우 두렵게 만들었다.

한국전쟁에서의 첫 싸움은 10 월 24 일에 벌어졌다. 온정 (溫井) 에서의 매복 공격으로 먼저 남한군 한 개의 대대와 한 개의 포병중대를 섬멸시켰고, 계속해서 남한의 한 개 군단을 격퇴했다. 그러나 그 전투는 상대방의 관심을 크게 끌지 못했다.

미군에 대한 최초의 공격 대상은 미국의 제 1 기병사단 8 연대였다 . 미국 독립전쟁 시기에 조직된 이 사단은 전쟁에서 여러 차례 공을 세워 기병 번호를 현재까지 보전하고 있다 . 부대는 신식 무기장비를 갖춘 현대화가 되었지만 말이다 . 지원군은 구름이 낀 산에서 매복을 하고 포위공격으로 적을 섬멸했으며 특히 야간에 육박전을 벌여 미군의 강점이었던 화력을 아무 효과 없게 만들었고 그 사단의 절반 이상 편제병력과 대부분 장비를 파괴했다 . 미군은 이런 싸움을 전혀 예상하지 못했기 때문에 미처 손쓸 새도 없이 당황했다 . 미국은 "미군과 중공군이 벌인 최초의 전투는 참담하였고 , 그 결과 미 8 군 사령부 전원이 퇴각하게 되었다 ."고 인정했다 .

미군 핵심부대는 전부 청천강 (淸川江) 이남으로 철수했다 . 팽덕회는 지원군의 식량과 탄알의 고갈을 우려하여 11 월 5 일 전투를 끝냈다 . 너무 일찍 실력이 노출되는 것을 피하기 위해 지원군은 승리 후 기세를 몰아 진격하지 않고 오히려 핵심부대를 30km ~ 50km 정도 후퇴시켰다 . 이것이 바로 한국전쟁의 첫 번째 전투로 북한의 전세를 안정시켰다 . 전쟁에서 최초의 승리는 매우 중요했다 . 지원군은 그 전투로 미군 불패의 신화를 깼고 처음으로 미군의 장점과 단점을 분명히 파악할 수 있었다 .

팽덕회는 첫 번째 전투를 끝낸 뒤 "우리는 강을 건너기 전에 적들이 얼마나 막강한 상대인지에 대해 들은 바 있었다 . 그러나 이번 전투를 통해 적의 전투력이 그리 막강하지 않으며 , 비행기와 대포 없이는 공격도 , 수비도 할 수 없다는 것을 알게 되었다 . 야간을 틈타 대담하게 우회 포위공격을 실행하는 한편 , 서로 마주치지만 않는다면 적을 섬멸할 수 있다 ."고 말했다 .

그러나 맥아더는 그 전투로부터 꼭 배워야 될 교훈을 얻지 못했다 . 미국 국무부의 애치슨 (Dean Gooderham Acheson) 은 이렇게 회고했다 . "10 월의 마지막 며칠과 11 월 초 , 미 8 군사령부를 공격한 중국군대는 매우 강했고 장비는 훌륭했으며 전투력도 우수했다 . 그러나 그들은 땅에서 연기처럼 사라졌다 . 11 월 17 일 , 맥아더는 참모장 합동회의에 보고를 보내서 그는 24 일 압록강 일대를 함락시키기 위해 총공격을 하고 그의 공군은 폭탄을 투하하여 적들의 지원부대가 전쟁터에 들어오지 못하게 막을 것이라고 했다 . 참모장 합동회의에서는 전보를 부쳐 그가 압록강 계곡의 고지에 도달하면 그만 멈출 것을 경고했다 . 그러나 맥아더는 '절대 불가능'하다며 무시했다 . 낙관적인 분위기 속에서 그는 청천강의 미 8 군사령부까지 날아와서 서북쪽에 총 공격개시를 선포했고 '성공하면 이 전쟁은 사실 끝난 것이나 다름없다'고 했다 ."

중국 인민지원군의 병력은 이때 이미 한층 더 강화되었고 원래 산동에 있던 제 9 병단이 북한에 들어와 동부전선 작전 임무를 맡기 시작하면서 지원군의 총인원은 9 개 군 , 38 만 여명에까지 이르렀다 . 당시 계절은 한겨울에 접어들어 전장 온도는 영하 20 도까지 내려갔고 얼음과 눈이 두껍게 쌓여 미 항공기가 공중에서 아무리 수색해봤자 그 많은 지원군의 종적은 찾을 수 없었다 . 맥아더는 5 개 군단의 총 20 만 여 명을 집결시켜 일명 '양면공격작전'으로 기세등등하게 북침했으며 , 되도록 빨리 전쟁을 끝내버리려고 했다 .

팽덕회는 상대방의 약점을 정확히 짚었다 . 그는 자서전에 다음과 같이 기록했다 .

"우리는 당시 고의로 약세를 드러냈다 . 적을 놓아주고 , 우쭐거리게 만들어 깊숙이 유인하는 전술을 폈다 . 나는 소대병력으로 하여금 적과 계속 접촉하도록 했고 북진 (北鎭) 의 동쪽 , 서쪽지역을 힘을 다해 통제했으며 유리한 지형을 이용하여 적의 공격 출발지 30km 정도 되는 곳에서 드러나지 않게 반격 진지를 구축했다. 11 월 중순 어느 날, 맥아더는 비행기로 정찰을 했고, 총본부와 산하기관에 "서둘러 준비를 하고 압록강을 점령해서 크리스마스를 집에 돌아가서 보낸다."고 알렸다. 우리 군은 적이라고 판단되면 바로 공격을 했고 모든 준비를 철저히 했다. 11 월 20 일 즈음, 적은 우리를 향해 맹렬한 공격을 퍼부었고 나는 상술한 부대배치에 따라 작전을 폈다. 소대를 차례대로 반격시키고 적이 공격하도록 유인했다. 적이 운산 (雲山), 귀성선의 최전방 반격 진지에 도착했을 때는 해질 무렵이었다. 미처 적이 준비를 못하고 피곤한 틈을 타 소대는 적의 후방으로 파고 들어갔다. 미리 충분히 준비가 된 병력과 화력으로 우리 군은 맹렬한 기세로 적진을 뚫고 들어갔으며 수류탄, 총검을 이용해 난투전을 벌여 적이 자신의 우세한 화력을 제대로 사용할 수 없도록 만들었다. 우리 군은 용기를 내어 목숨을 걸고 싸워, 적군을 혼란스럽게 만들었다. 차량은 어수선했고 길은 막혔다. 적군이 전혀 본 적도 없고 생각지도 못한 이 전술은 내가 2 차 공세에서 확실히 승리할 수 있었던 방법이었고 이외에 차선책 같은 것은 없었다."

적군은 갑자기 남북 협공을 받은 상황에서 지원 받을 곳이 없었고 11 월 29 일 어쩔 수 없이 모든 군대를 퇴각시켰다. 서부전선은 적군의 핵심부대가 주둔하고 있었다. 그들은 황망히 남쪽으로 퇴각했고, 그때 반드시 지나가야 하는 삼소리 (三所里), 용원리를 향해 후퇴했는데, 뜻밖에 그곳을 먼저 점령하고 있던 38 사단 지원군의 완강한 방어에 부딪쳐 육탄전 도중 사망하거나 극심한 부상을 당했고 결국 주요 장비들을 다 버리고 퇴각하는 수밖에 없었다. 그것은 '중요한 대결'이었다. 팽덕회는 표창 수여관련 전보에 "중국 인민지원군 만세! 38사단 만세!"라고 기쁜 마음을 표현했다.

지원군은 방어만 하다가 드디어 공격 주도권을 손에 쥐었다.

12월 6일, 중국 인민지원군과 북한 인민군은 평양을 수복했다.

2차 공세는 12월 24일에 끝이 났다. 이것은 한국전쟁의 전세를 뒤집는 전투였다. 지원군과 인민군은 모두 3만여 명의 적을 섬멸했는데 그중 미군이 2만 명이었고 북한은 38선 이북의 거의 모든 국토를 수복하여 북한점령을 도모하던 미국의 계략을 산산조각 냈다. 그 전투는 한국전쟁에서 승리의 기초를 다졌다.

지원군과 인민군은 12월 31일 3차 공세를 시작해 38선을 돌파했고 1951년 1월 4일 서울을 점령하여 2만여 명의 적을 섬멸했으며 남쪽의 37선까지 밀고 들어갔다. 이때 미국과 기타 몇 개국은 계속해서 한국에 지원군을 보냈다. 그때 한국의 기온은 이미 영하 30도까지 떨어졌다. 미군이 제공권을 장악하고 있었기 때문에 지원군은 후방지원 과정에서 계속 심각한 손실을 입었고 최전방 장병들은 극도로 어려움을 겪었으며 매일 강냉이죽이나 흰죽을 한 끼만 먹는 부대, 신발이 다 닳아서 담요를 잘라 발을 감싸고 다니는 부대들도 생겨났다. 이런 상황에서 다 무시하고 위험하게 진군을 한다면 반드시 중대한 손실을 초래할 것이었다. 그래서 지원군 총사령부는 3개 군을 한강 이남에 진입하도록 하고 37선에 근접한 후 공격을 중지시켰다. 한강 이북의 38선 일대를 힘을 다해 지키는 한편 휴식을 취하고 정비를 하면서 때를 기다렸고, 그곳에서 방어시설을 구축하여 적의 공격을 막고 반격하며 장기전을 준비했다.

이 책략은 정확히 들어맞았다. 적군은 격렬한 전투 없이 서울로부터 남쪽으로 퇴각했고 대부분은 '적을 깊숙이 유인'하는 작전이나 쓰면서 '인천상륙작전' 같은 병법을 다시 쓸 수 있기만을 기대했다. 지원군도 나름대로의 약점이 있었다. 그들은 지원군이 공격과 진군을 멈춘 것을 보고 1월 25일부터 다시 고개를 돌려 16개 사단의 3개 여단, 23만여 명을 집결시켜 탱크, 포병, 공군의 지원 하에 북쪽으로 전력을 다해 반격했다. 중국과 북한군은 얼음과 눈으로 뒤덮인 곳에서 완강하게 대항했고 상대방을 대거 물리친 뒤 3월 14일 서울에서 퇴각했으며 38선 이북으로 옮겨갔다. 적군이 겨우 믿을 만한 것은 우수한 장비뿐이었고 사기는 크게 떨어져 매일 평균 1km만 겨우 진군해 나갔다. 4월 21일, 87일간의 네 번째 전투가 끝났다. 이번 전투에서 적군은 3차 공세에서 잃은 진지를 탈환하기 위해, 큰 대가를 치를 수밖에 없었으며 사상자는 이전 세 번의 전투의 총 규모를 넘는 7만 8,000여 명이나 되었고 평균 진군거리는 하루 평균 1km 반도 채 되지 않았다.

　　4차 공세가 끝이 날 무렵, 트루먼은 안하무인하고 거만하던 맥아더가 맡고 있던 동맹군 총사령관, 유엔군 총사령관, 미국 극동총사령관, 미국 극동육군 총사령관 등 네 개의 직위를 해제했고 그 지위를 매튜 리지웨이(Matthew Bunker Ridgway)에게 인계하게 했다.

　　4차 공세에 이어 5차 공세는 4월 22일 시작되었다. 그때 양득지(楊得志)가 이끌던 제19병단과 진갱(陳賡)이 이끌던 제3병단은 이미 북한에 도착했다. 지원군과 인민군은 15개 군의 병력으로 반격에 들어갔다. 50일간의 전투에서 적군 8만 명을 소탕하고 해방군은 38선 이남의 개성지역을 해방시켰으며, 적군이 측면에서 상륙하려던 계략을 산산이 부수어 놓았다.

　　이번 전투는 그 규모가 매우 컸지만 전선의 변동은 크지 않았다.

지원군 제 60 군단 중 한 개 사단은 이동할 때 배치 실수로 적의 비행기와 기계화 병단의 포위 습격을 당해 3,000 명이 전사했다. 이것은 5 차 공세의 두 번째 단계에서 입은 손실이며 전체 한국전쟁을 통틀어 최초의 손실이었다.

5 차 공세는 6 월 10 일이 되어서야 끝이 났다. 한국전쟁은 이미 대치국면이 형성되었다. 양측의 역량을 아무리 비교해 봐도 그 누구도 상대방을 이기리라고 장담할 수 없었다. 미군 사상자가 끝도 없이 늘어나자 미국 국내 반전여론도 날이 갈수록 높아졌다. 6 월 12 일, 주중 미군총사령관을 지낸 적 있는 앨버트 코디 웨더마이어 (Albert Coady Wedemeyer) 는 미국상원에서 증언을 할 때 이렇게 말했다. "한국전쟁은 '밑 빠진 독에 물 붓기'이다. 유엔승리의 희망이 보이지 않는다."

23 일, 소련 대표는 유엔에서 휴전협상을 건의했다. 7 월 10 일, 휴전협상이 개성 (開城) 에서 열렸다 (얼마 후 양 측은 민통선에 있는 판문점으로 옮겨 진행했다). 그때부터 한국전쟁은 오랜 시간 싸움과 협상을 반복하는 국면으로 접어들었다.

제 3 절 국내의 항미원조 (抗美援朝) 운동

한국전쟁은 신중국의 경제개발에 심각한 영향을 미칠 것인가? 이것은 많은 사람들이 우려하던 바였다. 그러나 뜻밖에도 국내에서 일어난 항미원조운동의 붐은 전국 민중의 애국심과 민족자긍심을 크게 자극했다. 그것은 국내 건설개발에 아무 장애가 되지 않았을 뿐 아니라 오히려 그것을 크게 촉진시켰다.

중국은 100 여 년 동안 외국 열강의 침략과 무시를 당해온 국가였다 . 과거의 비참한 처지는 여전히 중국인의 마음속에 깊이 낙인처럼 찍혀있었다 . 사람들은 이 문제에 대해 다른 어떤 문제보다 더 민감해했다 . 미국은 전쟁의 불길을 중국의 문턱에 가져와서 사람들의 마음속에 쌓인 원한을 다시 불러일으켰다 . '항미원조 , 보가위국 (미국을 물리치고 북한을 도와주자 , 가정과 나라를 지키자)'라는 구호는 사람들의 마음을 움직였다 . 이런 열정은 계속 끓어올라 실제행동으로 이어지는 열정으로 바뀌었으며 직접 경험하지 못한 사람들은 느끼기 어려운 감정이었다 .

지원군이 막 출동하자 , 공산당 중앙위원회는 1950 년 10 월 < 전국에서 진행되는 시사 홍보에 관한 방향 > 을 제시하며 다음과 같이 밝혔다 .

"홍보의 기본내용은 두 가지이다 . 첫째 , 미군의 한국침략확대에 대해 우리는 가만히 보고만 있을 수 없다 . 둘째 , 우리나라는 미 제국주의에 대해 공통된 인식과 입장을 가지고 친미 반동사상과 미국에 대한 잘못된 두려움을 과감히 없애고 미 제국주의에 대해 적대감 , 경멸감 , 비난적인 태도를 견지해야 한다 ."

이 지침에 따라 각 기관 , 단체 , 학교 , 공장 그리고 부대에서는 전문가나 간부들이 체계적인 보고를 통해 열띤 토론을 벌이고 학교에서 공론화시켜 민중의 항미원조가 바로 가정과 나라를 지키는 것임을 이해시키고 , 애국심 향상과 민족자존심 및 자신감 강화를 통하여 예전에 없었던 단결된 모습을 보였다 .

최전방을 지원하기 위해 각 지역은 광범위한 참군 참전을 유도했다 . 임의적인 통계에 따르면 한국전쟁 기간 동안 , 동북지역만 해도 40

만 명 가까이 입대됐다고 한다 (그중 약 30 만 명은 지원군에 입대했
다). 현대화된 국방을 건설하기 위해 중앙군위원회와 정무원은 1950
년 12 월과 1951 년 6 월, 두 차례에 걸쳐 청년학생, 노동자들을 모집하
여 각종 군사간부학교에 입학시키는 시책을 내놓았으며, 이로 인해 당
시 등록한 청년 지원자는 58 만여 명이었고 그중에는 대학생도 꽤 많이
포함되어 있었다. 유명한 민족자본가 오온초 (吳蘊初) 의 딸인 복단
대학 학생 오지련 (吳芝蓮) 도 등록 후 공군학교에 입학했다. 모택동
도 아들 모안영 (毛岸英) 을 한국전쟁 최전방에 내보냈고 모안영은 그
곳에서 전사했다.

　　전국에서는 기부열풍이 불었다. 북경의 인립 (仁立) 털실방적회
사는 화북 제 1 의 민족자본가 경영의 모방적 공장이었는데 제트기 한
대를 살 정도의 기부금을 헌납하여 이 제트기를 '인립호'라고 이름 지
었다.

　　안산 (鞍山) 제철소는 전국적인 주요 기업인데 위치가 한국전쟁
최전방과 가까이 있었고 노동자와 엔지니어들의 열정이 매우 높았다.
"역사적인 영웅 맹태 (孟泰) 는 짐을 공장으로 옮기고 주야로 용광로
옆을 지켰다. 많은 간부와 엔지니어는 최일선에서 직접 생산을 하고
어려운 고난을 극복하여 기한 내 각종 군수시설을 완성했다. …… 그
리고 기술혁신과 품질개선을 위해 계속해서 노력했다. 노동자의 말에
의하면 공장이 전쟁터라면 기계는 바로 무기다. 따라서 우리가 후방에
서 생산에 많은 노력을 기울이면 지원군은 피를 덜 흘리게 되고 적을
더 많이 죽일 수 있다."

　　"생산량을 늘렸을 뿐 아니라 일본 괴뢰정부 시기의 '예비 제련 용
광로'를 평로로 개선하여 제련시간을 단축했고 철강 원가를 10% 이상

이나 절감했다. 주요 기술경제관련 지침은 이미 모두 역사상 최고수준에 달했다."

　　주은래총리는 국내의 '항미원조운동'에 대해 매우 높은 평가를 내렸다. 그는 "이번 운동의 성과와 애국주의의 선양은 과거 어떤 반제국주의 운동을 능가하는 것으로 사상 최초 대규모의 전국적인 운동이고, 관리자와 군중이 함께 하는 운동으로 그 힘의 기록은 앞으로도 깨지지 않을 것이다."라고 말했다.

　　한국전쟁 이후, 미국은 중국에 대해 전면적인 봉쇄정책 및 통상금지정책을 실시했고 중국수출전략물자 통제를 비롯한 법령을 반포했으며 미국에 있는 중국 정부의 자산을 동결했다. 그리고 36개 국가들은 중국에 대한 봉쇄와 통상금지정책에 동참했다. 이것은 중국경제에 큰 어려움을 야기했다. 중국 정부는 봉쇄 및 통상금지 반대투쟁을 전개했고 대외무역을 적극적으로 발전시켜 괄목할 만한 성과를 얻었다.

제 4 절 한국전쟁기간 중 대만의 문제

　　한국전쟁 발발 후, 미국의 무력간섭은 대만 정세에 큰 변화를 일으켰다.

　　대만문제는 완전히 중국 내정문제이고 중국 내전이 남긴 문제였다. 대륙 해방 전야, 장개석은 국민당 정부의 한 무리의 군정대원을 이끌고 대만으로 퇴각했다. 해방군이 복건 (福建) 에 진입 준비를 할 때 군사위원회는 1949 년 6 월, 속유 (粟裕) 와 장진 (張震) 에게 전보로 지시했다. "대만을 탈취하는 문제에 대해 연구를 많이 해주기를 바란다 . 대만을 빠른 시일 내에 빼앗아 올 수 있을지 , 또 어떤 방법으로 되찾아 올 것인지 , 그리고 대만 적군을 어떻게 갈라놓을 지 , 아군의 도움을 받아 안팎으로 협조를 하며 계책을 마련하라 .” 일주일 후 공산당 중앙위원회는 또다시 화동국과 속유에게 전보를 쳐서 ‘대만점령 준비’를 몇 개월 내 4 대 사업 중 하나로 정하기로 했다고 통지했다 .

대만 해방은 하나의 복잡하고도 어려운 임무라서 다방면에서 충분한 준비가 필요했다 . 6 월 초 , 속유는 중국공산당 7 회 삼중전회에서 대만에 대한 작전에 대해 보고했다 . 모택동은 회의에서 대만 해방의 작전은 속유가 지휘한다고 선포했다 .

그 달 하순 , 한국전쟁이 발발하자 지원군이 아직 한국전쟁에 참전하지 않았는데도 트루먼은 미국 제 7 함대에 대만 해협으로 들어가 대만에 대한 해방군의 진격을 막으라고 명령했다 . 이것은 정말 아무런 이유 없이 중국내정에 간섭하는 행위였다 . 장개석은 이 때를 유리한 기회라 여기고 한국전쟁에 파병할 것을 제의했다 .

미국국무성 애치슨은 회고록에서 “나는 장 위원장의 제의를 가지고 백악관으로 돌아갔다 . 그는 남한에 3 만여 명의 병력을 투입할 의사를 나타냈고 미국에서 운송과 후방지원을 제공할 것을 요구했다 . 대통령은 이 뜻에 찬성의 뜻을 내비쳤으나 나는 반대했다 . 왜냐하면 이 군대는 한국을 지키는 것보다 대만을 지키는 데 더 유용했기 때문이었다 .”고 썼다 .

둘째 날 , 트루먼이 주관한 전문가회의에서 이 문제에 대해 또 토론을 했고 참모장들은 애치슨의 의견에 동의했으며 회의에서는 장개석의 건의를 받아들이지 않기로 결정했다 . 맥아더는 7 월 31 일 대만에 가서 장개석과 회견을 했다 . 그의 말에 따르면 이번 일의 목적은 ‘그곳의 군사방위역량을 결정짓기 위함'이었다. 그는 대만을 '매우 이상적인 위치에 자리 잡은 침몰하지 않는 항공모함과 잠수정모함'으로 비유했다.

이 모든 것은 중국이 한국전쟁 참전결정을 내리기 이전의 일로서 미국정부는 일방적으로 중국내정에 간섭한 것이므로 근본적으로 중국이 '스스로 화를 자초한 것'이 아니었으며, 한국전쟁 때문에 대만문제 해결에 지장을 준 것은 더더욱 아니었다.

미국의 제7함대가 대만 해협으로의 진입을 강행하게 되자 원래 계획 중이던 대만의 군사해방작전은 진행이 어렵게 되었고 장개석 무리에게 숨 쉴 틈을 주게 되었다. 1951년부터 미국은 대만에 대해 대규모의 원조를 제공하기 시작했다. 인구가 많지 않고 면적이 크지 않은 대만 지역의 재정안정, 인플레이션 통제에 대해 중요한 역할을 했다.

장개석 등이 대만으로 퇴각함에 따라 대륙의 자본과 인재가 대량 유입되었다. 대만지역의 경제는 조금씩 회복되고 발전되었다. 그리고 중요한 것은 바로 국민당 당국이 대륙의 실패를 교훈으로 삼아 토지개혁을 진행한 것이었다. 개혁결과 어느 정도 농민의 부담을 경감시켰고, 국유지를 불하 받은 농가는 비교적 이익을 누렸으며, 전체 농민 중에서 자경농은 당초 33%에서 52%로 늘어났다. 생산에 대한 적극성을 이끌어내 농업경제가 안정적인 성장을 하게 됐으며 농업잉여는 공업투자로 이어졌다.

또 한편으로는 지주와 타협하는 정책을 통해 그들에게 지가를 보상해주었는데 그중 70%는 실물채권이고 30%는 4대회사(시멘트, 제지, 농림업 및 광공업 회사)의 주식이었다. 그래서 토지를 많이 소유하고 있는 일부 지주, 예를 들어 판교(板橋) 임씨 가문, 고웅(高雄) 진씨 가문, 록항(鹿港) 구씨 가문 등은 대량의 주식을 받았고 상공업계의 거두가 되어 공업계에서 큰 이익을 얻었다 . 한편 , 일부 지주들도 상공업으로 직종을 바꾸었는데 , 이는 상공업 발전의 자본축적에 도움이 되었으며 그 이후 민간기업의 발전에 유리한 환경을 만들어 주었다 . 토지개혁은 1950 년대 대만 경제에서 가장 중요한 사업이었고 '미국의 지원'과 이 사업을 통해 전후 대만 경제발전의 기초를 다졌다 .

정치면에서 국민당은 대륙에서 시행했던 백색테러를 대만에 도입하여 계엄체제 하에서의 주도면밀한 간첩과 경찰체제를 시행했고 이를 반대하는 언론과 행동을 무자비하게 탄압했으며 수색체포와 대량학살을 일삼았다 . 미국의 군사고문단과 제 13 에어포스는 대만에 주둔했다 . 장개석은 또 '대륙반격 , 설욕 및 국가재건' 이라는 슬로건을 내 걸고 소위 '1 년 준비 , 2 년 반격 , 3 년 소탕 , 5 년 성공'이라는 내용을 홍보했다 . 이렇게 미국정부의 적극적인 간섭 하에 , 대만문제는 시간을 끌었고 양안 해협은 장기적인 대치국면에 접어들었다 .

제 5 절 협상과 전투의 반복에서 휴전협정 체결까지

한국전쟁 중 5 차 공세가 끝난 지 한 달 후 , 양측의 휴전협상이 시작되었다 . 협상 시간은 2 년이나 끌었다 . 이 기간에 협상과 싸움이 계속되었고 군사투쟁과 외교투쟁이 반복되었다 .

한국전쟁 발발 후 , 중국 정부는 한국과 극동문제를 평화롭게 해결하자는 의견을 거듭 밝혔다 . 휴전협상이 시작된 후 , 중국은 협상 참가를 위해 외교부장 이극농 (李克農) 과 외교차관보 교관화 (喬冠華) 를 한국으로 파견했다 .

하연 (夏衍) 은 회고하며 이렇게 말했다 . "나는 이극농 , 교관화가 판문점에 협상하러 가기 전 주은래 동지가 그들에게 대략적인 지시를 한 후 인용했던 성어를 기억한다 . '행어소당행 (行於所當行), 지어소불가부지 (止於所不可不止)' 앞 구절은 마땅히 해야 할 일은 해야 한다는 뜻이고 , 뒤 구절은 그만두어야 할 때 그만 둔다는 뜻이다 ."

왜 휴전협상은 2 년 동안 해결되지 않았을까 ? 원인은 바로 여기에 있다 . 미국은 양 측의 실질적 경계선 , 즉 한국전쟁 발발 전의 38 선을 군사분계선으로 정하는 것을 못마땅하게 여겨 , 협상을 하면서 더 많은 땅을 차지하려고 계속 노력했기 때문이다 . 하지만 그들은 생각지도 못한 문제에 부딪쳤다 . 협상에서 실질적 문제에 대해 논의할 때 미국은 자신들의 '해군과 공군이 우세하다는 점'을 내세워 북한과 중국에게 진지를 38km 에서 68km 까지 후퇴해 1 만 2,000 ㎢의 토지를 내놓으라고 요구했다 . 북한과 중국 측은 당연히 거절했다 . 미국은 일반적으로 협상을 중지해 8 월 18 일부터 '하계공세'를 벌였다 . 한 달간의 격전 끝에 2 ~ 8km 를 확보했으나 총 8 만여 명 (미군은 2 만여 명) 의 사상자를 냈다 . 9 월 한 달 동안 그들은 '추계공세'를 또 발동시켰고 12 월 끝날 때까지 7 만여 명의 사상자를 냈다 . 이 공세 실패 후 양측은 협상을 재개했다 .

휴전협상 재개 후 , 반 년 동안의 격렬한 논쟁 끝에 양측은 군사분계선을 확정 짓고 휴전을 했으며 휴전시행과 휴전감시에 대한 민감한 문제에 관해서도 최초로 합의를 보았다 . 그러나 남은 전쟁포로 송환문제에서 미국이 계속 무리한 요구를 하여 협상은 막다른 골목에 봉착했다 . 1952 년 10 월 , 미국은 일방적으로 협상을 중지했고 휴전협상은 반 년 넘게 중단되었다 .

중국인은 전쟁에서 얻지 못하는 것은 협상테이블에서도 얻지 못한다는 것을 잘 알고 있었다. 그때 양측의 전선은 이미 38 선 일대에서 큰 변화가 없었다. 지원군은 장기전, 진지방어, 진지구축에 역량을 집중을 했는데, 특히 땅굴파기에 힘을 쏟았고 방공, 방포, 방독, 방우, 방습, 방화, 방한 등 '7 개의 방어선'을 구축하고자 했다.

"실제 전쟁에서 군중은 계속해서 땅굴작업에 힘을 쏟았고, 주요 진지부터 일반 진지까지, 흙산의 땅을 파내고 단단한 돌에 구멍을 내며, 1 선에서 2 선까지, 최전방에서 적진 내부까지 땅굴을 뚫어 점차 핵심 방어체계로 구축했다."

"힘들고 오랜 노동 끝에 마침내 길이 250 여 km 의 전방 방어와 동서해안 및 전쟁터 중심에서 거대한 규모로 교차 연결되는 '지하 만리장성'을 세웠다. 전체 공사의 토석 규모는 6,000 만㎥이었으며, 만약 그것으로 1 ㎥의 성벽을 쌓으면 지구의 한 바퀴 반을 돌 수 있는 엄청난 규모였다."

"이 방어시스템이 구축된 후, 우리 군은 열악한 장비로도 현대무기를 가진 적과 대적할 수 있었고 적군 가까이 다가가서도 흔들리지 않았다. 방어를 하는 도중에는 적의 격렬한 포화 속에서 사상자를 줄일 수 있었고, 적은 대량 살상에 사기를 잃었다. 뿐만 아니라 우리 군이 적군을 공격할 때는 든든한 돌격 진지가 생기는 것이니 적을 불시에 섬멸할 수 있었다."

10 월 14 일, 미국의 협상 중지 여섯 째날, 미군은 상감령 (上甘岭) 을 향해 1 년 만에 최대 규모의 공격을 강행했다. 상감령의 총면적은 3.7 ㎢가 채 되지 않았다. 그들은 한 달 반 동안 매일 평균 2 만여 발의 포탄을 쏘았고 (최대 시, 1 일 30 여만 발), 다 부술 듯 사격을 퍼부

었다. 두 개 고지의 흙과 돌이 모두 폭발로 인해 가루가 되었으며 위로 올라가면 푸석푸석해진 흙이 무릎까지 올라왔고 먼지 속을 걸어가는 것과 같은 느낌이 들었다. 땅 위의 진지는 모두 파괴되었고 많은 암석 땅굴은 폭발로 3 ~ 4m 가량 끊겼다.

그러나 지원군은 땅굴작업을 기반으로 계속해서 진지를 지켰고 반격을 해나갔다. 43 일 안에 상대방을 900 여 차례 격퇴하여 2 만여 명의 적을 섬멸했는데 진지는 여전히 흔들리지 않았다. 상감령 전투는 전 세계를 뒤흔들어 놓았다. 이 전투가 벌어진 지 보름 후 미국통신사의 보도에 의하면 "연합군의 희생자와 소모된 무기 및 탄약은 이미 연합사령관들을 깜짝 놀라게 만들었다. 만약 종합적인 손실을 모두 발표한다면 모든 사람들은 경악할 것이다." 황계광 (黃繼光) 은 바로 상감령 전투에서 배출된 전쟁영웅이다.

전장에서의 실패는 미국을 또 한 번 협상테이블로 나오게 만들었다. 1953 년 4 월, 반년 동안 중단되었던 휴전협상은 마침내 판문점에서 재개되었다. 하루빨리 전쟁을 끝내기 위해 5 ~ 7 월 동안 중국과 북한군대는 계속해서 세 차례의 하계 공세를 펼쳤고 전선을 남쪽으로 이동시킴으로써 미국에 전쟁을 길게 끌어봤자 더 이상 얻을 게 없고 자신에게 더 많은 손실만 돌아온다는 것을 느끼게 해주었다. 미국 국내의 반전운동도 날이 갈수록 고조되었다. 7 월, 리지웨이의 업무를 인계 받아 총사령관으로 임명된 클라크 (Mark Wayne Clark) 는 판문점에서 북한 및 중국 측과 공식적으로 휴전협정에 서명할 수 밖에 없었다.

클라크는 훗날 "우리 정부의 명령을 집행할 때 나는 부러워할 가치가 없는 영예를 안았다. 내가 역사상 승리하지 않은 휴전조약에 서명하는 초대 미국 육군사령관이 되었기 때문이었다. 나는 실망으로 인한 아픔을 느꼈으며, 전임자인 맥아더와 리지웨이 장군도 반드시 같은 느낌을 받았을 것이다.”라고 말했다.

1958년 10월, 중국 인민지원군은 북한에서 철수하고 중국으로 돌아갔다.

한국전쟁은 전 세계가 다시 한 번 신중국을 인식하는 계기가 되었다. 중국인은 이미 더 이상 과거처럼 업신여김을 당하는 국가가 아니었고 더는 서양인의 마음속에 ‘동아시아의 환자’로 각인되지 않았다. 중국은 평화를 사랑하지만 절대 다른 사람이 자신에게 강요하는 위협이나 침략을 허용하지 않았다. 신중국은 수립된 지 1년만에 바로 북한과 함께 2년 9개월에 걸쳐 용감하게 전쟁을 하고 미국이 휴전협정에 서명하게 만들었으며 군사분계선을 38선으로 밀고 들어갔다.

미국 국무성의 애치슨은 회고록에서 이렇게 말했다. 이번 전쟁에서 ‘미국사상자 숫자’는 다음과 같다. 사망자 3만 3,600명, 부상자 10만 3,300명, 실종이나 포로 5,100명, 합계 14만 2,000명이다. 이것은 그들이 애초 생각지도 못했던 결과였다. 잇달아 한국전쟁에 참전한 지원군 부대는 290만 명이나 되었고 대규모 사상자를 내는 대가를 치렀다. 이 승리는 상대방이 현대무기장비를 보유하고 특히 제공권을 장악하고 있는 상황에서 쟁취한 것이며, 미국군대의 전쟁불패 신화를 깨고 중화민족의 민족자긍심을 향상시켰을 뿐만 아니라 극동 및 세계정세에 크고 깊은 영향을 끼쳤다.

이때부터 제국주의는 다시는 제멋대로 중국을 무력침범하려는 시도를 하지 못했고, 중국의 경제개발과 사회개혁은 오랜 기간 안정적이고 평화로운 환경에서 진행될 수 있었다. 이것은 중국인이 한국전쟁에서 큰 희생을 치르고 얻은 것이다.

제 18 장
대규모 사회개혁과
국민경제의 회복

신중국은 첫해에 기반을 다졌을 뿐 아니라 패기와 진취적 기상이 넘쳤다. 그러나 이런 상황에서 즉시 대규모 경제개발을 시작할 조건은 아직 마련되지 않았다. 이것은 한국전쟁이 갑자기 발발한 이유도 있지만 더 근본적으로는 중국사회 내부에서 두 가지의 막중한 임무가 시급히 마무리 되어야 하는 단계에 접어들었기 때문이다. 하나는 대규모의 사회개혁, 또 하나는 국민경제의 전체적인 회복이었다. 그러나 구(舊) 사회가 남긴 많은 국민을 옭아매는, 참기 힘든 낡은 제도는 여전히 정리해야 할 대상이었고 그중 가장 중요한 것은 전국적인 토지제도의 개혁이 아직 진행 중이라는 점이었다. 길은 한걸음 한걸음씩 가야 하듯이 사회개혁과 경제회복이 이루어지지 않는다면 대규모의 경제개발은 불가능한 것이었다.

3년간의 한국전쟁은 신중국에게 있어 첫 번째 중대한 경험이었다. 그것은 신중국을 약화시키거나 지치게 만들지 않았으며 도리어 중화민족의 잠재된 거대한 힘을 한층 더 자극했고 사회개혁과 경기회복에 강력한 엔진역할을 했다. 많은 사람들이 예상하지 못한 것이었다.

제 1 절 토지개혁과 기타 민주개혁

신중국 수립 이후, 광대한 국토에서는 전례 없는 대규모의 사회 개혁이 진행되었다. 대부분의 중국 인구는 농촌에 밀집되어 있었으므로 이번 사회개혁 중 가장 중요한 것은 당연히 농촌 토지제도의 개혁이었다.

봉건 토지소유제도에서 농민의 극단적인 빈곤과 권리의 부재는 중화민족의 장기적인 낙후의 원인이었고 중국의 민주화, 공업화, 현대화에 큰 걸림돌이었다. 신중국 수립 이전, 기존의 해방구 가운데 농업인구 중 3 분의 1 이 토지개혁을 진행했다. 건국 이후, 신 해방구의 여기저기 남아 있던 적은 아직 완전히 제거되지 못했고 사회질서는 불안했으며 도시화 사업은 일이 막중하고 힘들었다. 1949 년 겨울부터 1950 년 봄까지 화북 (華北) 의 도시 근교 및 하남 (河南) 일부 지역에서 토지개혁이 진행되었다. 그러나 기타 광대한 농촌지역은 여전히 전체적인 토지개혁을 추진하기 위해 준비를 하고 있었다. 주요 내용은 소작료와 이자 삭감, 악질토호 제거, 정권 기초수립 등이었다.

1950 년 2 월, 정무원은 유소기 (劉少奇) 의 < 신해방구 토지개혁과 현물세 징수에 관한 지시 > 를 내놓았고 지역별로 나누어 구체적인 토지개혁을 시행할 것을 제기했다.

1950 년 6 월, 중국공산당 중앙위원회는 7 기 삼중전회를 개최했다. 모택동은 토지개혁의 성취는 국가의 재정 경제상황이 어느 정도 호전될 수 있는 첫 번째 조건이라고 보고했다. 회의 후 닷새 째 되던 날 열린 중국 인민정치 협상회의 1 회 2 차 회의에서의 중심 의제는 바로

토지개혁이었다.

유소기는 회의에서 <토지개혁 문제에 관한 보고>를 했다. "토지개혁의 기본내용은 바로 지주계급이 소유하고 있는 토지를 몰수하는 것이고, 토지가 없거나 적게 가지고 있는 농민에게 분배해주는 것이며, 토지개혁의 기본 목적은 단순히 가난한 농민을 구제해주기 위함이 아니라, 농업생산을 발전시키고 신중국이 공업화로의 길을 개척하는 과정에서 농민생산력을 지주계급의 봉건토지소유제의 속박에서 벗어나게 해주는 것이다."라고 말했다.

6월 30일, 중앙인민정부는 <중국인민공화국 토지개혁법>(이하 '토지개혁법')을 채택하여 공포하였고, 이것은 신해방구 토지개혁의 기본적인 법률 근거가 되었다. <토지개혁법>은 이전의 토지문제에 관해 처리했던 경험뿐만 아니라 신중국 수립 후의 새로운 상황에 대해서도 충분히 연구를 했다. 신 해방구의 토지개혁과 구 해방구의 토지개혁은 상황이 매우 달랐다. "과거의 토지개혁은 참혹한 전쟁 속에 누가 이기고 질지 알 수 없는 상황에서 진행되었고, 토지개혁의 직접적인 목적은 최대한 토지에 대한 농민의 요구를 만족시키면서 농촌의 인적, 물적 자원을 동원시켜 인민해방전쟁에 참가 또는 지원을 하게 하여 전쟁의 승리를 쟁취하는 것이었다. 현재의 토지개혁은 인민해방전쟁에서 이미 승리가 확실시되고 통일된 인민정권이 수립된 곳에서 전국적으로 평온한 경제성장의 환경 하에 진행되는 것이다. 토지개혁은 토지에 대한 농민의 요구를 만족시키는 것 외에도, 최대한 국민경제를 회복하고 발전시키기 위해 봉사해야 하며 국가 재정 경제상황을 근본적으로 호전시키는 주요 역할을 해야 한다."

구체적인 정책은 건국 이전의 내용 중 일부를 수정한 것으로, 그 내용은 다음과 같다. 첫째, 부농에 대한 여분의 토지재산세 징수를 부농경제 보존으로 수정한다. 둘째, 지주에 대해서는 그들의 토지, 가축, 농기구, 여분의 식량 및 농촌에 있는 일부 가옥만 몰수하고 기타 재산은 몰수하지 않는다. 다시는 '재물 강제몰수'정책을 실시하지 않는다. 셋째, 토지 임차인들이 토지를 보존할 수 있는 기준을 제고한다. 넷째, 토지개혁 중 효율적으로 단결하고 중농(中農)을 보호한다.

국가통계국의 조사에 따르면 당시 전국 경작지의 점유현황은 다음과 같다. 건국 초기 농가 전체의 3.79%를 차지하고 있던 지주가 총 경작지의 38.26%를 점유하고 있었고, 농가 전체의 3.06%를 차지하는 부농(주로 반지주형식의 부농)은 총 경작지의 13.66%를 차지하고 있었다. 그리고 전국 전체 농가의 57% 이상을 차지하는 가난한 소작농은 경작지 전체의 14%만 차지하고 있었다(그 외에는 중농들이 차지하는 토지였다). 다시 말하자면 지주가 점유한 토지는 가난한 소작농의 20~30배 정도 되었다. 이런 상황은 지역마다 불균형했다. 서남의 사천 일부 지역은 토지의 대부분이 지주 수중에 집중되어 있었고 중남 지역의 토지점유가 집중된 지역에서는 지주가 토지의 40~50%를 점유하고 있었으며 최대 60~70%에까지 차지했다. 화동지역은 토지점유가 상대적으로 비교적 분산되어 있었다. 그러나 어느 지역이건 봉건 지주 토지소유제가 지배적이었다.

효율적인 토지개혁을 성공시키기 위해 각급 당위원회와 정부는 관리자로 구성된 토지개혁위원회를 구성했고 토지개혁 사업팀을 조직했으며 농민협회를 도와 토지개혁사업을 진행했다. 토지개혁 사업팀은 각 민주당파와 과학, 문화, 예술계 인사 및 대학교와 전문대학의 교수와 학생 등으로 구성되었다. 유명한 철학자이자 청화대학 교수인

풍우란 (馮友蘭) 은 1949 년 겨울 북경 교외에서 토지개혁에 동참한 후 이렇게 썼다 . "이번 토지개혁 중 먼저 해결해야 될 문제는 바로 '누가 누구를 먹여 살리느냐'이다 .", "당신이 아무런 이유 없이 소작농의 수확물을 나누려고 한다면 당신은 불로소득을 올리는 것이며 이것이 바로 착취이다 . 이번 토지개혁에 동참한 후 나는 착취의 진정한 의미를 이해하고 농촌의 계급 구분 기준에 대해서도 알게 되었다 . 그 기준은 바로 착취와 착취의 정도 , 착취를 당하는 것과 착취를 당하는 정도 이다 ."

토지개혁은 중국의 광대한 지역사회의 구조에 큰 변동을 가져왔는데 , 지주계급의 통제 하에 있던 구 농촌이 농민을 주인으로 하는 신 농촌으로 바뀌는 등 격렬한 계급투쟁이 벌어졌다 . 그 진행 방법은 관리자가 군중 동원에서 손을 떼고 , 계급을 나누고 지주계급과 일대일로 첨예한 투쟁을 벌이고 지주의 토지를 몰수 및 배분하는 것이었다 . 그러고 나서 재조사를 통해 농민에게 토지증을 발급해주는 것이었다 . 지주 에게도 역시 토지 일부를 주고 그들이 조금씩 자신의 힘으로 먹고 살아갈 수 있는 노동자가 되게 하는 것이었다 .

왜 군중 동원에서 손을 놓고 지주계급과 일대일로 힘든 노력을 하면서도 '평화로운 토지개혁'을 시행하지 못하는 것일까 ? 두윤생 (杜潤生) 은 다음과 같이 설명했다 . "중국공산당의 토지개혁은 정부의 혜택여부를 따지는 것이 아니라 , 봉건통치를 뜯어고치고 농민군중이 농촌에서 정치적 입지를 다질 수 있게 하는 것이며 농민계급을 각성시키고 계급투쟁을 발동시켜 군중이 스스로 해방됨으로써 '토지를 원래 자리로 돌려놓는 것'이다 . 이것은 바로 구시대의 '정권교체'와 다르고 몇 명의 황제 군왕이 하사했던 형식과도 다르며 , '토지 균등분배와 횡포 억제' 및 '양보정책'을 펼치는 것이다. 그리고 구시대적 반 진보적인 통치권을 완전히 타파한 후 국민정권으로 그것을 대신하고 철저하게 농촌의 구질서를 타파하여 상층과 하층, 중앙과 지방을 전체적으로 통합 정비하는 것이다. 중앙인민정부는 큰 조직동원 능력을 얻고 정부 법령을 통일시키는 등 많은 이익이 있다. 이것은 향후 '오합지졸'로 여겨지는 농업대국에게 매우 의미가 크다. 1952년 겨울과 1953년 봄, 일부 소수민족 지역을 제외한 광대한 신 해방구는 기한 내에 토지제도의 개혁을 끝마쳤다.

전체 토지개혁에서 몰수하고 징수한 토지는 약 7억 묘나 되었는데, 토지가 없거나 적은 3억여 명의 농민에게 배분해주었다. 경제적 이득을 얻은 농민은 농업인구의 약 60~70% 되었다. 토지개혁 이전에 농민은 이 7억 묘의 토지를 경작하기 위해 매년 지주에게 3,000만 톤 이상의 식량을 소작료를 바쳤다. 토지개혁 이후에는 더 이상 소작료를 낼 필요가 없었다. 농민들은 또 경작용 소, 농기구, 곡물, 주택 및 기타 생필품을 얻었다. 이로써 수많은 농민들은 나아진 조건에서 관심을 가지고 적극적으로 농업생산에 종사할 수 있었다. 농민들은 매우 기뻐하며 "과거에는 머리 위 하늘은 지주의 하늘이었고 지주의 땅을 밟았는데 지금은 모두 우리 것이 되었다."라고 말했다. 또, "땅을 받고 숨을 내쉬고 몸을 뒤집어 하늘을 봤다."고 했다.

토지개혁 이후 농업생산성은 전례 없이 크게 개선되었다. 국가는 또 낮은 농업세율을 시행할 것을 선언했다. 농촌지역 곳곳에 활기가 넘쳤다. 수리공사를 하고 농사에 필요한 가축과 농기구를 대량 구매했으며 비료를 늘리고 정성껏 경작을 했다.

국가통계국의 통계에 따르면 1952년의 식량생산량은 1949년에 비해 44.8% 증가했고 면화는 193% 증가하는 등 농촌생산력이 크게 향상되었다.

농업생산이 발전하고 농민의 구매력이 향상됨에 따라 더 많은 생활용품과 농업에 필요한 재료를 도시에서 급히 구해야 했다. 도시경제가 회복되니 이 역시 농촌에서 더 많은 식량과 공업 원자재를 구매해야 했다. 농촌에 오랫동안 쌓여있거나 크게 개발되지 않던 특산품의 수요가 크게 증가했다. 도시와 농촌의 물자교류 강화는 신중국이 해결할 주요한 과제가 되었다. 농촌과 도시의 물자교류의 광범위한 진행은 상품유통을 확대시켰고 시장번영을 촉진했으며 국민경제의 회복과 발전에 중요한 역할을 했다.

농촌의 토지제도를 개혁하는 동시에 도시에서는 여러 분야에서 민주개혁이 전개되었다. 그중 가장 중요한 것은 국영 광공업교통기업의 민생개혁과 생산개혁이었다.

국영 광공업교통기업의 민주개혁 전개에는 일련의 과정이 있었다. 구 중국의 광공업기업에는 보편적으로 봉건집단의 우두머리가 있었는데 그중 운송, 탄광, 건축 등의 업계에서 더 심각했다. 막 해방됐을 때는 원래의 생산시스템을 혼동시키지 않고 인수인계의 편리를 위해 이 기업들 중의 봉건세력을 당분간 '그대로 유지'하는 정책을 시행했는데 이것은 당시 꼭 필요한 것이었다. 관료의 자금을 몰수하고 국영경제를 수립함에 따라 일부 기업은 연이어 반동당의 핵심간부로 등록하거나 인사조정의 방법을 통해서, 또는 위에서부터 아래로의 행정역량을 이용해 정리작업을 완벽히 진행했고 노동자와 군중이 증오했던 봉건 악덕지주제도와 노동자를 모욕하는 몸수색 등의 제도를 나름대로의 환경에 맞게 개선시키며 첫 성과를 달성했다. 그러나 대부분의 기업은 여전히 대중을 철저하게 동원시키고 아래에서 위로의 체계적이고 조직적이며 비교적 철저한 민주개혁을 진행하지 않았다.

생산회복과 발전은 많은 노동자들이 기업에서 자기가 주인임을 인식하는 데 있어서 중요한 역할을 충분히 해냈다. 1950년 2~3월, 운송업과 탄광, 방직업 기업들은 잇달아 봉건 악덕 지주제도를 폐지했다. 이와 동시에 국영기업은 관리의 민주화를 시행했고 공장관리위원회를 조직했으며 노동자가 관리에 참여할 수 있게 흡수했고 경험 있는 많은 노동자들을 행정과 생산책임자 지위에 발탁했다. 노동자는 진정으로 자신이 기업의 주인임을 느끼게 되었다.

기업의 당, 단(團), 노조가 점차 건전해지고 노동자의 의식수준이 높아짐에 따라 1951년 11월 공산당 중앙위원회는 공장, 광산, 교통 관련 기업에 민주개혁을 진행하라는 지시를 내렸다. "우리는 반드시 충분한 힘을 발휘하여 노동자를 동원하고 지지할 것이며, 리더십과 계획으로 절차에 맞게 1952년까지 공장, 광산 및 교통 등 관련기업에 대해 일련의 작업을 할 것이다. 먼저 국영 공장, 광산, 교통 등 기업 내에 남아있는 반혁명세력을 체계적으로 소탕하고 국영기업 내에 남아있는 모든 낡은 제도에 대해서 합당하고 필요한 만큼의 민주개혁을 진행하고 지속적으로 발전시켜 나갈 것이다."

이 두 가지 임무는 연관이 있기도 하고 차이가 있기도 했다. 그래서 <지시>에서는 다음과 같이 강조했다. 민주개혁에서 노동자가 과거에 반동세력과 결탁하여 노동자를 억압하고 해를 입히던 무뢰한과 감독, 직원에 대해 투쟁할 시, 반드시 적극적으로 관리감독하고 지원해야 하지만, 이 대상들과 진압대상에 대해 확실히 구별을 해야 한다. 절대 막연한 '맹목적인 타도'를 해서는 안 된다. 노동자를 억압했던 행위나 기타 경미한 나쁜 행적만 있던 나이든 기술노동자, 엔지니어, 전문가, 간부급 등 중에서 반혁명분자가 아닌 자에게 반드시 운동의 각 단계마다 보호를 해주고, 단결 중심의 원칙에 입각하여 비판과 자아비판의 방법을 통해서 노동자 계급내부의 문제로 해결해야 한다. 운동은 반드시 생산에 방해되지 않는 시간을 이용해서 진행해야 되고 시간을 너무 많이 끌어서는 안 되며 생산에 쓸데없이 영향을 주거나 서로 끝까지 대치하여 막다른 골목으로 가는 상황을 만들지 말아야 한다.

그리고 계속해서 기업의 생산개혁을 진행했다. 국영기업 민주개혁의 결과, 노동자의 생산에 대한 적극성, 노동열정, 주인의식 등은 한층 더 향상되고 강화되어 기업의 생산개혁에 필요한 조건이 되었다. 생산개혁은 민주개혁의 계속적인 진행이며 그것이 해결해야 할 주요한 과제는 기업의 과학적 관리문제이다.

대규모의 사회개혁은 생산성의 향상을 가져왔고 국민경제의 회복과 발전을 촉진했으므로 이 두 가지는 따로 분리해서 생각할 수 없는 문제였다.

중국은 통일된 다민족국가이다. 이것은 매우 중요한 국가적 환경이다. 1953년 조사한 통계에 따르면, 소수민족 인구는 모두 3,500여만 명으로, 전국 인구의 약 6%를 차지하고 있었다. 그러나 분포지역은 전국 총 면적의 약 60%였다. 각 민족이 처한 상황은 모두 달랐는데, 어떤 곳은 봉건 농노제사회였고 어떤 곳은 노예계급이 있는 사회였으며 또 어떤 곳은 원시공동체가 남아있는 사회였다. 그들은 역사와 전통, 풍습, 종교, 그리고 언어문자까지 많이 달랐다. 한족과 각 소수민족은 2,000여 년 동안 경제, 문화, 정치영역에서 밀접한 관계를 맺고 상호 교류를 해왔으며, 근대에는 외국침략을 저항하기 위한 힘을 모아 공동으로 투쟁하면서 굳게 똘똘 뭉쳤고 중화민족으로 형성되었다. 그러나 역사적인 이유로 각 민족 간에는 여전히 갈등과 차이가 존재했다. 그래서 소수민족 지역의 사회개혁을 추진할 때는 각별히 신중해야 했다.

소수민족 지역으로 투입되는 인민해방군과 간부들은 특별히 소수민족의 풍속과 종교를 존중하도록 주의를 받았다. 의약품, 물자 및 외부의 정보를 가지고 들어가 현지 주민에게 실제로 도움이 되는 일을 많이 함으로써 민족단결의 융합이라는 좋은 결과를 낳게 되었다.

<공동강령>에 따르면, 각 소수민족이 거주하는 지역은 민족의 지역자치를 시행하고 각종 민족 자치기관을 설립한다. 1950년 4월, 공산당 중앙위원회는 <민족주거지역의 민족민주연합정부 설립에 관한 지시>를 내리고, 아래 내용을 제시했다. "정부는 소수민족의 사업 문제와 관련된 모든 업무를 처리할 때 반드시 소수민족 출신의 위원과 충분히 상의하고 최대한 그들의 동의를 구한 다음 결정을 내려야 한다." 6월에는 또 오란부(烏蘭夫)에게 한 가지 의견을 냈다. "광대한 소수민족 국민의 의식이 향상되기 전에 절대 개혁에 대해 가볍게 말하지 말라." 신해방구인 소수민족 지역에서는 토지개혁의 시기를 연기하거나 잠시 진행을 멈추었고 많은 특수 규정을 만들었다.

1952년 8월, 중앙인민정부는 건국 이후 시행했던 민족구역 자치 경험을 바탕으로 <중국민족지역 자치실시요강>을 공포했고 성(省) 1급에 해당하는 자치구 수립을 준비했다. 구 단위 이하의 민족 자치정권도 계속해서 설립되기 시작했다.

국내는 원래 서양 열강들이 중국에서의 그들의 특권을 내세워 대형기업을 경영하고 있었다. 신중국 수립 이후, 많은 외국 상인들이 신중국에 대한 우려로 계속해서 자금을 빼내갔다. 특히 한국전쟁 발발 이후 미국을 중심으로 한 서양국가의 중국에 대한 경제봉쇄, 운송 금지 강화는 중국에서 기업투자를 하고 있는 국가의 어려움을 야기했다. (미국정부가 미국 소재의 모든 중국 자산 동결을 선포한 이후) 일부 미국계 기업은 중국 정부에 의해 징용되었다. 예를 들어, 엑슨모빌 (Exxon Mobil Corporation), 상하이 미국계 전력회사 등은 징용방식을 통해 국영기업으로 전환되었다. 개란(開灤) 탄광회사, 이중(頤中) 담배회사 등은 양도의 형식으로 국영기업 전환이 이루어졌다.

이러한 일련의 대규모 민주개혁의 과정을 겪은 후 중국사회의 각 계각층, 특히 가장 억압을 받았던 하층민들은 '해방'되었다는 것을 충분히 느낄 수 있었다.

제 2 절 반혁명을 진압하다

구 사회에 남아있던 부패하고 낙후된 것들을 완전히 제거하기 위해 대규모의 사회개혁이 진행되었는데, 그중 한 가지 절대 빼놓을 수 없는 것은 반혁명 진압이었다. 당시 사람들은 한국전쟁, 토지개혁, 반혁명 진압을 '3대 운동'이라고 불렀다.

왜 이때 대대적으로 큰 반혁명 진압운동을 벌였을까? 주요 원인은 세 가지였다.

첫째, 국민당 통치 시기, 각 지역에는 백성의 머리를 짓누르며 온갖 나쁜 짓을 저지르고, 법을 어기며 제멋대로 날뛰는 악질 토호세력이 도처에 있었다. 둘째, 국민당 세력이 퇴각하기 전에 대륙에 많은 특수요원을 매복시켜 놓았고, 또 지역마다 신중국을 적대시하는 무리도 많이 있었으므로 한꺼번에 척결할 기회를 노리고 있었다 . 셋째 , 구 중국에는 비밀단체가 많았는데 , 예를 들어 '일관도 (一貫道)'같은 경우 1,000 만 명의 신도가 있었다 . 이 비밀집단은 주로 사회의 불안정으로 인해 생겨난 집단이었다 .

신중국 수립 이후에도 '일관도', '구궁도 (九宮道)' 등의 반동집단은 여전히 제멋대로 날뛰고 있었다 .

1950 년 가을 , 북경시 공안국은 제국주의 간첩비밀조직이 측량하여 제도한 지도를 가지고 국경절에 천안문에서 박격포로 기습공격하려고 모의했던 중대한 안건을 가까스로 알아냈다 . 이런 심각한 상황을 보면서도 많은 지역에서는 강력한 시책을 채택하지 않았고 오히려 지나치게 두둔하는 현상이 나타났다 . 그런 현상이 나타나게 된 원인은 일부 간부들이 승리를 쟁취한 후 적을 얕잡아 보고 오만해졌으며 , 그렇게 많던 국민당군대는 이미 소탕되었으므로 이 잔여 무리인 반혁명 무리는 별로 대단할 것이 없다고 여겨 전혀 관심도 가지지 않고 경계심을 잃어버린 까닭이었다 . 어떤 사람은 계속된 반혁명회 진압이'충격과 공포' 분위기를 조성할까봐 우려하기도 했다 . 또 어떤 사람들은 우리가 이미 승리를 했으니 너그럽게 관용을 베풀어야 한다고 생각했다 . 이런 상황이 민중의 불만을 일으킨 것이다 .

1951 년 2 월 , 중앙인민정부는 < 반혁명처벌조례 > 를 공포하고 반혁명세력투쟁을 진압하는 데 법률적인 무기와 양형기준을 마련했다 . 그 내용은"주모자는 반드시 처벌하고 추종자는 죄를 따지지 않다 . 저항·거부하면 엄하게 처리하고 순순히 자백하면 관대하게 처리한다 . 유공자는 포상을 받는다 ." 등이었다 .

변혁명세력의 진압 대상은 주로 무장도적떼 , 악질지주 , 간첩 , 반동당원, 반동회·도·문(反動會道門) 등 다섯 집단의 반혁명무리들이었다.

반혁명무리를 진압하기 위해 군중 동원 방침을 채택했고 도시와 농촌에서 대대적인 선전을 하여 집집마다 알 수 있도록 힘썼다. 숨어 있던 많은 간첩, 무고한 인명을 수없이 죽인 악질지주 무리들은 군중에 의해 적발되어 법의 심판을 받고 단호하게 처벌되었다.

5월에 들어서면서 반혁명 진압 운동은 소기의 목적을 달성해 '축소'하는 방침을 시행했다. 10월이 되어, 전국적인 규모의 반혁명 진압 운동이 어느 정도 종결되었다. 그것은 대규모의 군중운동의 방식으로 대륙에 숨어있는 역량과 각종 무뢰한, 지하조직 세력의 국민당을 소탕하여 사회질서를 안정시키고 군중을 각성시킴으로써, 갓 수립된 인민정권을 굳게 다지는 데 큰 역할을 했다.

제 3 절 "3반", "5반"운동

대규모 사회개혁의 진행에 또 다른 강력한 운동이 있었는데 그것은 바로 1951년 겨울 시작되어 전국적으로 전개된 '3반운동'과 '5반운동'이었다. 횡령, 낭비, 관료주의 부패현상 및 불법 뇌물 수수, 세금 탈세, 부실공사, 국가재산 횡령, 국가경제 정보 갈취 등 위법행위를 한 일부 국가간부를 대상으로 하였다. 다시 말해 대대적으로 펼치는 대규모 소탕작전이었다.

이 운동은 '3반운동'에서 시작되었고 '3반운동'은 또 증산과 절약 운동에서 나온 것이었다.

1952 년 직전 , 한국전쟁은 이미 장기화 될 조짐을 보이고 있었다 . 현대식 무기를 가진 미군과 장기적으로 대치를 하려면 , 중국 군대는 공군 , 육군 , 장갑부대 , 포병 등의 군 , 병종의 건설을 강화하는 등 장비를 개선해야 했다 . 새로운 한해는 대규모 경제개발을 준비해야 하는 마지막 한 해이기도 했고 , 자금이 많이 필요한 주요 건설공사들이 잇달아 착공에 들어갈 예정이었다 . 재정수입의 증가는 제한적이었던 반면 , 지출은 크게 증가하여 중국 국민에게는 심각한 고민거리가 아닐 수 없었다 .

외부 지원에 의존할 수 없었고 , 다른 국가처럼 농민 약탈과 식민지 수탈로 해결할 수도 없었으며 , 이 문제를 해결할 방법은 오직 증산과 절약뿐이었다 . 이것은 신중국 자금축적의 주요 출처이며 , 유일하게 믿을 수 있는 방법이었다 . 1951 년 10 월 , 모택동은 정협의 제 1 회 전국위원회 제 3 차 회의 개막사에서 생산을 증가시키고 , 절약을 실천하여 중국 인민지원군을 지원하는 것이 중국인민의 현재의 핵심임무라고 말했다 .

증산절약운동을 심도 있게 조사하던 중 , 곳곳에서 사람들을 경악하게 하는 횡령 , 낭비 , 관료주의의 현상을 대거 적발했다 . 이것은 중국이 전국을 통치하는 집권당이 되고 난 후 직면하게 된 새로운 문제였다 . 건국 이후 2 년이라는 짧은 기간에 이 문제는 예상치 못하게 상당히 심각한 지경까지 이르렀다 .

그해 11 월 , 동북국 (東北局) 서기 고강 (高崗) 은 중앙에 제출한 보고서에서 이미 적발한 각종 횡령 부패행위에 대해 상세하게 보고했고 , 반드시 군중을 중심으로 한 민주운동을 전개해야 큰 효과를 얻을 수 있을 것이라고 건의했다 . 모택동은 공산당 중앙위원회에 보내온

이 보고서에 지시를 붙이며 처음으로 의견을 제시했다. "이번 전국적인 규모의 증산절약운동에서 반드시 반횡령, 반낭비, 반관료주의에 대한 투쟁을 진행하라."

'3반운동'이 시작되자 중국 전역을 떠들썩하게 한 것은 바로 유청산, 장자선(張子善) 사건이었다. 11월, 화북국은 모택동과 공산당 중앙위원회에 천진 지방위원회 서기 겸 책임자인 장자선과 전임 지방위원회 서기 유청산이 직권을 이용하여 공금 횡령, 노동자 착취, 전구(專區)의 지방식량, 구휼미, 간부가족 보조식량 횡령착복, 재산 탕진, 부패 및 타락과 증거인멸 등의 심각한 범죄를 저질렀다고 보고했다.

유청산과 장자선은 1931년과 1933년에 각각 입당한 원로간부로 모두 국민당에 의해 감옥에 수감된 적이 있었다. 지조를 굳게 지키고 굴복하지 않았으나, 도시로 올라온 후 부패하고 타락하고 말았다. 두 사람의 이런 범행은 '3반운동' 이전에 이미 간부와 군중의 불만을 야기했으나, 위로는 속이고 아래로는 억누르는 통치 하에서 그들의 행적은 공개적으로 쉽게 발각이 되지 않았다. 유청산은 "우리가 목숨을 걸고 나라를 구했는데 이 정도의 보상쯤은 뭐 어떤가?"라고 말했다. 사건 발생 후 하북성(河北省)은 주은래 총리에게 보고 한 뒤 승인을 얻어 두 사람을 체포했다고 보고했다. 많은 사람은 그들을 사형에 처해야 한다고 주장했다. 공개재판 직전, 일부 사람은 그들이 전쟁에 목숨을 걸고 싸웠는데, 힘든 일을 겪은 것을 감안하여 사형에 처하지 않고 그들에게 개선의 기회를 주는 게 어떠냐고 주장했다. 모택동은 "바로 그들 두 사람의 지위가 높고 공로가 크며 영향력이 크기 때문에 사형을 결정한 것이다. 그들을 사형에 처해야만 20명, 200명, 2,000명,

20,000 명의 각종 범죄와 잘못을 저지른 간부를 구제할 수 있다."고 말했다.

1952 년 2 월, 하북성 인민법원의 공개재판과 최고인민법원의 승인으로 유청산과 장자선은 사형 판결을 받고 즉시 형장의 이슬로 사라졌다.

유청산과 장자선의 범행의 발각과 그에 대한 중앙인민정부의 단호한 태도는 전국적으로 큰 파장을 불러일으켰다. 11 월 30 일, 모택동은 서남국 (西南局) 제 1 서기 등소평과 각 중앙국에 보내는 전보에서 "반횡령, 반낭비 투쟁은 사실 당과 관련되는 대업으로서 우리는 이미 그대들에게 이번 사건에 대해 주의할 것을 엄중히 당부했다. 우리는 당 전체의 완전한 청산이 필요하고 크고 작은 모든 횡령사건에 대해 철저히 조사해야 하며 큰 횡령범죄 소탕에 집중하고 사소한 횡령범죄에 대해서는 교육개선의 방법을 취하여 그런 범죄가 재차 발생하지 않도록 방침을 세워야 많은 당원들이 자본가계급에 의해 타락하는 큰 위험 현상을 방지할 수 있다. 2 중 전회에서 이미 오래 전 예상했던 이런 상황을 극복하여 2 중 전회의 부패방지 방침을 실현할 수 있으니 반드시 세심한 주의를 해주기 바란다."

12 월, 공산당 중앙위원회는 < 군대정비와 행정기관 축소, 증산과 절약, 횡령방지, 낭비억제 및 관료주의 반대 시행에 관한 결정 > 을 발표했다. 이렇게 기세 드높은 '3 반운동'은 전국에서 신속하게 전개되었다. 통계에 따르면 전국 현 (縣) 이상 당정기관 중 '3 반운동'에 참가한 사람은 383 만여 명에 달했다. 운동이 최고조에 이를 무렵, 각 기관에서 '호랑이 때려잡기' 식의 사건과 자백을 강요하는 등의 잘못된 점이 속출했지만 비교적 빨리 시정되었다.

　‘5 반운동’은 ‘3 반운동’에서 파생되어 나온 것이었다. ‘3 반운동’은 부정부패한 자를 색출해 내는 과정에서 뇌물수수자의 배후에는 항상 불법자본가로 구성된 뇌물제공자가 있음을 밝혀냈다. 운동이 절정으로 치닫던 중, 불법자본가의 뇌물제공행위, 세금포탈, 국가재산절도, 부실공사, 경제정보 갈취 등의 ‘다섯 가지 독’과 같은 행위는 더 많이 적발되었고 많은 사람의 공분을 샀다.

　상공업과 도시농촌시장이 확대되면서 자본주의 상공업은 1951년 놀라운 진척을 보였고 전국 이윤은 1950 년보다 거의 두 배로 증가해 자본가는 ‘황금시대’라고 불렀다. 그러나 이런 호전 상황에서 일부 불법자본가는 폭리를 취하기 위해 수단방법을 가리지 않고 위법한 범죄행위를 저질렀다. 당시의 정보에 따르면, 민영상공업은 세금포탈 현상이 일반적이었을 뿐 아니라 국책사업 공사를 맡을 때, 상품 주문, 가공의 과정에서 자재를 규정보다 적게 투입하고 속임수를 쓰며 부정부패를 저질러, 국가와 인민의 이익에 심각한 손해를 입혔다. 예를 들어 회하 (淮河) 수리공사과정에서는 하도급자가 공사의 품질관리에는 신경 쓰지 않고 새 재료대신 낡은 재료를 사용했으며 질 좋은 재료 대신 질이 떨어지는 재료를 써서 불법으로 이득을 챙겼다. 한국전쟁 전장으로 운송하던 군수물자 중에는 불법제조상에서 제조하고 판매한 변질된 통조림식품, 모조약품, 병균으로 오염된 구급가방 등이 포함돼 일부 병사는 병이 들고 불구가 되었으며 심지어 목숨까지 잃었다. 그들은 당과 국가기관에서 일하는 직원을 회유하여 자기편으로 끌어들였다. 그들에 의해 회유된 일부 간부는 그들로부터 무노동 임금, 무상주식 혹은 사례금, 중개수수료를 갈취했으며, 간첩 또는 대리를 맡으며 그들과 한패가 되어 범죄행위를 저질렀다.

많은 비열한 행위, 특히 한국전쟁 시 전장으로 운반된 변질, 위조되고 병균이 득실거리는 의약품 때문에 지원군을 불구나 사망에 이르게 한 죄악은 사람들의 공분을 샀다.

1952 년 1 월, 모택동은 공산당 중앙위원회가 기안하여 북경시 위원회로 보낸 '3 반운동' 보고 평가에서 "국가 공공기관과 관계된 모든 횡령, 뇌물수수, 탈세, 절도 등의 행위를 한 상공업자는 반드시 그 범법행위에 대해 자백하거나 신고해야 한다. 특히 천진, 청도, 상해, 남경, 광주, 무한, 중경, 심양 및 각 성의 성도는 최선을 다해 이번 기회에 3 년 동안 우리 당에게 난폭한 공격 (이런 공격은 전쟁보다 더 위험하고 심각하다) 을 가한 자본계급을 단호하게 처벌하고, 2 ~ 3 개월 내에 반드시 임무를 완수하기 위해 노력해야 한다."고 썼다.

이 운동은 먼저 화북 최대의 상공업 도시 천진에서 시작되었다. 1 월 4 일, 천진시 상공업자연합회 절약감사분회의 동원대회에서 천진 상공업자연합회 주임위원이자 저명한 민족자본가 이촉진은 이렇게 보고했다. "전국이 현재 대대적으로 '3 반운동'을 펼치고 있는 상황에서 우리 상공업계가 함께 이 운동에 참가해 뇌물수수, 탈세 및 국가자산 갈취 등에 대한 행위를 자백·적발·신고할 수 있기를 바란다. 또, 뇌물 제공자는 반드시 뇌물을 받은 자와 동일한 처벌을 받는다. 우리민족의 자본계급과 소자본계급의 상공업자도 우리 중국의 주인이므로 조국의 부강을 위해 우리는 반드시 노동자계급의 지도하에 주인의식을 가지고 인민정권을 부패시키고 손해를 끼치는 독소와 병균들을 철저히 제거해 인민정권이 한층 더 탄탄해지도록 해야 한다." 4 일이내 천진 상공업계에 횡령, 뇌물제공, 탈세 등 행위에 대해 자백 또는 신고 접수된 안건이 6,115 건이나 되었다.

1월 26일, 공산당 중앙위원회는 < 중형 및 대도시의 '5 반운동'
전개에 관한 지시 > 을 공식 발표했다. 지침에서 "전국의 모든 도시,
특히 먼저 대도시와 중형도시에서는 노동자계급의 힘으로 법을 수호
하는 자본가계급 및 기타 시민을 단결시키고, 뇌물공여, 탈세, 국가자
산횡령, 부실공사 및 경제정보 갈취 등의 위법 행위를 일삼는 자본가
계급에 대해서는 횡령, 낭비, 관료주의에 반대하는 당정군민내부 세
력과 협력하여 대규모의 단호하고 철저한 투쟁을 전개해야 한다. 지금
이 가장 적기이다."라고 밝혔다.

운동이 시작되자 상공업자들은 매우 긴장했다. 상해는 중국자본
가계급이 가장 많이 밀집되어 있는 도시였다. 최초 중앙위원회의 계
획에 따라 철저한 준비를 하기 위해 화동지역은 이 투쟁의 전개를 조
금 늦게 진행했다. 그러나 사회적 운동과 함께 상해의 '5 반운동'은 매
우 빨리 시작되었고 그 힘은 또 굉장히 맹렬하여 자본가중에는 자살하
는 사람도 생겨났다. 주은래 총리는 이 사태를 신랄하게 비판했고 '철
저한 조사'를 요구했다. 그는 모택동에게 보고한 후, 공산당 중앙위원
회를 위해 기안한 지시 공문에서 상해지역의 일부 최대 민족 상공업자
를 수법자로 지정하고 정무회의에서 상공업자 한 명을 예시로 들어 설
명했다. "그가 국가에 부담하는 금액은 1,000 억 (구 인민폐 1 만 위안
은 신인민폐 1 위안에 해당한다) 위안이나 된다. 위법행위는 비록 크
나 천억 위안에 비교하면 작다고 할 수 있다. 우리는 일을 공정하게 해
야 한다."

5월 이후, '5 반운동'은 대부분 종결되었고, 안건을 최종적으로
확정하고 상공업계의 사업정비를 하는 단계에 접어들었다. 직전 단계
의 운동은 너무 광범위하여 '강제 자백' 등의 폐단이 있었다.

6월, 정무원은 <'5반운동'의 몇 가지 문제점 해결에 관한 지시>를 발표했고 각 지역은 실사구시에 입각하여 안건 확정에 신중을 기하고 과도하게 산정하는 오류를 수정하며, 자본가의 상고를 허락하여 재조사를 진행하도록 했다. 자본가의 위법행위처리가 끝난 다음에는 법을 준수하거나 기본적으로 법을 준수하는 민족 자본가계급을 보호하면서 그들이 적극적으로 나서 바뀔 수 있도록 도왔다. 이렇게 처리한 결과, 상공업계에서는 법을 지키는 세대가 전체 세대수의 10%~15%를 차지했고, 기본적으로 법을 지키는 세대는 50%~60%를 차지했으며 준법행위와 위법행위가 절반씩인 사람은 25%~30%, 심각한 위법세대는 4%를 차지했고 아예 법을 지키지 않는 세대는 1%였다. 기본적으로 법을 지키는 사람에게 위법소득의 일부분만 환불했고, 범법자와 위법자에게 위법소득만큼 환불하는 대신 벌금은 부과하지 않았다. 이렇게 전체 세대수의 95%를 차지하는 민영상공업자는 안정되고 단결되었다.

'3반운동'과 '5반운동'은 국민경제 회복시기에 매우 중요한 역사적 위치를 차지하고 있었다. 이 운동은 건국 초기 대규모 사회개혁운동의 일부분으로서 구 사회에 남아 있는 폐단을 청산하고 건전하고 새로운 도덕과 풍속을 조성하는 데 도움이 되었다. 또한 당시 만연해 있던 위험할 수 있는 소지를 차단했고, 증산절약운동을 추진했다. 또, 사회주의경제가 국민경제로 자리 잡을 수 있게 튼튼한 기초를 쌓음으로써 자본주의 기업 내부에서는 노동자감독을 시행하게 되었다. 뿐만 아니라 일부 기업은 자본가의 위법 소득을 공공주식으로 전환하여 민관협력경영을 하는 등 민관과 노사관계에 전체적으로 변화를 일으켰다. 이것은 전국적인 대규모 경제개발의 시작과 중국의 사회주의 사회로의 발전에 중요한 환경을 제공했다.

제 4 절 국민경제를 전면적으로 회복하다

항미원조 및 대규모 사회개혁과 함께 전 국민의 노력을 통해 1952
년 국민경제는 대체적으로 회복단계에 들어섰고 조금씩 성과를 이루
어냈다. 3 년이라는 짧은 기간에 이렇게 긴장되고 복잡한 환경에서 이
런 목표를 달성할 수 있었던 것은 정말 믿기 어려운 것이었다.

1949 년 건국 시, 기계공업 생산액은 농공업 전체 생산액의 17%
를 차지했고 농업과 수공업은 83% 를 차지했다. 중국은 공업이 조금
낙후된 전형적인 농업국가였다. 그리고 반식민지, 반봉건적 공업특
징이 많이 나타나고 있었고 공업부문 경영 및 공업구조는 기형적인 발
전을 보였다. 원자재 생산은 30% 가 되지 못했고, 소비재는 공업생산
의 70% 이상을 차지했지만, 겨우 수리와 조립 정도의 공업수준이었다.
70% 이상의 공업은 국토면적의 12% 도 되지 않는 좁고 긴 형태의 동부
연안 지역에 집중되어 있었고, 대부분은 상해, 천진, 청도, 광주 및 요
령 (遼寧) 의 중·남부 및 강소성 (江蘇省) 남부의 소도시에 집중되어
있었다.

다음으로 농업생산 방면을 살펴보자. 갓 해방된 지역의 광대한
농촌은 파산지경에 이를 정도로 재난은 극도로 심각했다. 전국 식량
생산량은 전쟁 이전보다 21%, 면화생산량은 전쟁 이전보다 54.4% 나
하락했고 농사에 이용하는 가축도 16% 나 줄었다. 각 지역의 교통운송
시설은 심각하게 파괴되었고 도시와 농촌간의 교류는 거의 단절되었
으며 시장은 불경기에 접어들었다. 유엔의 아시아태평양 사회위원회

통계에 따르면, 그해 중국인의 평균 국민소득은 27 달러로 인도의 절반에도 못 미치는 수준이었다. 만약 국민경제가 빨리 회복되고 발전되지 않는다면 대규모 경제개발은 꿈도 꾸지 못할 일이었다.

모택동은 1950 년에 3 ~ 5 년 회복하고, 8 ~ 10 년 개발한다는 계획을 구상했다. 1951 년 1 월, 그는 정치국 회의석상에서 다음과 같이 말했다. 향후 큰 계획을 시행할 시 반드시 3 년간 준비하고 10 년간 개발한다. 3 년 준비는 1950 년부터 계산해야 하므로 이미 1 년이 지난 상태였다. 2 월에 그는 1953 년부터 시작되는 10 년 개발에 착수할 것을 촉구했다.

국민경제의 회복절차는 너무 복잡해서 어디서부터 시작해야 할지 난감했다. 신중국 첫해부터 중앙인민정부는 물가안정, 재경통일, 상공업 구조조정에 매진하는 한편, 수리공사와 철도부설에 힘을 쏟았다.

농업이 회복되어야 다른 것도 회복될 수 있다. 밥을 못 먹는다면 그 어떤 것들도 해결되지 못할 것이다. 경공업의 원자재, 수출상품은 현재 거의 대부분이 모두 농업에 의존하고 있다. 토지개혁이 완료된 지역에서는 농업생산을 늘리고 농민생활수준을 향상시키는 방법을 통해 전체 국민경제회복과 발전을 도모해야 했다. 수리는 농업의 생명과도 같은 것으로 관개, 항해, 그리고 발전시설에 사용할 수 있었으며 특히, 농업 단위면적의 증산과도 관계가 있었다. 1950 년의 수리공사는 매년 수해가 일어나는 회하를 다스리는 것에 역점을 두었다. 그후, 홍수예방, 재난경감 등의 업무에서 그 범위가 물과 토양의 유실방지, 수리발전 등으로 점점 확대되었다. 1950 ~ 1952 년, 전국에서 수리공사에 참여했던 총인원은 2,000 만 명이었고 준공된 토목공사는 약 17

억㎥로, 형강 (荊江) 의 홍수예방시설과 관청의 저수지 등도 모두 이때 착공된 것이었다 . 10 개의 파나마운하 혹은 23 개의 수에즈운하와 맞먹는 수리공사가 착공에 들어갔다 . 화북지역을 가지고 설명하자면 관개면적은 1949 년보다 두 배 증가했다 . 수리공사는 농업생산의 회복과 발전을 촉진하는 중요한 요소였다 . 이것은 중국 유사 이래 최초의 대규모 수리공사였다 .

신중국 수립 초기에 철도공사는 먼저 복원공사에 역점을 두었는데 , 특히 진포 (津浦), 경한 (京漢), 월한 (粤漢), 롱해 (隴海), 동포 (同蒲), 경수 (京綏) 등의 간선과 국민당군대의 퇴각 시 파괴된 회하대교 , 상강 (湘江) 대교 , 주강 (珠江) 대교는 서둘러 수리해야만 했다 . 철도직원과 해방군 철도병단의 공동 노력으로 복원공사는 매우 놀라운 속도로 진행되었고 , 1949 년 말에 철도의 80% 가 이미 개통되었다 .

1950 년부터 또 다른 세 건의 철도공사가 착공되었다. 성유 (成渝) 철도 , 천란 (天蘭) 철도 , 그리고 유주 (柳州) 에서 진남관 (鎭南關) (이후 목남관으로 개명) 까지 이르는 철도였다 . 이 철도 부설로 서남 , 서북지역의 물자교류가 활발해졌고 이 공사는 전국철도구조를 개선시키는 데 중요한 역할을 했다 . 1952 년 , 전국적으로 복원한 철도는 1 만 km 이었고 , 새로 부설한 철도는 1,473km 이었다 . 3 년간 , 복원한 도로는 3 만여 km 이었고 , 새로 개설한 도로는 2,000 여 km 이었다 . 1952 년에 내륙하천의 화물운송량은 1950 년보다 두 배로 증가했다 . 이것은 해방 잔통행의 어려움을 겪고 있던 상황을 어느 정도 개선한 것이었다 .

이 경제회복 사업은 한국전쟁이 격렬히 진행되던 때 전개되었다. 전쟁이 한창 중이던 1951 년 , 항미원조에 대한 군비지출은 국가재정 총지출의 30% 를 차지했고 , 정부는 발생 가능성이 있는 각종 심각한 상황에 대처하기 위한 준비도 완벽하게 해야 했다. 또한 중앙위원회는 '기초시설 구축, 경제안정, 국토건설'이라는 방침을 내걸었다.

국가의 총예산에서 경제개발비용은 1950년에는 25.5%, 1951년에는 29.5%, 1952년에는 45.4%를 차지했다. 큰 전쟁을 치르고 난 후, 국내에는 건설공사가 시작되었고 재정적자는 종전에 비해 크게 증가하지 않았다. 주은래는 이 성과를 긍정적으로 평가했다. "세수기관은 한두 곳뿐인데 돈을 쓰는 기관은 많다. 이것은 확실히 하기 쉽지 않은 사업이다. 그래서 재정경제를 장악할 수 있는 자, 특히 진운은 확실히 맡은 바 성실하게 업무를 해낸다. 이렇게 재정수지를 맞출 수 있다는 사실은 반동정권 하에서는 상상도 못할 일이다." 경제개발 비용은 국가예산에서 이렇게 큰 비중을 차지했던 것도 구중국에서는 찾아볼 수 없는 일이었다.

1949년부터 1952년까지 3년 동안, 전국 농공업 생산의 연평균 증가율이 21.1%에 달했다. 그중 국유공업이 가장 빠른 속도로 증가했는데 금액으로 계산하면 2.6배나 증가했다. 이 모든 것은 중국 역사상 한 번도 일어난 적 없는 기적이었다.

농공업의 회복과 발전의 토대 위에 국가의 재정수지는 계속해서 균형을 찾아가고 있었을 뿐만 아니라, 약간의 여유분도 있었다. 이로써 한국전쟁에 필요한 수요와 물가 안정을 책임질 수 있었고 역점건설 투자도 시작할 수 있었다.

국민 생활수준은 이 시기에 크게 향상되었다. 1952년 전국 각 지역의 노동자 평균임금은 1949년보다 60~120% 증가했고 일반 노동자의 월급은 항일전쟁 이전의 수준에 근접했거나 그것을 훨씬 넘어섰다. 1951년부터 전국에서 노동자 100명 이상이 된 공장 및 광산기업은 보편적으로 이미 노동보험제도를 실시하고 있었다. 국민의 구매력은 크게 향상되었다. 대다수 지역의 농민들은 겨와 들나물 위주의 식단에서 옥수수, 수수 등 잡곡 위주로 바뀌었다. 그리고 과거 돈이 없어 사지 못했던 보온병, 무명천, 고무장화 등도 이제는 어느 정도 구입할 수 있게 되었다.

이 숫자들을 이해하는 것은 어렵지 않다. 이렇게 높은 증가율은 비록 회복의 성격을 띠지만 여전히 놀라운 성과이다. 그것은 전체 국가가 나날이 발전해 나가는 활기 있고 힘찬 모습을 나타낸다. 100년간의 굴욕과 고난을 견뎌낸 중국인은 고개를 들 수 있게 됐고 안정된 생활을 하게 되었을 뿐 아니라 미래에 대한 희망을 가지게 됐다. 이것은 당시 중국인의 일반적인 인식이었다.

문화교육사업에도 새로운 발전이 있었다. 구중국의 문맹률은 90%였다. 신중국 수립 이후 3년간 대규모의 문맹소탕작전이 벌어졌다.

초등학생의 수가 두 배로 증가했다. 농공속성 중고등학교를 창설했고 고등교육학교는 공과대학의 비중을 대폭 늘렸으며 대규모의 경제개발에 필요한 인재들을 양성했다. 중국전통극 사업 면에서는 '서로 다른 형식의 예술이 자연스럽게 같이 발전하고 그중 중요한 부분만 새로운 방향으로 발전'시키는 방침을 세웠다. 새로운 문예작품으로는 < 백모녀 (白毛女)>, < 강철전사 (鋼鐵戰士)>, < 조일만 (趙一曼)>, < 취강홍기 (翠崗紅旗)> 등의 영화가 있었고, 연극에는 < 용수구 (龙须沟)> 등, 가곡에는 < 가창조국 (歌唱祖國)>, < 중국 인민지원군 전가 (中国人民愿军战歌)>, 희곡에는 < 양산백과 축영대 (梁山伯与祝英台)>, < 나한전 (漢錢)>, < 장상화 (將相和)> 등이 있었다. 장편소설로는 < 동장철벽 (銅牆鐵壁)>, < 신아녀영웅전 (新兒女英雄傳)>

등이 있었다. 그리고 대부분의 문화홍보 사업단이 전문적인 극단으로 바뀌었다. 이 시기에 영화 < 무훈전 (武訓傳) > 에 대해 비평이 이루어졌다. 그 목적은 이 기회를 통해 마르크스 사상으로 역사인물을 연구할 것을 제창하기 위함이었는데 편파적이고 난폭했으며 너무 과장된 점이 있었고 학술적인 문제를 정치비평으로 해결하려는 좋지 않은 선례를 남겼다. 보건사업 영역에서는 '노동자 · 농민 · 군인을 중심으로, 예방우선, 중의학과 서양의학의 조화'라는 세 가지 큰 원칙을 확정 짓고, 전국적인 대규모의 애국보건운동을 펼쳤다.

모택동은 1952년 8월에 열린 회의에서 "우리나라는 앞날이 밝고 희망이 있다. 과거에 나는 국민경제가 3년 안에 회복될 수 있을 지 회의적이었다. 하지만 2년 6개월이라는 노력을 통해 현재 국민경제는 이미 회복되어 계획적으로 개발이 시작되었다."라고 말했다.

한국 전쟁을 겪긴 했지만 국민경제 회복이라는 막중한 임무는 3년 내에 계획대로 목표액 이상이 달성되었다. 민주혁명이 남겨놓은 임무도 어느 정도 완수되었다. 중국은 대규모 경제개발을 진행할 기본 환경이 이미 준비되었다.

중국은 역사의 새로운 한 페이지를 쓰기 시작했다.

제 19 장
사회주의 기본제도의 수립

　　대규모의 경제개발로 중국을 부강한 현대화 국가로 건설하는 것은 중국인이 100 여 년 동안 간절히 바래왔던 꿈이었다. 중국 근대의 민족민주혁명, 신중국 수립 최초 몇 년간의 사회개혁과 경제회복은 모두이 목표를 실현하기 위한 장애물 제거 작업이었으며, 필요한 환경을 조성하기 위한 것이었다. 이런 환경을 만들어 놓지 않고 이 문제들을 해결하지 않은 채 그냥 시작했더라면 현대화 작업은 불가능했을 것이다.

　　중국의 대규모 경제개발은 경제환경이 많이 낙후된 상태에서 시작되었다는 점이 매우 중요한 특징이다. 이렇게 사회 생산력이 매우저하된 상태에서 대규모 경제개발을 진행했고, 또한 건설 인부, 경험, 자료 등 필수 조건들도 부족했으니 얼마나 어려웠을지 짐작이 된다.

　　보다 나은 환경에서, 보다 많은 경험이 축적되었을 때 대규모 경제개발을 진행했다면 어떠했을까? 당연히 불가능했을 것이다. 국제와 국내 정세는 그렇게 되도록 내버려두지 않았다. 패기 있는 중국인은 어떤 어려움에도 두려워하지 않고 단단히 결의를 다지며 적극적으로 전진했다. 1953 년부터 국민경제 제 1 차 5 개년계획이 시행되었다. 이 대규모 경제개발은 뜨거운 열기로 전체 중국 대륙을 뒤덮었다.

대규모의 계획적인 경제개발은 중국인에게 낯선 사업이었다. 장기적인 경제개발계획을 편성해 본 경험이 없었다. 국토 자원에 대한 조사가 부족했고 통계자료도 적었지만 중대한 건설프로젝트를 확정 짓는 필수요소였다. 한국전쟁은 여전히 진행 중이었다. 소련이 지원할 주요 사업은 아직 불확실한 요소들이 많았다. 그래서 제1차 5개년 개발은 완벽하게 계획을 세운 후 시작하지 못하고, 계획을 세우면서 시행을 할 수 밖에 없었다.

제1차 5개년 개발계획의 편성 과정은 대략 다음과 같았다. 먼저 진운(陳雲)의 주도 아래, 각 재정부서가 각각 5년간의 사업구상의 초안 틀을 마련하였다. 이것은 계획편성에서의 중요한 기초였다. 그러나 전반적인 연구가 부족했다.

1952년 7월 초, 주은래는 모택동에게 이렇게 편지를 썼다. "7월 경, 나는 5개년계획과 외교사업 연구에 사업의 역점을 두려고 한다. 5개년계획에서는 종합적인 사업에 중점을 두고 중앙위원회에 전반적인 의견을 제시하며 협상자료도 준비해야 한다." 여기서 말하는 '협상자료'는 소련과 협상할 자료를 준비하라는 뜻이었다. 한 달 정도의 긴박한 일정 동안 주은래는 <3년간 중국 국내 주요상황에 대한 보고>에 대한 집필을 완성했고 5개년계획의 방침과 임무에 대해 제시했다.

이것을 바탕으로 그의 주관 하에 8월 중순 <중국 경제상황과 5개년 개발의 임무>가 집필되어 5개년 개발에 대한 방침과 각종 주요 지침에 대해 상세하게 밝혔다.

8월 15일, 주은래는 중국대표단을 이끌고 소련을 방문하여 스탈린 및 소련 공산당 중앙위원회와 의견을 교환했고 소련에 대한 지원요청을 협상했다.

대략적인 방침이 확정된 후 제 1 차 5 개년계획의 구체적인 편성 작업은 진운, 이부춘 (李富春) 의 주도로 진행되었다. 계획 초안은 모택동, 유소기 (少奇), 주은래, 이부춘 등에 의해 상세히 검토되고 수정되었다. 그리고 최종적으로 1955 년 7 월 개최된 제 1 회 전인대 제 2 차 회의에서 정식으로 심의 및 채택되었다.

제 1 차 5 개년계획은 소련이 중국과 협조하여 설계한 156 개 건설 사업을 중심으로 하며 한도액을 초과하는 건설사업은 694 개였다. 그것의 밑바탕은 중공업이었고 주로 에너지 (석탄, 전력, 석유), 원자재 (철강, 유색금속, 기본화학공업), 기기제조 (공작기계, 대형공작기계, 보일러, 모터, 자동차, 비행기, 선박, 무기) 등 아직 부족하고 취약한 공업이었다.

국민경제 회복시기에 중국이 생산발전에서 가장 먼저 강조한 것은 농업과 경공업이었다. 이것은 사람들의 생활에서 가장 필요한 것이 생필품이고 자금축적도 비교적 빨랐기 때문이다.

유소기는 1951 년 7 월에 있었던 첫 번째 연설에서 "경제개발에는 무엇을 먼저 하고 무엇을 나중에 해야 하는지 순서가 있고 중요도가 있습니다. 먼저 농업 및 회복 가능한 모든 공업을 회복시켜야 합니다. 그 다음으로 농업과 경공업 및 시급하고 가능성이 있는 중공업을 발전 시켜야 합니다. 예를 들어 기계나 자동차를 먼저 만들고 그 다음 중공업을 발전시켜야 한다는 뜻입니다. 중공업을 기반으로 농업과 경공업 발전을 강화해야 할 것입니다."라고 말했다. 제 1 차 5 개년계획을 수립할 때 갑자기 '5 년 개발의 핵심은 중공업'이라고 입장을 바꾸었는데 그것은 무엇 때문이었을까 ? 당시의 중국 경제의 실제상황을 보면 바로 이해가 될 것이다.

반식민지 반봉건제도의 구(舊) 중국이 남긴 경제구조는 매우 낙후되어 있었고, 기형적이었다. 당시 공업생산은 농공업 총생산에서의 비중이 30%도 채 되지 않았다. 그리고 중공업은 특히 더 열악한 상황이었는데, 공업생산에서 중공업 생산이 차지하는 비율은 40% 밖에 되지 않았다. 기계공업부문이 발달한 상해에서도 식민지적인 요소가 남아 있어 대부분의 기계공장은 영국이나 미국에서 수입한 기계를 수리하는 정도의 수준이었고, 기껏 해 봤자 소규모의 일반적인 기계를 만들 수 있을 뿐이었으며 자체적으로 대형기계 등을 제작하지 못했다. 중국인은 비행기, 자동차, 트랙터를 제조하지 못했을 뿐 아니라 시계조차도 만들지 못하고 모두 외국에서 수입했다. 한국전쟁 발발 후, 이렇게 낙후된 중공업은 국방의 수요에 부합할 수 없었다. 그러나 경공업은 원자재와 시장 등의 환경적 제약 때문에 기존에 있던 설비의 이용률은 여전히 낮았지만 증산 잠재력이 있었다. 국민경제가 회복되고 국가가 어느 정도 경제역량이 생기면 중공업을 경제개발의 중심으로 삼아야 하는 것이 당시 중국 정세와도 들어맞았고 소련을 모델로 삼아 무작정 모방한 것이 아니라는 점을 알 수 있다.

중공업을 5개년 개발계획의 역점 시책으로 삼은 이유가 농업과 경공업을 소홀하게 한다는 의미였을까? 아니었다. 주은래는 전국 정협 상무위원회에서 이렇게 설명했다. "주요 역량을 집중시킨다는 의미는 일률적으로 모든 역량을 한 곳에 모은다든지 무턱대고 뛰어드는 것이 아닙니다. 중공업을 발전시키지 않으면 다른 문제들도 진행이 어렵습니다. 경공업은 사람들이 필요한 것을 공급해 줍니다. 현재 국민의 구매력은 하루하루 커지고 있어 구매력이 어차피 커진 상황에서는 조금씩 그들의 수요를 만족시켜 주어야 하고 경공업을 그에 맞게 발전시켜야 합니다. 동시에 경공업이 발전되면 자금이 축적됩니다. 그러므로 경공업의 적절한 발전에 대해 국가가 경시해서는 안 됩니다. 농업이 발전되지 않으면 우리는 식량을 넉넉하게 먹을 수 없습니다. 그러므로 등한시하지 않도록 계속 주의를 기울여야 합니다." 이는 소련과 확연하게 구별되는 사고방식이었다. 중국의 대규모 경제개발이 막 시작되었을 때 이런 문제를 예리하게 꿰뚫어 보는 것은 쉽지 않았다.

대규모의 경제개발 분야 중에서 중국인에게 상식조차 없는 사업도 있었지만, 그렇다고 조건을 충분히 갖춘 후 시작할 수도 없었다. 어려움은 자연히 많았고 개발사업은 해결방법을 모색하면서 진행해야 했으며, 완벽하게 피해갈 수 있는 난관은 없었다. 그러나 이런 환경 속에서 얻은 성과는 용기를 북돋아주었다.

제 1 절 과도기 총노선의 제시

현대화 개발의 진행과정에서 문제가 하나 있었다. 바로 사회주의 현대화를 추진할 것인가 그렇지 않으면 자본주의 현대화를 추진할 것인가 하는 문제였다. 이 점을 처음부터 분명히 해야 했다.

중국에서 사회주의제도를 수립하는 것은 새로운 문제가 아니었고 갑자기 제기된 문제도 아니었다. 중국공산당은 여태껏 사회주의 실현을 자신들의 정책으로 삼았다. 공산당은 사회주의만이 국가의 독립과 통일을 이루고, 국민경제의 발전을 통해 번영과 부강을 실현해 노동자가 착취를 당하지 않고 빈곤에서 벗어나는 유일한 출구라고 생각했다.

대다수 중국인도 함께 잘 사는 길을 희망했다. 소수의 사람이 발전의 혜택을 누려 빈부격차가 생기는 상황을 원하지 않았다. 신민주주의 사회는 원래 사회주의 사회로 가는 과도기 단계이다. <공동강령>의 경제부분에 이런 길을 향해 가야 한다고 실제 이미 규정해 놓았다. 왜 하필 1953년이 막 시작되려고 할 때 과도기 총노선을 제시했을까?

1949년과 비교해 제1차 5개년계획과 대규모 경제개발의 시작 외에도 주목할 점은 중국사회 경제구조는 내부적으로 민관경제의 비율이 이미 바뀌기 시작했고, 상공업 영역 내에서 사회주의 역량은 이미 자본주의 역량을 넘어서고 있다는 것이었다. 이 변화는 오랜 시간 조금씩 진행되었으므로 처음에는 크게 인식할 수 없었다.

1952년 8월, 주은래가 소련에서 제1차 5개년계획 준비와 관련된 협상을 하기 위한 준비를 할 때 가져갔던 보고서 중 주목할 만한 한 단락이 있다. 즉, 중국의 사회경제형태는 이미 변화가 시작되었고 지금도 조금씩 진행되고 있다는 내용이었다.

"공업총생산에서 정부와 민간 비중은 1949년에 각각 43.8%와 56.2%였으나 1952년에는 각각 67.3%와 32.7%의 비율로 바뀌었다. 전국 상품 총생산에서 민영상공업의 경영비율은 1950년에 55.6%였다가 1952년에는 37.1%로 하락했지만 소매업에서는 민영상점이 1952년에도 여전히 전국 총액의 67%를 차지하고 있었다. 국영 상공업은 반드시 민영 상공업의 수준을 훨씬 넘어 발전할 것이며, 그 통제력은 갈수록 강화될 것이다."

더군다나 규모에서 우위를 차지하지 못하는 민영공업은 대부분 가공작업을 하거나 국가로부터 상품 수주를 받거나 독점판매상품을 수매했다. 민영상업도 국영상업을 위해 대리판매를 하기 시작했다.

대규모의 경제개발이 시작됨에 따라 국유경제의 진행은 더 가속화되었다. 제 1 차 5 개년 경제개발 당시 156 개 핵심 사업은 모두 국유경제였고 사회주의적 성격을 띠고 있었다. 농촌은 서로 협력하며 발전하였고 사회주의적 요인도 크게 증가하고 있었다.

이것은 매우 중요한 사실이다. 사람의 인식은 살아가면서 끊임없이 검증받고 수정된다. 사람들은 중국 사회는 미래의 어느 날 국유화라는 이렇게 '엄격한 사회주의 절차'를 통해 단번에 사회주의로 접어들 것이라고 여겼다.

1951 년 7 월, 유소기는 "사회주의로 진입하는 절차 가운데 1 단계는 공업국유화의 시행, 즉 민영공업을 국가로 몰수하는 것이다. 작은 공장, 수공업은 단박에 국유화할 수 없고, 30 명 이상의 공장을 국유화한다. 이는 엄격한 사회주의 절차로서 단번에 사회주의에 진입해야 한다. 사회주의의 성격은 자본주의의 사유제도를 파괴하는 것이므로 준비가 제대로 되지 않고서는 진행할 수 없다. 전국 인민대표대회는 안건이 채택되자마자 다음날부터 바로 집행에 들어가기 때문에 공업국유화는 단번에 이룰 수 있다. 그러나 토지개혁법은 채택되고 나서도 한동안 시행이 되지 않았고, 공업이 농업보다 더 집중적으로 시행되고 있다. 사유제 체제를 부분적으로 실행하는 것은 옳지 않으므로 우선 그대로 지켜보고 있을 것이다. 이는 적절한 시기에 모두 국유화하기 위해서이다."라고 말했다. 이것은 당시 많은 중앙간부의 공통된 견해를 반영한 것이었다.

실생활을 들여다보면, 신중국 수립 이후 중국은 사실 이미 조금씩 사회주의 단계로 넘어가고 있었다. 1952 년이 되자, 공업이든 상업이든 이미 사회주의는 국민경제의 생명줄을 통제하고 있었을 뿐 아니라 규모로도 이미 압도하고 있었으며, 이 상승세는 계속해서 큰 폭으로 강해졌다. 농업부문에서는 상호협력조직이 발전됨에 따라 집체경제의 비율이 빠른 속도로 증가했다. 이 사실은 처음에는 주목을 받지 못했으나 공산당 중앙위원회가 지대한 관심을 가지며 이 일에 대해 재검토를 할 필요를 느끼고 새로운 결단을 내리게 되었다.

이것은 대단히 중요한 결단이었으나 참고할 만한 어떠한 역사적 선례도 없었으므로 공산당 중앙위원회와 모택동은 매우 신중한 태도를 견지하며 성급하게 결론을 내리지 않았다. 10월에 유소기는 대표단을 이끌고 모스크바에 소련 공산당 제19회 대표회의에 참석했다. 모택동은 이 문제에 대해 스탈린의 의견을 구할 것을 유소기에게 요청했다. 주은래가 8월에 가져갔던 보고서 중 민관경제 역량비율 변화에 관해 준비한 자료가 있었는데, 유소기는 스탈린에게 보내는 편지에 그 자료를 인용해서 썼다. "10년 후, 중국 공업은 90% 이상이 국유화되고 민영공업은 10%도 되지 않을 것입니다. 그리고 대부분의 민영공업은 국가의 원자재 공급, 그들의 완성품을 수매·판매에 의존하거나 은행대출을 받아야 합니다. 또 국가계획에 종속되어 독립경영을 하지 못할 것입니다. 그때가 되면 우리는 이 일부 민영공업을 쉽게 국가재산으로 편성할 수 있습니다. 우리는 자본가의 공장을 국가소유로 편성할 때 일어날 수 있는 여러 상황을 가정해 그에 맞는 가장 적합한 방법을 준비했습니다. 즉 자본가에게 공장을 국가에 헌납하도록 권고하고, 자본가의 소비 자산을 유지하며, 일할 수 있는 자본가에게는 일과 그들의 생활을 보장해줍니다. 특수한 상황의 사람에게는 국가가 일부 대가를 지불하는 것입니다. 우리는 그때가 되면 중국의 자본가가 대부분 위에서 말한 조건대로 그들의 공장을 국가에 넘기는 것에 동의할 것이라고 예상합니다 ."

편지에 농업과 수공업의 협력에 관한 문제에 대해서 언급했는데 , 이것은 중공이 구상한 , 사회주의로 넘어가는 대략적인 방법에 대한 설명이었다 . 이 의견은 스탈린의 동의를 얻었다 .

모택동은 계속해서 회의나 현장조사를 할 때 사회주의로의 전환에 관해 수차례 강조했고 각 방면의 의견을 수렴했다 . 9 개월 정도 생각하고 준비를 한 끝에 그는 1953 년 6 월 중앙정치국회의에서 공식적으로 과도기 총노선을 제시했고 체계적으로 설명을 했다 . "중국 수립 이후 사회주의로의 노선은 어느 정도 완성되었고 지금은 과도기입니다 . 이 과도기의 총노선과 전체 임무에 있어 당은 상당히 긴 기간 내에 조금씩 국가의 사회주의 공업화를 실현하고 , 점차적으로 국가의 농업 , 수공업 , 자본주의 상공업에 대한 사회주의로의 전환을 실현해 나갈 것입니다 . 이 총노선은 각 사업을 등대처럼 환히 비출 것이며 , 그것을 멀리하는 사업은 우경화나 좌경화의 오류를 범하게 될 것입니다 ."

이것은 중국공산당이 사회주의로 전환하는 방법에 대한 새로운 인식과 결정이었다 . 그의 중심내용은 '일체양익 (一体兩翼)' 혹은 '일화삼개 (一化三改)'로 요약된다 . '일체'와 '일화'는 사회주의 공업화를 가리키며 , '양익'과 '삼개'는 농업 , 수공업 그리고 자본주의 상공업에 대한 사회주의 전환을 의미한다 . '상당한 기간'은 당시로 비춰봤을 때 10 ~ 15 년을 가리킨다 .

이 총노선이 공식적으로 발표될 즈음 , 여러 중앙간부는 각종 행사 발표에서 총노선에 대하여 설명했다 .

제 2 절 인민대표대회제도의 수립

인민대표대회 제도는 신중국 정치제도의 근본이다 .

경제회복시기가 끝나고 대규모 개발 시기에 접어들자 , < 공동강령 > 의 규정에 의거하여 전국 인민대표대회 (이하 '전인대') 와 지방 각급 인민대표대회를 소집하고 중앙과 지방의 인민정부 선거를 해야 했다 . 전인대에서는 헌법과 국가개발계획도 채택해야 했다 . 이것은 이미 정해진 목표였고 중국정치에서는 대업이었다 .

1953 년 1 월 , 제 1 차 5 개년 개발계획 시행 초기에 중국인민정부는 다음과 같이 결정했다 ."1953 년 , 국민의 보통선거로 당선된 향 (鄕), 현 (縣), 성 (省) 또는 시 (市) 의 각급 인민대표대회를 소집하고 , 또 전인대를 소집할 것이다 . 그리고 이번 전인대에서는 헌법을 제정하고 국가 5 개년 개발계획 요강을 승인하는 한편 새로운 중앙인민정부를 선출할 것이다 ."

보통선거를 실시하기 위해 먼저 중국 역사상 최초로 인구조사를 실시했다 . 1953 년 6 월 30 일 24 시를 기준으로 , 전국 인구는 601,912,371 명이었고 그중 대륙 거주 인구는 5 억 8,060 만 명으로 집계되었다 (이하 전국 총인구는 대륙의 총인구 집계를 따른다). 인구조사를 근거로 선거인 명부 작성을 진행했다 . 투표에 참가한 사람은 총선거인 명부의 85.88% 를 차지했다 . 1954 년 6 월부터 8 월까지 , 각 지역은 잇달아 민주선거를 통해 각 성 , 직할시 , 자치구의 인민대표대회 대표와 전인대 대표를 선출했다 . 인구 총조사 시 , 각 지역에서 등록한 민족의 명칭은 400 여 개였는데 국가연구를 거쳐 인정된 것은 53 개 소수민족이었다 (낙파족은 1965 년 국무원이 소수민족으로 인정했고 기낙

족은 1979 년 소수민족으로 인정되어, 중국은 55 개 소수민족의 식별 작업을 어느 정도 마무리했다).

1954 년 9 월 15 일, 중국 제 1 기 전인대는 북경에서 성대하게 개막식을 치렀다. 이 대회의 가장 중요한 임무는 헌법제정이었다. 대회에서 채택한 < 중국인민공화국 헌법 > 제 1 부에서 이렇게 규정하고 있다. "중국인민공화국은 노동자계급이 지도하고, 농민, 노동자연맹을 기초로 하는 인민민주국가"이며, "중국인민공화국은 국가기관과 사회역량을 바탕으로, 사회주의 공업화와 사회주의 노선을 채택하며, 착취를 근절하여 사회주의 사회를 만들어 나갈 것이다."

대회는 과도기의 총노선을 따랐다. < 헌법 > 의 서문에 "중국 수립부터 사회주의 사회건설까지의 기간은 과도기이다. 과도기에 국가가 처리할 임무는 사회주의 공업화를 실현하고 농업, 수공업, 자본주의 상공업의 사회주의 전환 사업을 완수하는 것이다."라고 밝혔다.

이것은 과도기의 총노선을 국가의 헌법에서 규정하는 것이며 전국인민공동의 의지와 노력해야 하는 목표였다. < 공동강령 > 의 역사적 임무는 이미 완수되었고, 이렇게 헌법으로 확정할 필요가 있었다. 이것은 중국 최초의 사회주의 성격의 헌법으로 매우 중요한 의미를 갖는다.

대회에서는 모택동을 중국인민공화국 주석으로 선출했고 주덕 (朱德) 을 부주석으로 임명했으며 유소기를 전인대 상무위원회장으로, 송경령 등 13 명을 부위원장으로 선출했다. 주은래는 국무원 총리로 결정되었다.

12 월 하순, 정치협상회의는 제 2 기 전국위원회를 개최해 < 인민정협장정 > 을 채택했다. "인민정협 전체회의는 전인대의 직권 대행을 이미 완수했다. 그러나 인민정협은 전국 각 민족, 민주계급, 민주

당파, 인민단체, 해외 화교와 기타 애국민주인사를 단결시키는 인민 민주통일전선의 조직이며, 여전히 존재해야 될 필요성이 있다. 인민 정협 전국위원회는 <인민정협장정>의 총강에 근거해 국가정치 및 인민민주 통일전선과 관련된 중요한 사항에 대해 협상과 사업을 진행 한다."회의에서 주은래를 정협 제2기 전국위원회 주석으로 선출했다.

인민대표대회제도, 다당협력과 정치협상제도, 민족지역자치제 도, 이 세 가지는 신중국의 기본 정치제도로서 1954년부터 확립되기 시작했다.

제3절 사회주의 공업화 건설

중국은 경제가 매우 낙후된 상황에서 첫 발걸음을 떼기 시작했 다. 경험도 부족하고 자금과 필요한 기술도 부족하여 이런 대규모 공 업개발을 진행하는 데 그 어려움이 상상조도 못할 정도였다. 그러나 매우 중요한 환경들이 뒷받침되고 있었다.

첫째, 신중국의 수립은 민족독립과 인민해방을 실현했고 국민은 국가의 주인이 되어 강렬한 자긍심과 사명감을 가지고 있었으며, 오랫 동안 잠재되어 있던 적극성과 창의력이 화산의 용암처럼 분출되고 있 었다. 바로 이것이 무궁한 힘의 원천이 되었다.

둘째, 중국공산당은 정확한 목표를 수립하고, 강력한 동원력과 다양한 능력으로 전국의 역량을 집중시킬 수 있었으며, 과거에는 할 수 없었던 몇 가지 큰일을 해결할 수 있었다.

셋째, 장기적인 전란으로 무너진 국민경제는 최근 3년간의 준비를 통해 이미 회복되었고 정치적으로는 이미 안정적인 정세가 나타났다. 이것은 대규모 개발을 진행하는 데 꼭 필요한 환경이었다.

넷째, 소련의 강력한 지원이었다. 특히 많은 기술 전문가가 건설 개발에 참여하기 위해 중국으로 건너왔다. 이런 조건이 없었더라면 이렇게 낙후된 환경에서 대규모의 건설은 생각조차 어려웠을 것이다.

중국의 사회주의 공업화 개발, 특히 중공업 건설은 1952년부터 시작되었다. 그중 특히 사람들의 주목을 끌어, 초기 '가장 중요한 핵심'으로 불린 것은 안산 (鞍山) 철강회사의 '3 대 공사'였다. 중국 근대 공업개발에서 꼭 필요한 대형 철강자재는 여러 해 동안 계속 해외 수입에 의존해왔다. 공산당 중앙위원회는 '안산에 대한 전국적인 지원'을 당부했고 국내 55개 도시, 199개 기업이 인적자원, 물자, 설비 등에서 안산을 지원했다. 이 '3 대 공사'는 1953 년 10 월부터 12 월까지 잇달아 준공되었다.

중국 최초의 자동차 제조공장은 1953 년 7 월 작업을 시작한 길림 (吉林) 의 장춘 (長春) 에서 건립되었다. 3 년 후, 총 장비라인에 국산차로는 최초 해방표 자동차가 출시되었는데, 이것으로 중국은 자동차를 만들지 못할 것이라는 오해를 불식시켰다. 이 공장은 중국 자동차공업의 요람이 되었다.

중국은 과거에 스스로 제조한 비행기가 없었고 단순히 수리작업 정도만 가능했다. 1954 년 7 월, 남창 (南昌) 비행기공장이 제조한 초급 훈련용 비행기가 시험비행에 성공했다. 1956 년 7 월, 심양비행기 제조회사는 최초로 신형 제트전투기를 생산해냈다. 1957 년에는 또 중국 최초로 다용도 민간비행기 제조에 성공했다.

최초 국산 손목시계도 1955 년 3 월 천진의 나무시계와 자명종을 생산하던 화북(華北) 시계공장과 화위(華威) 시계공장이 공동으로 만든 손목시계 시험제작팀이 자체 연구하고 제작하여 탄생했다.

위에 말한 내용들은 예시일 뿐이다. 제1차 5개년 개발계획 기간 중 "전국적으로 1만여 개의 공장과 광산건설회사를 동시에 설립하기 시작했고 소련이 지원한 156개 항목의 사업 중 68개 항목의 사업이 전체 또는 부분적으로 건설되어 가동에 들어감으로써 우리나라의 사회 경제구조와 국민경제현황에 큰 변화가 발생했다."

이 사업기간 중 개발에 참여하기 위해 중국에 온 3,000여 명의 소련 전문가들이 큰 도움을 주었다.

철도부설공사에서는 기존의 간선에 대해 기술개선작업을 하였다. 이외에도 보계(寶鷄)와 성도(成都)를 잇는 보성(寶成) 철도를 개통했고, 란주(蘭州)와 신강자치구(新疆自治區)를 잇는 란신(蘭新) 철도를 서쪽으로 옥문(玉門)까지 건설하고 있는 가운데, 응담(鷹潭)과 하문(廈門)을 잇는 응하(鷹夏) 철도공사 착공에 들어갔다. 한편, 시공이 매우 어려운 강장(康藏) 국도, 청장(靑藏) 국도와 같은 주요 국도는 1954년 12월 모든 라인이 개통되었다. 여러 철도와 국도의 개통은 서북, 서남의 광대한 지역과 전국 각지와의 연결을 강화했다. 무한(武漢)의 장강(長江) 대교는 1955년 9월 착공하여 2년 만에 개통되었다.

수리건설사업에서는 계속해서 회하를 관리하고 황하삼문협(黃河三門峽) 수리전력공사 착공에 들어갔으며 기타 일부 대규모 및 대부분의 중, 소형 규모의 수리공사를 진행했다. 절강(浙江)의 신안강(新安江)과 같은 댐은 논밭 홍수방지와 관개에 그 역할을 충분히 발휘했다.

1953 년부터 1956 년까지 , 전국 공업 총생산은 매년 평균 19.6% 증가했고 농업 총생산은 매년 4.8% 증가했는데 이 성장률은 상당히 높은 수준이었다 . 경제 효과가 큰 편이었고 , 주요 경제 부분 간의 비율이 비교적 균형을 이루었다 . 시장이 발전하고 물가는 안정되어 국민생활의 지속적인 향상 추세가 뚜렷이 나타났다 . 제 1 차 5 개년계획의 주요 목표는 기한 1 년 전인 1956 년에 달성되었고 사회주의 공업화에 튼튼한 기초를 쌓았다 . 이로써 중국의 상황은 크게 달라졌다 .

'제 1 차 5 개년 경제 개발계획'의 건설규모는 당시의 국력에 상응하는 수준이었다 . 국민소득 누적율은 통상 20% ~ 25% 를 유지하고 있었으며 국가 재정지출에서 기본건설투자 비율은 35% ~ 40% 를 차지했다 .

대규모의 경제개발로 현대과학기술과 지식인에 대한 처우개선 문제는 날이 갈수록 점차 신중국의 표면 문제로 떠올랐다 .

1949 년 8 월부터 1955 년 11 월까지 해외에서 귀국한 고급인력은 최대 1,536 명에 달했고, 그중에는 이사광, 화라경 (華羅庚), 전학삼 (錢學森), 노사 , 오계평 (吳階平), 등가선 (鄧稼先) 등 저명한 과학자와 작가도 포함되어 있었다 .

1956 년 1 월, 공산당 중앙위원회는 지식인 관련 회의를 개최했다. 주은래는 회의에서 < 지식인의 문제에 관한 보고 > 를 작성했다 . 그는 < 보고 > 에서 "현재 과학기술이 비약적으로 발전하고 있다."고 말했다. 또한 '현대과학의 발전을 향하여'라는 구호를 제시하면서 과학발전의 비전을 확정할 것을 요구했으며 지식인과 관련된 사업의 모든 시책을 개선할 것을 제기했다 .

회의가 끝난 후 전국의 우수한 과학자는 한자리에 모여 12 년 과학기술발전의 비전을 공동으로 수립했다. 중국의 수많은 첨단과학 기술분야(예를 들어 원자력의 평화적 이용, 전자공학의 신기술, 제트기술, 생산과정 자동화 및 정밀기계 등)의 전체적인 난관 극복은 이때부터 시작되었다.

제4절 농업과 수공업의 협력화

농업은 국민경제의 기초이다. 당시 중국 인구의 80% 이상을 차지하고 있던 농민들은 집집마다 각자 할 일을 분담하여 노동을 하였다. 토지개혁 이후에도 대부분 영세 자영업자나 소규모 영농자에 속해 있었다. 이런 생산활동은 보통 사람과 가축에 의존해 작업을 했고 인력으로 관개를 했으며 오래된 농기구과 비료를 사용했는데 어떤 곳은 농사에 이용할 가축조차 없었다. 개체경제는 일종의 분산되고 낙후되면서도 불안정한 경제였다. 그것은 생산발전과정에서 피할 수 없는 자체의 한계성에 제약을 받았다. 한편, 사회화와 함께 크게 나타난 사회주의경제의 성장은 나름대로의 모순을 안고 있었다. 중국에서 몇 천 년 동안 내려온 고질적인 악습이 만연해 큰 영향을 미치고 있었다. 소규모 생산자의 일부 이데올로기는 중국사회 전반에 뿌리 깊게 남아 있었고 유형과 무형의 형식으로 두루 영향을 끼쳤다. 만약 농업이 항상 이런 개체경제의 상황을 유지하고 사회주의 노선을 따르지 않는다면 중국의 현대화 국가 건설은 보장하기 어려웠다.

실제 사회생활에서 이런 모순은 이미 드러나고 있었다. 분산된 개체노동은 생산 도중 스스로 극복하기 어려운 일들에 부딪쳤다. 농촌의 상호협력은 바로 이런 객관적인 필요에 의해 생겨났다. 이런 상황은 오래 전 신중국 수립 이전의 구 해방구에서 이미 나타났던 것이다.

1951년, 전국 토지개혁이 전면적으로 단행되고 있을 때 중농은 이미 농촌인구의 대부분을 차지하고 있었다. 그러나 농촌의 생활수준이 여전히 낮아 가장 전통적인 수공업 도구를 이용하거나 사람과 가축에 의존했으며 농산물의 상품율이 여전히 저조해 생산발전에 있어 많은 어려움에 부딪혔다. 그로 인해 농업상호협력의 문제는 더 중요한 의제로 다루어졌다. 그해 9월, 전국 제1차 상호협력회의가 열렸다. 12월, 공산당 중앙위원회는 이번 회의에서 마련한 < 농업생산 상호협력에 관한 결의 (초안)> 을 발행했다.

< 결의 > 에서는 농업생산 상호협력에 관한 세 가지 주요한 형식에 대해 밝혔다. 첫째, 기본적인 노동협력으로 주로 임시적이며 계절에 따라 운영한다. 둘째, 연중 협력팀을 운영한다. 셋째, 지주집합을 특징으로 하는 농업생산합작사 (農業生産合作社, 농업생산협동조합과 비슷함) 이다. 앞의 두 가지 형식은 당시 화북에서 이미 전체 농민의 60% 까지 퍼져있었고 동북에는 70% 까지 퍼져있었다. 가능한 조건에서 안정적으로 각기 다른 농업상호협력을 추진해야 했고 방임하거나 강요하지 않고, 자의에 의해 상호이익의 원칙하에 진행되어야 했다. 이 문서의 초안은 1951년 12월, 당 내부에 하달되었고 한층 더 발전된 농촌사회생산력의 수요를 크게 반영했다.

이것은 공산당 중앙위원회의 농업생산 상호협력에 관한 최초 결의였다. 공문이 시달된 후 농업생산의 상호협력운동은 급속도로 진전되었다.

1953년 상반기, 정세에 두 가지 중요한 변화가 생겼다. 하나는 공산당 중앙위원회가 과도기 총노선을 제시하고 농업 집체화로 발걸음을 재촉하여 농업의 사회주의 전환을 진행한 것이다. 다른 하나는 식량 공급판매가 전체적으로 어려워 도시와 식량이 부족한 농촌지역의 식량 공급이 원활하지 않아 식량가격이 올랐으며 사람들의 심리가 불안해진 것이다.

이 두 가지 문제는 서로 관련된 것이었다. 박일파 (薄一波) 는 "신중국이 탄생된 후, 식량의 생산과 수요의 갈등, 공급과 수요의 갈등이 매우 첨예하다. 만약 민감한 식량의 생산과 수요 갈등이 대규모 농업 협력화의 진행을 촉진하는 원인 중 하나라면 1953 년 시행한 식량 일괄수매와 일괄판매는 당시 식량 공급과 수요 갈등이 야기한 결과라고 할 수 있다 ." 라고 지적했다. 식량의 공급과 수요 갈등은 당시 시급히 해결해야 될 문제였다.

10 월과 11 월에 공산당 중앙위원외는 연이어 < 식량 수매계획과 공급계획 시행에 관한 결의 >, < 유지작물 수매계획의 전국적 시행에 관한 결정 >, < 식량 수매계획과 공급계획에 관한 명령 > 을 발표했다. 다음 해 9 월, 정무회의는 또다시 < 면화 수매계획과 공급계획에 관한 명령 >, < 면화 수매계획 실행에 관한 명령 > 을 채택했고 그 다음 달부터 면화는 표 배급 제도를 시행했다. 이것은 당시 유일하게 시행 가능한 선택이었다.

식량, 면화, 식용 유지작물의 일괄 수매 및 일괄 판매의 효과가 뚜렷이 나타났다. 식량의 일괄 수매 및 일괄 판매를 시행한 첫 해, 국가 식량수매량은 작년보다 80% 증가했으나 판매는 33% 만 증가하여 단번에 판매가 수매를 앞지르던 전년도의 심각한 불균형을 바꾸어 놓았다. 1954 년 6 월, 국가 식량창고는 이미 전년도 동기 대비 50% 증가했다. 같은 해 우리나라에서는 100년에 한번 발생하기도 힘든 큰 수해가 발생했지만 정부에서 충분한 식량을 갖추고 있었기 때문에 재해지역에 공급하여 식량가격의 계속적인 안정세를 유지할 수 있었다.

식량배급표, 기름배급표, 직물배급표 등의 제도는 30년간 시행되었다. 물자가 매우 부족해 공급이 수요를 따라가지 못하는 상황에서 주민(특히 소득이 낮은 주민)들이 최소한의 생활필수품을 보장받을 수 있게 했다. 이런 방법은 부득이하지만 효과 있는 시책이었다.

식량 일괄수매 및 일괄판매의 시행방법은 각 가정의 여유 식량을 조사하여 결정하고 각 가정을 수매에 참가시켜 수천만 농가와 직접 왕래하게 하는 것으로, 실제로는 상당히 복잡하고 어려운 일이었지만 중국공산당과 인민정부는 더욱 절실하게 농업의 사회주의 전환을 추진했다. 그리고 일괄수매와 일괄판매 시행 후 국가는 식량, 면화 및 원자재를 통제하게 되었고 농민과 도시자본계급의 관계를 단절시켜 자본주의 상공업전환에 대한 주도권을 장악했다. 이 모든 것은 사회주의전환의 진행을 촉진시켰다.

과도기 총노선을 발표한 이후, 농업협력화의 가속화 추세에 대해 살펴보자.

토지개혁이 완료됨에 따라 농촌에서는 빈부격차 현상이 급속히 번지고 있었다. 이런 상황으로 인해 공산당 중앙위원회는 매우 큰 고민에 빠지게 되었고, 농업협력 강화의 필요성을 크게 깨닫게 되었다.

1955년 10월, 공산당 중앙위원회은 7기 6중전회를 개최했다. 회의는 모택동이 제기한 주장에 동의했고 농업협력 운동을 '대발전'이라고 생각하여 빈농과 중하층 농민을 기반으로 '확고한 협력운동'의 핵심역량세력을 형성했다. 그 후 각 지역마다 농업협력 운동의 발전은 가속화되었다.

1956 년 12 월 말, 티베트와 몇 개 성 (省) 과 자치구, 목축지를 제외하고는 전면적인 '협력'을 시행했다. "원래 15 년으로 계획했던 사업이 1953 년부터 시작하여 3 년 만에 완성되었다."

농업협력의 물결이 빠른 속도로 발전하기 시작하자 목표를 빨리 달성하려는 분위기가 형성되었다. 이에 중국의 수공업과 자본주의 상공업의 사회주의 전환을 모두 가속화해 계획보다 일찍 완수하기를 촉구했다.

1955 년 하반기, 농업협력이 신속하게 발전함에 따라 수공업의 협력 속도는 전체적으로 빨라졌다. 1956 년 6 월, 일부 외곽지역을 제외하고 전국적으로 어느 정도 수공업협력이 실현되었다.

제 5 절 자본주의 상공업의 사회주의로의 전환

자본주의 상공업은 신민주주의 사회경제구조의 중요한 일부이며 특히 경공업과 국내 상업 부분에서 상당히 큰 비중을 차지하고 있었다. 자본주의 상공업은 국가와 국민이 필요로 하는 생산재와 소비재를 많이 생산했고 기술인력, 관리인력과 판매에 숙달된 인력을 꽤 많이 보유하고 있었으며, 국가에 세금을 납부하고 일부 인력의 취업까지 보장하는 등 민영상업의 경영으로 도시와 농촌의 경제를 활성화할 수 있었다. 그러므로 정부는 계속해서 국가경제와 국민생활에 유리한 민영경영을 적극적으로 장려했다. 신중국 수립초기 민영상공업이 심각한 어려움에 부딪칠 때, 정부는 상공업 조정을 통해 그들이 난관을 극복하고 발전할 수 있도록 도와주었다. 국민경제 회복시기, 국영경제의 신속한 발전에 따라 민영상공업은 전체 국민경제에서의 비중은 비록 하락하고 있었지만 계속해서 단계별로 성장을 해나가고 있었다. 민영공업의 총생산은 1949년부터 1953년까지 4년간 두 배 증가했다. 그러나 민영상공업 중에는 국가경제와 국민생활에 불리한 부정적인 면도 있었다. 일부 사람들은 폭리만 취할 뿐 국가와 민중의 이익을 돌보지 않았으며 심지어 갖가지 불법수단을 이용하여 경제질서를 심각하게 혼돈에 빠뜨렸다. 인민정부는 어쩔 수 없이 그 무리와 여러 차례 투쟁을 벌였는데 그중 중요한 내용은 신중국 수립 초기 물가를 안정시키기 위해 투기꾼과 벌인 투쟁, '5반운동' 중 불법자본가와의 투쟁, 일괄수매 일괄판매 시 일부 민영업자와의 투쟁이다. 이 일은 양자 간의 갈등을 증폭시켰다.

국민경제가 회복되고 국영 경제역량이 강해지면서 국가자본과 개인자본협력의 경제형식으로서 국가자본주의는 최초의 성과를 얻었다. 공업에서 국가자본주의의 초기형식은 가공, 상품발주, 수매, 일괄 수매, 일괄 매매의 다섯 가지 형식이었고 그것을 통칭하여 발주 가공 형태라고 한다.

국가 자본주의의 고급형태, 즉 민관공동 경영기업은 신중국 수립 시기에 이미 존재하고 있었고 대부분은 정부가 일부 민영기업 내의 관료자본과 매국노 재산의 일부를 몰수하여 국가투자로 형성된 것이었다.

중국공산당 중앙위원회는 과도기 총노선을 준비하여 발표할 때 중국의 실제상황을 고려하여 자본주의 상공업의 사회주의로의 전환 방법을 '평화로운 전환'으로 선택했다. 그때 많은 자본가는 '사회주의로의 관문을 통과'할 때 토지개혁에서의 지주처럼 몰수 당할까봐 걱정했다. 1952년 10월, 주은래는 전국 상공연합준비위원회의 제2차 상무위원회가 끝난 뒤, 일부 자본가 대표와 면담을 하면서 중국민족 자본계급의 다년간 실제성과를 진지하게 검토한 뒤, 중국의 민족자산계급이 역사에 어느 정도 기여를 했고 향후 전도유망하다는 것도 인정했다. 주은래는 그들을 안심시키기 위해 '평화로운 방식의 전환'을 진행할 것임을 확실히 밝혔다.

왜 중국의 민족자산계급은 이런 '평화로운 전환'을 받아들일 수 있었던 것일까?

당시 유소기는 그에 관해 다섯 가지 이유를 설명했다.

첫째, 중국은 기본적으로 여전히 자본주의가 발달되지 않은 국가이고 중국의 자산계급은 경제에서든 정치에서든 모두 취약하여 타협을 잘한다.

둘째, 정부는 자본가가 많은 이윤을 얻을 수 있게 배려해 주는 한편, '5반운동' 등에서 사람들을 동원해 자본가의 각종 위법행위에 대해 알리고 사회적으로 위신을 크게 하락시켰다.

셋째, 오늘날 중국에서 대다수의 개인공장은 대부분 국가를 위해 가공하고 상품을 주문한다. 그들은 원자재 공급, 상품 수매·판매에 있어서 국가 및 은행대출에 의존한다. 게다가 노동자 감독제도가 있다. 미래에 자본가는 더욱 더 국가에 의존하고 노동자 감독도 더욱 조직적으로 변화할 것이다.

넷째, 현재 기존의 비교적 식견이 있는 일부 자본가는 사회주의 기업의 장점과 노동생산율의 향상을 꿰뚫어 보았고, 사회주의의 유망한 미래는 피할 수 없다는 것을 믿고 있으며 그들의 공장이 공사합동으로 운영되기를 적극적으로 요구하고 있다. 국가는 대학과 전문학교에서 공부하는 많은 자본가의 자녀에게 생활비를 공급해주고 있으며 자녀들은 자본가 아버지의 유산이 필요 없다고 선포했다. 중국 자산계급내부에서 이런 변화는 이미 일어나기 시작했고 향후 계속 확대될 것이다.

다섯째, 중국사회주의 요소의 성장으로, 때가 되면 소수 자본가는 완전히 사회주의 체제 속으로 흡수될 것이므로 모든 공업 (수공업 제외) 의 국유화 진행을 더는 막을 수 없다.

자본주의 상공업의 사회주의 전환을 어떻게 평화롭게 진행할 것인가 ?

주은래가 말한 '각종 국내 자본주의를 경험하는 방식'은 < 공동강령 > 에 설명이 되어 있었으나 모호했다.

1953 년 이후 공산당 중앙위원회 통일전선부장 이유한 (維漢) 은 조사팀을 이끌고 전국 자본주의 상공업이 비교적 집중되어 있는 지역에 가서 연구를 진행했다. 5 월, 그는 공산당 중앙위원회와 모택동에게 < 자본주의 공업에서의 민관관계 > 에 대한 조사 보고서를 올렸고, 그 지역의 실제상황에 근거해 주요 민관협력경영 형식에 대한 의견을 더욱 명확히 제시했다. "낮은 계급부터 높은 계급까지 각종 국가자본주의 요소들이 이미 자본주의 공업의 주요 업종과 주요 공장에 영향을 미치고 있으며 계속해서 확대되고 있다."민관협력 경영기업 (그 형식은 국가가 대부분의 지분까지 상당한 지분을 점유하고 있고 관리자 간부를 파견한 기업도 있다. 예를 들어 민생공사 (民生公司), 천원공사 (天原公司), 천리공사 (天利公司) 등이다) 은 고급 국가자본주의 형식이다. 국가는 이런 기업들의 경영관리권을 장악할 수 있고 노

동자 군중은 자본가를 위해 일을 하다가 국가를 위해 일을 하게 되며 새로운 노동 형태도 쉽게 받아들인다. 그러므로 이런 기업은 생산, 재무, 기초시설 건설 등이 모두 국가계획에 맞는 조건을 구비하고 있는 셈이다. 민관협력경영은 민영기업의 전환에 유리하며 사회주의로 발전해 가는 과도기적 경영방법이다."

이 의견은 6월에 개최된 중앙정치국 확대회의에서 동의를 얻었다. 모택동은 그 회의에서 공식적으로 과도기 총노선에 대해 선포했다. 자본주의 상공업의 사회주의로의 전환은 국가자본주의 고급 단계, 즉 민관협력경영에 역점을 두는 새로운 단계로 진입했다.

공산당은 과도기 총노선 발표 후 전국적으로 큰 규모의 학습운동을 전개했다. 그때 국가자본주의의 초기 단계, 즉 가공발주의 총생산액이 전국 민영공업 총생산에서 차지하는 비중은 1953년에 이미 61.3%에 도달했고 1954년에 또 78.5%까지 증가했으며 규모가 비교적 큰 민영공장은 국영경제에 의탁해야만 생존이 가능했다. 노동자감독 생산은 '5반운동' 이후 기업내부에서 이미 제도가 형성되어 있었다. 이는 모두 민관협력 경영시행을 위해 조건을 구비해 놓은 것이었다. 그러나 1953년 말까지, 민관협력 경영기업은 1,036개에 불과했으며 생산은 민영과 민관협력기업 생산액의 13.3% 밖에 차지하지 못했다.

1954년 시행 초기, 민관협력 경영기업의 사업은 주요 의제로 거론되었다. 1월 4일, 공산당 중앙위원회는 중앙재정경제위원회에 <1954년 민관협력경영 공업계획회의에 관한 보고>에 관한 공문을 시달했다. <보고>의 내용은 다음과 같다. 1954년은 민관협력경영 공업을 시행하는 첫해로 '기초마련, 확대시행, 모범 사례 도출, 준비강화'를 사업방침으로 정하고, 500개의 민영공장과 광산(자산가치 17억 위안) 을 민관협력경영으로 돌리려고 계획했다 . 민관협력경영의 많은 정책적 문제 , 즉 , 주식 안정 , 실무요원의 자리배치와 담당업무 , 민간 측 대표 (자본가 및 그 대리인) 의 지위 , 직권 , 이윤 분배 등의 문제에 대해서는 구체적인 규정을 내놓았다 . 또 민간 측의 주식배당금과 성과금을 이윤의 4 분의 1 로 확정해 놓았다 .

그해 사업은 중앙재정경제위원회가 제시한 '비교적 중요하고 큰 기업'과의 협력경영 방침에 근거해 진행하였다 . 연말에 전국 민관협력경영의 세대 수는 비록 당시 민영과 민관협력경영 총 세대수의 1% 밖에 차지하지 못했지만 생산액은 33% 를 차지했다 . 북경은 '높은 신뢰도와 전통적인 스타일을 갖추고 있고 , 국가경제와 국민생활에서 필요로 하는 업체'를 21 개사를 협력경영기업으로 선택했고 , 이외에 동인당 약국 , 서부상 (瑞蚨祥) 비단상점 등 16 개 상업기업과도 협력경영을 했다 . 그해 연말 , 전국에는 이미 1,746 개의 민관협력 경영기업이 생겼고 생산액은 기존 민영기업 총생산의 3 분의 1 을 차지했다 .

단일기업이 시행한 민관협력경영의 사업은 큰 진전을 얻었지만 새로운 갈등도 일으켰다 . 이런 개별 협력경영 방식은 속도가 느릴 뿐 아니라 민관협력 경영기업과 아직 그렇지 않은 기업 간의 갈등을 야기한다 . 중국 기존의 자본주의공업은 밀집되지 못한 낙후된 특징이 있었다 . 개별 확장 민관협력경영의 방식에서는 규모가 크고 설비시설이 좋은 대형 민영공업기업을 대상으로 먼저 민관협력경영을 시행하게 되었다 . 협력 경영 후 , 그들의 경영관리는 많이 개선되었고 노동생산율은 크게 향상되었다 . 그러나 비교적 낙후되고 협력경영을 하지 않은 중소공업기업은 어려움에 처하게 됨으로써 기존의 대형기업과 중소형기업간의 갈등 , 선진적인 기업과 후진적인 기업 간의 갈등은 더욱 더 첨예하게 대립하게 되었다. 이 갈등을 해결할 방법은 전 업종의 민관협력경영을 시행하는 것이다.

사업은 이렇게 조금씩 발전해 나갔다.

1955 년 하반기, 농업합작사 운동이 최고조에 이르렀을 때, 자본주의 상공업의 사회주의로의 전환은 한 기업의 민관협력경영에서 전 업종 민관협력경영으로 발전해나갔다. 그해 9 월부터 민영공업이 가장 많이 집중된 상해는 제필공업, 면방직 등 7 개 업종에서 솔선수범하여 민관협력경영을 시행했다. 전 업종에서 실시된 민관협력경영은 북경에서 절정을 이루었다. 1956 년 1 월, 북경에는 17,963 개의 민영상공업이 전 업종에서 민관협력경영의 길로 가고 있었다. 북경의 자본주의 상공업은 이미 전부 고급 단계의 국가자본주의를 형성하고 있었다. 북경은 전국 처음으로 전체시장에서 자본주의상공업의 민관협력경영을 시작한 도시이다. 상해, 천진, 광주, 서안, 중경, 심양 등 대도시 및 50 여 개의 중형 도시는 잇달아 전 업종 민관협력경영을 시행해 나갔다. 그해 1 분기 말에 티베트 등 소수민족 지역을 제외한 전국 각지에서 이미 기본적으로 전 업종 민관협력경영을 시행하게 되었다.

자본주의 상공업의 전 업종 민관협력경영은 이렇게 예상 뜻밖에 빨리 실현되었으나 자연히 일부 무질서한 현상도 나타났다.

전 업종의 민관협력경영 실현 후, 국가는 기존의 민영상공업자에 대해 고정주식 배당금 지급 방법을 채택했는데 연이율은 대체로 5% 정도였다. 당시 이 방법은 변경 없이 7 년간 시행될 것이라고 선포했다. 1963 년에는 3 년을 연장하고 1966 년 9 월에 이르러 지급을 중지했다. 자본주의 상공업에 대한 사회주의 전환사업은 여기서 종결되었다. 대규모 사회변혁이 어떠한 잡음 없이, 어떤 문제도 없이 완료되었다. 그러나 사회주의 전환은 단일공유제를 목표로 했고 경제관리시스템이 고도로 집중되는 새로운 병폐가 조금씩 드러났다 . 이 때문에 수많은 우여곡절 끝에 새로운 조정과 개혁을 대폭 진행했다 .

제 6 절 평화구축에 힘쓰는 국제정세

중국공산당은 바로 국제정세에 대한 판단 때문에 이 시기에 과도기 총노선을 발표하고 사회주의 공업화와 3 대 전환의 절차를 가속화했다 . 1953 년에 들어서면서 한국전쟁은 마무리단계에 접어들었고 7월 휴전협정을 체결했다 . 중국 주변에 존재했던 가장 심각한 전쟁의 위협이 해결되었다 . 공산당 중앙위원회와 모택동은 세계전쟁이 10 년에서 15 년 동안 일어나지 않을 것이며 15 년 동안 평화 지속이 가능할 것으로 예측했다 . 그러므로 힘들게 얻은 역사적 기회를 절대 놓치지 않고 , 중국의 경제개발과 사회변혁을 추진해 나가야 했다 .

과도기 총노선이 발표되고 난 후 신중국은 평화로운 국제정세에 부합하는 발전을 하기 위해 주변 국가들과 우호관계를 맺어 중국의 경제개발이 순조롭게 진행되도록 힘을 기울였고 외교관계에서 적극적인 역할을 계속해 나갔다 . 그중 가장 중요한 것으로 평화공존에 관한 5 원칙을 제시하고 제네바 회의 및 반둥에서 개최된 아시아 - 아프리카회의 (Asian-African Conference) 에 참석했다 .

아시아 - 아프리카회의가 끝나고 1959 년 말까지 4 년간 , 신중국과 잇달아 수교한 나라로 네팔 , 이집트 , 시리아 , 예멘아랍공화국 , 스리랑카 , 캄보디아 , 이라크 , 모로코 , 알제리 , 수단 , 기니 등 11 개국이며, 모두 아시아, 아프리카 국가였다. 이로서 신중국의 외교활동은 한층 더 새로운 장을 열게 되었다.

제 7 절 사회주의 기본제도 수립의 역사적 의의

1957 년 연말, 제 1 차 5 개년 개발계획이 전부 완성되었다. 이 계획 제정 시 발전 속도와 건설 규모를 정하는 것에 신중하여 여지를 남겨두었다. 집행 시, 각 부문의 협력이나 호흡은 잘 맞았다. 사회주의 공업화는 큰 성과를 거두었다. 1956 년, 공업 총생산액은 제 1 차 5 개년계획이 요구했던 수준을 훨씬 초과하는 703 억 위안이었고 그중 주요 공업품인 철강, 주철, 강재, 시멘트, 면사, 면직물 등 27 종 제품의 생산량은 '제 1 차 5 개년 개발계획' 규정의 기준에 도달했거나 기준을 초과했다.

국민의 생활도 한층 더 개선되었다. '제 1 차 5 개년 개발계획' 기간 중, 전국 주민의 소비수준은 5 년 내 3 분의 1 이 향상되었고 그중 노동자와 농민의 소비수준은 각각 38.5%, 27.4% 향상되었다. 1955 년 8 월, 국가는 예전에 많이 시행했던 배급제 대신 모든 노동자에게 임금제도를 시행하기로 결정했다. 1956 년 전국적으로 임금개혁이 시행됨으로써 노동자 임금이 크게 올랐다. 노동보험, 무상의료제도, 복지 등 비용은 크게 증가했다.

사회주의 공업화가 진전되고 '3 대 변환' 사업이 어느 정도 마무리되면서 중국의 사회경제구조에 근본적인 변화가 일어났다.

1956 년 말, 농업생산합작사에 가입한 농가는 전국 농가의 96%

에 달했고, 그중 고급농업생산합작사는 전국 농가의 87%를 차지했다. 고급농업생산합작사와 초급농업생산합작사의 가장 중요한 변화는 '지주집합의 반사회주의 합작사'가 '토지공유의 사회주의 합작사(合作社)로 바뀐 것인데 이것은 매우 중요한 변화였다. 특히 개혁개방 이후, 중국농촌이 계속해서 개혁과 변동을 겪었음에도 불구하고 '토지공유'는 절대 변하지 않고 꾸준하게 시행되었는데, 이 점은 공유제를 중심으로 하는 사회주의제도 수립에 중요한 의의를 가지고 있었다.

민영상공업 영역에서 전국 민영공업 세대 중 99%와 민영상업세대 중 82%는 각각 민관협력경영이나 합작사의 형태로 전환했다. 일정한 시기 동안 고정배당을 얻던 기존의 자본가들은 이제 다시는 기업의 소유자도, 노동자 잉여노동의 착취자도 아닌, 민관협력 경영기업의 노동자가 되었다. 합작사에 참가하는 수공업노동자는 전체 수공업 인구의 91%를 차지했다. 전국적인 범위에서 생산원자재 사유제에 대한 사회주의 전환은 이미 어느 정도 마무리되었다. 이렇게 사회주의 기본제도는 중국 대륙에서 수립되기 시작했다.

그러면 중국의 사회주의 기본제도 수립은 주로 어디에 기반을 두었는지에 대해 알아보자.

제1차 5개년계획 중, 국가의 기본건설 계획에 대한 투자는 427억 4만 위안(공업투자 58.2%, 운수와 체신 등 기초시설 투자 19.2% 차지)이었다. 실제 집행 결과, 전 국민 사유제도 고정자산의 투자는 611억 5,800만 위안이었다. 자금은 어디에서 온 것일까? 1953년부터 1957년까지의 통계에 의하면 전 국민 사유제도 기업의 이윤 상납은 국가재정 수입증가분의 74.7%를 차지하고 있는 것으로 나타났다.

이 개발성과는 전체 국민소유로 귀속되었다. 그들이 없었다면 중국의 사회주의 기본제도 수립은 생각조차 못하는 것이었고 이후 사회주의 현대화도 어떻게 될 지 장담할 수 없었을 것이다.

중국 사회주의제도의 수립을 주로 자본주의 상공업이 사회주의 전환을 진행한 결과라고 여겨서는 안 된다. 사실, 구중국이 남긴 민족 상공업 역량은 취약했고, 제국주의, 봉건세력, 관료자본의 압박으로 신중국 수립 직전 이미 상당히 어려운 상태였다. 1956년 자산을 정리하고 자금을 조합했을 때 집계된 개인자본은 모두 24억 2,000만 위안이었다. 여러 가지 원인 때문에 당시 그들의 자산에 대해 과소평가된 문제도 있긴 있었다. 자산정리 전의 장부기록금액과 비교해봤을 때, 무한은 43.9% 낮았고 중경은 24.6%가 낮았다. 그러나 설령 조금 높게 계산했다 하더라도 사정금액은 두 배만 늘어났을 뿐이며 50억 위안도 되지 않았다. 뿐만 아니라 민영기업은 매우 분산되어 있었고 비록 기업의 수는 많았지만 규모로 봤을 때는 주로 중소기업이었다. 가장 큰 영씨(榮氏) 가문이 경영하던 방직(신신(申新) 그룹), 제분소(무신(茂新) 그룹), 나염, 기계공업은 모두 합해 24개 사밖에 되지 않았다. 석탄왕, 성냥왕이라고 불리던 유홍생(鴻生)은 자신의 자본총액이 2,000만 위안이라고 직접 밝혔다.

국가가 5년 내에 투자한 것은 611억 6,000만 위안이었고 개인기업의 자금총액은 많아도 50억 위안이 되지 않았다. 비교해보면 바로 알 수 있다. 중국이 사회주의 사회 기본제도를 설립한 것은 전국민이 부지런히 일해서 만들어진 것이지, '사기업의 국유화'로 얻은 것이 아니라는 점을 말이다. 만약에 근간을 무시하고 지엽에 대해서만 논한다면(특히 원인을 민영상공업의 사회주의 전환으로 보는 것) 주객이 전도되지 않았더라도 최소한 무질서한 상태가 되었을 것이다.

이 개발 과정 중 특히 마지막 1년에는 사회주의가 무엇인지, 어떻게 사회주의를 건설할 것인지에 대한 확고한 인식이 여전히 부족했고, 공유제 형태의 경제 수립에만 급급했다는 사실을 알아야 한다. 사회주의 전환 속도가 사람들의 예상보다 훨씬 빨라지자 사람들은 쉽게 이룰 것이라고 간과했다. 이에 따라 빠른 전환 속도로 인한 커다란 성과도 얻었지만 동시에 목표달성에만 급급하고 사업을 엉성하게 진행하는 등 일부 폐단과 문제점이 발생하기도 했다.

사실, 이러한 중요한 문제들은 실천해 나가면서 찬반 양쪽 모두의 경험을 참조해야만 조금씩 해결을 할 수 있는데 1956년에는 어떤 것도 정확히 파악하기 어려웠으므로 문제를 완전히 해결할 수 없었다. 이때는 사업을 새로 시행하는 첫 단계였기 때문에 갈 길이 아주 멀었을 것이다.

그럼에도 불구하고 사회주의 기본제도는 중국수립의 기본바탕에 이미 내포되어 있었다. 그것은 역사발전 과정의 여러 가지 요인이 합쳐져서 이루어진 것이며 특히 중국의 사회주의 공업화는 커다란 성과를 이루었다. 하지만 자본주의 경제는 분산되고 취약하며 발전에 어려움이 컸다. 자본주의가 사회주의보다 역량이 크지만 머지않아 역전될 것임이 틀림없다. 이는 객관적 추세에 따른 결과이다. 사회변혁을 겪고, 경험까지 부족한 몇 억 인구의 국가에서 문제점이 발생하지 않는다는 것은 어려운 일이었다. 사회주의에 대한 정확한 인식 부족 및 사업 진행에 있어서의 서툴고 시간에 쫓기는 여러 문제가 남았지만, 이는 사회주의제도가 발전을 거듭하고 완성되는 과정에서 조정과 개혁을 통해 점차적으로 해결되었다. 이후에 증명되었듯이 이것이 바로 중국 특색의 사회주의 노선이다.

1956년은 중국의 사회변혁과정에 있어 가장 중요한 전환점이라 할 수 있겠다.

당시 기본적인 사회주의 제도는 중국이라는 큰 기반 위에 이미 건설되기 시작한 상태였다. 그러나 그 변화가 너무 빨랐던 탓에 중국 국민들은 받아들일 준비가 되어 있지 않았다. 새로운 변화에 직면한 중국 국민들은 기대와 흥분을 느끼면서도 낯선 문제에 직면해 있었다. 어떻게 하면 사회주의의 현대화를 이루어 낼 수 있을까? 중국은 이제부터 무엇을 해야 하는 걸까?

가난하고 낙후되었으며, 인구는 많으나, 생산 수준은 현저히 낮았던 중국이 건설한 것은 발달하지 못한, 미숙한 사회주의 사회였다. 이러한 상황에서 첫걸음을 떼기가 얼마나 어려웠을지는 굳이 말하지 않아도 미루어 짐작할 수 있을 것이다. 이전까지만 해도 중국은 현대화된 생산 방식과 모든 국민의 경제를 관리한 경험이 없었다. 사회주의의 현대화를 이끈 경험은 더더욱 없었다. 무엇이 사회주의인가에 대해서는 마르크스주의의 창시자가 기본원칙을 제시하긴 하였으나 더 구체적인 답안을 알려 주지는 못했다.

사회주의 건설 초기에 중국공산당이 '소련으로부터 배우자'를 표어로 삼은 건 마지못해 도출해 낸 교육지책이었던 셈이다. 당시 '소련의 현재는 중국의 미래'라는 주장이 힘을 얻고 있기도 했다. 하지만 이 시기에 소련의 사회주의 건설 과정 속에 숨어 있던 문제점들이 속속 드러나기 시작했다. (1) 중공업을 과도하게 중시한 나머지 농업과 경공업은 경시됐다. (2) 집권자들의 배만 불리고 민생은 고려하지 않았다. (3) 경제 관리 체제가 과도하게 엄격했다. 이 외에도 소련은 여러 문제를 끌어안고 있었다.

같은 해 2월에 열린 제20차 소련공산당대회에서 스탈린의 죄목과 그를 향한 맹목적인 숭배가 만들어 낸 참혹한 결과가 낱낱이 밝혀지며 사회주의 국가들을 뒤흔들어 놓았다. 소련이 성공을 거둔 것은 사실이지만, 그들의 방법이 중국의 상황에 들어맞는다는 보장은 없었기에 전철을 그대로 밟을 수는 없었다. 중국의 지도자들 역시 중국만의 길을 개척해 나가야 한다는 것을 알아차렸다. 완전히 새로운 문제가 중국인들의 앞에 등장했다. 어떻게 하면 중국의 상황을 고려하여 중국에 맞는 사회주의를 건설해 나갈 수 있을까?

역사가 중국이 당면한 문제를 전부 해결할 때까지 기다려 줄 리는 없었다. 준비도 끝나지 않았으며 답을 알 수 없는 문제들도 존재했지만 새롭게 시작하기 위해서는 앞으로 나아가야만 했다. 남아 있는 문제들의 답은 나아가는 과정 속에서만 찾을 수 있으며, 실천하고 실험해야만 옳고 그름을 판단해 낼 수 있었기 때문이었다. 프리드리히 엥겔스(Friedrich Engels)는 이론을 완벽하게 이해하기 위해서는 자신의 과오와 고통스러운 경험 속에서 학습하는 방법만큼 좋은 것이 없다고 말한 바 있다. 특수한 역사적 상황을 배제해버린다면 해당 사건에 대해 객관적으로 분석하고 판단하기 어려워지기 마련이다.

제 1 절 성공적이었던 초기 탐색

중국이 사회주의 사회 건설을 위해 나아갈 길을 탐색하기 시작한 것은 1956 년 초의 일이었다. 당시 중국 지도자들은 굉장히 신중했다. 모택동 (毛澤東) 은 "지금 중국 앞에는 여러 갈래 길이 놓여있다. 비교적 쉽고 간편하게 갈 수 있는 길들도 존재하지만, 중국이 나아가야 할 길은 합리적이면서도 정확한 길이다."라고 말했다.

초기 탐색이 성공적이었다는 것은 '논십대관계'와 중국공산당 제 8 기 전국대표대회, 그리고 1957 년 상반기에 발표된 < 인민 내부의 모순을 정확히 처리하는 문제에 관하여 > 를 통해 알 수 있다.

'십대관계'란 모택동이 핵심 목표를 경제 구축으로 바꾸며 신중하고 꼼꼼한 검토를 거친 후 내세운 것이었다. 1956 년 5 월 2 일, 모택동은 중국공산당 중앙정치국 (中央政治局) 확대회의에서 '논십대관계 이론'에 대해 발표했다. 이론의 핵심 내용은 소련의 사례를 본보기로 삼고, 중국 자신의 경험을 종합하여 중국의 상황에 부합하는 사회주의 건설의 길을 모색해야 한다는 내용이었다. 또한 모택동은 이 열 가지의 관계들은 모두 한 가지의 기본적인 목표로 귀결된다고 했다. 바로 국내, 국외의 모든 요소들을 이용·조정하여 사회주의 사회 건설 사업에 기여하는 것이라고 말했다.

모택동은 다른 국가의 경험을 이용하는 것이 현대화건설 경험이 부족한 중국에게 있어서는 매우 중요한 일이라고 강조했다.

우리는 모든 국가와 민족에게는 자기 자신만의 장점이 존재한다는 것을 인정해야만 한다. 그렇지 않다면 그들이 어떻게 지금까지 살아남을 수 있었겠는가. 어떻게 발전할 수 있었겠는가. 동시에 모든 국가와 민족에게는 단점이 존재한다는 것 또한 인정해야만 한다. 사회주의는 위대하며 그 어떤 문제점도 존재하지 않는다 생각하는 자들이 있다. 그러나 그것이 가능한 일이겠는가. 장점과 단점은 공존한다는 것을 인정해야만 할 것이다.

중국은 모든 민족, 모든 국가의 장점을 학습해야만 한다. 정치, 경제, 과학, 기술, 문학, 예술, 어떤 분야에 국한하지 않고 우수한 것들이라면 모두 받아들일 필요가 있다. 하지만 분석하며 비판적인 태도를 유지해야만 한다. 기계처럼 맹목적으로 학습하고 따라 해서는 안 된다. 그들의 단점, 결점은 당연히 배우지 않을 것이다.

특히 더 주의해야 할 것은 최근 소련의 행보다. 소련이 사회주의 사회를 건설하는 과정에서 드러난 단점과 과오들을 반복하고, 그들이 걸어간 잘못된 길을 다시 걸어가고 싶은가?

논십대관계는 사회주의 사회, 특히 공업화된 사회를 건설하면서 맞닥뜨리게 되는 여러 가지 문제들을 담고 있다. 산업 구조 분야의 경우 농업과 경공업, 중공업간의 적절한 비율에 대해 논하고 있다. 공업 분야의 경우, 연해 공업과 내륙 공업의 관계를 위주로 다루고 있으며 국방 분야의 경우에는 주로 경제 체제 건설과 국방 체제 건설 관계에 대해 언급하고 있다. 경제 분야에서는 국가와 생산 단위, 생산자 개인 간의 관계, 중앙과 지방간의 경제 관계가 주요 내용이다. 이 외에 논십 대관계는 한족과 소수민족 간의 관계, 당과 비(非) 당과의 관계, 혁명과 반혁명 간의 관계, 시비(是非) 관계, 중국과 외국의 관계에 대해서도 다루고 있다. 이러한 관계들은 정치생활과 사상 문화생활 속에서 자주 드러나고 여러 부분에 영향을 미치는 문제들이다.

논십대관계가 발표된 시점 전후로 중국공산당중앙위원회(中國共産黨中央委員會, 이하 '중공중앙')와 모택동은 여러 중요 지침들을 계속해서 내놓았다. 과학 문화 분야에서의 사상의 자유를 허용한다는 '백화제방·백가쟁명(百花齊放·百家爭鳴)' 운동, 공산당과 여타 민주당이 내놓은 '장기공존(長期共存), 상호감독(互相監督)' 지침, 평화적인 방법으로 대만문제를 해결하기 위해 '나라를 사랑하는 사람은 모두 동료다(愛國一家)', '애국에는 순서가 없다' 등의 구호를 외치며, 제 3 차 국공합작을 제창한 것 등이 그 사례다.

또한 중국 중앙정치국은 제 20 차 소련공산당대회에서 니키타 흐루쇼프(Nikita Khrushchyov)가 스탈린의 과오를 세상에 폭로하며 혼란스러워진 상황에 대처하기 위해 회의와 토론을 거듭하여 《인민일보》 편집부의 명의로 나온 <무산 계급과 독재 정치의 역사 경험에 관하여>라는 논평을 발표했다. 해당 논평은 스탈린의 업적을 칭찬하는 데에 치우쳐 있었으나 그의 과오에 대해서도 다루었다.

관련 연설과 행동은 중국공산당 제 8 기 전국대표대회의 개최를 위해 초석을 닦아놓는 작업이었던 것이다.

1956 년 9 월, 중국공산당 제 8 기 전국대표대회가 북경(北京) 에서 개최됐다.

해당 회의의 핵심의제는 당시 중국의 국내정세를 분석하고 , 사회주의 기본제도가 건설된 이후 중국내에서 발생한 모순과 변화에 대해 명확하게 판단하며 , 규정에 따라 새로이 변화한 상황에서 당과 전국 인민이 해나가야 할 주요 임무를 분배해야 한다는 것이었다 . 회의에서 정치 분야의 보고를 발표하던 유소기 (劉少奇) 는 완전히 새로운 논점을 내놓았다 .

　　현재 중국의 무산 계급과 자산 계급 간에 존재했던 모순은 어느 정도 해결되었으며 , 몇 천 년간 지속되어 온 봉건적 착취 제도의 역사도 끝에 다다랐습니다 . 기본적인 사회주의 제도 역시 우리나라에 설립되기 시작됐습니다 .

　　현재 중국에 존재하는 모순된 문제들은 인민의 선진화된 공업 국가를 건설하고자 하는 요구와 낙후된 농업 국가의 현실 사이에서 발생하는 모순이며 , 경제 문화의 빠른 발전을 희망하는 마음과 경제 문화의 미숙함이 인민의 수요를 만족시켜 주지 못하는 데에서 오는 모순입니다 .

　　당과 중국 인민에게 시급한 것은 바로 이러한 모순들을 해결하는 데에 힘쓰는 것입니다 . 우리는 중국을 하루 빨리 낙후된 농업 국가에서 선진화된 공업 국가로 탈바꿈시켜야 할 의무가 있습니다 .

　　이것은 아주 큰 발전이었다 . 비록 발언에 부족한 부분이 존재하긴 하나 , 당시 국내의 주요 문제들이 계급간의 투쟁 때문에 아니며 , 계급간의 투쟁에 집중했던 시선을 사회 생산력을 끌어올리는 데에 돌려야 한다는 것을 밝혀냈기 때문이다. 중국이 흔들리지 않고 앞으로 줄 곧 나아간다면 중국의 사회주의는 더욱 더 발전할 수 있다는 뜻이기도 했다.

중국공산당 제 8 기 전국대표대회에서는 중국공산당 제 8 기 중앙위원회를 선출하기도 했다. 이어 개최된 8 기 1 중전회에서는 모택동이 주석으로, 유소기, 주은래 (周恩來), 주덕 (朱德), 진운 (陳雲) 은 부주석으로, 등소평 (鄧小平) 은 총서기에 임명되었으며 이들 6 명으로 구성된 중국공산당중앙정치국 상무위원회는 당 조직의 핵심부서가 됐다.

8 년 동안 추진된 사회 개혁운동과 기본적인 사회주의 제도의 건설 덕분에 계급간의 모순은 더 이상 시급한 문제로 취급되지 않았으며, 당과 정부 부서에 존재하던 관료주의 현상의 폐단 역시도 일부분 해결됐다. 이러한 배경 하에 새로운 사회적 모순이 두각을 드러내기 시작했다. 인민 내부의 모순이 가장 심각했는데, 일반 국민을 포함하여 간부계급, 내지는 각 지방정부간에 존재하는 모순이 점점 수면 위로 떠오르기 시작했다.

국제적으로 보면 동유럽에서 폴란드폭동과 헝가리폭동이 연이어 발생하고, 일부 사회주의 국가 내에 존재하는 심각한 문제가 폭로되며 국제사회에 큰 파문을 일으켰다. 중국 내부의 경우 변화가 급진적이고 거세었던 데에다 경제 체제를 건설하는 과정 속에서 해결하지 못한 문제가 더해져 경제와 정치 생활에 미묘한 긴장감이 맴돌기 시작했다.

또 그해 하반기에는 여러 도시에서 식량, 육류 및 생활용품이 부족했다. 일부 학생, 노동자와 전역 군인들은 진학, 취업과 사회 복귀 등에 큰 어려움을 겪었으며 소수 인원의 시위가 발생하기도 했다. 새롭게 등장한 사회적 모순 앞에서 많은 당원들과 간부들은 마음의 준비가 안 되어 있어 우왕좌왕하며 흔들릴 위기에 처했다. 일부는 여전히 구 (舊) 시대적인 인식을 유지하며 국민의 시위와 예리한 비평을 계급투쟁의 일부로 취급하고 폭력이라는 간편한 방법을 통해 제압하려 했다.

이처럼 사회의 대격변 시기에 몰려온 겪어보지 못한 새로운 상황, 새로운 문제에 어떻게 대처해야 하는 것일까?

새롭게 등장한 문제들, 특히 제20차 소련공산당대회가 불러일으킨 몇 차례의 '해일'와도 같은 문제들을 해결하기 위해 중국공산당 중앙정치국 회의에서 토론을 진행했다. 토론결과에 따라 1956년 12월 29일에 《인민일보》 편집부 명의로 < 무산계급과 독재정치의 역사경험에 관한 재고찰 (이하 '재고찰')> 을 제목으로 한 논평을 발표했다. 논평은 도입부부터 중요한 새 명제를 내놓았다. 사회주의 사회에는 여전히 많은 문제가 존재하며, 그 문제는 크게 두 종류로 나뉜다는 걸 정확하게 구분하고 처리해야만 한다는 것이었다. 논평의 일부 내용은 다음과 같다.

현재 우리는 두 가지 모순에 직면하고 있다. 한 가지는 적대적 모순이며, 다른 한 가지는 인민 내부에 존재하는 비적대적 모순이다. 이 문제는 계급 간 이해관계의 충돌 때문에 발생한 것이 아니다. 정확한 의견과 부정확한 의견 사이에서 발생한 모순이며, 어쩌면 사소한 이해관계 때문에 발생한 모순일 수도 있다. 인민 내부의 모순인 비적대적 모순은 단결하겠다는 바람을 해결의 출발점으로 삼을 수 있으며, 삼아야만 하고 올바른 비난 혹은 투쟁을 통해서만이 해결할 수 있다. 인민 내부의 모순을 적대적 모순과 동등하게 취급해서는 안 되며, 두 가지 문제가 뒤섞이게 해서도 안 된다.

< 재고찰 > 이 발표된 후, 모택동은 시선을 국외에서 국내로 돌리고 내부문제에 집중하기 시작했다. 1957년 1월, 중공중앙은 북경에서 성(省)·시(市)·자치구(自治區) 중국공산당위원회 서기회의를 개최했다. 모택동은 회의에서 사상동향문제를 우리가 반드시 해결해야 하는 문제이며, 가장 시급한 문제라고 거듭 강조했다. 또한 현재 당원들의 사상동향, 일반의 사상동향에는 주의 깊게 관찰할 만한 변화가 발생하고 있다고 언급했다. 모택동은 예를 들어 다음과 같이 설명하기도 했다.

현재 일부 관료들은 명예와 이익에 눈이 멀어 사회의 이익을 위해 공헌하는 것이나, 많이 공헌하고 적게 얻었다는 것을 자랑으로 삼지 않고 허영심과, 계급, 지위만을 비교하고 있습니다. 마치 학교에서 문제가 발생했을 때 많은 학생들이 시위를 했으므로 일부 교수들이 여러 괴상한 이론을 내놓기 시작한 것과 같습니다.

또한 모택동은 제20차 소련공산당대표대회에서 일부가 불러일으킨 문제를 언급했는데, "태풍은 매년 발생하며 국내외의 사상문제와 정치문제에 불어오는 '태풍' 역시도 매년 있어왔습니다. 태풍이 불면 심지가 굳지 못한 사람들은 흔들리기 마련입니다. 붙잡을 수 없다면 낙오된 자들은 두고 가는 것이 규칙입니다. 자리에 계신 분들이 이

점을 주의해 줬으면 좋겠습니다."라고 비유했다.

오랜 기간 관찰하고 사고한 결과, 국내외에서 발생한 중요 사건을 종합하여 2월, 모택동은 1,800여 명이 참가한 최고국무회의확대회의 (最高國務會議擴大會議) 에서 < 인민 내부의 모순을 정확히 처리하는 문제에 관하여 > 라는 제목의 연설을 진행했다. 연설문은 수정 및 보충하여 7월에 정식으로 발표됐다. 아주 큰 의미를 갖는 중요한 이 연설은 도입부부터 '사회주의 사회에는 여전히 적대적 모순과 비적대적 모순, 완전히 다른 성격을 가진 두 가지 모순이 존재한다.'는 것을 꼬집었다. 적대적인 모순은 정치적인 방법으로, 비적대적 모순은 토론, 지적, 설득, 교육을 통한 민주주의적인 방법으로 해결해야 한다고 말했다.

모택동은 철학적인 관점으로 해당 문제에 접근하며 다음과 같이 말했다.

규칙을 통일하는 것은 온 우주의 근본적인 문제입니다. 이 규칙은 자연계뿐만 아니라 인류사회와 인민의 사상 속에 보편적으로 존재해왔습니다. 모순된 것들끼리 대립하면서도 조화로워지고, 또 이러한 과정 속에서 모든 사물은 변화하기 마련입니다.

많은 사람들은 우리 인민 내부에 여전히 모순이 존재하고 있다는 사실을 밝히고 싶지 않아 합니다. 그러나 우리 사회를 발전시키는 것은 바로 이 모순이라는 점을 알아야만 합니다.

또한, 많은 사람들은 사회주의 사회에 여전히 모순이 존재하고 있다는 사실도 밝히고 싶지 않아 합니다. 그러다 보니 사회주의의 모순을 못 본 척하며, 움츠러들고 피동적인 위치에만 머물러 있게 되는 것입니다. 이 모순을 직면하면 정확하게 처리하고 해결하는 과정 속에서 사회주의 사회 내부를 통일하고 한층 더 단결할 수 있을 것입니다.

또한 사회주의 사회의 기본적인 모순은 여전히 생산관계와 생산력간의 갈등에서 발생하며, 상층건축과 경제기초 사이의 모순에서 유발되는 것이라 지적하고 다음과 같이 말했다.

현재 혁명 시기에 대규모로 폭발하듯 발생했던 시민들의 투쟁은 기본적으로 해결되었으나, 계급투쟁은 완전히 해결되지 못한 상황입니다. 많은 시민들은 새로운 제도를 환영하면서도 여전히 그 제도에 익숙해지지는 못했습니다. 당 관계자들의 경험 역시도 부족하여 일부 정책의 문제점에 대해서는 계속 시험하고 답을 찾기 위해 노력하고 있는 상황입니다. 다시 말해 우리의 사회주의 제도는 앞으로도 계속해서 구축해 나가야 하며 더 굳건해져야 할 필요성이 있습니다. 또한 인민들이 이 새로운 제도에 적응할 시간이 필요하며, 당 관계자들 역시 학습하고 경험을 터득할 시간이 필요합니다. 이러한 시기에 우리는 적대적, 비적대적 두 가지 모순을 정확하게 구분하고 선을 긋고자 합니다. 인민 내부의 모순을 정확하게 처리하는 것은 앞으로 각 민족들이 단결하고, 새로운 전쟁을 준비하는 데에 큰 도움이 될 것입니다. 자연계를 향해 투쟁하고, 우리의 경제를 발전시키고,

우리의 문화를 발전시켜야만 합니다 . 모든 인민들이 곧 다가올 과도기를 순조롭게 보내고 , 우리의 새로운 제도를 굳건히 하여 우리의 새로운 국가를 건설할 필요가 있습니다 .

뒤이어 중공중앙의 홍보부는 800 여 명의 당내외 지식인들이 참석한 전국홍보작업회의 (全國宣傳工作會議) 를 개최했다 . 3 월 12 일 , 모택동은 회의에서 "현재 중국은 사회 대격변의 시기를 겪고 있습니다 . 새로운 사회 제도는 이제 막 설립됐고 , 뿌리를 내리기 위해서는 아직 시간이 필요합니다 . '백 가지 꽃이 같이 개화하고 많은 사람들이 각기 주장을 펼치게 하여라 .' 이것은 기본적이면서도 장기적으로 유지될 방침입니다 . 중공중앙은 의견을 발표할 수는 있어도 다시 회수할 수는 없습니다 . 착오가 있는 의견에 대해서는 강압적인 태도가 아닌 설득으로 인민들이 이해할 수 있도록 할 것입니다 ."라고 말했다 . 그 후 남방 순시를 시작한 모택동은 천진 (天津), 제남 (濟南), 남경 (南京), 상해 (上海) 에서 비교적 큰 규모의 당원간부회의를 개최하여 장문의 연설을 진행했다 . 아주 보기 드문 일이었다 .

총체적으로 보았을 때 이 시기에 진행한 모든 탐색은 정확하고 건전한 발전의 도로 위에서 진행됐다고 평가할 수 있겠다 .

그러나 중국 민주혁명의 승리와 신 (新) 중국 건국 초기 목표들의 순조로운 진행은 중국공산당 당원들에게 한 가지 큰 착각을 하게 만들었다 . 바로 순풍에 돛을 단 것처럼 모든 일이 순조롭게 발전하기만 할 것이란 착각이었다 . 중국의 사회주의의 건설이 얼마나 막중한 임무인지와 그 복잡성에 대해서는 심각할 정도로 인식하지 못하고 있었다 . 모택동과 일부 지도자들은 벌써부터 승리감에 자아도취하며 오만해지기 시작했고, 익숙하지 않은 새로운 상황과 새로운 문제에 합리적이지 않은 결정 내리며 조금이라도 귀에 거슬리는 의견은 받아들이지 않았다. 시간이 흐르며 중국공산당의 지도사상은 옳은 쪽에서 점점 '좌'로 치우치는 오류를 범했고, 나아갈 길을 탐색하는 과정에서 궤도를 이탈하게 된다. 이와 같은 상황 탓에 발생된 문제들은 계급간의 투쟁과 건설속도에서 드러났다. 문제들은 하루아침에 생성된 것이 아닌 한층, 한층 쌓여 왔다.

제 2 절 정풍운동 (整風運動) 에서 반우파 (反右派運動) 투쟁이 되기까지

1957 년 4 월, 중공중앙은 < 정풍운동에 관한 지침 > 을 공포했다. 이 "정풍운동"은 인민 내부에 존재하는 모순을 올바르게 처리하겠다는 목적으로 시작됐다.

< 정풍운동에 관한 지침 > 에서는 현재 중국은 이미 혁명의 시기를 지나 사회주의 건설의 시기로 들어섰으며, 격렬하고 위대한 변화를 겪고 있다고 밝혔다. 또한 "이러한 배경 하에 우리 당은 단결하겠다는 바람을 출발점으로 삼아 자아와 타인을 객관적으로 비판하고, 새로운 기반 위에서 새롭게 단결하는 것'이 필수불가결하다고 판단했다. 이에 반 (反) 관료주의, 반 (反) 종파주의, 반 (反) 주관주의를 공고히 하기 위해 당적 차원에서 보편적이고 심도 깊은 정풍운동을 진행하기로 했다. 이번 운동을 통해 당의 마르크스주의사상 수준을 향상시키고, 사회주의의 개조와 사회주의 건설 수요에 적응할 수 있도록 한다."

는 내용을 담았다.

중공중앙은 정풍운동이 온건하고 부드러운 방식으로 진행될 것이라 주장했다. <지침>에서 "이번 정풍운동은 엄숙하고 진지하면서도 온건적이고 부드러운 사상 교육운동이어야 하며, 합리적인 비판과 자아비판운동이어야만 한다. 회의는 '비평대회'나 '언쟁대회'가 되어서는 안 되며, 인원수가 적은 좌담회나 소규모 회의, 혹은 동지와의 개별적인 담화 방식이 되어야 한다."라고 기록했다.

모택동은 유소기, 주은래 등에게 지시를 하달하며 아주 중요한 말 한마디를 던졌다. "풍조를 바로잡지 않는다면 당은 궤멸할 것이다.(不整風黨就會毀了)" 이 짧은 문장이 바로 정풍운동의 초기목적이며, 이전 단계에서 중공중앙이 사회주의 제도를 건설하는 데에 있어서 인민 내부문제를 어떻게 해결할 지에 대해 내린 결론이라 할 수 있겠다.

5월 4일, 중공중앙은 <정풍운동에 관해 당외 인사들에게 협조 요청 지침>을 송달했다. 당외인사를 동원해서 정풍운동에 협조할 수 있도록 하기 위해 5월에 8대 민주당파, 무소속 민주 인사들이 참석하는 좌담회와 상공업계 인사들이 참석하는 좌담회를 개최했다. 동 기간에 국무원 각 부서와 성위(省委), 시위(市委), 일부 대학교의 당 위원회 역시 연이어 당외 인사를 초청해 좌담회를 개최하고 협조를 구했다.

개최된 회의에서 제기된 의견들은 공산당의 정치 작업 속에는 여러 문제점과 착오가 존재한다는 사실을 밝혀냈다. 대다수의 의견들이 상당히 날카로웠지만 선의에서 비롯된 주장이었으며, 예리한 지적이었다. 동시에 편파적이면서 심각한 문제가 존재한다고 주장한 언론은 이것이 전부 다 중국공산당 지도자들이 발생시킨 문제라는 강렬한 인식을 민중에게 심어주려 했다. 극소수에 불과했지만 공산당과 사회주의 제도에 적대적인 감정을 갖고 있는 사람들이 존재했다.

극소수의 우파 인사들은 제 20 차 소련공산당대회와 헝가리폭동 사건 이후의 국제정세와 인민 내부모순이 드러난 중국정세를 잘못 판단했다. 그들은 기회를 틈타 공산당과 사회주의 제도를 맹렬히 비판하는 글들을 발표하기 시작했다. 목적은 민중에게 국부적인 영향이든, 전체적인 영향이든 더 이상 공산당과 공존할 수 없다는 인식을 주는 것이었으며 '정치설계원'의 설립과 '교대 집권'을 요구했다. 이에 더해 일부 지방에서는 민중을 조직하여 자신들을 '성토 모임'이라 지칭하며 집단적인 시위를 요구했다. 또 전국적으로 연대하기 시작하며 일부 신문사들이 선동적인 기사를 실어 긴장감을 고조시켰다. 사태가 이렇게까지 흘러간 것은 경악할 일이었다. 비판한 사람들 중에 우파인사의 인원수가 많지 않지만 능력과 사회, 특히 중간 계급들에게 미치는 영향은 무시할 수 없는 수준이었다. 이 상황을 해결하지 않고 계속 방치한다면 이제 막 설립되어 기반을 제대로 다지지도 못한 사회주의 제도와 사회질서가 혼란에 빠지는 것은 당연지사였다.

모택동과 대부분의 지도층 간부들은 오랜 시간을 적과 투쟁하며 보내왔고, 다년 간 쌓인 습관 탓에 이런 문제에 극히 민감했다. 모택동은 남경 (南京) 의 연설에서 "이번 개방이 혼란을 가져오지는 않을까 염려되십니까? 그럴 일은 없을 것입니다. 중국공산당과 정부의 위신은 충분히 높습니다."라고까지 말한 바 있다. 그러나 일부세력이 주동한 사태는 예상하지 못해 놀라움을 감추지 못했다. 그러므로 적대세력을 도에 지나칠 정도로 과하게 평가했다.

모택동은 5월 15일에 < 변화가 일어나고 있다 (事情正在起變化)> 라는 제목의 글을 작성하여 당내 고급 간부들에게 배포하여 읽도록 했다 . 해당 배포물에서는 "최근 들어 민주당파와 대학교에서 우파들의 활동이 두드러지며 , 방자해지고 있다 . …… 당원들은 우선 그자들이 더욱 더 날뛰고 , 끝까지 가도록 방관하자 .'는 내용이 담겨 있었다 . 또 '사회 풍조를 어지럽히는 대량의 불온한 기사'가 신문에 실리는 것을 두고 보는 이유가 무엇이냐는 질문에는 "인민들에게 이러한 독초와도 같은 것들을 보여주며 견문을 넓히기 위해서입니다 . 완전히 근절시킬 예정입니다 ."라는 답변을 내놓았다 . 배포물에서 우파에게 반격하기로 한 모택동의 결심이 드러났다 .

< 변화가 일어나고 있다 > 를 통해 모택동은 상황 판단에 대한 변화가 일어나고 있다는 것을 보여줬다 . 이튿날 , 중공중앙은 내부지침을 발표했다 . 해당 내부지침은 다음과 같다 .

최근 우리 사회에 반공산당 정서를 가진 사람들이 선동성이 짙은 글들을 발표하며 인민 내부의 모순을 해결하고 , 인민 민주주의 정치의 기반을 공고히 하며 , 사회주의를 이롭게 발전시키려는 당 정부의 노력을 잘못된 방향으로 끌고 가려하고 있다 . 당원들은 그들의 활동을 막지 않아도 된다 . 또 잠시 동안은 (몇 주 간) 반응하거나 반론하지 말길 희망한다 . 우파세력들이 인민들 앞에 진면목을 드러내기까지 기다리고 , 어떻게 반격할 것인지는 일정 기간 이후에 다시 논의하려 한다 .

이것이 바로 중국공산당이 적대세력을 대응할 때 예부터 사용해 온 '적을 깊은 곳까지 유인하여 포위한 후 섬멸하는 (誘敵深入 , 聚而 殲之)' 방법이다 . 혹은 사람들이 흔히 말하는 '뱀을 굴 밖으로 유인하 는 (引蛇出洞)' 전술이기도 하다 . 이는 초기부터 의도되었던 전략은 아니며 , 이 시기에 사건이 변화하고 있다는 것을 인식한 이후에 내놓 은 전략이었다 .

그렇게 또다시 2 주가 흘러갔고 , 반우파 투쟁은 세력을 전국으로 넓혀 나가기 시작했다 . 정풍운동을 진행하는 과정 속에서 극소수의 우 파세력들에게 반격하는 것은 필수 불가결한 일이었다 . 하지만 계급간 의 투쟁 상황을 과하게 평가하는 바람에 큰 실수를 저지르고 말았다 . 불온 세력들이 '먹구름'처럼 사회를 뒤덮었다고 판단한 탓에 선의에서 나온 예리한 지적 , 말실수를 했으나 적의를 품지 않은 의견들도 역시 반대세력으로 취급했고 , 전국을 범위로 한 과격한 대중적인 투쟁을 전 개하기에 이르렀다 . 익숙한 방법으로 적대세력에 대응하고 각 지역에 서는 대응정도가 더 심해지며 심지어는 사적으로 보복하는 사람까지 생겼으며 반우파 투쟁은 날이 가면 갈수록 더 심화됐다 .

반우파 투쟁 과정 속에서 대량의 인민 내부모순을 적대적 모순으 로 취급했고 , 여러 지식인 , 애국인사 , 당내간부까지도 '우파세력'으 로 낙인찍어 그들과 그들의 가족이 장기적으로 수모와 고통을 겪게 했 다 . 심지어는 그들의 지식과 능력을 국가를 위해 이바지하는 데 이용 할 수도 없게 만들었다 .

반우파 투쟁이 심화되며 초래한 더 심각한 결과는 모택동과 중공 중앙이 중국내의 정세를 잘못 판단하게 만들었으며 , 중국내에 존재하 던 주요 모순에 대한 의견에도 큰 변화를 가져다주었다 . 10 월 , 모택동은 8 기 3 중전회의 연설에서 "무산계급과 자산계급, 사회주의노선과 자본주의노선간의 갈등에서 발생하는 모순이 현재 중국 사회의 주요 문제입니다."라고 말했다. 그는 또한 "중국공산당 제 8 기 전국대표대 회에서는 이 문제를 언급하지 않았습니다. 그러나 중국공산당 제 8 기 전국대표대회에서 내린 결론이 계급간의 투쟁을 부정한 것은 아닙니 다. 자산계급과 지식인, 농민들이 변화해야 한다는 것을 부정한 것도 아닙니다. 이 문제들은 각각 다른 자리에서 논의됐습니다."라고 덧붙 였다. 모택동은 경제 분야에서 계급이 소멸돼도 정치와 사상에서도 따라 소멸된 것이 아니라고 생각했다.

이것은 아주 중요한 전반적 변화의 전환점으로 당시 중국내에서 벌어지고 있던 계급투쟁을 다시 수면 위로 떠오르게 했으며, 중국공산당 제 8 기 제 1 차회의에서 사회주의 기본제도가 설립된 이후 국내 주요모순들에 대해 내렸던 판단을 부정한다는 뜻이기도 했다. '계급투쟁을 해결을 주요 목적'으로 삼은 '좌파'의 잘못된 사고방식이 점점 형성되기 시작했다.

제 3 절 대약진 (大躍進) 운동의 시작

신중국 역사상 건설속도 문제에 있어 저지른 가장 심각한 실수는 바로 완성시키는 것에 급급해 경제발전의 객관적인 규칙을 어기고 3 년 넘게 '대약진운동'을 추진한 것이었다.

이러한 잘못된 판단을 내리기까지의 발전 과정 역시 존재했다.

신중국은 사회주의를 건설하기 위해서는 어떠한 과정을 거쳐야 하는지에 대한 경험이 부족했다. 많은 지도자들은 중국의 경제가 낙후되어 심각한 압박을 받고 있다는 것을 감지했고, 경제적으로 독립하지 못했기에 이미 이루어 낸 정치적인 독립 역시도 보장되지 못한다고 판단했다. '낙오된 자는 수치스럽다'는 말 역시도 이 시기쯤에 유행하기 시작했다. 모든 사람들은 좋은 시기에 빠르게 발전하길 희망했다.

1956년, 경제건설 과정에서는 이미 수치를 제고시키는 데에만 눈이 멀어 종합적인 균형은 무시한 채 계획 없이 나아가려는 움직임이 보이기 시작했다. 이 시기에 주은래와 진운은 '급진적인 발전은 안 된다'는 '반모근(反冒近)' 주장을 내놓았다. 모택동은 이 의견에 동의하지 못했으며, 해당 의견은 간부와 민중의 적극적인 태도에 찬물을 끼얹는 행동이라 생각했으나 당시 정풍운동과 반우파 투쟁을 진행하느라 바빴고, 해당 사건에 대해서는 조금 더 지켜봐야 한다고 판단하여 즉각적으로 반대의사를 내비치지는 않았다. 반우파 투쟁 이후, 모택동은 사회주의가 정치전과 사상전에서 큰 승리를 거머쥐었다고 여겼다. 또한 지금이 바로 드높아진 인민들의 각오와 열정을 공농업생산을 발전시키고 공유화 정도를 제고시키는 추진력으로 전환하기에 적절한 시기라고 판단했다. 정치에서의 반우파 운동이 경제건설의 반우파 운동을 불러오게 했다. 1957년 11월, 모택동은 소련을 재방문하여 각국 공산당과 노동당 대표가 모인 회의에 참석했다. 그로부터 한 달 전에 소련은 솔선수범하여 최초의 인공위성을 발사에 성공하여 전 세계를 뒤흔들었다. 회의에서 모택동은 이로 인해 세계정세를 낙관적으로 평가하며 "동풍이 서풍을 이길 것이다."라는 말을 남겼다.

당시 소련은 15년 후(1972년)에는 철강 분야의 총생산량과 1인 평균생산량 부분에서 미국을 뛰어넘을 것이라고 발표했다. 모택동은 중국이 같은 시기에 영국을 뛰어넘을 수 있을지 없을지에 대해 고민했다. 그는 약간의 조사를 진행해보고, 소련에 있던 중국 유학생들에게 다음과 같이 말했다.

> 우리의 생산력은 아직 낮은 수준에 머물러 있으며, 철강생산량은 520만 톤밖에 되지 않는다. 그러나 두 번째 5개년계획이 끝난 직후의 생산량은 1,200만 톤으로 증가할 것으로 예상된다. 그 다음 5개년계획 이후의 철강생산량은 2,200만 톤에서 2,400만 톤에 다다를 것이다. 네 번째 5개년계획이 마무리될 쯤에는 4,000만여 톤을 넘어서리라 생각된다. 나는 폴릿 동지(당시 영국 공산당 서기장)를 만나 15년 후 영국의 철강생산량이 어느 정도 될 것이라 예상하냐는 질문을 던졌다. 폴릿 동지는 현재 영국의 철강생산량은 2,000만 톤이며, 15년 후에는 많으면 3,000만 톤에 다다르리라 예상한다 하였다. 그렇다면 15년 이후 소련은 미국을 뛰어넘을 것이고, 중국은 영국을 뛰어넘을 것이며 세계의 추세는 크게 변화할 것이다.

12월 12일, 《인민일보》는 모택동이 주관하여 작성한 <빠르고 시간을 절약할 건설 방침을 견지해야 한다>를 발표했다. 이 사회 평론에서 "작년 가을이후, 일부 부서와 일부 단체, 일부 간부들 사이에 불어닥친 이상한 '바람' 때문에 시간을 아낄 수 있는 좋은 기회와 방법들을 다 날려 버렸다."고 신랄하게 비난했다. 또한 급진적인 발전은 자제해야 한다는 의견을 꼬집으며, "그런 태도로는 사회주의 건설사업 추진에 일말의 도움도 되지 않을 뿐더러, 소극적인 대응 때문에 반대로 '후퇴'시킬 것이다."라고 지적했다.

1956 년, 1957 년, 1958 년 초의 국민경제발전 속도를 비교해 보면 1956 년에는 GDP 가 지난해에 비해 15% 증가했으며, 그중 공업 총생산액은 28.1% 성장했다. 1957 년에는 조정계획과 자연재해 등 요소로 인해 GDP 는 5.1%, 공업 총생산액은 3.6% 성장했다. 1958 년 1 ~ 4 월 공업 총생산액은 동기대비 26% 성장했고 그래프로 그리면 파도형 모양의 그래프가 나타났다. 결과를 종합해 보면 마치 말안장처럼 양쪽은 높고 중간은 푹 꺼진 형태의 성장 추세를 보였으며, 모택동의 불만은 더더욱 높아져만 갔다.

1958 년 1 월, 중공중앙은 광서성 (廣西省) 의 남녕 (南寧) 에서 중앙업무확대회의를 개최했다. 모택동은 이 회의에서 반모근 주장을 다음과 같이 맹렬하게 비난했다.

반모근이라는 단어 자체를 꺼내지 않았으면 합니다. 이것은 정치적인 문제입니다. 당시에 반모근이라는 주장을 내놓지 않았더라면 이상한 바람이 불일도 없었을 것이며, 중요한 기회가 날아가는 일도 없었을 것입니다. 그 반모근이라는 주장 때문에 첫째로는 시간을 절약할 기회가 날아갔으며, 둘째로는 40 개에 달하는 강령이 없어졌고, 셋째로는 위원회를 추진할 기회가 사라졌습니다. 도대체 열정을 보호하고, 노동자들을 격려하며, 순조롭게 나아가는 것이 목표입니까, 아니면 그 열정에 찬물을 끼얹는 게 목표입니까? 6 억 인구가 힘을 잃어버릴까 가장 두렵습니다. 반모근 주장은 6 억 인민의 의지를 낭비한 것과 다름없습니다 .

게다가 그는 주은래 앞에서 "당신은 반모근 측 아닙니까 ? 저는 반모근 주장에 반대하는 반 반모근 (反反冒近) 파입니다 ."라고 말하기까지 했다 .

남녕회의 이후 , 얼마 지나지 않아 개최된 최고국무회의에서 모택동은 "현재 우리 민족의 열정과 열풍을 비유하자면 마치 핵이 폭발하며 방사되는 열기와 같습니다 . 목적을 달성하기 위해서는 열정이 필요합니다 ."라고 말했다 . 또한 춘절이기도 했던 2 월 18 일에 중공중앙은 북경에서 정치국확대회의를 개최했다 . 모택동은 회의에서 다음과 같이 말했다 .

오늘은 생산력이 크게 고조되는 날입니다 . 현재 우리 인민들의 정서는 매우 고조되어 있습니다 .

지금의 열기는 반고대제가 천지를 개벽하고 삼황오제 시대부터 지금에 이르기까지 한 번도 본 적 없는 수준입니다 .

급진적인 모험이 가져온 결과가 대단하지 않습니까 ? 농촌의 수리공사에도 도움이 되지 않았습니까 ? 공업 노동자들의 열기는 다시 피어오르기 시작했습니다 . 1956 년 여름의 기억은 잊어버립시다 .

모험이라고 하면 모험이지만 , 급진적인 것은 반대한다는 반모근 같은 구호는 이제 언급하지 맙시다 . 약간의 모험은 피할 수 없는 것입니다 .

반모근 주장을 비판하는 목소리가 거세지며 모택동은 점점 이성적으로 판단하지 못하게 되었고 , 3 월에 열린 성도 (成都) 회의에서는 반모근 주장을 두 차례나 비난하기에 이르렀다 . 그는 연설에서 "미신 따위에 휘둘리면 안 된다 . 사상을 해방하라 ."고 강조하며 , 유리한 위치를 선점한 것처럼 파죽지세로 나아가야만 하고 생각 , 발언 , 행동할 용기가 있어야 한다고 말했다 . 이는 사실상 일을 추진하는 데에 있어서 객관적인 경제 규칙을 존중하지 말고 맹목적으로 행동하라고 조장한 것과 다름없다 . 각 지역과 부서들은 실제로 이루어 낼 수 있는 목표를 한참 뛰어넘은 수치를 내놓으며 경쟁하기 시작했고 , 그 지표는 점점 높아져만 갔다 . 분위기가 과열되며 '대약진운동'은 피할 수 없는 하나의 추세가 된 것이다 .

5 월 , 중국공산당 제 8 기 전국대표대회 제 2 차 회의가 북경에서 개최됐다 . 이번 회의에서는 반모근 주장을 펼친 주은래와 진운은 대회에서 자기비판을 했다 . 사회주의가 앞으로 나아갈 총노선 제정은 해당 회의의 가장 중요한 의제였다 . 통과된 결정은 "회의 참석자들은 모택동의 제안으로 온 힘을 다하여 앞으로 나아가고 . 양을 늘리고 , 속도고 빠르고 , 잘하고 , 시간을 절약하는 사회주의 발전 총노선을 당노선으로 결정하여 추진하는 데에 전원 동의한다 ."였다 .

모택동은 해당 회의에서도 미신에 휘둘리면 안 된다고 강조하며 열등감에서 벗어나야 하고 , 필요 이상으로 자신을 낮추는 행위를 지양하여야 한다고 말했다 . 또 생각 , 발언 , 행동을 할 용기가 있는 정신력을 지녀야 한다고 강조했다 . 이는 모택동과 중공중앙의 기본 정치사상이기도 했다 . 국민들을 믿기만 한다면 , 국민들의 적극성과 창조성을 끌어내기만 한다면 , 힘을 충분히 불어넣어 주기만 한다면 , 나아갈 방향을 잘 정해주기만 한다면 인간 세상에 있는 그 어떤 일도 해낼 수 있을 것이라 믿었다. 인간의 주관적인 능동성을 너무 높게 샀던 것이다.

총노선에서 계속 강조한 '양을 늘리고, 속도고 빠르고, 잘하고, 시간을 절약하는' 방법이라는 수식어는 상호 제약적이며, 사실상 드러난 것은 '빠르다' 밖에 없었다. 이러한 발전 총노선은 어떻게 봐야 할까? 대체 왜 이렇게 '속도'를 강조한 것일까? 이는 두 가지 측면에서 봐야 이해할 수 있다.

사회 생산 능력을 최대한 빨리 발전시키고, 국가의 공업화를 실현하는 것이 당시 중화민족의 공통된 바람이자 강렬한 요구였다는 것은 틀림없다. 당시 중국 국민들은 대규모 경제건설이 어떤 일인지에 대해 잘 알지 못했다. 전국 해방 전쟁에서의 승리부터 국민경제의 회복, 한국전쟁의 성공적인 마무리, 이에 더해 과도기에 발전 총노선이 선포되고 사회주의를 건설하기까지, 모든 일들을 이루어내는 데에 고작 3년이라는 시간밖에 걸리지 않았다.

이는 중국인들에게 일종의 착각을 불러일으켰다. 인간이 주관적인 능동성을 충분히 발휘하여 민중운동을 펼친다면 그 어떤 어려운 일도 단기간 내에 실현시킬 수 있다는 착각, 특별한 역사 단계를 겪으며 형성된 특수한 심리상태이자 사고방식이었다. 당시 중국 인민들은 누구보다 열의가 넘쳤으며, 그 의지는 하늘로 솟을 듯했고, 사회주의를 건설하고자 하는 열망 역시도 고조된 상태였다. 모든 인민의 마음이 하나가 되어 불철주야로 노력하여 중국의 경제 문화가 '대약진'을 이루어 내길 희망했다. 이러한 심리는 일부 국민에게만 국한된 이야기가 아니라 당시의 보편적인 심리였다. 등소평은 20년이 지난 이후에나 솔직하게 털어 놓았다.

대약진운동, 모택동 동지의 마음만 급하고 우리는 안 급했겠는가? 유소기 동지도, 주은래 동지도 나도 반대하지 않았다. 진운 동지는 의견을 내지 않았고. 이러한 문제에 있어서는 무엇보다 공정해야 한다. 다른 사람은 다 옳고 한 사람만 잘못했다고 말해서는 안 될 것이다. 사실과 달라지기 때문이다.

상술한 배경 하에 인간의 주관적인 능동성을 과대평가하고 결과를 얻는 것에만 급급했던 좌파가 저지른 실수는 나날이 더 커져만 갔다.

사회의 발전이라는 것은 이렇다. 당신이 이루어 말할 수 없을 만큼 좋은 마음과 아름다운 바람을 갖고 진행했다 하더라도, 객관적인 규칙을 어기는 이상 당신은 경제의 비정한 처벌을 받을 수밖에 없다. 심지어는 재난과 맞먹는 결과를 가져오기도 한다. 게다가 이러한 결과는 즉각적으로 나타나는 것이 아니며 일정 기간이 경과한 후에나 드러난다. 대약진운동이 우리에게 남겨 준 역사적 교훈인 셈이다.

1958년 시작된 이 대약진운동의 열풍은 농촌 지역에서부터 불기 시작했다. 생산량을 과대하게 부풀린 탓에 실제 농산물 생산량과 보고된 수치 사이에는 심각한 격차가 존재했다. 7월, 농업부는 1958년 하계 농산물 생산량 보고에서 금년 하계의 수확량은 전례 없던 수준이며, 총생산량은 작년과 대비하여 69% 증가했고, 1묘(畝) 당 수확량은 작년 대비 70% 증가했다고 밝혔다. 보고 발표된 날에 《인민일보》는 < 올해 여름철 수확량의 증가는 무엇을 설명하는가 > 란 사설을 게재했다. 이 사설에서 "이번 수확량은 우리 중국의 농업 발전 속도가 이미 새로운 단계에 진입했다는 것을 의미한다. 드디어 비약적으로 발전하는 단계에 접어들었다. …… 농업생산량은 100 분의 몇 퍼센트의 속도로밖에 성장할 수 없고, 몇 십 퍼센트는 불가능하다고 주장하던 비관론자들은 전부 파산했다.”고 쓰여 있었다.

8 월 3 일, 중국 국가 통계국은 1958 년 상반기 국민경제 계획 집행 상황에 관한 자료를 공포했다. 《인민일보》는 역시 같은 날 사설을 발표하며 국민의 말을 빌려 “인간이 대담해질수록 생산량이 증가한다.”며, “밭의 생산량은 인간의 대담함에 결정한다.”고 했다.

27 일, 《인민일보》가 산동성 (山東省) 수장현 (壽張縣) 의 1 묘당 생산량이 5 톤을 넘어섰다는 조사결과를 보고할 때도, 편집부는 < 인간이 대담해질수록 생산량이 증가한다 > 는 제목으로 이목을 집중시켰다. 이 한마디는 곧 전국에 유행하기 시작했으며, 당의 정신이라 생각하여 큰 영향을 미쳤고, 인간의 주관적인 능동성을 터무니없는 수준으로까지 확대시켰다.

이처럼 부풀려지고 거짓된 통계는 농업생산량이 크게 증가했다는 거짓된 인식을 심어 주었으며, 사람들은 이성적으로 생각하지 못하고 정책을 결정하는 데에 있어서 일련의 심각한 실수를 발생시켰다. 그중 하나가 바로 농업문제가 기본적으로 해결됐다고 생각하여 이제는 농업이 공업의 발전을 견인하여야 한다고 믿기 시작했다. 이러한 잘못된 믿음 탓에 중점을 공업 분야, 특히 철강 분야로 옮기게 됐고, 전 국민의 철강생산을 독려하기 시작했다.

철강업은 공업화의 기초이자 기둥이라 할 수 있다. 구 (舊) 중국은 1948 년까지 반 (半) 세기라는 기간 동안 760 만 톤밖에 생산하지 못했다. 1957 년, 중국의 철강생산량은 535 만 톤으로, 세계적으로 보자면 같은 해 미국의 철강생산량은 1 억 225 만 톤이었으며 소련은 5,118 만 톤, 영국은 2,245 만 톤에 달했다. 품질면에서는 그 어떤 나라와도 비교할 수 없는 수준이었다. 중국의 철강 분야는 여전히 낙후된 상태였으며 갈 길이 구만 리나 남아 있었다.

모택동은 철강을 무엇보다 더 중시했으며 '식량과 철강만 있다면 그 어떤 것도 해낼 수 있다'고 믿었기에 중국의 철강업이 낙후된 것을 보며 매우 조급해했다. 그는 모스크바회의에서 영국을 앞지르겠다 말했고, 우선은 철강업부터 시작하기로 결심했다. 1957 년 12 월 제정된 1958 년 '국가경제계획'에서 쓰여 있던 철강생산량은 610 만 톤이었다. 그러나 반모근 주장을 비판한 이후, 국가경제위원회는 성도회의 기간 동안 '두 번째' 1958 년 국가계획을 내놓으며 철강목표 생산량을 710 만 톤으로 높였다. 대약진운동의 열풍이 불기 시작한 이후, 치금공업부는 목표를 다시 850 만 톤으로 끌어올렸다. 6 월 달에는 각 협력 지역에서 앞다투어 철강업회의를 개최했으며 각자만의 철강생산량 지표를 내놓았다. 이 지표는 터무니없이 높은 수준이었는데, 1958 년의 목표는 1957 년 생산량인 535 만 톤의 두 배인 1,070 만 톤이었다.

이 시기쯤에 모택동과 다른 지도자들의 역시 점점 극도의 흥분 상태에 빠져들기 시작했다.

22 일, 모택동은 국무원 부총리 겸 국가경제위원회 주임을 맡은 박일파 (薄一波) 가 제출한 보고서에서 1959 년 중국 공업상품 예상 생산량 (전력 (電力) 제외) 은 영국을 초월할 것이라고 적혀있는 내용을 보고, "우리는 빨리 영국을 따라잡아야 한다. 15 년까지도 필요 없고, 7 년까지 걸리지도 않을 것이다. 2 년에서 3 년, 아니 2 년이면 충분하다. 철강업을 위주로 하는데, 1959 년에 2,500 만 톤을 달성하기

만 한다면 우리는 적어도 철강업에 있어서는 영국을 뛰어넘게 될 것이다.”라는 지시를 하달했다.

물론 이 보고와 지시 내용은 과학적 증거도 부족하고 경제발전의 객관적인 규칙에도 부합하지 않으며, 그것들이 가져올 심각한 결과는 더더욱 생각하지 않은 발언이었다.

철강생산량을 1958년에 두 배로 끌어올리겠다는 이 지나친 목표를 확정하자마자 외부에 공포했고, 이는 니키타 흐루쇼프의 귀에까지 들어가 중국은 이러지도 저러지도 못하는 상황에 처해버렸다. 8월, 중공중앙은 북대하(北戴河)에서 정치국확대회의를 개최하여 전국 인민에게 철강생산에 참여하라고 촉구하기 시작했다. 이 원대한 목표를 실현하려면 국민경제의 기타 분야는 철강업을 위한 ‘양보’하라는 의미였다. 이렇게 또 전국적인 규모로 철강생산운동이 붐을 일으키기 시작했다. 당시에 유행한 ‘철강을 기초로 한다.(以鋼爲綱)’는 말은 이러한 배경 하에서 생겨난 것이다. 농업에서는 강철 대신 ‘식량을 기초로 한다.’는 말이 유행했으며, 두 가지를 합해 ‘총사령관의 지휘’라고 표현하기도 했다. 심지어는 ‘한 마리 말이 앞장서면 1만 마리 말이 같이 뛴다’는 말도 나왔다.

객관적인 경제 규칙을 무시한 탓에 대규모 민중운동을 벌였음에도 불구하고 철강생산량의 실제 발전 상황은 이상적이지 못했다.

제4절 농촌 인구의 공사화(公社化) 운동

생산력 분야에서 객관적인 경제규칙을 무시하고, 결과를 얻어내는 것에만 급급해 시행한 대약진운동은 생산체계에서 생산목표가 실제 발전수준을 초과하고, 더 높은 수준만 고집하는 문제를 가져왔다. 그 중 가장 심각한 문제는 경솔하게 인민공사화운동을 추진한 것이었다.

1956년부터 1957년 초까지, 농촌 지역에는 이미 고급농업생산합작사(高級農業生産合作社)가 보편화되어 있었다. 게다가 초창기부터 합작사의 규모가 너무 큰 탓에 관리하기에 어려우며, 평균주의가 비교적 심각하다는 등의 문제가 드러난 상황이었다.

모택동은 과거에 유소기, 육정과 함께 미래 중국의 농촌조직체계에 대해 논의한 바 있다. 육정은 "모택동 주석과 유소기 동지는 몇 십 년 후의 중국의 모습에 대해 얘기하며 미래에는 여러 공산주의적인 공사(公社)가 들어서리라 예상했다. 각각의 공사는 농업, 공업 기능을 갖추고 있으며, 내부에는 대학교, 중학교, 고등학교, 초등학교가 존재하고, 병원은 물론 과학 연구 기구와 상점 및 서비스업의 기능도 갖출 것이라 예상했다. 뿐만 아니라 교통 분야의 기능도 갖추었으며, 탁아소(託兒所)와 공공식당, 구락부와 치안 유지를 위한 인민경찰도 배치되어 있을 것이다. 이렇게 구성된 농촌공사가 도시를 둘러싼 모습일 것이며, 이는 더 큰 범위의 공산주의 공사를 구축할 것이라는 말이다. 선인들이 말한 유토피아가 실현될 것이며, 심지어는 유토피아보다 더 좋은 현실일 것이다."라고 말했다.

상술한 사회가 바로 모택동과 일부 중앙지도자들이 마음속으로 그려온 농촌의 아름다운 설계도다.

'인민공사'라는 단어를 처음으로 사용한 곳은 하남(河南) 신향현(新鄕縣)에 소속된 칠리영(七里營) 인민공사이었다. 8월 초순에 모택동은 신향현의 칠리영에서 인민공사라는 간판을 보고 "인민공사라니, 탁월한 이름이다."라고 칭찬했다. 이를 신화사가 빠르게 보도하며 '인민공사'라는 이름은 빠르게 중국전역으로 퍼지고, 곳곳에서 볼 수 있게 됐다.

　　대약진운동과 인민공사, 사회주의 건설 총노선, 이 세 가지를 합쳐 세 개의 깃발이라는 뜻인 '삼면홍기(三面紅旗)'로 지칭했다. 이 삼면홍기는 중국이 자기 자신의 특색을 가진 성공을 이루어 낼 수 있는, 새로운 성공 가도로 취급됐었다.

제 5 절　금문(金門) 포격전과 티베트 시위 진압

　　당시 추진되었던 농촌에서의 철강생산운동과 농촌인민공사화운동이 고조된 북대하(北戴河) 정치국확대회의 개최기간 동안, 전 세계를 놀라게 할 큰 사건이 발생하며 중앙지도자들의 주의력을 흩트려 놓았다. 바로 1958년 8월 23일에 벌어진 금문 포격 사건이다.

　　장개석(蔣介石)은 대만(臺灣)으로 후퇴한 이후, 미국정부의 전폭적인 지지와 대만 자체에서 실시한 '개조(改造)'운동을 통해 발을 딛고 일어서는 데에 성공했다. 장개석은 "대륙에 반격해야 한다."고 거듭 강조했으며, "첫 해에는 준비하고, 두 번째 해에는 반격하고, 세 번째 해에는 소탕하고, 다섯 번째 해에는 반격에 성공한다."는 등의 구호를 내놓았다. 대만은 1954년 12월에 미국과 공동방어조약을 체결함에 따라 양안상황은 뒤숭숭해지기 시작했다.

　　1958년에는 큰 움직임이라 할 만한 사건이 발생했는데, 바로 미국이 대만의 정세에 한층 더 개입하려 한 시도였다.

'하나의 중국, 하나의 대만 (一中一台) 이나 두 개의 중국 (兩個 中國)' 같은 미국의 계획을 수포로 되돌리고, 대만 당국의 방해 공작에 반격하기 위해 모택동과 중공중앙은 금문에 포격을 가하기로 결정했다. 8 월 23 일, 복건성 (福建省) 최전선에 배치된 중국 해방군 부대가 금문을 포격하기 시작한다. 대규모의 포격은 두 시간동안 이어졌으며, 발사된 포탄은 약 3 만 발에 달했다. 대만에서도 중장 이하의 장교 및 사병 600 여 명이 사망하고, 두 명의 미국 군사고문 역시 목숨을 잃었다. 금문 섬에 있던 대량의 군사 시설이 훼손되었으며, 통신 체계도 심각한 피해를 입었다. 이날부터 복건성 최전선에 위치한 인민군 부대는 근 2 주간 지속적으로 포탄을 발사했으며, 미국 정부와 장개석 (蔣介石) 은 인민해방군의 의도를 알지 못해 대공황 속에 빠지게 됐다.

미국과 장개석 간의 갈등을 더 심화시키기 위해, 중공중앙은 10 월 6 일부터 7 일 동안은 포격을 멈추겠다고 선언하고, 금문 섬에 주둔하고 있는 군대들이 자유롭게 보급품을 나를 수 있도록 허용한다고 밝혔다. 그러나 미국의 호위함이 붙지 않는다는 것이 전제조건이었다.

10 월 13 일, 모택동은 홍콩에 거주하는 작가 조취인 (曹聚仁) 을 만나 "장개석 선생이 미국과 결렬할 생각이 있다면 우리가 도와줄 수도 있다. 우리는 장 선생이 금문열도 (金門 島) 와 마조열도 (馬祖列 島) 를 관리하는 것에 동의하는 입장이다. 만약 장 선생이 금문열도와 마조열도를 포기하고 물러선다면 힘을 잃을 테고, 인심 역시 흔들리며 무너질 가능성이 높을 테니 말이다. 미국과 손을 잡지만 않는다면 대만, 팽호열도 (澎湖 島), 금문열도, 마조열도 전부 장 선생에게 관리 · 감독 권한을 넘길 마음도 있다는 것을 알아야 한다. 몇 년을 관리하든 무관하지만 우리 측에서는 통행할 수 있도록 해야 하며, 장 선

생 본인이 대륙에 와서 정치적 활동을 펼치는 것은 용납하지 않겠다 . 만일 그런 일이 발생한다면 대만 , 팽호열도 , 금문열도 , 마조열도 전부 중국의 품으로 되돌아올 것임을 명심해야 한다 .”고 말했다 .

이때 한 사람이 대화 중간에 끼어들며 “그렇게 되면 미국의 지원이 끊길 텐데요 ?”라고 질문을 했다 . 모택동은 “대신 우리 측에서 전부 지원해줄 것이다 . 군대는 보존할 수 있게 해 줄 것이며 , 군대 인원이나 정부 인원을 감축하라 압박할 생각도 없다 . 삼민주의 사상을 펼치고 싶으면 펼치게 둘 생각이다 . 반공산주의 활동도 대만에서 해도 상관없겠다 . 그러나 비행기를 보내거나 특무인원을 중국으로 파견하여 질서를 어지럽혀서는 절대 안 된다 . 장 선생이 먼저 백색반동세력을 보내지 않는다면 , 우리 측도 적색반동세력을 보내지 않을 생각이다 .”라고 대답했다 .

이번에는 조취인이 “대만국민들의 생활방식은 어떻게 될 것입니까 ?”라고 질문하자 모택동은“그들은 그냥 살아온 대로 살아가면 된다 .”고 답했다 .

후에 주은래가 이 대화를 근거로 삼아 ‘일강사목 (一綱四目)’이라는 이름으로 요약 및 정리한 내용은 1963 년 초에 장치중 (張治中)이 진성 (陳城)에게 보낸 편지에 담겨 대만 당국에 전해지게 되었다 . 일강 (一綱)이란 대만이 조국으로 돌아온다면 어떤 문제든 장 선생과 형의 의견을 존중하여 적절하게 처리할 것이라는 뜻이다 . 사목 (四目)에서 (1) 대만이 조국으로 돌아온다면 외교 권한만 중국 당에 통합되며 , 군사와 정치 , 인사 결정권 등의 문제는 총재와 형의 의견에 따라 처리한다 . (2) 모든 군사와 정치 및 건설에 드는 비용이 부족하다면 중공중앙에서 부담한다 . (3) 대만의 사회 개혁은 천천히 진행하여도 괜찮다 . 필요조건들이 준비되었을 때 진행하여도 무관하고 , 총재와 형의 의견에 따라 협의 후에 진행하기로 한다 . (4) 양측은 사람을 파견해 상대측에 논란이 될 만한 일들은 진행하지 않기로 한다 ."의 네 가지 내용을 담고 있다 .

중국공산당이 내놓은 일국양제정책은 역시 이러한 기초 하에 천천히 형성된 것이다 .

1959 년 5 월 , 모택동은 호국과 통일의 문제에 대해 한마디 말을 남겼다 . "우리에게는 아직 해결하지 못한 두 가지 문제가 존재하는데 , 바로 티베트 문제와 대만 문제다 . 지금부터는 티베트 문제를 해결할 것이다 ." 왜 이 시기에 "지금부터는 티베트 문제를 해결할 것이다 ." 라고 말한 걸까 ? 그 이유는 1959 년 3 월 , 티베트 지방정부와 상층 농노주 (農奴主) 귀족인사들이 대규모의 무력시위를 벌였기 때문이다 . 인민해방군이 빠르게 시위를 진압했고 , 중국 중앙인민정부는 티베트의 100 만 노예들의 바람에 따라 티베트 역사에 길이 남을 민주개혁을 시작하게 되었다 .

티베트의 역사는 새로운 장에 접어들었다 .

제 6 절 좌파의 잘못을 교정하기 위한 초기 노력과 노산 (蘆山) 회의에서 불어 닥친 역풍

대약진운동과 인민공사화운동을 추진하는 과정 속에서 벌어진 문제는 조금씩 탄로 나기 시작했다 . 중국인민들은 흥겨움에 취해 초기에는 그 문제점을 바로 인식하지 못했다 .

1959 년 2 분기에 들어선 이후 , 중국경제발전 과정에 존재하는 심

각한 문제가 점점 더 명확하게 수면 위로 떠오르기 시작했다. 농업생산 현황이 기대했던 것과 다르게 좋지 못했던 것이다. 1959 년 하계 작물파종 면적은 작년에 비해 20% 떨어졌으며, 하계 곡식과 유료작물의 수확량 역시도 대폭 감소했다. 야채, 육류 등 부식품은 더더욱 부족했다. 여태 부풀려져 보고되었던 생산량과 1959 년 농업생산량계획 사이의 간극 탓에 여태 수치를 조작해왔다는 사실이 드러나기 시작했다. 공업 분야에도 많은 문제가 존재했다. 1959 년 1 ～ 4 월의 예상생산량은 600 만 톤이었지만 실제로는 336 만 톤밖에 생산해 내지 못했다. 추가적으로 생산한다 하더라도 예상생산량은 채우지 못할 게 자명했다. 철강 분야의 생산량은 다른 생산 분야를 축소하며 억지로 늘려놓은 것이었으니 국민들의 일용품은 극심할 정도로 부족했고, 공급부족으로 인해 불만의 목소리가 나날이 커져만 갔다.

중앙정부 지도자들은 대약진운동이 끝난 이후 국민경제의 발전 상황에 대해 낙관적인 태도를 갖고 있었다. 그러나 돌아온 것은 경악스러울 만큼 비참한 현실이었다. 4 월, 중앙위원회는 상해에서 8 기 7 중전회를 개최하여 1959 년 국민경제계획초안에 대해 심도 깊은 논의를 진행했다. 이에 철강생산량 지표와 기본 건설투자 및 기본 건설항목 목표를 하향 조정하고, 농촌인민공사의 정비작업을 검토했으며, 국가기관의 지도자 후보들에 대해 토론 및 선정을 진행했다. 뒤이어 개최된 제 2 기 전국인민대표대회 1 차회의에서는 8 기 7 중전회에서 논의한 1959 년 국민경제계획초안을 승인하고, 유소기를 국가 주석으로, 송경령 (宋慶齡), 동필무 (董必武) 를 부주석으로, 주덕을 전국인민대표대회 상무위원회장으로 선출했으며, 주은래가 국무원 총리를 연임하는 것에 동의했다.

8 월, 전국인민대표대회 상임위원회는 철강생산량을 1,300 만 톤으로 하향시키는 안건을 통과시키고 정식으로 선포했다. 철강생산량 조정은 전반적으로 조정된다는 것을 의미하며, 기타 중요한 생산 지표도 같이 조정됐다. 덕분에 팽팽하게 당겨졌던 선들이 느슨해지며 각경제 업무 분야에서의 체계도 비교적 합리적인 방향으로 조정됐다.

1959 년 7 월, 중공중앙이 노산에서 정치국 확대회의를 개최했는데 현재 국내상황에 대한 인식을 통일하고, 이루어낸 업적들을 인정한다는 전제 하에 터득한 경험과 교훈을 종합하였다. 한 걸음 더 나아가 좌파세력의 잘못을 교정하고, 당원 전부를 동원하여 1959 년 진행된 대약진운동이라는 임무를 완수하는 데에 목적을 두었다. 회의 개최 전, 장사 (長沙) 에 있던 모택동은 주은래에게 전화를 걸어 "지금은 조급한 마음 탓에 모든 사람들이 열이 오른 상태라 우선은 진정하고 정치경제학에 대해 사고해 볼 필요가 있다. 이번 회의는 과도하게 긴장된 분위기 속에서 진행하지 말고 적당히 풀어진 분위기에서 진행하는 게 좋을 것으로 보여진다."고 말했다. 또 모택동은 장사에서 소산 (韶山) 을 여행하는 도중 동행한 왕임중 (王任重) 에게 "작년에 '공산당 열풍'이 분 것 역시 '좌파'의 잘못이라고 할 수 있을 것이다. 경험이 부족했기에 잘못을 저질렀고, 난관에 부딪혔을 때는 생각 없이 부딪히기만 해서 해결될 일이 아니다."라고 말했다.

노산회의 진행 시작 시, 모택동은 18 개의 문제를 내놓으며 회의 참가자들과 토론하고자 했다. 그는 두 차례의 연설을 통해 특히 더 주의해야 할 점 몇 가지에 대해 언급했다.

그중 첫 번째는 종합적인 균형이었다. 그는 연설에서 "균형을 유지하지 못한 것이 우리의 실패 원인이며, 이는 대약진운동이 우리에게 남긴 중요한 교훈 중 하나입니다. 두 다리로 걸어 나가며, 균형 잡힌 발전을 추진하겠다 말했지만 실제로는 양쪽을 두루 살피지 못했습니다."라고 밝혔다.

두 번째는 농업과 경공업 그리고 중공업의 발전 순서에 관한 문제였다. 그는 연설에서 "과거에는 중공업, 경공업, 농업 순으로 발전시켜야 한다 했으나 지금은 순서를 바꿔 농업, 경공업, 중공업 순으로 발전시켜야 하지 않겠습니까?"라고 말했다.

세 번째는 시장 문제였다. 그는 연석에서 "이전에 진운 동지는 먼저 시장을 구축하고, 그 이후에 기초를 건설해야 한다고 말한 바 있습니다. 당시 일부 동지들은 찬성하지 않았습니다. 그러나 지금 되돌아보니 진운 동지의 의견이 정확한 의견이었습니다. 우리는 우선 의식주(衣食住)와 용, 행(用, 行)이 다섯 가지를 제대로 구축해 놓아야만 합니다."라고 밝혔다.

언급된 이 세 가지 문제점은 모두 좌파세력의 문제를 교정하는 것이었으며, 자아비판의 성질을 띠고 있기도 했다.

하지만 모택동은 여전히 대약진운동 이후의 국내 상황이 낙관적이라 판단했으며, 해당 문제를 '단결문제'로 언급했다. "우리는 사상을 통일해야만 합니다. 작년을 되돌아보면 큰 성과를 거두었고, 문제가 존재하긴 하나 앞길은 밝을 것입니다. 결점은 한, 두 개 정도로 한 손에 꼽을 만큼 사소한 것들뿐입니다. 여러 문제는 장기적으로 관찰해야만 알아낼 수 있습니다. 제남 시기에는 우리가 취했던 적극적인 행동 속에는 약간의 맹목성이 포함되어 있었습니다. 이런 식으로 문제를 되돌아보고 파악하다 보면 더 적극적으로 행동할 수 있을 것입니다."

모택동은 대약진운동과 인민공사화운동이 초기에 문제가 발생하긴 했지만 나아가고 있는 방향은 정확했고, 반년 조금 넘는 기간 동안 좌파세력의 착오를 해결하기 위해 노력한 결과 존재하던 문제점들은 개선됐고, 몇 달만 더 지나면 좋은 방향을 통해 발전할 것이라 믿어 의심치 않았다. 그는 회의를 통해 각급 지도자들의 사상을 통일시키고 그들이 자신과 똑같은 의견을 갖길 기대했다.

당시 토론에서 참석자들은 당의 발전 총노선, 대약진운동과 인민공사, 이 '삼면홍기'를 계속 견지해 나가겠다는 의사를 밝혔지만 의견은 통일되지 않았다. 일부 인사들은 대약진운동이 가져다 준 교훈은 부족하며, 사상이나 실제업무 과정에서 마주치게 되는 문제는 여전히 해결되지 못했다고 생각했다. 반대로, 일부는 업무 과정에서 생겨난 단점이나 실수가 심각한 수준은 아니며, 몇 개월 동안 교정한 덕분에 이미 해결됐다고 생각했다. 이 이상 '좌'를 교정할 필요는 없으며, 심지어는 너무 지나칠 정도로 교정하면 간부와 시민들의 의지가 사라질 것이라는 의견이었다. 회의에서는 후자의 의견이 우세했다.

당시 상황을 보며 정치국 위원이자 국방부장을 맡았던 팽덕회(彭德懷)는 우려감을 느끼게 되어, 모택동에게 친필로 작성한 서신을 보내 자신의 의견을 밝혔다. 그러나 그 서신은 모택동의 심기를 극도로 불편하게 만들었다. 모택동은 그 서신이 발전 총노선은 물론, 대약진운동과 인민공사를 근본적으로 부정하는 것이라 받아들였기 때문이었다. 팽덕회가 내놓은 의견은 "단점만 드러내고, 업적들은 감추었으며, 발전 총노선은 대대적으로 수정을 가해야 하고, 대약진운동은 득보다 실이 더 많습니다. 인민공사는 이미 수습할 수 없는 수준으로 심각해졌으며, 대약진운동과 인민공사 둘 다 소자산계급들의 열광에 불과합니다."라고 평가하는 내용이었다.

모택동은 팽덕회의 서신을 바로 회의에 상정했다. 장문천 (張聞天), 황극성 (黃克誠) 과 호남성 (湖南省) 위원회 서기였던 주소주 (周小舟) 는 토론 도중에 팽덕회의 의견을 지지한다고 밝혔다. 모택동은 대회에서 극도의 어조로 다음과 같이 팽덕회를 비난했다.

현재 당 외부는 물론 당 내부에도 우리를 공격하는 사람들이 존재합니다. 이들은 신빙성 없는 말들을 지껄이고 있습니다.

팽덕회가 보낸 편지에서 '삼면홍기' 를 '소자산계급들의 열광' 이라고 평가했지만 나는 오히려 '자산계급의 동요성' 을 보여주는 것으로 보입니다.

그들은 우파가 아닙니다. 자기 자신을 우측의 변두리로 던져 버린 것이며, 우파와는 다릅니다.

만약 열 가지 일을 할 때 아홉 가지 일이 틀리면 반드시 멸망할 것입니다. 그렇다면 나는 떠나겠습니다. 다시 농촌으로 돌아가겠습니다. 해방군이 따라오지 않아도 좋습니다. 나는 홍군을 소집해 제 2 의 해방군을 조직하겠습니다. 내가 봤을 때 해방군은 나를 따라올 것입니다.

모택동의 발언은 큰 반향을 일으켰다. 회의의 목적은 팽덕회와 그의 일당들을 비난하는 것으로 바뀌었으며, 좌파세력 문제 교정 시도는 우파세력을 반대하는 회의가 되어버렸다.

8 월 2 일, 노산에서 개최된 8 기 8 중전회는 팽덕회와 그의 세력들을 향한 비난의 목소리가 거세져 고조에 다다랐다.

팽덕회의 서신은 어쩌다 이렇게 모택동을 자극하게 된 걸까? 무엇이 좌파세력의 잘못을 교정하려던 모택동이 일순간 태도를 바꾼 걸까? 무엇 때문에 모택동은 우경화(右傾化) 문제를 가장 시급히 해결해야 하는 문제로 보게 만든 걸까? 무엇 때문에 모택동은 이렇게 극단적인 방법까지 취하게 된 걸까?

역사학자 호승(胡繩)이 편찬한 《중국공산당의 70년》에서 그 정답을 찾을 수 있다. 이유를 다음과 같이 분석하고 있다.

모택동은 대약진운동과 인민공사화의 발전방향이 올바르고 정확하게 발전해 나가고 있다고 생각했을 것이다. 그는 시종일관 대약진운동과 인민공사화운동에 대해 기대감을 품고, 허황된 꿈을 꾸며 집착했다. 모택동은 팽덕회와 그의 세력들이 자신과 함께 나아가며 문제들을 해결할 의지는 전무하고, 실제로는 대약진운동과 인민공사화운동에 대해 의심과 거부감만 드러내며 자신과 중공중앙의 지도자들에게 도전장을 던졌다고 생각한 것이다. 이는 모택동 입장에서 그들이 우경화된 증거이기도 했다. 이에 더해 모택동은 이전부터 팽덕회와 장문천에게 불만감을 갖고 있었고, 그들이 보낸 서신과 회의에서 한 발언 내용이 불씨를 보태 의심을 증폭시켰다 볼 수 있겠다.

노산회의가 끝나고 며칠 지나지 않아 북경에서는 군사위원회 확대회의가 개최되었고, 회의에서는 팽덕회와 황극성을 대상으로 한 강도 높은 비난이 쏟아졌다. 심지어는 팽덕회를 국방부장에서 해임하고 그 자리에 임표를 앉히기까지 했다. 9월, 8기 8중전회에서 잘못된 결정이 전체 당원들에게 전달되며 당내에서는 반우경화 운동이 시작됐다. 그 운동이 영향을 미치는 범위는 더 넓어졌으며, 대약진운동과 인민공사화운동에 대해 이런저런 의견을 내놓았던 당원과 간부들은 모두 그릇된 비판과 처분을 받게 됐다. 일부는 심지어 '우경화된 기회주의자'라는 오명을 뒤집어쓰기까지 했다. 노산회의와 반우경화운동이 낳은 그릇된 결과는 심각했으며, 상황은 또다시 크게 반전되기 시작했다.

8월 말, 전국인민대표대회 상무위원회는 중공중앙의 의견에 따라 국민경제계획의 주요 약진 지표를 수정했다. 수정된 수치는 그 정도가 미미해 보이지 않았으나 실제로는 여전히 실현할 수 없는 높은 지표였다. 연말이 되자 농업분야에 존재하던 문제들은 만천하에 폭로됐다. 농업 총생산액은 작년과 비교해 하락한 것은 당연하며, 심지어는 신중국 설립 이후 한 번도 보지 못한 수준으로 폭락했다.

그러나 당시에는 성과를 부풀리는 것이 추세였고, 반우경화운동 때문에 정치 분위기가 불안했기에 많은 문제들은 감추어졌다. 이렇게 맹목적인 환호를 받으며 1960년이 됐다. 1월, 중공중앙은 상해에서 정치국확대회의를 개최했다. 모택동은 회의에서 "노산회의 이후 모든 게 좋게 발전하고 있습니다. 생산량은 다달이 늘어가고 있고, 보아하니 올해 생산량은 작년과 비슷하거나 더 높을 것으로 예상됩니다. 우리는 우선 내부 사정을 잘 처리해야만 합니다. 당은 이미 몇 가지 발전 단계를 준비해 놓았습니다. 이는 우리 국가를 부강하게 만들 것이고, 인민의 발전을 견인하며, 물질적인 부분에서의 능력 역시도 제고될 것입니다."라고 말했다.

정치국확대회의에서는 1960년 역시 대약진의 해라는 의견이 나왔다. 현재부터 8 년 뒤 (즉, 1967 년) 까지, 우선 네 가지 현대화를 실현시키고 완벽한 공업 체계를 구축할 계획이었다. 또 동시에 집단소유 체제에서 사회주의적 소유제로 변화해야 하며, 배분 제도에 있어서도 공산주의적인 요소를 증가시키는 것이 목표였다. 회의가 끝난 이후 전국에는 또다시 대규모 농촌 지방 공사 사업, 대규모 수리사업, 대규모 식당사업, 대규모 양돈사업 등 '대규모 열풍'이 불었다. 실제보다 높은 수치, 부풀려진 성과, 하달되는 명령, 공산주의 열풍이 다시 중국을 휩쓸기 시작했다.

3 월, 제 2 기 전국인민대표대회 제 2 차 회의가 개최됐다. 회의에서는 1960 년 생산계획을 통과시켰고, 계획에 따르면 금년에는 공업 총생산액을 41.6%(핵실험 이후 1959 년 생산량에 의거하여 계산된 수치이다 .) 증가시켜야 했고 농업 총생산액의 경우 77% 까지 향상시켜야 했다. 애초에 실현할 수 없는 허황된 수치였다.

당시 상황에 대한 평가와 주관적인 구상은 객관적인 사실과 거리가 점점 멀어졌고, 참혹한 형벌 역시 눈앞으로 다가왔다.

상황은 기대했던 것과 전혀 다른 방향으로 엇나가기 시작했다. 연초에는 각 지역에서 희망찬 '희소식'이 끊이질 않았으며, 비록 중국이 어려움을 겪고 있지만, 금방 해결될 것이라 믿었다. 그러나 4 월부터 공업생산량은 지속적으로 하락하기 시작했다. 6 월이 되자 곡식생산량은 수요에 비해 극도로 부족해서 여러 대도시와 공업단지에서 이제 곡식은 곧 소진될 것이며, 추가로 생산하는 것도 불가능하다고 경종을 울렸다. 1960 년 상반기에 이상한 기후현상 나타나서 북부와 서남부 일부 지역에는 6 억 묘에 달하는 밭이 가뭄으로 인해 메말라 버렸고, 황하의 유수량은 평소의 3 분의 1 밖에 되지 않는 양이었다. 시냇물이 끊기는 것은 쉽게 볼 수 있는 일이 됐다. 중부지역에서는 계속된 장마 탓에 모종이 썩어 문드러졌고, 동남 연해지역은 태풍과 폭우의 습격을 받았다. 상황이 점점 악화되며 그 영향 범위와 정도가 넓어지고 심각해진 실제 상황은 중국 지도자들이 예상을 완전히 벗어난 일이었다.

　6월, 중공중앙은 정치국확대회의를 개최하여 제2차 5개년계획 이후 3년에 대한 보충 계획을 세우는 데에 관한 토론을 진행했다. 당시 회의에서는 목표 수치를 낮출 필요가 있다는 의견이 나왔으며, 수치를 낮출지언정 실현할 수 없는 수치를 정하는 것은 절대 안 된다고 했다. 7월, 중앙업무회의가 북대하(北戴河)에서 개최됐다. 이 회의에서는 중-소 관계에 대해 논하는 것과 동시에 국내 경제문제의 해결 방법에 대해서도 연구를 진행했다. 끔찍한 상황에 직면한 지도자들은 기초건설 전선에서 잠시 물러나 주요 생산물과 중점사업 그리고 기본 건설 항목에 집중하기로 결정했다. 가능한 모든 노동력을 활용하여 농업생산에 집중하고, 곡물생산을 최우선으로 하여 전력을 다하는 것이 중요하다 판단한 것이다. 이와 같은 조치들은 당시 국민경제에 나타난 가장 시급한 문제를 해결하기 위해서며, 현 상황을 탈피하고자 하는 의도가 담겨 있다.

　극도로 어려웠던 이 시기에 중-소의 관계는 급격하게 악화되기 시작했다. 당시 중국은 전국적으로 큰 변화를 겪고 있었기에 중공중앙은 중-소 관계에 힘쓸 여력이 없었다.

　중국과 소련 사이의 갈등은 이전부터 있어 왔다. 한 가지는 서로의 이데올로기가 달라 유발된 갈등이었으며, 다른 한 가지는 당시 소련의 지도자들이 대국주의를 펼치며 중국에게 자신들의 지휘에 따라 행동하라 강요하고, 중국을 통제하려는 의도를 내비쳤기 때문이었다.

1958 년 7 월 , 소련은 중국의 영토와 영해에서 중국과 소련이 공동으로 소유 · 관리할 핵잠수함연합부대 창건과 해저핵잠수함부대와의 통신에 사용할 장파무선전신국을 설립을 요구했다 .(무선전신국의 설립비용의 70% 는 소련이 부담하고 , 설립도 소련 측에서 진행하겠다고 밝혔다 .) 이는 중국의 국가주권을 심각하게 침해하는 요구였다 . 중국은 오랜 기간 동안 외부 압력에 고통 받은 과거가 있었기에 이런 문제에 있어서는 극도로 예민해졌고 , 쉽게 감정적으로 변했다 . 모택동은 유딘 (Павел Фёдорович Юдин) 주 (駐) 중 소련대사에게 다음과 같이 말을 쏟아 냈다 .

형제당은 무슨 형제당입니까 ? 말로만 형제라고 하지요 . 실상은 아버지와 아들 , 고양이와 쥐의 관계이지 않습니까 ? 과거에 흐루쇼프를 비롯한 동지들과 짧게나마 얘기를 나눠봤는데 그 분들도 인정했습니다 .

우리가 해군을 설립할 수 있도록 도와준다고요 ? 군사고문은 담당할 수 있다지만 , 왜 온갖 권리를 들먹이는 것입니까 ? 이는 정치적인 문제입니다 . 정치적인 조건을 내세운다면 우리는 일절 허용하지 않을 것입니다 .

돌아가서 흐루쇼프 동지에게 조건이 붙는다면 만날 필요도 없다고 그대로 전달하십시오 . 내가 말한 걸 가감 없이 그대로 전달하시면 됩니다 . 날 위한다는 명목으로 흐루쇼프 총리가 듣기 편하게 꾸며 말할 필요도 없습니다 .

이는 중국과 소련의 관계가 악화된 시발점이기도 했다 . 이후 , 소련 지도자들은 중국에게 난폭한 방법으로 압박을 가하기 시작했다.

1960 년 4 월, 레닌 탄생 90 주년이 되는 해, 중공중앙은 < 레닌주의여, 영원하라 > 를 포함한 세 편의 사설을 발표하여 중국과 소련 양당 (黨) 간 이론적인 부분에서 존재하는 중대한 갈등에 대해 중국의 의견을 밝혔다.

6 월, 12 개의 사회주의 국가에서 온 공산당과 노동당 대표자들은 루마니아의 부쿠레슈티에 모여 회의를 진행했다. 회의 전, 소련공산당 대표단은 회의에 참석한 각 나라의 당 대표단들에게 소련공산당 중앙위원회가 6 월 중공중앙에게 보낸 통지를 공개하며 중국공산당을 비난했다. 회의에서 흐루쇼프는 중국의 내부 정치와 외교 등 각 분야를 언급하며 중국 측을 맹렬하게 공격했다. 이는 거대한 의미를 가진 행동이었으며, 예고 없는 습격이었다. 중 - 소 관계가 완전히 결렬됐다는 것을 공개한 것과 다름없었기에 관계는 더 빠른 속도로 악화됐다.

7 월 16 일, 중앙업무회의가 열리고 있을 때, 소련 측은 중국정부에 각서를 전달했다. 중국에 있던 1,930 명의 소련 전문가들에게 철수를 지시했으며, 중국과 맺은 343 개의 건설협력과 협력의정서를 무효화시키고, 과학기술 분야에서 진행했던 257 개의 기술협력사업도 파기했으며 모든 물자 및 설비의 지원을 중단하기로 결정했다. 일련의 행동들은 전부 일방적이었으며 중국 측의 대답을 기다리지도 않았다. 소련의 일방적이고 기습적인 보복 탓에 중국이 진행하던 일부 주요 설계분야 사업 및 과학연구분야 사업은 중단할 수밖에 없는 상황에 처했으며, 건설 사업 역시 시공을 중지했다. 신중국 설립 이후, 문을 굳게 걸어 닫은 서양국가들 탓에 중국의 수출입 무역은 소련과 동유럽에 전적으로 의지해 왔다. 그중에서도 소련을 대상으로 한 무역 수출액은

대외무역의 반 이상을 차지했다. 중 - 소 관계의 결렬은 중국의 대외무역에 큰 악영향을 가져왔다. 이는 원래도 어려웠던 중국경제에 더 큰 타격이 됐다. 처음에는 중국과 소련 양당 간의 이데올로기적 차이에 불과했던 문제가 양국 간의 갈등으로 심화된 것이다.

모택동은 후에, "1960 년에 흐루쇼프가 중국공산당을 향해 기습 공격을 퍼부은 이유가 무엇인지 아는가? 그가 위기감을 느꼈기 때문이라네. 자신의 말을 안 듣는 당이 나타났으니 마음이 조급해져 그 불씨를 꺼 버리려고 한 거지. 그러나 무슨 방법을 취해도 불안감이 사그라지지 않자 뒤이어 전문가들도 철수시키고, 협력도 철폐하는 등의 조치를 취한 게야."라고 말했다.

중국과 소련 관계가 악화되자 긴박한 국내문제를 처리하느라 정신이 없었던 모택동과 여타 중국 지도자들은 국제문제로 시선을 돌릴 수밖에 없었다. 9 월, 등소평과 팽진 (彭眞) 이 이끄는 중국 대표단은 모스크바에서 열리는 중 - 소 양당회담에 참석했다. 11 월에는 유소기가 단장, 등소평이 부단장을 맡은 중국공산당 대표단이 모스크바를 방문했고, 각국 공산당 및 노동당 대표자들이 모인 회의에 참석했으며, 소련 공산당 대표단들과 회담을 진행했다. 12 월에는 81 개국의 공산당 대표가 한 자리에 모여 회의를 개최했는데, 성명서에 서명함으로써 공동성명서와 호소문을 통과시켰다. 그러나 중 - 소 양당 간에 존재하는 갈등은 사라지지 않았다.

이 시기에 중국의 경제상황은 무서운 속도로 급격히 악화되기 시작했다. 2 년이 넘는 시간 동안 서서히 누적되어 온 문제들과 초기에 묻어 버렸던 성과 조작 사건들이 폭로되며 폭발하듯이 번져 나갔고, 퍼져 나가는 속도와 문제의 심각성에 입을 다물 수가 없었다.

제7절 칠천인대회 (七千人大會) 와 전면 조정

1960년, 국민경제는 역사상 가장 심각한 지경에 이르렀다. 계획에는 없었던 '대기근'을 맞이하게 된 지도자들은 점점 이성을 되찾기 시작했다.

당시, 식량문제에서 중국경제의 심각성이 가장 두드러지게 나타났다. 잔혹한 현실은 국민경제의 기초라고 할 수 있는 농업문제가 여전히 해결되지 않았으며, 기초는 여전히 취약하다는 것을 적나라하게 보여줬다. 또한 '농업문제는 이미 해결됐다'는 말을 경솔하게 입에 담아서는 안 되며, 농업의 비중을 줄인다면 국민의 식량문제도 보장할 수 없게 되니 다른 분야의 발전은 논할 수도 없다는 걸 알려줬다. 중국 지도자들은 극심한 고통을 겪고 난 이후에야 이 사실을 깨달았다.

하남성 (河南省) 의 신양 (信陽) 지역에서 무수한 국민들이 아사했다는 사실이 북경에까지 전해지고 중국사회는 충격에 휩싸였다. 11월, 중공중앙의 이름으로 주은래가 초고 작성, 모택동이 검수한 < 기존의 농촌인민공사정책에 존재하는 문제점에 대한 긴급지침 > 을 발표했다. 해당 문서는 일련의 주요 정책 지침을 담고 있었다. 이는 조정 시기에 전반적으로 영향을 미치는 주요 문건이며, 농촌에서 큰 반향을 일으켰다. 농촌 정책을 대폭 조정하여 경제적인 문제에서 벗어나고, 농촌 상황이 호전되도록 하는 첫걸음이기도 했다.

1961년 1월 1일, 《홍기 (紅旗)》 잡지와 《인민일보》의 사설에서 3년 만에 처음으로 대약진운동을 언급하지 않았다. 이는 분명한 신호탄이었다.

1월, 8기 9중전회가 북경에서 개최됐다. 회의에는 중요 의제로 "국민경제를 전면적으로 조정하고, 기반을 다지고, 충실히 하고, 수준을 향상시킨다.'는 의미의'조정, 공고, 충실, 제고 (調整, 鞏固, 充實, 提高)'라는 8자 지침을 시행하기로 했다. 게다가 실행기간이 1961년 만이 아니며, 향후 한동안 국민경제의 지침으로 할 것이라고 했다.

8자 지침을 시행하기로 결정한 것은 3년을 한 단계로 보고 진행해 온 대약진운동에서 5년을 한 단계로 보는 조정 시기에 진입했다는 것을 의미했다. 전면적이고 전략적인 조정을 시행하겠다는 중국정부의 굳은 결심을 엿볼 수 있는 대목이다.

1958년 11월, 중공중앙은 < 중앙 업무확대회의 개최에 관한 통지 > 를 발표했다. < 통지 > 에서 "중앙정부와 지방 정부에서 현재까지 실시해 왔던 업무에서 보완해야할 단점과 문제가 드러났으므로, 부정확한 의견과 그릇된 풍조를 낳았고, 어려움을 극복하기 힘들어졌다. 이에 큰 규모의 회의를 개최하여 사상과 의견을 통일하고, 경험과 교훈을 종합하여, 이 어려움을 헤쳐나갈 방법에 대해 논의해야만 한다. 중앙위원회도 공개적으로 자신의 과거를 비판하며 책임을 다 해야 한다."라는 의견을 밝혔다.

1월 27일에 열린 제1차 전체회의에서는 유소기가 중공중앙을 대표하여 보고를 진행했고, 여러 문제점을 숨김없이 언급했다. 유소기는 회의에서 다음과 같은 말을 남겼다.

우리 당은 이전까지 단점과 실책, 성과를 손가락 한 개과 손가락 아홉 개의 관계로 비유해 왔습니다. 그러나 이제 더 이상 같은 비유로 포장해서는 안 될 것 같습니다. 물론 일부분 지역은 여전히 단점이 적고, 성과가 더 많을 수도 있을 것입니다. 그러나 전국적으로 봤을 때 실책과 성과의 비율은 1대 9가 아닌, 3대 7의 비율이라 하는 게 더 적합하다고 생각됩니다. 일부 지역에서 일어나고 있는 문제점은 그보다 더 많기도 합니다. 해당 지역의 문제점은 일부분에 불과하고, 성과가 더 많다 포장하더라도 이는 실제상황과는 부합하지 않으며, 사람들이 신뢰하지도 않을 것입니다. 일전에 호남성(湖南省)을 방문했을 때 농민들이 "문제 중 10분의 3은 천재지변으로 인한 것이라면, 10분의 7은 인재가 가져온 문제다."라고 하는 것을 들었습니다. 당신이 인정하지 않는다면 남을 설득시키는 것은 불가능한 일입니다.

우리 당이 최근 몇 년 동안 일을 추진하며 발생시킨 문제점과 저지른 실책에 대해서는 업무를 보고하면서도 언급했지만, 최우선으로 책임을 져야 하는 것은 중앙위원회입니다. 그 다음으로는 1급인 성(省)급, 시(市)급, 자치구(自治區)급의 당위원회이며, 마지막으로는 성급 이하 각급 당위원회가 책임을 져야 할 것입니다.

29일에 개최된 제2차 전체회의에서는 임표(林彪)가 연설을 진행했는데 그는 전혀 다른 의견을 내놓았다. 연설 내용은 다음과 같았다.

우리가 지금 어려움을 겪는 건 모택동 주석의 가르침과 경고를 귀담아 듣지 않고, 모택동 주석의 사상에 따라 발전하지 않아서이기도 합니다. 이는 현실이 증명해주고 있습니다. 만약 모택동 주석의 조언에 따라 모택동 주석의 정신을 이어받았더라면 우리는 시행착오를 덜 겪었을 것이며, 국내 상황이 지금만큼 어려워지지도 않았을 것입니다.

대약진운동이 실패한 이후, 막중한 압박감에 시달렸던 모택동은 임표의 연설을 듣고 위안을 받았다. 임표의 연설문이 공개된 이후, 모택동은 편지를 보내 "훌륭하고, 가치 있는 연설문이었네. 덕분에 흡족해지는군."이라고 칭찬했다. 이는 훗날 모택동이 임표를 중용하는 이유 중 하나가 된다.

1월 30일, 모택동은 전체회의에 참석하여 최근 몇 년 간 업무를 추진하는 과정에 있어서 발생한 문제점과 저지른 실책에 대해 자아비판하는 내용의 연설을 진행했다.

뒤이어 각 지역급 및 현 (縣) 급의 간부들은 중앙과 성 (省) 급, 시 (市) 급, 자치구 (自治區) 급의 당위원회에 의견을 제시했는데, 일부 의견은 매우 예리한 지적이었다. 각 성장 (省長), 시장 (市長), 부장 (部長), 위원회장들은 실제상황에 근거한 조사와 연구, 당내에 민주적인 절차가 부족했다는 것에 대한 내용을 위주로 구체적인 자아비판을 진행했다. 다라서 회의 분위기는 초기에 비해 한결 누그러진 느낌이었다. 이후, 등소평과 주덕, 주은래가 순서대로 연설을 발표했다. 유소기의 결의안 보고를 끝으로 전체회의는 막을 내렸다.

제 8 절 경제와 정치 분야의 전면적인 조정

사람들은 큰 손해를 입고 나서야 꿈속에서 깨어나기 시작했다. 사회주의는 열정과 의지만으로 건설할 수 없으며 객관적인 규칙을 따라 진행하여야 한다는 것을 드디어 인식한 것이다.

전국의 경제상황에 대해 얘기하자면 유소기는 칠천인대회에서 보고서를 발표했는데 가장 힘든 시기는 이미 지나갔다 예상했다. 그러나 중국의 경제는 여전히 심각한 상황에 처해 있었다.

칠천인대회가 폐막하고 얼마 지나지 않아, 유소기는 1962 년 재정적자 규모가 30 여 억 위안에 달할 것이라는 걸 알아차렸다. 1961 년 중국의 재정 총수입과 총지출은 둘 다 360 억 위안가량이었다. 큰 규모의 적자는 물론 큰 문제다. 이에 유소기는 1962 년 2 월에 중남해 (中南海) 서루 (西樓) 회의실에서 중앙정치국 상임회의의 개최를 제의했다. 통칭 '서루회의 (西樓會議)'로 불리는 회의다. 주은래는 회의에서 전면적으로 국민경제를 조정해야 한다는 의견을 밝혔다. 진운 (陳雲) 은 회의에서 중국의 재정 경제가 겪고 있는 문제점이 어디서 유발된 것인지 자세하게 분석하고, 이 어려움을 극복해 낼 여섯 가지 해법을 내놓았다.

서루 회의 이후, 중공중앙은 중앙재경업무소그룹을 재구성하여 경제 관리 전체를 맡기기로 결정했다. 이 중앙재경업무소그룹은 진운이 이끌었으며 동시에 다음과 같은 네 가지 원칙을 수립했다.

(1) '대대적인 개혁'을 두려워하지 않는다. 필요하다면

기본 건설 항목의 규모를 과감하게 축소시킬 것이며, 공업 발전 속도를 늦추고, 공업 기업을 대상으로 폐쇄·중지·합병·전환을 진행할 것이다.

(2) 인원을 감축하고 도시 인구 수를 조정한다. 1961년부터 1963년 6월까지, 총 감축 인원은 약 2,000만 명에 달했으며 도시 인구는 2,600만 명으로 줄어들었다.

(3) 통화 팽창을 막는다.

(4) 농업생산력을 크게 회복시키고 시장 수요를 향상시킨다. 이는 경제를 회복시키기 위한 기본 계획이다.

일련의 확실하고 효과 있는 구조조정이 실시되고, 전국 국민들이 심혈을 기울인 덕분에 1962년에 국민경제에는 만족스러운 변화가 나타났다.

제 9 절 다시 불거진 계급투쟁

앞서 서술한 것처럼 사회주의 기본 제도가 건설된 이후, 발전 방향을 찾아가는 과정 속에서 중국공산당의 지도사상은 점점 '좌편향'되는 오류를 범했다. 이는 계급투쟁과 건설 속도 두 가지 문제점에서 크게 두드러졌다.

대약진운동을 겪으며 큰 대가를 치루고 난 후, 경험과 교훈을 종합하여 조정 작업을 몇 년간 펼친 결과 경제건설 속도는 호전되는 기미를 보였다. 모택동은 회의에서 "과도하게 높은 목표 수치, 과도한 징수, 생산량 허위 보고, 이 세 가지가 우리에게 남겨준 교훈을 잊어버려서는 안 되며, 반복해서도 안 됩니다."라고 말했다. 모택동은 말하는 대로 같은 실수를 반복하지는 않았다.

하지만 좌로 치우친 지도사상은 개선되지 않았을 뿐더러 정치 분야와 사상 문화 분야에서 빠르게 퍼져 나가기 시작했으며 그 정도도 더 심해져만 갔다. '계급투쟁'이라는 말만 꺼내도 놀라는 지경에까지 이르렀으니 몇 년 이후 '문화대혁명'이라는 재난이 발발하게 됐다. 전환점은 1962 년 9 월에 열린 8 기 10 중전회였다. 모택동은 해당 회의를 두고 "계급투쟁이 다시 벌어졌다."는 표현을 사용했다. 8 기 10 중전회에서 계급투쟁이 다시 벌어진 이유는 외부 환경의 영향이 없지는 않았지만, 더 큰 이유는 모택동이 당시 상황에 대해 잘못 판단했기 때문이다.

당시, 중국은 심각한 문제들을 직면하고 있었다. 북쪽을 보자면 중 - 소 양당 간에 존재했던 갈등이 소련공산당 제 22 차 회의를 기점으로 폭발하며, 남쪽 지역의 국가들과 갈등을 맺을 가능성이 높았다. 또 당시 인도와는 국경선을 명확하게 구분해 놓지 않았고, 양측의 행정 구역을 기준으로 한 기존의 경계선만 존재하는 상황이었다.

1959 년 8 월부터 인도 당국은 지속적으로 경계선을 침범했고, 여러 차례의 유혈사태를 발생시켰다. 중국정부는 시종일관 자제하는 입장을 유지했으며, 국경순찰 업무를 중지하도록 지시했다. 1962 년 10 월, 인도군은 10 여 개의 여단을 이끌고 대규모의 침범을 기도했고, 국경에 배치되어 있던 중국 해방군은 어쩔 수 없이 반격에 나섰다. 한 달 간 이어진 교전 끝에 중국군은 군사적인 성공을 거두었고, 휴전을 선언하며 군대를 철수시켰다. 심지어는 붙잡은 인도군 포로를 석방하

고, 대량의 무기와 탄환 등 군사 장비를 되돌려주었다. 그러나 그 이후에도 국경 문제는 해결되지 않고 존재해 왔다.

미국은 1961년 특수 게릴라부대를 남월(南越)로 파견하고, 1962년에는 주(駐) 월남 미군군사원조사령부를 창설하여 남월에 대한 통제수준을 더 높이고, 동시에 북월(北越) 습격 준비에 들어섰다. 중국은 북월에 대량의 군사 장비를 무상으로 제공했으나, 벌어질지도 모를 전쟁의 위협에 대해서는 우려감을 감추지 못했다.

중국 사회내부 관점에서 보자면 모택동이 꿈꾼 사회주의 사회는 일종의 평등한 사회였다. 그는 "생산 수단을 공유하는 사회주의 기초가 설립된 이후, 생산 구조를 변화시킬 때 사람과 사람 사이의 문제를 정확히 해결하는 것이 가장 중요한 문제가 될 것이다."라고 거듭 강조했다.

그러나 중국공산당이 집권하자 일부 간부들은 특권을 누리며 민중이라는 틀 밖으로 벗어나려 했고, 간부와 민중 간의 관계가 긴장 국면에 들어서게 된 것이다. 모택동은 깊은 염려로 인해 중국의 사회주의 제도가 변절될 수도 있다는 생각까지 하게 됐다. 그 몇 년 동안, 경제가 심각한 어려움을 겪고 있음에도 불구하고 재물을 탐하고 사치스럽게 굴며, 투기나 도박 등 불법 행위를 일삼는 일부 간부들 탓에 모택동의 우려는 커져만 갔다.

경제를 대폭적으로 조정하다 보니 일부 복잡한 문제에 대해서는 당내 의견도 여러 갈래로 나뉘게 됐다. 이는 지극히 정상적인 현상이지만, 모택동은 계급투쟁이 당 내에서 벌어졌다 잘못 판단했다. 따라서 그가 "계급투쟁이 다시 불거졌다."는 표현을 사용한 직접적인 원인은 바로 여기에 있었다.

7월 말, 중공중앙은 북대하에서 중앙업무회의를 개최했다. 회의의 원 의제는 농가 세대별 생산 책임제를 포함한 농업, 공업, 재정 및 무역 등 분야의 업무에 대한 토론이었다. 그러나 회의에서 모택동은 연설 도중 갑자기 계급문제, 정세, 모순 이 세 가지 문제점을 지적하며 사람들에게 토론을 진행하라고 지시했다. 연설이 끝난 이후, 참석자들은 원래 의제가 아닌 이 세 가지 문제를 위주로 토론하기 시작했다.

모택동은 계급 문제에 대해서는 다음과 같이 설명했다. "계급은 실제로 존재하는가? 그렇다면 우리 사회에는 아직도 계급이 남아 있는가? 사회주의 국가에는 계급이 존재하는가? 일부 외국 학자들은 계급이 사라졌다고 말합니다. 또 공산당을 전국인민의 당이라는 이름으로 부르며 공산당은 계급의 도구도 아니고, 계급의 당도 아니며, 무산계급의 당도 아니라고 합니다. 무산계급의 독재정치도 사라지고 '전국인민의 정치' 혹은 '전국인민의 정부'라는 이름을 얻었습니다. 계급이 사라진 상황에서 누가 누구에게 독재정치를 펼치겠습니까? 문제는 내부가 아닌 외부에 존재합니다. 이와 같은 사고방식을 우리나라에도 적용할 수 있을 것인가? 이 기본적인 문제에 대해 얘기해 볼 만한 가치가 있다고 봅니다."

정세에 대해서는 다음과 같이 설명했다. "국내의 현재 상황은 우리가 2년 동안 무엇을 했는지를 보여줍니다. 대부분의 사람들은 지난 몇 년간 밝은 희망만 보았고, 어두운 면은 보지 못했다 합니다. 그러나 최근 들어 일부 동지와 국민들은 캄캄한 암흑 속에 빠져들고, 한 줄기 빛도 보이지 않는다 말하고 있습니다. 저는 비관적이지 않으며, 우리가 암흑 속에 갇혔다 생각하지도 않습니다. 한 줄기 빛도 보이지 않는다는 관점에는 찬성할 수 없습니다."

모순에 대해서는 다음과 같이 설명했다. "그렇다면 얼마나 많은 모순이 존재하는 것일까요? 모순은 적대적 모순과 인민 내부에서 발생하는 비적대적 모순. 이 두 종류의 모순밖에 존재하지 않습니다. 인민 내부에 존재하는 모순의 본질은 적대적 모순이지만, 우리가 이를 처리할 때는 비적대적 모순으로 보고 해결해야만 합니다. 이는 사회주의와 자본주의간의 간극에서 발생하는 모순이기 때문입니다."

또한 모택동은 현존하는 일부 모순에 대해 설명하며 독단적인 행동으로 인한 모순을 우선적으로 언급했다. 그는 "지금 이 시기에 가장 두드러지는 문제가 바로 독단이 불러 온 모순입니다. 지금 우리가 건설하고자 하는 것은 사회주의입니까, 아니면 자본주의입니까? 농가 세대별 생산 책임제를 시행하려는 것입니까, 아니면 농업 집단화를 추진하고자 하는 것입니까? 농업합작화가 필요합니까?"라는 질문을 던졌다.

모택동의 연설에서 언급된 문제점들, 특히 계급투쟁 문제는 회의의 주요 의제가 됐다. 중국공산당은 오랜 기간 동안 계급투쟁을 하면서 성장해 왔다. 계급투쟁에 대한 의견은 당내의 대다수 간부에게 있어서 굉장히 익숙한 문제였기에 쉽게 수용했다. 대부분의 참석자들은 모택동의 연설에 동의했다.

이에 관영 미디어인 《공보(公報)》는 중앙업무회의에서 토론된 문제들을 정리하고 이론화하여 기사를 다음과 같이 작성했다.

무산계급 혁명과 무산계급 독재체제가 이어진 역사를 되돌아보았을 때, 자본주의에서 공산주의로 변화하는 과도기(이 과도기는 최소 50년, 혹은 더 긴 기간이 걸린다)

때 무산계급과 자산 계급 간의 투쟁이 발생하는 것은 자연
스러운 일이다. 또 사회주의와 자본주의 이 두 갈래의 길을
놓고 어디로 나아갈지에 대해 논쟁이 이는 것도 자연스러운
일이다. 그러나 문제는 과거에 처벌한 반동분자들이 자신들
의 실패를 받아들이지 못하고 호시탐탐 반란을 일으키려 한
다는 것이다. 이와 더불어 현재 사회에는 아직도 자산계급
이 미친 영향과 구(舊) 사회의 습관을 따르고자 하는 세력
들이 존재하며, 일부 소생산자들은 자본주의 쪽으로 치우친
경향을 보이기도 한다. 상황이 이렇다 보니 사회주의의 변
화를 받아들이지 못한 사람들도 존재한다. 물론 그 수는 전
인구의 몇 퍼센트밖에 되지 않는 소수에 불과하지만, 이들
이 기회가 생긴다면 언제든 사회주의라는 노선에서 이탈할
위험분자들이라는 것을 인식해야만 한다. 상황이 이렇다 보
니 계급투쟁은 피할 수 없는 일이 됐다. 이는 마르크스-레
닌주의가 일찍부터 언급했던 일종의 역사적 규칙이며 잊어버
려서는 안 될 것이다. 계급투쟁은 복잡하고, 험난하며 굴곡
진 일이 될 것이고, 심지어는 격렬해질 가능성도 존재한다.
이 계급투쟁은 당 내부의 분위기에도 영향을 미쳤다. 외부
에서는 제국주의가 우리를 압박하고, 국내에서는 자산계급
의 영향이 손을 뻗어 오니 당내에서도 수정주의 사상이 생겨
나기 시작한 것이다. 이에 우리는 국내외에 존재하는 모든
적대적 모순에 투쟁하는 동시에, 당내에서 생겨난 기회주의
사상을 경계하고 즉각적으로 대응해야 할 필요가 있다.

이 글은 문화대혁명 시기에 사회주의 역사를 종합하여 결정한 총 노선이라고 불리게 된다. 글 내용은 '계급투쟁을 기초로 한다'는 잘못된 지도사상을 담고 있으며, 이후에 '무산계급 독재 하에 혁명을 계속해 나가야 한다'는 그릇된 이론의 토대가 되기도 하는, 이론의 초기 버전이라 볼 수 있겠다.

제 10 절 중 – 소관계의 결렬

계급투쟁을 반복하게 된 또 다른 이유 중 하나는 중 - 소 관계가 결렬되며 국제 공산주의운동의 흐름도 심각한 영향을 받았기 때문이다.

신중국 건국 초기에 중국은 자신이 소련을 선두로 한 사회주의 국가의 진영에 포함되어 있다고 생각했는데 이 진영이 요동치기 시작하니 중국 지도자들은 불안해질 수밖에 없었다. 1956년에 벌어진 헝가리 사건이나 '페퇴피(Petőfi) 서클'의 등장은 중공중앙이 국내외 흐름을 판단하고 주요 정책을 결정하는 데에 지대한 영향을 미쳤다.

최초의 사회주의 국가인 소련에서 사건이 연이어 터지자 중공중앙은 마침내 소련이 수정주의를 따르기 시작했으며, 중국과 소련의 관계는 완전히 결렬됐다는 것을 인정하기에 이른다. 이와 같은 일들이 중국 지도자의 사상과 국내문제에 미친 영향에 대해서는 말하지도 않아도 미루어 짐작할 수 있을 것이다.

앞서 말했듯이 중 - 소 관계는 하루아침에 악화된 것이 아닌 꽤 오래 전부터 이어져 온 뿌리 깊은 문제였다. 중국은 이 관계를 개선하고 복구하고자 심혈을 기울였다.

1962 년 가을, 악화된 양측의 관계는 또 새로운 국면에 접어들게 된다.

그해 겨울에는 불가리아, 체코슬로바키아, 헝가리, 이탈리아 등 일부 유럽 국가의 공산당이 연이어 대표 대회를 개최했다. 소련공산 당 지도층들은 그 회의에 참석하여 다른 국가들도 중국공산당을 비난 하도록 선동했다. 그 비난들 중 가장 영향이 컸고, 문제가 된 것은 이 탈리아공산당 서기장 팔미로 톨리아티 (Palmiro Togliatti) 가 이탈리아 제 4 차 대표대회 도중 중국공산당을 대상으로 맹공을 퍼부은 사건이 다. 1963 년 1 월, 독일 통일 사회주의당은 제 6 차 대표대회를 개최했다. 흐루쇼프는 이 회의에 처음으로 직접 참여하여 중국을 향해 비난을 쏟 아 냈고, 사태는 점점 더 악화되기 시작했다.

중국은 소련이 던진 '도전장'에 대응하기 위해 소련과 국제 공산 주의가 걸어 나가야 할 총노선에 대한 공개 토론을 진행하게 되었다. 1962 년 12 월부터 1963 년까지, 《인민일보》는 < 갈등은 어디에서 오 는가? 토레즈 동지가 답하다 >, < 톨리아티 동지가 언급한 중국의 갈 등에 대한 재논의 > 등 7 편의 사설을 발표했다. 사설에서 소련 지도자 의 이름은 한 글자도 찾아볼 수 없었지만, 화살표가 향하는 곳이 소련 공산당이라는 것은 자명한 사실이었다. 이에 3 월, 소련공산당 중앙위 원회는 서신을 보내 '국제적이며 현재 흐름에 맞는 발전 총노선을 제 정하기 위한' 회의의 개최를 제안한다. 6 월, 중국공산당은 답신을 보 내고 7 월에는 < 국제 공산주의운동이 나아가야 할 길에 대한 건의 > 라는 제목으로 《인민일보》에 장문의 편지를 발표했다. 그러나 소련 공산당은 중국의 발표가 있기도 전에 당 단체와 당원 전원에게 답신을 공개하며 중국공산당을 전면적으로 비난하고 나섰다. 중 - 소 관계는 사실상 단절된 것이다.

소련공산당 중앙위원회가 편지를 공개하며 제기한 문제에 대한 답변으로 중공중앙은 《인민일보》와 《홍기》 잡지 편집부의 이름을 빌려 9편의 사설을 발표했다. 통칭 '구평 (九評)'이라 불리는 이 사설들의 제목은 각각 < 소련공산당 지도부가 우리와 갈등하게 된 원인 및 발전사 >, < 스탈린 문제에 관하여 >, < 유고슬라비아는 사회주의 국가인가 ?>, < 신 식민주의의 변호인 >, < 소련 지도부는 현 시대 최악의 분열주의자들이다 >, < 무산 계급 혁명과 흐루쇼프의 수정주의 >, < 흐루쇼프의 거짓된 공산주의와 세계사가 남긴 교훈 > 이다. 여덟 번째로 발표한 사설에서는 처음으로 흐루쇼프의 이름을 직접 언급하며 수정주의자라 비난했고 그 수준도 점점 거세져 갔다.

본래는 10편의 사설을 더 공개할 예정이었으나 소련공산당 중앙위원회가 흐루쇼프를 실각시키는 일이 발생한 후 추가로 발표하지는 않았다. 대신 한 달 이후 < 흐루쇼프는 어쩌다 무대에서 내려오게 됐는가 > 라는 제목의 사설을 내놓는 것으로 해당 논쟁에 작게나마 마침표를 찍었다.

흐루쇼프가 물러난 이후, 중국은 중 - 소 관계를 개선하기 위해 부단히 노력해 왔으며, 주은래를 선두로 한 중국공산당 대표단을 소련으로 보내 제 47 주년 볼셰비키혁명 기념행사에 참석하도록 했다. 11 월 6 일, 대표단은 모스크바에 도착하고 주은래는 레오니트 일리치 브레즈네프 (Leonid Brezhnev) 소련공산당 제 1 서기, 알렉세이 코시긴 (Алексе́й Никола́евич Косы́гин) 소련각료평의회 주석, 아나스타스 미코얀 (Anastas Mikoyan) 소련최고소비에트상임간부회 주석을 각각 만나 "중국은 중 - 소 양국, 양당이 마르크스 - 레닌주의와 무산계급주의를 기초로 하여 단결하고, 공동의 적에 맞서 싸우며 우리의 공동 사업을 성공적으로 이끌기 위해 같이 투쟁해 나가길 바랍니다."라고 의견을 표현했다.

그러나 11월 7일 밤에 열린 축하연회에서 로디온 말리놉스키 (Родион Яковлевич Малиновский) 국방성장관이 내뱉은 발언이 큰 파문을 가져왔다. 로디온 말리놉스키는 주은래에게 "러시아 인민이 행복해지길 바랍니다. 중국 인민도 행복해지길 바랍니다. 행복해지기 위해서는 모택동도, 흐루쇼프도 필요 없습니다. 우리 러시아는 흐루쇼프라는 장애물을 제거했으니 중국도 모택동을 제거하길 희망합니다."라고 말했다. 이는 매우 심각한 도발행위였다. 미국 기자도 참석해 있었기에 주은래는 즉시 그 자리를 벗어났고, 로디온 말리놉스키는 하룡(賀龍) 중국대표단 단원에게 관련된 이야기를 이어나갔다. 다음날, 주은래는 레오니트 일리치 브레즈네프 등 소련 지도부와 회담을 가지며 연회 사건에 대해 정식으로 항의를 제기했고 회담은 아무런 성과 없이 끝이 났다. 소련은 처음부터 끝까지 "중국공산당과의 갈등 문제에 관한 우리 소련공산당의 입장은 변하지 않는다. 양당 간에 갈등은 존재하지 않으며, 차별 역시 존재하지 않는다."는 답변을 내놓았다. 회담이 끝나고 주은래는 한 가지 결론을 내렸다. 소련공산당 지도부는 계속 흐루쇼프의 길을 따라 나아갈 것이며, 중 - 소 관계의 개선은 더 언급할 필요도 없어졌다는 것을 알아차린 것이다.

브레즈네프 정권 기간 동안 소련은 더 거대한 사건을 터뜨렸다. 바로 중국 땅과 맞닿은 소련의 국경에 대량의 군대들을 배치하여 당장이라도 전쟁을 일으킬 것 같은 분위기를 조성한 것이다. 게다가 몽골에 대한 군사적 지원을 증강하여 국경지역에서의 충돌이 끊임없이 발생했다 . 이에 중국 지도부들은 "방어전략을 조정할 필요가 있다 . 이전까지는 미국만을 상대했다면 , 이제는 미국과 소련에 대항해야 한다 . 소련을 방어하는 것이 국가 안보의 주요 문제가 될 것이다 ."라는 말을 남겼다 .

소련과의 관계를 완전히 끊어 내는 것은 중국 입장에서 굉장히 어려운 결심이었다 . 소련은 10 월 사회주의 혁명의 고향이며 , 전 세계 사회주의 국가들의 선두주자였고 , 중국의 혁명과 사회주의 건설 역시 소련으로부터 많은 도움을 받아 이루어 낸 것이었다 . 게다가 당시 중국은 여러 국가로부터 오는 위협에 맞서고 있던 상황이었다 . 그러나 다시 한 번 되돌아보자 . 만약 그때 중국이 굽히고 들어갔다면 압박에 못 이겨 자주 독립적인 사회주의 건설을 포기했을 것이고 , 소련공산당 지도부의 지휘에 따라 이리저리 흔들리며 그들의 추종자 역할밖에 맡지 못했을 것이다 . 또 그렇게 됐더라면 1990 년대 초 , 소련이 와해되고 동유럽의 흐름이 급변할 때 중국의 처지는 굉장히 곤란해졌을 것이다 . 중국의 당시 선택은 높게 살만한 가치가 있는 역사적 선택이라 할 수 있겠다 .

중 - 소 논쟁은 중국의 국내 흐름에도 지대한 영향을 끼치게 된다 . 일찍이 1950 년대 초에는 '소련의 현재는 중국의 미래다'라는 말이 유행했었다 . 소련이 '수정주의로 변화했다'는 것을 인정하고 나니 , 국내에서 벌어지고 있는 문제를 보면서 깊은 우려감이 생겨나게 된 것이다 . 모택동은 1964 년에 연설을 진행하며 다음과 같이 말했다 .

소련이 수정주의에 빠졌다는 것은 우리도 수정주의에

빠질 수 있다는 것을 의미합니다. 또 중 - 소 논쟁이 진행될 때는 반 (反) 수정주의 사상은 더 널리 보급되어야 하며 가정과 개인 역시 반 수정주의 사상을 가져야 합니다. 나는 반 수정주의를 강조한 것이 처음 있는 일은 아니지만 이전까지만 해도 그 대상은 고위급 간부나 사상 공작을 펼치는 지식인들로 한정되어 있었을 뿐, 일반 개인에게까지 요구하지는 않았습니다. 중 - 소 양당이 논쟁을 펼치면서부터 상황이 달라졌습니다. 반 수정주의는 이제 정치생활에 있어서 아주 중대한 사건이 됐습니다. 특히 '구평', 사설이 발표될 때마다 신문에 실리는 것으로 그치지 않고 전국적으로 퍼져 나가 소책자로 인쇄되어 나눠지기까지 했습니다. 이 기세를 따라 각 기관, 학교, 시민 단체, 기업 단위, 더 나아가 농촌까지도 단체를 조직하여 반수정주의 문제에 토론하고, 정치 학습의 주요 내용으로 삼아야 할 것입니다.

반 수정주의는 중국내에서 거대한 흐름으로 자리 잡게 되었고, 모든 사람들 심지어는 초등학생까지도 반 수정주의는 정치적으로 중요한 사상이며 가벼운 태도로 대해서는 안 된다는 것을 알게 됐다. 당시 반수정주의 교육의 보급화는 빠르게 이루어졌으며, 실제적으로는 문화대혁명을 발동시키기 위한 물밑 사상작업이었던 셈이다.

역사는 여러 요소들이 융합하며 발전해 왔다. 이 시기 역시 역사를 구성하는 요소 중 잊어서는 안 될 중요한 한 부분인 것이다.

제 21 장
문화대혁명 (文化大革命) 이
불러 온 10 년의 혼란

1966 년은 제 3 차 5 개년계획의 첫 해이자 5 년이나 걸린 조정 끝에 국민경제가 빠르게 발전하던 시기였다 . 사회주의 건설 사업 역시 나날이 번영하며 긍정적인 현실을 만들어 나가는 중이었다 . 모든 사람들은 경제가 드디어 어려움을 딛고 일어났으니 이제는 거대한 발전을 이룩할 일만 남아 있다는 기대감에 차 있었다 .

그리고 바로 그때 , 대다수의 사람이 예상하지 못한 '문화대혁명'이라는 정치적 폭풍이 전국을 휩쓸었다 . 게다가 이 '폭풍'은 10 년간 이어지게 된다 . 문화대혁명은 중국 국민에게 대재난을 가져왔고 , 중국의 사회주의 건설 사업에 심각한 피해를 입혔으며 그 피해규모 역시 전례 없는 수준이었다 .

제 1 절 문화 대혁명 , 왜 발생한 걸까 ?

문화 대혁명은 모택동이 직접 구상하고 제창하여 실시한 것이었다 . 모택동 (毛澤東) 은 무슨 이유에서 그렇게 한 걸까 ? 많은 사람들은 모택동의 행동을 이해하지 못했다.

사회주의화된 신중국을 건설하는 것은 모택동의 최종적 목표였다. 그는 중국이 완전히 새로운 사회제도를 구축하고, 소련의 사태를 교훈으로 삼아 하루 빨리 중국적 특색을 가진 사회주의 발전노선을 찾기 희망했다. 그러나 당시 중국공산당은 사회주의라는 게 무엇인지, 사회주의를 어떻게 건설해야 하는지에 대한 지식과 경험이 전무한 상태였다. 그러다 보니 모택동과 중앙위원회의 주요 지도자들은 자연스럽게 냉전시기에 터득한 경험을 종합하여 사회주의의 청사진을 그리기 시작한다.

1958 년, 모택동은 '일대이공 (一大二公)'을 특징으로 한 인민공사 구상을 내놓는다. 그는 즉시 시행할 수 있고 현 상황에 적합한 제도를 다음과 같이 생각했다. (1) 정치와 인민공사의 융합 (政社合一), (2) 공농상학병 (工農商學兵) 결합, (3) 생활의 단체화, (4) 농촌의 도시화, (5) 도시의 농촌화, (6) 노동자의 지식인화, (7) 지식인의 노동자화, (8) 자산계급의 특권 제한 등이다.

대약진 (大躍進) 운동이 실패로 돌아간 이후, 그는 자신이 저지른 잘못에 대해 자아비판을 진행하고 방법을 수정하긴 하였으나 대약진처럼 단계를 초월하여 발전하고자 하는 집념은 여전했다. 모택동은 자신이 설계한 목표와 방법은 완벽하며 실현할 수 있는 것들이라 믿어 의심치 않은 것이다.

이는 넓게 보면 공상적인 면이 존재하는 근본적으로 그릇된 구상이며 현실화할 수 없는 사회주의였다. 그러나 모택동의 계획을 의심하거나 반대하는 주장은 전부 계급투쟁의 표현으로 비추어졌으니, 문제는 점점 더 심각해진 것이다.

8 기 10 중전회 이후 , 모택동의 걱정은 커져만 갔다 . 미래에 중국이 사회주의 노선을 벗어나 자본주의를 향해 나아갈 것을 염려한 것이다 . 그가 "수정주의를 벗어나야 한다 .", "자본주의가 부활하려 한다 ." 는 표현을 자주 사용한 이유이기도 했다 .

이때 모택동은 국내에서 벌어지고 있는 계급투쟁의 흐름에 대해서도 우려를 감추지 못했다 . 게다가 중앙위원회가 시행하고 있는 '일선 (一線)' 업무의 지도자들과 여러 지역 , 성 (省) 급의 지도자들이 바라던 반응을 보이지 않자 그의 불만은 쌓여만 갔다 .

모택동은 중국 사회가 사회주의 노선에서 벗어나 자본주의로 나아가게 된다면 그것은 도시나 시골에 거주하는 민중들 탓이 아닌 , 상층 지도부 , 특히 중앙위원회의 잘못일 거라는 생각을 갖게 됐다 . 지도부가 수정주의화되어 민중들에게까지 영향을 미친다면 그 위험도는 민중들의 수정주의화로 인해 지도부가 물드는 것보다 더 위험하고 , 속도도 비교할 수 없을 만큼 빠를 것이라 예상한 것이다 . 이에 그는 1964년 말 중앙위원회 업무 회의에서 "승냥이와 이리가 길을 막고 있는데 어찌 여우의 죄를 먼저 묻겠는가 .(豺狼當路安問狐狸)"라는 고사성어를 차용해 "우선은 승냥이에게 죄를 물을 것이며 , 여우는 그 다음이 될 것이다 . 이 문제는 시급히 해결해야 하며 , 정권을 잡은 자들의 문제부터 해결해야만 한다 ."고 말했다 .

1966 년에 73 세가 된 모택동은 조급해지기 시작했다 . 자신이 살아 있는 동안에 문제들을 전부 해결해야만 한다고 생각한 것이다 . 5 월 , 그는 메흐메트 셰후가 인솔한 알바니아 정당 대표단을 접견하며 "우리는 이제 황혼의 시기에 접어들기 시작했습니다 . 그러니 자산계급이 다시 부활하지 않도록 한 번에 해결할 필요가 있습니다 ."라고 말했다 .

모택동은 이미 8 기 10 중전회에서 계급투쟁이 필요하다 언급했고, 도시와 농촌을 대상으로 한 사회주의 교육운동도 실시했으며, 그에 더해 문화 비판까지 진행했는데 대체 무엇을 더 하려는 건가 의문을 가질 수도 있었다. 그러나 모택동은 그 방법들로는 개별적인 문제와 개인만을 잡아낼 수 있고 전체 문제를 해결하는 것은 불가능하다 생각했다. 그가 외국 내빈에게 "현재 중국이 실시하고 있는 방법으로는 문제를 해결할 수 없습니다. 우리는 새로운 방법을 찾아야만 합니다. 형식과 방식이 간단하면서도 공개적, 전면적으로 민중들에서부터 실시 지도층에 존재하는 어두운 면까지 해결해 줄 방법 말입니다."라고 말한 부분에서 모택동의 생각을 알아차릴 수 있다.

　　모택동은 공정하고, 공평하며, 청렴한 사회를 구축하고 유지해나가길 간절하게 희망했다. 그는 현재 중국의 사회주의 내부에는 여전히 '어두운 면'이 존재한다고 여겼으며, 특히 생산적 노동 분야에서 사람과 사람의 관계 부분에서는 여전히 많은 문제가 해결되지 못한 채 남아 있다 생각했다. 모택동은 이러한 문제는 민중의 손을 빌려야만 해결할 수 있다 생각했고, '문화대혁명'이야말로 그가 찾던 바로 '형식과 방식이 간단한' 해법이었다. 이 방법이 공개적, 전면적으로 민중들에서부터 실시되기만 한다면 사회에 존재하는 '어두운 면'은 사라질 것이고, 비로소 자신이 원하는 이상적인 사회가 구축될 것이라 믿었다. 국가의 사상이 변질되는 것만 막을 수 있다면 소란스러워지는 것 정도는 두렵지 않았다. 모택동은 어떠한 대가를 치르더라도 실행할 가치가 있다 생각했다. 그가 "천하대란 (天下大亂) 은 천하대치 (天下大治) 로 향하는 길이다."라고 말한 것은 이 문화대혁명을 두고 한 말인 셈이다.

　모택동이 '문화대혁명'을 실시한 이유가 '권력 투쟁'이라 말하는 일부 서양학자들도 존재한다. 그러나 객관적으로 보았을 때 그 의견은 신빙성이 없는 억측에 불과하며, 실제와 부합하지 않는다. 첫째, 당시에는 그 누구도 모택동의 위신과 '권력'에 도전장을 내밀지 않았다. 둘째, 모택동이 어떤 사람, 혹은 어떤 사람들을 제거하는 게 목적이었다면 굳이 어려운 방법을 사용하지 않아도 제거할 수 있었다. '공개적, 전면적으로 민중들에서부터 실시'되어야 하는 '문화대혁명'을 일으킬 이유는 더더욱 없었다는 의미다.

　모택동이 저지른 실수는 크게 두 가지로 나눌 수 있다.

　첫째, 사회주의 사회에 존재하는 '어두운 면'을 과대평가한 탓에 적대적 모순과 비적대적 모순을 구분하지 못했다. 중국 지도부는 장기간 동안 계급투쟁과 대중적 정치운동을 진행해 큰 성과를 얻은 경험이 있다. 이는 모택동이 사회에 존재하는 모든 문제를 계급투쟁의 일종의 표현으로 보게 만들었다. 심지어는 자신의 의견과 조금이라도 다르면 정당한 의견도 '수정주의'나 '자본주의의 길을 걸으려는 움직임'으로 취급하기에 이르렀다. 중국공산당의 대다수 간부들은 유사한 경험이 있어서 모택동의 이러한 의견에 더 쉽게 공감하고 더 쉽게 동화됐다. '사청 (四淸)'운동이 진행되며 모택동은 문제를 더 심각하게 취급하기 시작했다. 소련에서 발생된 사건 탓에 모택동은 자신의 주변에서 '흐루쇼프 같은 인물'이 등장해 당과 국가를 변절시킬지도 모른다는 생각에 걱정은 늘어만 갔다. 사회주의 사회에 여러 모순이 존재하는 것은 본디 자연스러운 일이다. 집권하는 간부들과 민중 사이에 모순은 더더욱 그렇다. 그러나 문제를 너무 심각하게 받아들인 탓에 현실과의 거리는 점점 멀어지기 시작했다. '문화대혁명'운동을 실시할 때가 되었을 때 모택동은 이미 중공중앙위원회는 수정주의에 물들기 시작했으며, 중국이 자본주의에 빠질 위기 앞에 놓여 있다고 단정해 버렸다. 그러나 모택동의 생각은 완전히 틀렸으며, 실제상황과 조금도 부합하지 않았다.

둘째, '어두운 면'을 처리하기 위해 극단적이고 그릇된 방법을 택했다. 모택동은 사회 생산력을 제고시켜 발전하는 과정 속에서 문제를 천천히 해결하는 방법이 아닌, "계급투쟁 한 번이면 모든 것을 해결할 수 있다."고 강조하며, 익숙하고 격렬한 계급투쟁 방법을 통해 해결하려 했다. 민중들의 손을 빌려 '자본주의의 길로 빠져든 집권파'로부터 권력을 다시 뺏어오면 모든 문제가 해결될 것이라 생각한 게 문제였다. 모택동은 '민중들의 손을 빌려' 일을 처리하며 각급 당 조직의 대표자들은 필요하지 않고, 민중들이 무엇이든 하고 싶은 걸 하면 된다고 생각했다. 심지어는 "자유롭게 방임하자. 전국의 성, 대도시, 중등 도시 위원회는 한 번쯤 궤멸해 봐야 한다."는 말까지 했다. 모택동은 방임하더라도 이후에 전부 제어할 수 있을 것이라 믿었다. 그러나 다가온 현실은 그렇지 않다는 걸 여실히 보여 줬다. "계급투쟁을 기초로 한다."는 잘못된 사상지도 하에, 아무런 제약 없이 자유방임적 태도를 취했으니, 무정부주의는 범람하기 시작하고 서로 어지럽게 뒤엉킨 채 중국 사회에 퇴적되어 있던 문제들이 터져 나오기 시작했다. 이는 혁명으로 반대파 주의자들을 몰아내겠다는 '혁명조반(革命造反)'이라는 미명 하에 극단적이며 심지어는 극악무도한 수준의 행동을 불러 일으켰고 대폭발을 일으켰다. 마치 판도라의 상자를 열어젖힌 것처럼 제어할 수 없는 수준에 다다랐고, 그 사태가 낳은 결과는 모택동 예상 밖의 일이었다.

모택동의 '무산계급 독재 하에 대혁명을 진행하자'는 이론은 앞서 서술한 그릇된 인식에서부터 나온 이론이다 .

당시 모택동을 향한 개인숭배는 이미 광적인 수준에 도달해 있었고 , 민주집중제와 집단 제도 체제는 이미 심각하게 훼손되어 당의 권력이 개인에게 과도하게 집중되었고 , 이는 개인이 독단적으로 행동하는 결과를 낳았다 . 문화대혁명을 비판한 주요 지도부 인사들의 의견은 묵살 당했고 몰매를 맞았다 . 문화대혁명운동을 진행하기 위해 모택동은 임표 (林彪), 강청 (江青) 등의 인사들을 중용하여 가장 '혁명적'이라는 구호를 내걸고 '좌파'의 잘못을 변두리로 밀어 버린 뒤 , 원하는 대로 행동하도록 한다 . 이는 전국적으로 '모든 것을 타도하고 , 전면 내전에 돌입하는' 혼란스러운 상황을 만들어 냈다 . 모택동과 그의 소수세력이 정치 생활에 있어 대다수의 사람들을 쥐고 흔드는 이상한 장면이 펼쳐졌고 , 중국 사회주의 건설사업에 유례없는 막대한 피해를 입혔다 .

문화대혁명운동이 진행된 이 10 년은 세계의 경제와 과학기술이 비약적으로 발전하던 시기였다 . 그러나 중국은 그 흐름을 따라가지 못하고 문화대혁명운동이라는 내란 속에 빠져 있었으니 , 선진국과 중국 간에 존재하던 격차가 더 커진 것은 당연한 일이었다 .

이는 문화대혁명운동이 우리에게 남긴 절대 잊지 못할 뼈아픈 교훈이다 .

제 2 절 문화대혁명운동의 시작

요문원 (姚文元) 이 발표한 < 신편 역사극 '해서파관'에 관한 평

론 (評新編歷史劇海端罷官)> 이 문화대혁명운동의 도화선이었다 .

　해당 평론은 모택동의 아내였던 강청의 지도하에 쓰인 것으로 1965 년 11 월 10 일 상해 (上海) 《문회보 (文匯報)》에 게재되었으며 , 당시 민중들은 알지 못했지만 해당 글은 모택동에게 허락을 받은 후 발표됐다 . 해당 평론은 당시 북경 (北京) 부시장이자 역사가였던 오함 (吳晗) 을 신랄하게 비난하여 사회에 큰 충격을 가져왔다 . 평론의 내용은 애초에 문학 평론이나 학술 평론과는 거리가 멀었으며 , 짙은 정치적 색채와 강렬한 적의를 담고 있었다 .

　평론은 극중에서 논을 원 주인에게 돌려준 '퇴전 (退田)' 사건과 억울함을 풀어 주는 '평원옥 (平冤獄) 사건'을 언급하며 "현재 우리 사회에는 인민공사가 조직되어 있는데 , 작가는 인민공사에게 논을 원주인에게 돌려주라고 말하고 싶은 건가 ? 그렇다면 그 땅을 돌려받을 원주인은 누구인가 . 땅 주인인가 , 농민인가 ? 우리나라는 무산계급 독재 정권을 실현시켰는데 대체 어디 계급에서 그 '억울함'을 찾을 수 있는 것이고 , 대체 그 '억울함'은 어떻게 풀어 줄 수 있는 것인가 ?" 하는 억측을 쏟아 놓았다 .

　평론은 마지막 부분에서야 주제를 제대로 고르고 서술하기 시작했는데 내용은 다음과 같다 . "다들 알고 있겠지만 1961 년은 3 년 연속 이어진 자연재해 탓에 우리나라 경제적으로 어려움을 겪었다 . 제국주의와 각국 반대파와 현대 수정주의가 다시 머리를 치켜드는 상황에서 , 사상이 불온한 자들이 개인 경작을 허용해야 한다는 단간풍 (單幹風) 이니 , 우익 기회주의자와 반혁명분자들에게 내린 판단을 완화해야 한다는 번안풍 (飜案風) 이니 따위의 바람으로 우리를 흔들어 놓으려고 하고 있다 . < 해서파관 > 이 바로 계급투쟁의 한 형식을 반영해 낸 극이다 ." 이 부분을 보면 해당 논평에는 정치적 의도가 숨어 있다는 것을 알아차릴 수 있다 .

논평이 공개된 이후 《문회보》 편집부로는 대량의 항의편지가 쏟아졌다 . 오함은 "< 해서파관 > 은 1960 년에 쓰인 작품이다 . 나는 1961 년에 불온한'바람이 불어닥칠 것이라는 걸 예상하는 능력은 없다 ." 고 해명했다 . 그러자 이번에는 비난의 화살을 극중 인물 '해서'가 파직 당한 것으로 돌려 이는 1959 년 개최된 노산회의에서 팽덕회 (彭德懷) 의 직책이'파직당한 것을 묘사한 것이고"< 해서파관 > 의 진짜 주제는'파직'당한 우경화 (右傾化) 기회주의자들을 복직시켜 달라 호소하고 있는 것이다 ."라는 주장을 펼치기 시작했다 .

당시 중앙정치국 위원회 서기처 (書記處) 서기를 맡고 있던 팽진 (彭眞) 은 논평의 의견에 동의하지 않았다 . 1966 년 2 월 , 팽진이 조장 으로 있는 문화혁명 5 인 소조직은 중공중앙에 < 작금의 학술 토론에 관한 보고 강요 > 를 제출하고 모든 당원들에게 배포했다 . 이 강요는 <2 월 강요 > 로 불렸다 . < 강요 > 는 학술문제와 정치문제를 뒤섞어서 는 안 된다고 거듭 강조하며 , < 해서파관 > 을 향한 비난을 학술 토론 범주 내에서만 진행하도록 제어하려 했다 .

이 < 강요 > 에 맞서기 위해 , 임표의 권한을 위임받은 강청은 상 해에서 '군부대 내 문예작업 좌담회'를 개최하고 , 3 월에 < 좌담회기요 (座談會紀要)> 를 발표했다 . < 좌담회기요 > 는 읽는 사람이 혹하도 록 과장된 표현을 사용하며 "건국 이후 , 문예계는 15 년간 모택동 주석 의 사상과 대립되는 반공산당 , 반사회주의자들의 수정주의 문예 노선 인 흑선 (黑線) 에 지배당해 왔다 . 이 문예 흑선은 자산계급의 문예사 상에 현대수정주의의 문예사상과 소위 말하는 30 년대 문예사상이 뒤섞인 결합체다 ."라고 서술했다 . 모택동은 이 < 기요 > 를 검열하며 "이 흑선을 제거한다고 하더라도 제 2 의 흑선은 또 나타날 것이며 , 우리는 계속 투쟁해야 한다 ."는 말을 추가하라고 지시했다 . < 기요 > 는 초기에는 대중들에게 공개되지 않았지만 고위층 간부들에게는 전달되었으며 한 달 후 , 모택동의 승인을 얻어 중공중앙의 명의로 발표됐다 .

'문예흑선지배론'은 신중국 설립 이후 문화예술계가 이루어 낸 거대한 업적을 전부 부정했을 뿐만 아니라 문화분야에서 '돌파구'를 만들어내 당과 전국 인민의 사상을 어지럽히고 , '모든 것을 의심하라'는 '좌'로 편향된 사상 풍조를 유행시켰다 . 소위 말하는 '흑선전정론'은 가공할 만한 속도로 각 분야에 퍼져 나갔으며 , '한 계급이 다른 계급을 뒤엎기 위한'혁명을 성공시키기 위해 17 년의 역사를 부정하고 '사실'을 만들어 냈다 . 이는 당시에 이미 충분히 과열되어 있었던 정치 비판운동에 기름을 끼얹은 것과 다름없다 .

이후에 '흑선'과 반혁명 조직인 '흑방 (黑幇)'과 맞서 싸워야 한다는 투쟁 방식이 유행하게 된 것도 이 기요의 영향을 받아서이다 .

< 강요 > 와 < 기요 >, 명확하게 대립구도를 이루는 두 문서의 등장은 오랜 기간 이어져온 중국지도부간의 의견분열을 전국에 공개한 것과 다름없는 일이었다 .

1966 년 5 월에 개최된 중공중앙정치국 확대회의와 , 1966 년 8 월에 개최된 8 기 11 중전회는 문화대혁명운동의 전면적인 개시를 의미하는 신호탄이었다 .

당시 모택동은 항주에 있었기에 5 월에 북경에서 개최된 중앙위원회 정치국 확대회의에는 참석하지 못했다 . 해당 회의는 일전에 열렸던 회의의 연장선으로 팽진 , 나서경 , 육정일 , 양상곤 (楊尙昆) 을 집중적으로 비난하는 데에 초점을 두었다 . 논쟁의 정도는 당연히 더 심화되었으며 , '수정주의'는 문화 분야 내부에만 나타난 것이 아닌 당 , 정 , 군과 같은 고위지도층 사이에서도 나타났다고 주장했다 . 16 일에 개최된 회의에서는 모택동이 여러 번 수정한 < 중공중앙통지 (이후에는 <5·16 통지 > 로 칭한다 .)> 를 통과시켰고 , 이전에 중앙위원회가 배포한 <2 월 강요 > 는 철폐하며 기존의 문화혁명 5 인 소조는 해체한 뒤 , 새로이 정치국상무위원회에 예속된 문화혁명소조 (이후에는 '중앙문혁소조 (中央文革小組)' 로 칭한다 .) 를 새로이 설립한다고 발표했다 . 또 < 통지 > 는 <2 월 강요 > 를 맹렬하게 공격하며 <2 월 강요 > 는 위대한 무산계급 문화 혁명의 분위기가 고조되었는데 '문화혁명운동을 방해하고 우경화하려고 한다 .'며 '철두철미한 수정주의라고 비난했다 .

< 통지 > 에는 당시 모택동이 당과 국가정치의 흐름에 갖고 있던 그릇된 판단이 그대로 반영되어 있으며 , "흐루쇼프 같은 사람이 우리와 같이 생활하고 같은 땅에서 숨을 쉬고 있다 ."는 말로 사람들에게 겁을 주었다 . 문제는 초기에는 '자본주의의 노선을 따라가려는 집권파'였던 사람들이 어느새 '혁명에 반대하는 수정주의 분자 무리'가 되어 버린 것이다 . 이러한 주장은 사실적 근거가 없는 주장들이었으며 옳고 그름을 구분해 내지 못하게 했을 뿐더러 적대적 모순과 비적대적 모순을 뒤섞어 놓아 혼란스럽게 만들었다 . 인위적으로 형성된 긴장감이 사회에 맴돌기 시작했다 .

모택동은 이렇게 중요한 의미를 갖는 회의에는 본인은 참석하지 않았지만 , 그가 수정한 < 통지 > 의 말들은 단 한 글자도 변하지 않고 바로 통과됐다 . 이는 당시 중공중앙의 집단 지도 체제가 무너지고 개인 독재체제가 그 자리를 대신했다는 것을 의미하기도 한다 .

23 일, 회의는 팽진, 나서경, 육정일, 양상곤이 중앙위원회 서기처에서 맡고 있는 직위를 박탈하고, 팽진을 북경시위원회 제 1 서기와 시장 직위에서 파직하기로 결정했다. 28 일, 중공중앙은 "중앙문혁소조 조장에 진백달 (陈伯达) 를, 고문 자리에 강생 (康生) 을, 강청, 장춘교 (張春橋) 등을 부조장 자리에 임명하며, 왕력 (王力), 관봉 (關鋒), 척본우 (戚本禹), 요문원 등을 조원에 임명한다 ."고 발표했다.

이 회의는 문화대혁명운동의 좌파방침이 중공중앙에서 지배 위치를 차지하게 했으며, 중앙문혁소조가 중앙위원회의 손에 권력을 쥐여 주었다. 문화대혁명운동에서 인민들을 선동하고 '모든 것을 타도하며 전면적인 내전을 진행할 지휘부'는 사실상 이때 완성되었다.

6 월 1 일, 진백달이 이끄는 중앙문혁소조의 지휘 하에 《 인민일보 》는 짙은 적대감이 담겨 있는 < 모든 잡귀를 쓸어버리자 > 라는 제목의 사설을 발표한다. 모든 사람들은 이제 곧 거센 비바람이 몰아칠 것이라는 걸 예감했다.

이때, 모택동은 정치적 색채를 담고 있는 글이나, 일부 단체가 시행하는 방법을 실시하는 것만으로는 자신이 원하는 사회주의 사회를 실현시킬 수 없다고 생각했다. 아무리 좋은 글이라도, 아무리 좋은 방침이라 하더라도 역부족이라 생각한 것이다.

모택동의 지휘 하에 발표된 논평들은 지식계에는 지대한 영향을 미쳤지만 사회적으로는 주목을 끌지 못했다. 행정이나 경제 분야에 종사하는 사람들은 자신과 관계없는 일이라 생각하여 자신의 업무를 처리하느라 정신이 없었고, 본래 의도했던 국가 범위의 대규모 민중운동은 일어나지 않았다.

모택동은 이렇게 가다가는 통제할 수 없을 만큼 거대한 힘을 이끌어 내지 못할 것이 분명하며, 중국이 '수정주의'의 노선을 따라갈지도 모를 위기를 해결할 수 없다고 판단했다. 본인이 걱정하는 문제를 해결하기 위해서는 위에서부터 아래로 하달하는 형식이 아닌, 민중에서부터 시작하여 옛 체제에 존재하는 모든 '어두운 면'을 걷어내야만 했다. 이를 통해 전에는 없었던 새롭고 열기 넘치는 거대한 변화를 창조해 낸다는 것이 최종 목표였다. 그러기 위해서는 현존하는 단체와 질서, 그리고 방법으로는 이루어 낼 수 없다는 걸 알아차렸다.

그렇다면 어떻게 해야 이 문제를 해결할 수 있을까? 돌파구는 어디에 있는 걸까? 모택동은 사회에 큰 충격을 가져다 줄 두 가지 방법을 생각해 냈다. 한 가지는 대자보였으며, 다른 한 가지는 홍위병 (紅衛兵) 이었다.

우선은 대자보에 대해 알아보자.

《인민일보》가 < 모든 잡귀를 쓸어버리자 > 는 사회 평론을 발표한 날, 모택동은 섭원재 (聶元梓) 북경대학 철학계 중국공산당 총지부 서기를 포함한 7 인이 작성한 < 송석 (宋碩), 육평, 팽패운 (彭佩雲) 은 문화대혁명 동안 도대체 뭘 했는가 ?> 라는 대자보를 보게 되었다. 이 대자보는 강생과 그의 부인 조일구 (曹軼毆) 의 지휘 하에 작성된 것이었다. 대자보에는 "당과 사회주의, 모택동사상을 향해 맹공을 퍼붓는 반동자들은 들어라. 이번 계급투쟁은 사활이 걸린 계급투쟁이다. 혁명을 희망하는 우리들은 각자의 능력을 충분히 발휘할 것이며, 기세 높게 행동하고 불온한 흑색 분자는 공개적으로 규탄할 계획이다. 대회를 개최하고, 대자보를 붙이는 것이 최선의 민중 전투가 될 것이다."는 내용이 담겨 있었다.

모택동은 이 대자보를 인민에게 발표한다면 인민들이 기존 질서의 틀을 부수고 자유롭게 행동하기 시작할 것이라 생각했다.

모택동의 지시에 따라 당일 저녁부터 중앙인민방송국은 대자보의 내용을 대대적으로 송출하기 시작했고 북경대학 내부는 시끄러워지기 시작했다. 다음 날, 《인민일보》는 대자보 전문을 게재하며 왕력, 관봉이 기획한 < 북경대학의 대자보에게 보내는 환호 > 라는 제목의 논평을 같이 발표했다. 이후 8기 11중전회 기간 동안, 모택동은 해당 논평에 "혁명을 위해하는 잘못된 지도자들을 용서해서는 안 되며 계속 배척해야 한다."는 평어를 덧붙여 줬다. 계속 배척해야 하는 잘못된 지도자는 대체 누굴 말하는 걸까? 사람마다 각자 다른 해석을 내놓으리라. 이 질문 탓에 각급 당위원회 대표들은 힘을 잃었으며, 그들의 말을 귀담아 듣는 사람도 사라졌다.

이 사건은 전국에 강렬한 반향을 불러일으켰으며 상황은 순식간에 뒤바뀌었다. 북경 소재의 각 대학교, 중고등학교 학생들은 일제히 '수정주의에 대항하자'는 구호를 외치기 시작했고, 교내에는 지도자와 교사들을 손가락질하는 내용의 대자보가 나붙었다. 학급과 당 조직의 기능은 마비되었으며, 서로 헐뜯고 싸우는 현상이 나타나기 시작했다.

다음으로 홍위병에 대해 논해 보자.

홍위병은 중고등학교에서 탄생한 조직이다.

가장 처음 조직된 홍위병은 청화대학 부속 중고등학교 학생들로 이루어져 있었다. 6월 24일, 그들은 < 무산계급혁명의 투항정신이여 영원하라 > 라는 제목의 대자보를 붙였다. 내용은 다음과 같았다.

혁명은 저항하는 것이다. 모택동사상의 핵심 역시 저

항하는 것이다 . 저항하지 않는 자는 수정주의 지지자다 ! 수정주의 학교 통치는 벌써 17 년이나 이어졌다 . 지금 저항하지 않는다면 또 언제 다시 저항할 수 있겠는가 ? 우리는 이미 저항하기로 결정했고 더 이상 당신들의 말을 따르지 않을 테다 ! 우리는 전투의 화약 냄새가 더 짙어지도록 할 것이다 . 클레이모어를 당기고 수류탄을 던지자 . 대규모의 혈투와 학살을 진행하자 ! 무슨 인정을 논하고 무슨 전면을 논하는가 ! 다 구석에 버려 버리자 !

7 월 4 일 , 그들은 < 무산계급혁명의 투항정신에 대한 재논의 , 조반정신이여 영원하라 > 는 제목의 대자보를 붙였다 . 이후 , 여러 중고등학교도 그들을 따라 홍위병을 조직하기 시작했다 .

모택동이 북경에 돌아온 이후 , 청화대학 부속 중고등학교 홍위병들은 두 장의 대자보를 모택동에게 보냈다 . 그리고 7 월 31 일 , "자네들을 열렬히 지지한다 ."가 대자보에 대한 모택동의 대답이었다 .

이 편지가 실제로 보내지지는 않았다 . 대신 8 기 11 중전회 때 인쇄하여 배포하는 방법을 선택했고 , 답신은 사회에 빠르게 전파됐다 . 이 소식을 들은 대학교와 중고등학교에는 홍위병을 조직하는 것이 유행처럼 퍼져 나가기 시작한다 . '혁명무죄 , 조반유리 (革命無罪 , 造反有理)'라는 구호는 이 시기에 가장 유행한 구호였다 . '혁명을 위한 저항'이라는 명분을 내세우면 그것이 천인공노할 끔찍한 일이더라도 모두 정당화되었으며 , 원하는 대로 행동할 수 있었다 .

8 월 , 8 기 11 중전회가 북경에서 개최됐다 . 회의는 유소기 (劉少奇) 의 보고를 듣고 , 작업 팀을 파견하는 것에 대한 문제를 논의하는

데에 중점을 두었다. 그러나 일선에서 일하는 중앙위원회를 향한 모택동의 비난은 점점 거세져만 갔다. 전회에서는 모택동이 쓴 <총사령부를 포격하라. 나의 대자보>라는 글을 인쇄하여 배포했다. 글에서 모택동은 다음과 같이 말했다.

전국에서 최초로 쓰여진 마르크스 - 레닌주의 대자보와 《인민일보》 평론원들이 작성한 평론을 보자. 이 얼마나 완벽한 글인가? 동지들이 이 대자보와 평론을 다시 한 번 읽어 보길 바란다. 50여 일이 흘러가는 동안, 중앙부터 지방 지도부 동지들은 같이 행동하지 않았다는 것이 안타까울 뿐이다. 혁명과 반대되는 자산계급의 입장에 서서, 자본가 계급의 독재에 참여하고, 무산계급의 열기가 뜨거운 문화대혁명운동을 반대한다니. 이는 주객이 전도된 상황이며, 옳고 그른 일을 뒤바꿔 놓은 것이고, 혁명을 원하는 이들을 저지하며, 다른 의견은 무시하는 백색테러를 자행한 것이다. 자신의 모습에 만족하고 자산계급의 위세에 힘을 더해 준다니, 이보다 더 해로운 일이 또 뭐가 있겠는가! 1962년 우경화와 1962년 좌편향 사건이 가져온 결과를 생각하면 이제 깨어날 때도 되지 않았는가?

비록 이름은 언급하지 않았지만 비난하는 대상이 누군지는 명확했다. 유소기를 겨누면서도 중앙위원회와 기타 '사령부'의 문제를 같이 지적한 것이다 회의에 참석한 이들은 예상하지 못한 모택동의 돌발행동이었다. 8기 11중전회에서는 11인의 중앙정치국 상무위원회 위원을 선발했는데 임표는 서열 2 위를 차지한 반면 , 유소기는 8 위로 추락했다 . 전회에서는 중앙위원회 부주석을 재선임하지는 않았지만 , 이후에 임표만을 부주석이라 부르며 유소기 , 주은래 (周恩來), 주덕 (朱德), 진운 (陳雲) 은 더 이상 언급하지 않았다 . 8 월 8 일 , 8 기 11 중전회에서 '무산계급 문화 대혁명에 관한 결정'이 통과됐다 .

8 기 11 중전회에서는 중공중앙이 문화대혁명운동을 진행할 수 있도록 법적인 절차를 밟았다 . 역사에 없었던 수준의 정치 대란은 이제 피할 수 없는 현실이 되었다 .

8 월 18 일 , 백만 민중이 참석한 문화대혁명 축하대회가 북경 천안문에서 성대하게 개최됐다 . 대회에 참가한 사람들은 주로 북경과 전국 각지에서 모여든 청년 학생들이었다 . 대회에 모여든 민중의 수와 열렬히 환호하는 장면은 신중국 건국 이래 처음 보는 장면이었다 . 모택동은 신중국 건국 이후 처음으로 초록색 군복을 입고 대회에 참석했으며 , 대회를 기점으로 기존에도 심각한 수준이었던 개인숭배가 광적인 수준까지 발전하게 됐다 . 축하 대회는 문화대혁명운동의 발전 역사에 있어서 중요한 전환점이었다 . 대회가 끝나고 중국 사회에는 큰 변화가 두 가지 나타났는데 목적은 역시 문화대혁명운동의 불길을 더 높아지게 하는 것이었다 .

나타난 변화 중 하나는 , 홍위병의 활동 영역이 교내에서 외부로 확장됐다는 것이다 . 홍위병은 길거리에서 "구사상 , 구문화 , 구풍속 , 구습관을 타파하자 ."는 구호를 외치며 파사구 (破四舊) 운동을 진행했고 , '혁명조반' 정신을 사회에 퍼뜨리기 시작했다 . 또 홍위병들이 전국적으로 '연대'하며 혁명조반정신을 전국에 널리 알리기 시작한 것 역시 새로운 변화였다 .

홍위병의 맹공에 피해를 입은 각 지역, 각 부서의 담당자들은 여전히 사상적으로 동의하지 못했으며 근심에 시달렸다. 이때, 그 어떠한 제약도 받지 않는 홍위군이 당 정치기관에 무단 침입하여 행패를 부렸고, 도처에 '죄인은 도망치지 못한다', '죄인을 끌어내 대중 앞에서 심판하리라' 등의 표어를 내걸었다. 많은 간부들은 이 계급투쟁에 휘말려 거리에 전시되듯이 끌려다녔다. 혁명조반 정신을 따르는 무리들은 점점 더 늘어났으며 구성원 역시도 다양해지기 시작했다. 사회 현실에 불만을 가진 여러 사람들이 조반 행렬에 참가했으며, 혁명조반이라는 깃발 아래, 불합리적이거나 과격한 일들을 당당하게 요구했다. 끈질긴 괴롭힘 탓에 각 지역의 단체 및 기구는 이미 기능을 상실했고, 이러한 홍위병의 행위는 지도층들이 문화대혁명운동에 더 큰 반감을 갖게 만들었다.

모택동은 기존에 있던 각급 당 정치기관만으로는 자신이 기대한 문화대혁명운동의 목표를 실현시킬 수 없다고 생각했다. 그는 이미 인내심을 잃어버린 상태였다. '전면탈권(全面奪權)'이 서서히 다가오고 있었다.

제 3 절 전면탈권 (全面奪權)

1967년, 문화대혁명운동의 정세에 급격한 변화가 일어나기 시작했다. 사회가 더 심하게 요동쳤고, 충돌은 더 격렬해졌으며 그 범위 역시 더 넓어진 새 단계에 접어들었다.

《인민일보》와 《홍기》잡지는 공동으로 신년 사설을 발표하

며 평소와는 다른 이상 신호를 보냈다 . 내용은 "1967 년은 전국이 계급
투쟁을 전면적으로 벌이는 해가 될 것이다 . 1967 년은 무산계급이 다
른 혁명 민중과 연합하여 당에 존재하는 자본주의 집권층들과 사회에
존재하는 반동분자들을 공격하는 한 해가 될 것이다 . 1967 년은 자산
계급과 반동분자들을 더 맹렬히 비판하고 , 그들이 미치는 영향을 완전
히 제거해 버리는 한 해가 될 것이다 ."였다 .

　　이 사설이 큰 충격을 가져왔다 . 당시 사회에는 이미 폭풍전야와
도 같은 긴장감으로 가득 차 있었는데 '계급투쟁을 전면적으로 벌이는
해'가 될 것이라니 , 대체 무슨 의미일까 ? 앞으로 어떤 변화가 일어나
게 된다는 것일까 ? 그것이 무엇인지는 금방 알 수 있었다 . 바로 전면
탈권을 두고 한 말이었다 . 1966 년 말까지 , 홍위병은 각급 당 정치기관
을 공격하고 , 포격을 가하고 지도자들을 비난하는 등 여러 행위를 일
삼았지만 , 그들의 권리를 약탈하지는 않았다 .

　　전면탈권은 상해에서부터 시작됐다 . 탈권을 시행한 사람들은 학
교에서 조직된 홍위병이 아닌 장춘교와 요문원의 감독 하에 조직된 공
장 노동자들과 간부로 이루어진 조반파 (造反派) 였다 . 조반파는 인
민광장에서 '진비현 (陳丕顯) 과 조적추 (曹荻秋) 가 수뇌로 있는 상
해위원회를 타도하자'는 대회를 개최한다 . 대회 이후 , 시위원회와 시
정부는 핍박에 못 이겨 업무를 정지하고 , 조반파가 그들 대신 업무를
수행하기 시작했다 . 도시의 실제 권력이 북경에서 이제 막 상해로 돌
아온 장춘교와 요문원의 수중으로 들어간 것이다 .

　　전면탈권 활동은 전국을 범위로 하여 빠르게 진행됐다 . 정세는
모택동이 기대한 것처럼 정확한 사회주의 노선을 찾아 연합하는 방향
으로 나아가지 않았으며 , 천하대치 (天下大治) 로 향하지도 않았다 .

오히려 기대한 것과는 다르게 놀라운 속도로 '모든 것을 타도하고, 전면적인 내전을 진행하며' 더 깊은 혼란 속으로 빠져들고 있었다.

'탈권' 바람이 전국을 휩쓸기 시작하며 온 사회가 요동치기 시작했다. 대다수의 당과 군 간부들은 '사활을 걸고 투쟁하며, 인정사정없이 공격하는 것'에 큰 피해를 입었다. 이러한 상황에서 일부 공산당중앙위원회정치국위원과 국무원 부총리는 문화대혁명운동이 잘못됐다 생각하며 초기에는 의견에 동의하지 못하는 정도에서 그쳤지만 이는 곧 강력한 불만으로 발전했다. 이 불만은 총 세 가지 질문에서 드러났는데 "첫째는 문화대혁명운동은 당의 지도자도 필요 없는 것 아닌가. 둘째는 원로 간부도 타도하려는 것인가. 셋째는 이 상황에서 군대가 안정을 유지해야 하는가?"였다. 그들은 이 불만을 중앙 회의에서 공개적으로 쏟아 내었는데 신중국 건립 이후 사상 처음 있는 일이었다.

1월 19일, 중앙군사위원회는 경서(京西) 호텔에서 모택동의 4인방을 처리할지 말지에 대해 논하기 위한 토론의 장을 가졌다. 엽검영(葉劍英), 서향전(徐向前), 섭영진(聶榮臻)은 반대하는 입장이었다. 이튿날에도 회의가 지속되었는데, 엽검영은 책상을 내리치며 "군대를 멋대로 움직인다면 절대로 좋은 꼴은 못 본다."고 화를 냈다. 서향전 역시 "우리는 일생을 인민의 군대에 바쳤다. 그들 몇 명이 망치게 둘 것인가?"라고 덧붙였다. 이날의 사건은 당시 '경서호텔의 소란'이라고 불리게 된다.

1967년 2월 16일, 주은래가 주최한 정치국 상무위원회 회동이 열렸다. 원래는 '혁명의 기회를 붙잡고, 생산을 촉진하자'는 의제에 대해 토론하기 위한 회동이었다. 회의 시작 전, 담진림(譚震林)은"원로 간부들을 제거해 버리려는 게 목적이라는 것쯤은 알고 있다. 당신

들이 하는 일은 역사상 있었던 권력 투쟁 중 가장 잔혹한 일이다 ."라며
장춘교를 비난했다 . 담진림이 자리를 뜨려 할 때 , 진의 (陳毅) 는 "가
지 말게 . 우리는 저들과 싸워야 하네 ."라며 담진림을 붙잡는다 . 또 진
의는 "연안정풍 (延安整風) 운동이 불 때도 모택동사상을 옹호하던
사람들은 우리를 비난했네 . 역사는 모택동사상에 반대하는 자가 누구
인지 이미 보여주지 않았는가 ? 기다린다면 역사가 증명해 줄 것이다 .
스탈린은 흐루쇼프에게 자리를 넘겨주고 수정주의에 빠지지 않았는
가 ?"라는 말을 덧붙였다 . 이에 이선념 (李先念) 은 "《홍기》 13 호
에 사회 평론이 발표된 이후부터 대규모의 민중이 두 파로 나뉘어 나
아갈 노선을 두고 경쟁하기 시작했네 . 그들이 연대하며 지도부 간부들
은 심각한 피해를 입은 상황이야 ."라고 했다 . 주은래도 회의에서 강생
에게 《홍기》 13 호에 사회 평론을 싣는 것과 같은 중대한 일을 왜 우
리와 얘기해 보지도 않고 공개했냐고 불만을 표출했다 . 이 사건은 당
시 '회인당 (懷仁堂) 의 소란'으로 불리웠다 .

그날 밤 , 장춘교 , 요문원 , 왕력은 모택동에게 '회인당의 소란'에
대해 보고하며 진의가 연안정풍운동을 언급했다 전했다 . 이는 연안정
풍운동에 대해 평가를 내린 것과 마찬가지였기에 모택동은 크게 격노
했다 . 2 월 19 일 , 모택동은 회의를 소집하여 불같이 화를 내고 , 진의 ,
담진림 , 서향전 세 사람을 비난하는 '생활회'라는 토론을 소집하기로
결정하며 그들에게 근신 처분을 내렸다 . 이 때문에 '회인당의 소란'은
'2 월역류 (二月逆流) 사건'으로도 불리게 된다 . 강청 등 인물들의 지
휘 하에 , 사회의 조반파들은 '흐름에 역행하는 자본주의자들의 부활'
을 결사반대한다는 입장을 내놓고 각 지역에서는 무정부주의 사상이
판을 치게 되며 상황은 점점 더 악화된다 . 그 이후 , 중앙정치국은 활동

을 멈추고 사실상 중앙문혁소조가 그 자리를 대체하여 권한을 행사하게 된다.

본래 모택동은 자신이 상황을 완전히 제어할 수 있을 것이라 생각했었다. 문화대혁명은 3월이나 4월 안에 성과를 가져올 것이며, 군사계엄과도 같은 일련의 강도 높은 방법을 사용해서라도 하루 빨리 자신이 원하던 궤도 위에 무사히 올라서길 바랐다. 그러나 각 지역에서 발생한 무력 투쟁은 나날이 심해져만 갔고, 참혹한 사고는 연이어 발생했으며, 이미 제어할 수 없는 수준이 되어 버렸다.

상황이 이 정도로 악화되었음에도 불구하고 모택동은 문화대혁명운동이 가져올 이득이 지금의 혼란으로 인한 피해보다 더 클 것이라 보았고, 문제를 어렵지 않게 해결할 수 있을 것이라 믿었다. 이 때문에 실제로는 해결하기 힘든 문제였음에도 불구하고 혼란은 계속해서 가중되어만 갔다.

문화대혁명운동을 이론적으로 설명하기 위해서는 우선 운동의 '성과'를 공고히 해야만 했다. 11월, 《인민일보》와 《홍기》 잡지, 《해방군보》는 연합하여 소련 10월혁명 50주년을 기념하는 사설을 발표했다. 사설에서는 "모택동이 무산계급 독재 하에 이어나갈 수 있는 창조적이며 위대한 혁명 이론을 제안했다. 이는 완벽한 방법으로 무산계급 독재 하에 혁명을 지속해 나갈 수 있도록 했고, 자본주의의 부활을 제지하는 가장 시급한 문제를 완전히 해결했다."는 평가를 내놓았다. 동시에 모택동의 이론을 종합하여 중점에 대해서도 정리했는데 내용은 다음과 같았다.

(1) 마르크스 - 레닌주의의 통일된 규율을 기준점으로

삼아 사회주의 사회를 관찰하여야 한다.

(2) 사회주의는 상당히 오랜 시간이 걸리는 역사적 단계다. 이 사회주의라는 역사적 단계에는 계급, 계급 간의 모순과 계급투쟁이 존재하며, 사회주의와 자본주의 두 가지 노선을 두고 투쟁이 이루어지고 있다. 또 자본주의가 다시 부활할 위험성도 안고 있다.

(3) 무산계급 독재 하에 계급투쟁을 진행하는 것은 본질적으로 보았을 때 하나의 정권 문제이기도 하다.

(4) 사회에는 두 가지 계급, 두 가지 노선 간의 투쟁이 이루어지고 있다. 이는 당 내에도 영향을 끼치기 마련이며, 당 내에 존재하는 극소수의 자본주의 집정권자들은 곧 자산계급을 대표하는 인물들이기도 하다.

(5) 무산계급 독재 하에 혁명을 지속해 나가는 것이 가장 중요하며, 무산계급의 문화 대혁명을 이루어 내야만 한다.

(6) 사상적 관점으로 보았을 때, 무산계급 문화 대혁명의 기본 강령은 '사리에 반대하고, 수정주의를 비판해야 한다.'이다.

이 글은 진백달과 요문원이 집필한 글이다. 글에서는 말년의 모택동이 문화대혁명운동에 대해 갖고 있던 그릇된 생각이 고스란히 드러나며, 역시 발표되기 전에 모택동에게 보내져 허락을 받았다. "< 무산계급 독재 하에 혁명을 지속해 나가야 한다.> 는 학설은 문화대혁명운동의 '좌편향'적인 지도 방식이 겉으로 보았을 때는 완벽한 이데올로기적인 모습을 갖추게 만들었다."

1968 년에 들어서며 여러 지역에 혁명위원회가 연이어 설립되었고, 주요 지위는 일반적으로 군 간부가 차지했으며 직위에 복귀한 간부들도 나타났다. 사회질서는 서서히 회복되기 시작했으며, 1967 년과 다르게 안정세를 되찾는 것 같았다. 그러나 이미 심각할 정도로 뒤틀리고 제어 가능 수준을 넘어선 상황을 수습하기는 어려운 일이었다. 조반파 인사들이 한 자리씩 차지하고 있었으니 오죽했겠는가. 일부 지역과 부서는 여전히 혼란 속에 빠져 있었다.

8 월부터 9 월 사이에 운남 (雲南), 복건 (福建), 광서 (廣西), 티베트, 신강 (新疆) 등 지역에 혁명위원회가 설립됐다. 이때가 되니 전국 29 개 성 · 시 · 자치구에 혁명위원회를 설립하기에 이르렀고 당시 상황을 '전국의 산과 강이 붉게 물들었다.(全國山江一片紅)'는 문장으로 비유했다. 그중, 군 간부가 혁명위원회 주임을 맡고 있는 곳은 총 20 곳이었다.

9 월 7 일, 《인민일보》와 《해방군보》는 연합하여 사회 평론을 발표했는데 "대만을 제외한 모든 성 · 시 · 자치구는 혁명위원회를 설립하였으니 전국이 붉게 물들었다. 이 아름다운 장관은 문화대혁명이 승리를 거두는 과정에 있어서 아주 중대한 사건이다. 이는 전국이 반혁명 분자들과 투쟁하고, 비판하며 개선하는 단계에 접어들었다는 것을 의미한다."는 내용이었다. 모택동은 이 '"투쟁하고, 비판하고, 개선하는 운동'이 자신이 기대한 것처럼 문화대혁명을 통해 만들어진 새로운 질서라고 생각했다.

10 월, 8 기 12 중전회가 북경에서 개최됐다. 이번 회의는 평소 회의와는 달랐다. 회의에 참석한 133 명 중 중앙위원회와 중앙위원회 후보자는 59 명으로 참석자의 반도 되지 않는 수였다. 8 차 중앙위원회의

인원은 97 명이었지만 문화대혁명 중에 '타도' 당하거나 '변두리'로 밀려난 사람이 57 명이며 , 어쩔 수 없이 중앙위원회 후보자 중 10 명을 뽑아 사망한 위원들의 머릿수를 채워 50 명이 되게 만들었다 . 법정 인원수를 가까스로 넘긴 것이다 . 중앙위원회 후보위원 중 회의에 참석한 사람은 9 명밖에 되지 않았다 .

8 기 12 중전회는 중국공산당 제 9 기 전국대표대회를 준비하기 위해 소집된 것이었다 . 회의에서 다루어진 내용 중 두 가지 사건이 가장 중요했는데 한 가지는 '어떻게 하면 문화대혁명에 대한 관점을 통일할 수 있을 것인가'였으며 다른 한 가지는 '중앙전안소조 (中央專案小組) 가 준비한 유소기에 대한 < 심사보고 > 를 통과'시키기 위해서였다 . 중앙전안소조는 유소기를 함정에 빠뜨리기 위해 수단과 방법을 가리지 않았다 . 가혹 행위를 통해 거짓 자백을 하게 만들고 , 증거를 허위로 날조하거나 일부분만 가져와 조작하고 , 결정적인 자료는 은폐하는 등의 극단적이고 비열한 수법을 통해 대량의 거짓 증거를 만들어 냄으로써 유소기를 배신자이자 내부에 숨어 있는 적이며 , 공공의 적으로 몰아갔다 .

8 기 12 중전회 마지막 날에는 토론을 통해 중앙전안소조가 제출한 < 배신자이자 내부에 숨은 적이며 공공의 적인 유소기의 악행에 대한 심사 보고 > 를 비준하고 , 유소기를 당에서 제명하며 그가 맡고 있던 모든 직무에서 해임한다는 판결을 내린다 . 유소기는 < 심사보고 > 에 담겨 있는 내용에 대해서는 일절 알지 못하는 채로 해명할 권리조차 박탈당하게 된다 . 다음해 11 월 , 병색이 짙었던 유소기는 하남성 (河南) 개봉 (開封) 의 감옥에서 억울함을 풀지 못하고 71 세의 나이로 생을 마감한다 . 중국공산당과 중국인민공화국 역사상 가장 억울한 사

건이었다 .

이 시기에는 사회에 큰 영향을 미친 두 가지 사건이 터지게 되는데 상산하향 (上山下鄕) 운동과 하방노동운동이다 . 1967 년과 1968 년은 문화대혁명운동이 진행되는 동안 가장 혼란스러웠던 두 해로 기억되고 있으며 국민경제 역시 엄청난 타격을 입었다 . 문화대혁명운동이 진행된 10 년 동안 , GDP 가 하락한 해가 바로 1967 년 , 1968 년 , 1976 년이다 . 게다가 1967 년과 1968 년은 1976 년에 비해 더 많이 하락했다 .

국민경제가 심각해지자 당시 국무원총리였던 주은래의 걱정은 산더미처럼 늘어났다 . 그러나 주은래는 악조건 앞에 굴하지 않고 초인적인 인내심을 발휘했다 . 그는 포기하지 않고 국민경제가 계속해서 앞으로 나아갈 수 있도록 심혈을 기울였으며 , 덕분에 경제가 붕괴하는 것은 막을 수 있었다 .

1959 년 착공한 남경 - 장강 대교 (南京長江大橋) 는 어려운 여건을 극복하고 1968 년 10 월 , 마침내 완공되어 개통했다 . 이는 중국이 최초로 자국의 기술만을 이용해 건설한 교량이며 길이는 약 6,700m 로 1 층은 철도 , 2 층은 차도가 놓인 이중복합교이다 .

1967 년과 1968 년이 불안정하게 흔들리는 시기였음에도 불구하고 , 중국의 국민경제가 붕괴하지 않고 계속 앞으로 나아갈 수 있었던 것은 주은래 총리가 있었기 때문이다 .

제 4 절 중국공산당 제 9 기 전국대표대회부터 제 10 기 전국대표대회에 이르기까지

모택동은 문화대혁명운동을 개시할 때 , 그 운동이 10 년씩이나 이어지리라고는 생각하지 못했다 . 거기에 잘못된 판단과 그릇된 방법이 더해졌으니 . 문화대혁명운동은 첫 단추부터 잘못 끼운 셈이다 . 안타깝게도 통제를 벗어난 상황에서 빠져나오지 못한 채 점점 더 깊은 수렁 속으로 빠져들어 갈 뿐이었다 .

모택동은 중국공산당 9 기 전국대표대회 개최가 '천하대란'에서 '천하대치'로 나아가는 데에 있어 중요한 터닝 포인트가 될 것이라 믿어 의심치 않았다 .

1969 년 초 , 중국공산당 9 기 전국대표대회의 개최를 하루 앞둔 날 새벽 , 모택동은 대회에서 발표할 문건을 검토하던 도중 "중앙문화혁명소조는 이제 문화혁명만 관리해도 될 것 같다 . 이운동도 곧 끝이 날 테니 , 이제부터는 상무위원회를 이용하는 게 좋겠어 ."라는 말을 남긴다 .

그러나 모택동이 중국공산당 9 기 전국대표대회의 폐막 시간을 아무리 미루더라도 현실적으로 보았을 때 중국공산당 9 기 전국대표대회에서 문화대혁명의 끝을 논하기에는 시기상조였다 .

1969 년 4 월 , 중국공산당 9 기 전국대표대회가 북경에서 개최됐다 . 모택동은 개막식 연설에서 중국공산당 9 기 전국대표대회는 단결하는 대회이자 승리하는 대회가 될 것이며 , 대회가 막을 내린 후에는 전국에 더 큰 승리를 가져다 줄 것이라 말했다 .

그러나 지도사상은 여전히 '좌'로 치우쳐져 있었으며 , 그가 기대했던 결과는 이루어지지 않았고 , '더 큰 승리'는 언급할 필요조차 없었다 . 같은 날 , 임표는 중공중앙을 대표하여 정치보고를 진행했다 . 보고서는 장춘교와 요문원이 작성한 것으로 목적은 문화대혁명운동의 그

롯된 '무산계급집권 하의 계속되는 혁명' 이론을 전인대에서 통과시키는 것이었다.

'중국공산당 헌장'을 수정하는 것도 중국공산당 9 기 전국대표대회 의제였다. 황당하게도 헌장의 총칙 부분에 "임표 동지는 모택동 동지의 전우이자 후계자이다."라는 내용을 추가하기까지 했다. 이는 강청이 제안으로 이루어진 일이었다. 당시 중앙경위단장을 맡고 있었던 장요사 (張耀祠) 는 그날의 일을 다음과 같이 회고했다.

8 기 12 중전회에서 헌장에 대해 논의하던 때에 강청이 의견을 내놓았다.

강청은 "임표 동지는 무산계급 혁명가의 기질을 갖고 있다. 겸손한 태도를 높게 사 헌장에 그 이름을 등재하는 게 마땅하다 생각된다. 헌장에 후계자로써 이름을 올려 주는 것이 어떻겠느냐. 헌장에 임표 동지의 이름이 올라간다면 다른 사람들이 자리를 넘보는 일도 없을 것이고, 인민들 역시 안심할 것이다." 등의 말을 쏟아냈다.

이에 처음으로 동의한 사람은 장춘교였다. 그는 "주석은 임표의 이름을 당헌에 올릴 것인가에 대해 한참 고민하는 듯싶더니, 기록팀에게 대다수의 동지들이 동의하는 것 같으니 임표의 이름을 당헌에 올립시다."라고 했다.

9 기 1 중전회에서는 중앙 지도조직을 새롭게 구성했다. 모택동을 중앙위원회 주석에 선임했고, 부주석에는 임표 단 한 명만 임명했으며 상무위원회는 주은래, 강생, 진백달 등의 인물로 구성됐다. 정

치국상무위원회는 24 인으로 구성되었는데 그중 일부는 주덕 , 동필무 (董必武), 엽검영 , 유백승 (劉伯承), 이선념 등 원로 간부였으며 , 황영승 (黃永勝), 오법헌 (吳法憲), 엽군 (葉群), 이작붕 , 구회작 (邱會作), 강청 , 장춘교 , 요문원 , 사부치 (謝富治) 등 임표와 강청의 측근들이 자리를 차지했다 .

모택동이 제창한 '단결해야만 더 큰 승리를 쟁취할 수 있다'는 구호는 중국공산당 9 기 전국대표대회 노선으로 홍보됐다 . 그는 근 3 년간 이어진 혼란이 종식되고 안정을 되찾길 원했다 . 그러나 문화대혁명운동이 일으킨 혼란은 눈덩이처럼 불어날 뿐이었다 . 모택동은 당시에도 문화대혁명운동이 옳다고 믿었으며 , '무산계급집권 하의 계속되는 혁명'이라는 잘못된 이론을 고집했다 . 게다가 문화대혁명운동이 진행되는 동안 , 임표와 강청의 반혁명 단체와 각 지역에 있는 조반파의 권력은 나날이 막강해져 갔고 , 심지어는 권력을 두고 서로 다투기 시작했다 . 이와 같은 배경에서 안정되기란 불가능한 일이었다 . 새로운 정치 '태풍'이 매섭게 불어 닥치려 하고 있었다 .

중국공산당 9 기 전국대표대회가 막을 내리고 중국의 국내정세는 점차 안정되기 시작했다 . 각 지역에서는 당을 재정비하고 건설하자는 '정당건당 (整黨建黨)'운동이 진행되었고 , 연이어 당조직을 설립하거나 그 기능을 회복시켰다 . 전국적으로 이어졌던 파벌 싸움으로 인한 대규모 무력시위 역시 기본적으로는 마무리되었으며 사회질서는 차츰 제자리를 찾아가는 것 같았다 . 국무원은 업무조를 구성하여 조장에 주은래 , 부조장에 이선념과 기등규 (紀登奎) 를 임명한다 . 2 년 연속 하락세를 보였던 국민경제도 역시 회복세를 보였다 .

1969 년 , 국민경제는 상당부분 회복됐다 . 1969 년과 1970 년에는

3 선건설 (三線建設) 같은 여러 주요 건설사업을 다시 추진하기 시작
했다 . 또 '양탄일성 (兩彈一星)'사업에서도 중대한 성과를 거두었다 .
1967 년 6 월에는 수소폭탄 실험에 성공했다 . 중국이 처음으로 원자탄
실험을 하고 수소폭탄을 개발해내기까지는 2 년밖에 소요되지 않았
다 . 미국이나 소련보다 더 짧은 기간 안에 해낸 것이다 . 1970 년 4 월 ,
중국은 자체 개발한 '장정 (長征) 1 호' 로켓을 이용해 중국 최초의 인
공위성을 발사하는 데에 성공했다 . 이는 중국이 우주분야에 있어서 역
사적인 발전을 이룩했다는 것을 의미한다 . 1970 년 12 월에는 최초의
핵잠수함 진수 기념행사를 개최했다 .

　원래대로라면 중국공산당 9 기 전국대표대회를 이어 제 4 기 전국
인민대표대회를 개최하여 국가의 질서를 회복시키는 게 예정된 순서
였다 . 그러나 이 시기에 또 중국과 전 세계를 충격에 빠뜨린 임표 사건
이 터지며 계획이 전부 흐트러지게 된다 .

　임표 집단의 권력은 9 기 전국인민대표대회 이후 , 전에 없던 정
점에 다다랐다 . 이는 권력을 향한 그들의 야심을 부풀어 오르게 만들
었다 .

　이 시기에 중공중앙은 전쟁 발발 위험성이 전보다 더 높아졌다
판단했다 . 1969 년 10 월 , 중앙정치국은 소련이 담판을 핑계로 군사습
격을 진행할지도 모르니 이에 대응하기 위해 대비 태세를 강화하기로
결정했으며 , 북경에 있던 지도자들을 급히 대피시켰다 . 18 일 , 소주
(蘇州) 에 있던 임표는 북경의 중공중앙군사위원회의 사무조 쪽으로
연락하여 < 대비 태세를 강화하고 습격에 대응하기 위한 긴급 지침 >
을 하달하고 , "게릴라 지휘 부대를 편성하여 전시 상태에 진입할 준비
를 하라 .", "지도자들을 호위하는 데에 각별히 신경 쓰고 , 상황을 실시

간으로 파악하라 ."고 요구했다 . 이에 중공중앙 사무조는 < 임표 부주석의 지시 (1 차 호령)> 이라는 제목을 붙여 정식으로 지침을 하달하고 , 전군은 빠르게 전시 상태로 진입했다 . 이 전면적인 행동은 사전에 모택동 주석에게 보고되지 않았으며 , 이튿날이 되어서야 '통화 기록'의 형식으로 모택동에게 알려졌다 . 모택동과 함께 무한 (武漢) 에 순시를 갔던 왕동흥 (汪東興) 은 그 날을 , "그날 통화 기록이 적힌 문서를 들고 급하게 모택동 주석의 숙소로 가서 보여 드렸었다 . 모택동 주석은 보자마자 안색이 안 좋아지시더니 나에게 '태워 버려' 한마디만 하셨다 . 내게 지시하신 줄 알고 대답하려던 찰나 , 모택동 주석은 성냥을 긋더니 문건을 그 자리에서 태워버렸다 ."라고 기억했다 .

당시 부주석이었던 임표가 모택동의 허락 없이 '호령'을 내린 것은 그냥 넘어갈 수 있는 일이 아니었다 . 이 일이 공개된다면 "부주석은 주석의 허락을 받지 않아도 인민해방군을 전시 상태에 진입시키거나 기타 군사적 행동을 명령할 수 있다 ."는 인식이 생길지도 모르는 일이었다 .

1970 년 3 월 , 모택동은 정식으로 제 4 기 전국인민대표대회의 개최와 당헌 수정을 제안하며 , 국가 주석직을 복원하지 말자는 건의를 내놨다 . 그런데 이튿날 임표는 엽군 (葉群) 에게 황영승 (黃永勝) 과 오법헌 (吳法憲) 에게 "임표 부주석은 국가 주석직을 복원하길 원한다 ."는 말을 전하라고 명령했다 . 모택동이 국가 주석직을 복원하지 않겠다고 거듭 이야기했음에도 불구하고 임표는 의견을 굽히지 않았다 . 주요 문제에 있어서 임표가 모택동의 의견에 공개적으로 반대한 것은 이번이 처음이었기에 비정상적으로 비춰졌다 .

임표 집단은 중앙위원회를 등에 업고 저지르던 일들이 수면 위로 떠오르기 시작하며 문제의 심각성 역시 점점 뚜렷해지기 시작했다 .
임표의 아들 임립과 (林立果) 가 비밀리에 조직한 '연합함대'의 핵심
인사들은 쿠데타 계획까지 세워 놓은 상황이었으며 , 그 계획에는 <571
공정기요 (五七一工程紀要)> 라는 이름이 붙었다 . 571 의 발음인 '우
치이' 와 무장 봉기의 발음인 '우치이'가 비슷하여 붙여진 이름이었다 .

　1971 년 8 월 , 모택동은 전용 열차를 타고 북경을 떠나 남쪽 지역
으로 순시를 떠난다 . 우선은 호북 , 호남 , 절강 등 지역을 방문하여 각
지역의 담당자들과 회담을 가졌다 . 모택동은 담당자들에게 "수정주
의의 길을 걷지 말고 마르크스 - 레닌주의 사상을 따라가길 바란다 . 분
열하지 않고 단결해야만 한다 . 항상 공명정대하여야 하고 음모를 꾸며
서는 안 된다 ."라고 말을 남겼다 .

　9 월 5 일과 6 일 , 임표와 엽군은 주우치 (周宇馳) 와 황영승의 비
밀보고를 통해 모택동이 임표가 정권을 장악하려 한다는 소식을 듣고
그를 관찰하고 있다는 것을 알게 된다 . 이에 여정 도중에 모택동을 암
살하고 쿠데타를 일으키기로 결심하게 된다 . 9 월 8 일 , 임표는 "임립
과와 주우치 동지의 지시에 따라 행동하게 ."라는 말로 쿠데타를 일으
키라는 지시를 내렸다 . 이에 임립과와 주우치는 장등교와 공군 사령
부 부참모장를 맡고 있던 왕비 (王飛), 그리고 연합함대의 핵심 인물
과 함께 구체적인 행동으로 돌입하게 된다 . 임표의 반혁명 집단이 긴
장감 속에서 쿠데타 계획을 진행하던 때 , 모택동은 그들의 음모를 알
아차리고 돌연 계획을 바꿔 9 월 12 일에 안전하게 북경으로 돌아갔다 .

　임표는 당황스러움을 감출 수가 없었다 . 계획대로라면 그는 광저
우에 도착하여 새 중앙정부를 수립하고 , 12 일 밤에는 전용기를 산해
관 (山海關) 비행장으로 보내 북대하 (北戴河) 에 있을 엽군 , 임립과

를 태우고 올 계획이었다 . 당일 밤 10 시 , 소식을 들은 주은래는 즉시 산해관으로 출발한 전용기에 대해 조사하기 시작한다 . 임표는 계획이 이미 탄로났으며 , 광저우에서 신정부를 수립하는 것 역시 불가능해졌다는 것을 깨달았다 . 이에 13 일 새벽 , 서둘러 비행기를 타고 외국으로 도주했다 . 그러나 몽골 온드르항을 지날 때쯤에 비행기가 추락하여 탑승객 전원이 숨을 거두었다 . 중공중앙은 9 월 18 일 < 국가를 배신하고 도주한 임표에 관한 통지 > 를 발표한다 .

임표 사건은 대부분의 사람이 예상조차 하지 못한 사건이었다 . 중공중앙이 음모에 동참했다는 것도 임표가 도주한 이후 조사를 진행하며 밝혀낸 것이었다 . 청천벽력 같은 소식에 중국사회가 크게 요동쳤다 . 문화대혁명운동을 전적으로 신뢰했던 많은 사람들이 그 실효에 대해 의심하기 시작했으며 , 객관적으로 보았을 때 문화대혁명운동의 이론과 실천 두 가지 모두 실패했다고 선포하게 됐다 .

임표 문제가 해결된 이후 , 주은래는 모택동의 전폭적인 지지 하에 중앙위원회의 일상 업무를 담당하게 됐다 . "투쟁하며 , 비판하고 , 개선하자"는 구호의 언급 빈도 역시 점차 줄어들었으며 , 여러 분야에서 많은 변화가 일어났다 . 1971 년 , 국민경제는 꽤 빠른 속도로 성장하며 GDP 는 작년 대비 7% 의 성장세를 기록했다 . 그러나 경제 분야의 '정비' 작업 외에도 여러 문제가 존재했는데 가장 시급했던 것은 문화대혁명운동 기간 동안 억울하게 피해를 본 원로 간부들의 '해방' 문제의 해결이었다 .

그중 가장 이목을 끈 것은 등소평의 권한과 명예를 회복하는 것이었다 . 등소평은 문화대혁명운동이 시작되자마자 '당 내에서는 두 번째로 자본주의 노선을 걸으려는 집권파'라는 오명을 뒤집어쓰며 '타

도' 당했었다 . 그 후에는 강서성 (江西省) 신건현 (新建縣) 의 트랙
터 수리공장에서 노역을 했다 . 1972 년 8 월 , 등소평은 모택동에게 복
권을 원한다는 서신을 보낸다 . 모택동은 편지에서 "그와 유소기는 다
르기에 구분해야 한다 ."며 등소평 (鄧小平) 의 장점 네 가지 설명하기
까지 했다 . 12 월 , 주은래는 등소평을 다시 국무원 부총리 직위로 복귀
시키는 건에 대해 건의하고 , 모택동의 동의를 받아낸다 . 1973 년 4 월 ,
주은래가 노로돔 시아누크 (Norodom Sihanouk) 캄보디아 국왕을 환영
하기 위해 개최한 국빈 연회에 등소평이 참석하자 국내는 물론 국외도
떠들썩해졌다 .

모택동과 주은래가 직접적으로 간섭하였기에 담진림 , 왕가상
(王稼祥), 요한생 (廖漢生), 양용 (楊勇), 소진화 (蘇振華) 등 여러
간부들이 연이어 복권됐다 .

1973 년 8 월 , 중국공산당 제 10 기 전국대표대회가 모택동의 주
최 하에 북경에서 개최됐다 . 임표 사건 이후 , 당내외에서는 문화대혁
명운동의 이론과 실천에 많은 의문을 가졌는데 해당 회의에서는 중국
공산당 제 9 기 전국대표대회에서 언급되었던 발전 노선을 통과시켰
다 . "중국공산당 제 9 기 전국대표대회 이후에 이행된 혁명운동이 옳
다는 것은 임표 집단의 행동이 증명해 준다 . 중국공산당 제 9 기 전국
대표대회에서 결정한 발전 노선과 조직 노선 둘 다 옳다 ."고 언급했다 .

대회에서는 제 10 기 중앙위원회 위원과 중앙위원회 후보위원을
선출했다 . 그중에는 등소평 , 담진린 , 오란부 (烏蘭夫), 이정천 , 왕가
상처럼 중국공산당 제 9 기 전국대표대회 때 배척되었던 원로 간부가
여럿 포함되어 있었다 . 또 문화대혁명운동 시기의 조반 (造反) 운동
을 통해 권력을 얻은 인물 역시도 포함되어 있었는데 이는 강청 집단

이 중앙위원회에 미치는 힘을 더 증강시켰다 . 중국공산당 제 10 기 전국대표대회에서 통과시킨 지도 이념은 중국공산당 제 9 기 전국대표대회 때 제안된 것과 동일했는데 , 틀린 이념을 그대로 이어갔다 . 그 지도 이념은 한 발 더 나아가 당 내에서 벌어지고 있는 '발전 노선 투쟁'이 '장기적이며 복잡'하다고 강조했는데 , 이는 강청의 세력과 조반파들이 계속해서 행동할 수 있도록 이론을 제공해 준 것과 다름없는 행동이었다 . 이 외에는 왕홍문 (王洪文) 이 중공중앙 부주석에 임명됐고 , 강청 , 장춘교 , 요문원 , 왕홍문이 중앙위원회 정치국 내에서 4 인방을 결성하며 강청 집단의 세력이 더 강해지는 결과를 낳게 된다 . 혼란은 끊이지 않고 지속됐다 .

제 5 절 대외 관계의 새로운 장을 펼치다

중국공산당 제 9 기 전국대표대회부터 중국공산당 제 10 기 전국대표대회가 열리기 전까지 신중국의 외교분야에는 큰 변화가 생겼다 . 중요한 결정을 잇따라 내놓으며 대외 관계의 새로운 장을 맞이하게 된 것이다 .

문화대혁명운동 초기에는 국제정세가 매우 험악했다 . 1968 년 8 월 , 소비에트 연방군이 체코슬로바키아를 침공하는 사건이 발생한다 . 이 사건은 중국에게 큰 자극을 주었고 , 소련의 군사적 위협에 대응하기 위해 국가안전 전략의 주요문제에 대해 재고하기 시작했다 .

중국공산당 제 9 기 전국대표대회가 열리기 바로 전 날 , 국경에서 중국군과 소련군이 충돌하며 진보도 (珍寶島) 사건이 발생했다 . 진보도는 예전부터 흑룡강성이 관할하는 곳이었다. 1969 년 3 월, 소련군이 대규모의 군대를 이끌고 두 갈래로 나뉘어 진보도를 침공한다. 갑작스러운 습격에 순찰 중이던 중국 변방부대 군인들은 부상을 입거나 목숨을 잃었다. 중국 변방부대는 어쩔 수 없이 군대를 보내 반격에 나서고, 소련의 대규모 공세에 세 차례나 반격을 하여 진보도를 지켜냈다. 이 사건은 전 세계를 놀라게 했다.

이 시기는 미국이 대중 정책을 크게 조정하던 시기이기도 했다. 당시 미국은 월남전이라는 늪에 빠져 소련과의 전쟁에 있어서는 피동적인 위치에 머물러 있었다. 진보도 사건은 미국의 결정권자들의 대중 정책 정비 속도를 높이게 만들었다. 1969 년, 미국 대통령으로 취임한 리처드 닉슨 (Richard Nixon) 은 이 문제에 있어서 비교적 적극적인 태도를 보였다. 그해 3 월, 미국 국무부는 신중국 여행 제한을 완화하겠다고 밝혔고, 4 월에는 무역 제한의 문턱 역시 낮췄다.

1971 년 3 월, 일본 나고야 (名古屋) 에서 열린 제 31 회 나고야 세계선수권대회에서 중국정부는 미국 탁구선수단을 중국에 초청한다. 이는 중 - 미 관계에 있어서 엄청난 변화였기에 국제적으로 큰 충격을 가져왔고, 이후 '핑퐁 외교'라 불리게 된다. '핑퐁 외교'의 '작은 탁구공 하나'는 큰 효과를 가져왔다. 주은래가 미국 탁구선수단을 만날 때 "핑퐁 공이 중 - 미 양국이 우호적으로 교류할 수 있는 문을 열어줬네요." 라고 말한 것과 같았다.

7 월 9 일, 미국 대통령 보좌관이었던 키신저는 파키스탄의 정부의 협조 하에 비밀리에 이스탄불을 거쳐 북경에 방문했다. 키신저 장관이 중국에 체류하는 3 일 동안 주은래, 엽검영 등이 그와 함께 여섯 차례의 회담을 가졌고, 대만 문제와 닉슨 대통령의 방중 준비에 관해

협의를 진행했다 .

16 일 , 중미양국은 동시에 "닉슨 대통령이 중화인민공화국을 방문하고자 하는 의사를 내비쳤으며 , 주은래 총리는 중화인민공화국 정부를 대표하여 1972 년 5 월 중으로 중국에 방문하길 바란다며 정식으로 닉슨 대통령을 초청했다 . 닉슨 대통령은 이 초청을 기쁘게 받아들였다 ."는 기사를 공개했다 .

장기간 동안 서로 대립하던 중미 양국이 화해의 길을 걷기 시작했다는 것을 알리는 < 공고 > 는 200 자도 채 되지 않았으나 전 세계를 뒤흔들기에는 충분했다 . 3 개월 후 , 키신저는 북경에 재방문하여 양측이 발표할 성명서 초안에 대해 회의를 진행했다 .

키신저 미 국무부 장관이 2 차 방중에서 일정을 마무리할 때쯤 , 뉴욕에서 개최된 제 26 차 UN 총회에서는 22 개 국가가 요구한 중화인민공화국의 UN 에서의 합법적 권리의 회복과 장개석 대표를 UN 및 모든 부속 조직에서 축출하는 것에 대한 표결이 이루어지고 있었다 . 토론은 일주일 간 진행되었으며 , 약 80 명의 대표가 회의에서 발언을 진행했다 . 10 월 25 일 밤에 진행된 투표는 찬성 76 표 , 반대 35 표 , 기권 11 표라는 압도적인 표차로 가결됐다 .

외신은 "투표 결과가 화면에 공개되자 미국이 고집해 오던 의제는 폐기되었으며 회의장은 순식간에 달아올랐다 . 회의장을 가득 메운 사람들의 박수는 오랫동안 이어졌다 . 열렬한 박수 소리가 2 분간 이어졌다 . 중국과 우호적인 관계를 유지해온 국가의 대표들은 만면에 미소를 띠우고 , 환호를 보냈다 . 심지어는 춤을 추는 사람도 있었다 ." 등의 표현으로 당시 상황을 보고했다 .

다음날 , 중국 외교부 대리 부장을 맡고 있던 희붕비 (姬鵬飛) 는 오단 (吳丹) UN 사무총장이 보내 온 전보문을 통해 UN 이 "'중국의 합법적 권리 회복' 결의를 통과시켰다는 것을 알게 됐다 . 소식을 접산 모택동은 기뻐하며 "제 3 세계 형제 국가들 덕분이다 ."라고 말했다 .

1972 년 2 월 , 닉슨 대통령이 탄 전용기가 북경 공항에 도착했으며 주은래가 그를 반겼다 . 그날 오후 , 모택동은 닉슨 대통령과 회견을 진행했다 . 일주일간의 방중 기간에서 닉슨 대통령은 주은래와 다섯 차례 회담을 가졌다 .

대만 문제에 있어서 닉슨 대통령은 "미국은 세계에는 오직 하나의 중국만이 존재하며 , 대만은 중국의 일부분이라는 것에 동의한다 ."고 재차 천명했다 . 또 미국은 더 이상 '대만 법정 지위 미정론'을 주장하지 않을 것이며 , '대만 독립'을 지지하지도 않을 것이라 밝혔다 . 미국은 중국과의 관계를 정상화시키기 위해 현실적이며 유효한 방법을 모색할 것이고 , 4 년 내에 대만에서 미군을 철수시킬 계획이라고 말했다 .

로저스 미국 국무부 장관과 희붕비 중국 외교부장은 양국 간의 관계를 정상화하고 연락 채널을 건설하는 것과 무역 등 문제에 있어서 논의를 진행했다 . 오래 지나지 않아 중 - 미 양국은 각각 북경과 워싱턴에 연락사무소를 설치했다 .

2 월 28 일 , 중 - 미 양측은 상해에서 공식적으로 < 상해 코뮈니케 (Shanghai Communiqué) 공동성명서 > 를 발표했다 . 이 공동성명서의 가장 큰 특징은 여러 주요 문제에 있어서 양측 각자의 의견을 열거했다는 점이다 . 대만 문제의 경우 , 중국은 "중화인민공화국 정부가 중국의 유일한 합법 정부이며 , 대만은 중국의 하나의 성에 불과하고 대만을 해방하는 것에 대해서는 중국 내부의 입장을 고수한다 ."고 거듭 강조했다 . 미국 정부의 경우 "미국은 양안관계에 있어서 세계에는 하나의 중국만

이 존재하며 대만은 중국의 일부분이라는 중국의 의견을 인정한다 . 미국 정부는 이에 대해 그 어떤 이견도 존재하지 않는다 . 양안관계는 중국인이 자주적이고 평화롭게 해결하는 것이 옳다 .”고 밝혔다 .

공동성명서에는 양측이 합의한 내용도 담겨 있었다 . ‘중미 양국의 관계 정상화는 전 세계의 이익에 부합하는 것이다 . 양측 모두 아태지역에서 패권을 추구해서는 안 된다 . 양측은 특정 국가나 국가 단체가 패권을 추구하는 것에 반대한다 .’가 그 예다 .

닉슨 대통령의 중국 방문과 < 상해 코뮈니케 > 의 발표는 중미 관계의 발전사에 있어서 기념비적인 의미를 갖고 있다 . 이는 오랜 기간 동안 첨예하게 대립하던 두 국가가 관계 정상화라는 궤도 위에 올라섰다는 것을 의미하며 , 이후 양국 관계를 개선하고 발전시키기 위한 기반을 다져 준 것이다 . 미치는 영향 역시 심오했다 .

신중국이 UN 에서 합법적 지위를 회복한 것을 계기로 중미관계는 정상화되었고 , 거대하면서도 연쇄적인 효과를 발생시켜 중국의 대외 관계 국면에도 많은 변화가 일어났다 . 일본 정부는 닉슨 대통령의 방중 계획이 발표되기 직전에야 소식을 접하고 충격에 빠졌다 . 닉슨 대통령의 방문이 있은 후 , 반년 후에는 다나카 가쿠에이 일본 수상이 중국을 방문하여 중 - 일은 정식으로 우방 관계를 수립했고 양국의 관계는 획기적인 발전을 거두었다 .

이 시기는 중국 외교가 크게 도약한 시기였다 . 중미 , 중일 관계를 개선한 것 외에도 여러 대륙의 국가와의 수교를 맺었다 . 1960 년대가 끝나갈 무렵 , 중국과 정식으로 수교를 맺었거나 외교 관계를 수립한 국가는 44 개국에 불과했으며 그마저도 프랑스와 북유럽 4 개국 , 스위스를 제외하면 사회주의 국가나 아시아와 아프리카 국가들에 국한되어 있었다. 그러나 1972 년 말이 되었을 때는 중국과 정식으로 수교를 맺었거나 외교 관계를 수립한 국가는 88 개국으로 증가했다. 1969 년 말과 비교하면 3 년 사이에 두 배로 증가한 셈이다.

전 세계는 중국의 외교 활동에 집중했다. 중국의 국제적 지위와 국제 사무에 미치는 영향은 전례 없는 수준으로 성장했다. 1960 년대 후기에 접어들며 중국을 둘러싸고 있던 심각한 국면 역시도 근본적으로 해결됐다. 다른 사회 체제를 가진 국가와도 우호적으로 교류하며 나날이 더 가까워졌고, 이는 후에 여러 대외 개방정책을 시행하는 데에 있어 극히 중요한 조건이었다.

제 6 절 제 4 기 전국인민대표대회를 둘러싼 격렬한 투쟁

1972 년은 중국이 국제 외교와 내부 정치 문제 해결을 위해 바쁘게 보낸 한 해였다. 그러나 이 해에 중국의 주요 지도자였던 모택동과 주은래의 건강이 돌연 악화되기 시작했다.

강청과 그녀의 세력들은 오래 전부터 국가 최고 권력에 호시탐탐 눈독을 들여왔다. 모택동의 병세가 위중해지며 그들의 야심은 더욱 더 커졌고, 조급해지기 시작했다.

암 판정을 받은 주은래의 병세도 점점 악화되는 상황에서 누가 치국 (治國) 의 책임을 이어나갈 수 있을까? 모택동은 이를 수행할 수 있는 건 당시 국무원 부총리였던 등소평밖에 없다고 생각했다. 1974 년 3 월 중순에는 4 월에 개최될 UN 제 6 차 특별 회의에 파견할 중국 대표단 단장을 선임하기 시작했다. 이는 국내는 물론 전 세계가 주목하고 있는 사항이었다. 모택동은 왕해용 (王海容) 외교부장을 불러"등소평에게 단장을 맡으라 권하되, 내가 하달한 지시인 것은 우선 밝히지 말고 외교부의 명의로 진행하게."라고 지시했다. 예상대로 강청은 정치국 회의에서는 물론, 회의가 끝난 이후에도 강력한 반대 의사를 표출했다. 이에 모택동은 강청에게 "등소평의 파견은 내가 결정한 일이니 반대하지 않는 게 좋을 것이다. 신중하게 행동하고 내 의견을 거스르지 말라 !"는 경고의 서신을 발송한다. 4 월, 등소평은 UN 특별회의에서 '제 3 세계' 사상에 대해 체계적으로 설명했으며, 국가와 국가 간의 관계를 정확하게 처리하여야 한다는 주장을 연설하여 세계 각국의 주목을 받았다.

1975 년 신정, 중공중앙은 모택동의 검토를 맡은 문서를 공개했다. 해당 문서는 등소평을 중공중앙군사위원회 부주석으로 임명하는 동시에 중국인민해방군 총참모장을 겸임하게 하고, 장춘교 (張春橋) 를 중국 인민해방군 총정치부 주임에 임명한다는 내용을 담고 있었다. 그로부터 일주일 후, 주은래가 주최한 12 기 2 중전회가 개최됐다.

회의에서는 제 4 기 전국인민대표대회 개최를 위한 제반 준비작업에 대한 논의가 이루어졌고, 등소평을 중공중앙 부주석 겸 중앙정치국 상무위원회 위원장으로 임명했다. 회의가 막을 내릴 무렵, 주은래는 연설 도중 "사회가 안정되고 단결하는 것이 가장 좋다.(安定團結)" 는 모택동의 의견을 전달했다.

1 월 중순, 제 4 기 전국인민대표대회 제 1 차 회의가 북경에서 성대하게 개최됐다. 이는 문화대혁명운동 이후 처음으로 개최된 전국인민대표대회였다. 제 3 기 전국인민대표대회 제 1 차 회의가 1965 년 1 월에 개최된 것을 끝으로 10 년 가까이 개최되지 않았기 때문이다. 주

은래는 회의 첫날 < 정부 업무보고서 > 를 발표하며 현대화를 위한 네 가지 거시적 목표를 실현시키기 위해서는 앞으로 나아가야 한다고 거듭 강조했다.

또한 그는 "제 3 기 인민대표대회에서 발표한 업무보고에서도 언급한 바 있지만 , 제 3 차 5 개년계획이 진행되며 중국의 국민경제발전은 크게 두 수순으로 나눌 수 있다 . 첫째는 15 년이라는 기간 동안 노력하여 1980 년 이전에 독립적이면서도 완전한 공업 체제와 경제 체제를 건설하는 게 목표였다 . 두 번째는 금세기 내에 농업 , 공업 , 국방 및 과학 기술 분야의 현대화를 이루어 내 중국의 국민경제가 세계 선두를 달리도록 하는 것이다 ."라고 말했다 . 오랜 기간 동안 지속된 문화대혁명운동 탓에 좌절한 상황에서 "네 가지 현대화적"인 거시적 목표의 실현을 강조한 것은 전 국민들에게 힘을 불어넣어 주었으며 , 국민들의 마음속에 다시 희망이라는 불씨를 심어 주었다.

이번 대표대회를 통해 주덕이 위원장을 맡고 있는 전국인민대표대회 상무위원회와 주은래가 총리를 맡고 있는 국무원 , 수 년 간의 정치 경험을 가진 여러 원로 간부들이 직위에 복귀했다 .

권력을 장악하려던 강청 및 그 세력들의 계획은 완전히 수포로 돌아가게 되었다 . 제 4 기 전국인민대표대회 회의가 막을 내리고 뒤이어 열린 국무원 상무위원회 회의와 전체 회의에서 주은래는 "오늘부터 국무원의 모든 업무는 등소평 동지가 주관하며 , 지금 이 시간 부로 등소평 동지를 서열 1 위 부총리 자리에 임명해 나를 대신해 국무원 업무를 맡도록 할 것이다 ."라고 공개적으로 선포했다 .

제 7 절 등소평이 주도한 전면정돈 (全面整頓) 운동

등소평은 6 년이 넘는 시간 동안 '타도' 당해 축출됐으나 중국의 국내 흐름이 어디로 흘러가고 있는지 주의 깊게 관찰했다 . 신중국을 건설하며 걸어온 길과 문화대혁명운동이 가져다 준 여러 교훈을 되짚어 보며 중국이 사회주의를 건설하며 직면한 여러 근본적인 문제에 대해 다시 생각했다 .

제 4 기 전국인민대표대회 회의 이후 , 그는 중공중앙 부주석과 정치국상무위원회 위원장을 겸임하며 국무원 부총리의 업무를 담당하고 , 중공중앙군사위원회 부주석과 총 참모장을 겸임하게 됐다 . 그는 그 즉시 여러 분야에서 대대적인 개혁을 펼쳐나갔다 . 이 '정돈'이라는 것은 주은래가 제 4 기 전국인민대표대회에서 언급한 '네 가지 현대화' 의 실현을 목표로 삼고 '세 가지 지시를 기초로 삼는다'를 기준으로 하여 진행됐다 . 등소평은 예전부터 결단력 있게 행동했고 일을 막힘없이 진행했으며 , 한 번 손을 댄 문제는 절대 포기하지 않았다 .

당시 문화대혁명운동이 사회 여러 분야에 가져온 악영향은 여전히 퇴적되어 있어 회복하기 어려운 상태였다 . 강청과 그 세력의 수하에 있는 조반파는 전국에 분포되어 있고 , 믿는 구석이 있으니 집단으로 행동하면서 그 무엇도 두려워하지 않았다 . 이 악의 세력을 타파하지 않는다면 안정단결 (安定團結) 도 , 국민경제의 호전도 이루어 내기 힘들 게 분명했다 .

이에 등소평은 '반파벌의식 (反對派性)'을 제안하며 이게 바로 현재 맞이하고 있는 여러 문제를 해결할 '키워드'라고 표현했다 . 그는 다음과 같이 말했다 .

현재 문제를 일으키고 있는 파벌들은 중국의 모든 흐름을 막고 있는 장애물과도 같다. 이 문제를 해결하기 위해서는 일부가 아닌 전체가 노력해야 하며, 또 모든 문제와 근본적으로 연결되어 있는 문제이기도 하다. 이 근본적인 문제를 해결하지 못한다면 구체적인 문제를 해결하더라도 효과를 보지 못할 게 분명하다. 파벌 의식을 가진 자들을 대상으로 재교육을 진행하고, 우두머리 역할을 하고 있는 자들은 처벌해야 할 것이다. 파벌 경쟁에 참여하고 있는 자들은 크게 두 집단으로 나눌 수 있다. 한 집단은 심신이 미약하여 파벌 집단에 빠져 버린 탓에 마르크스주의도, 모택동사상도 잊어버리고 공산당이 무엇인지조차 까먹은 자들이다. 이들을 대상으로 교육을 진행하되 자신의 잘못을 깨달으면 과거의 죄를 묻지는 않을 생각이다. 그러나 변하지 않는다면 엄벌에 처할 것이다. 또 다른 집단은 애초에 심신이 악한 자들로 각 분야는 물론 각 성과 시에 분포하고 있다. 이들은 파벌 의식을 이용하여 미꾸라지처럼 사회주의 질서를 파괴하고, 국가 경제건설을 방해하는 것으로도 모자라 그 혼란 속에서 투기를 하고 관직을 얻거나 재산을 불리고 있다. 이러한 자들은 용서 없이 숙청해야만 한다.

파벌 문제에 대해서는 확실하고 정확한 태도를 가져야 한다. 바로 시종일관 그들을 반대하는 것이다. 파벌 집단 중 일부는 당의 사업을 어지럽히고 있다. 그 일부가 잘못을 깨닫고 깨어날 때까지 앉아서 기다리기만 할 생각인가?

우리는 즉시 행동해야만 한다 . 파벌 의식을 고집하는 자들을 개선할 수 있다면 개선하고 , 비판하며 , 투쟁하여야 한다 . 느긋하게 기다릴 여유 따위는 없다 .

'타도'될지도 모른다는 간부들의 걱정을 덜어주기 위해 등소평은 자신을 예로 들며 간부들을 안심시켰다 . 그는 자신을 위구르족 아가씨에 비교하며 , "지금의 나는 위구르족 아가씨와 같습니다 . 여러 갈래로 땋은 머리카락을 한순간에 붙잡힐지도 모르는 일입니다 ."라고 말했다 . 또 등소평은 간부들을 격려하며 "이제는 행동해야만 합니다 . 모택동 주석은 그릇된 것은 반드시 바로 잡아야 한다고 말씀하셨습니다 . 지겨울 정도로 오래된 이 문제를 해결하지 않는다면 바른 길로 나아갈 수 없습니다 ."라고 말한 적이 있다 .

그럼 이 대대적인 개혁은 어디서부터 손을 대야 하는 걸까 ? 등소평은 군대를 정비하겠다 말하고 , 혼란 속에서 벗어날 돌파구로 '철도'를 선정했다 .

철도는 각 성과 지역을 지나 전국을 관통하며 각 사업과도 밀접하게 관련되어 있는 국민경제의 대동맥이라 할 수 있다 . 철도 운수 문제를 해결하지 못한다면 철강 , 석탄 , 전력 등 공업 분야의 발전을 저해할 것이며 전국 국민의 생활필수품 수요에도 제약이 생기게 되고 , 결과적으로는 국민경제의 발목을 붙잡아 전국 인민의 생활에 심각한 영향을 미치게 되는 것이다 .

또 철도는 국방 건설 분야의 중요한 고리 중 하나로 군사적 성질을 갖고 있다 . 당시 군 부대의 물자는 주로 철도를 통해 옮겨졌기 때문이다 . 이 때문에 철도 문제는 반드시 해결해야만 했다 . 게다가 철도는 문화대혁명운동으로 인해 큰 피해를 입은 '재해 지역'이기도 해서 말로 다 표현할 수 없을 만큼 거대한 문제를 떠안고 있었다.

등소평은 여러 분야와 연관되어 있는 이 오래된 문제부터 해결하여 경제 분야를 정돈하기로 결정하기에 이른다. 1975 년 3 월, 중공중앙은 < 철도 시공 가속화에 관한 결정 > 을 문서로 만들어 각 지역, 부분에 하달하여 시행하도록 했다. 교통 관련 사업을 주관하던 왕전은 중앙위원회에게 한 달 안에 효과가 나타나도록 하겠다며 자신감을 표출했다.

전국 철도 사업에 있어서 서주 (徐州) 의 문제가 가장 심각했다. 서주는 전략적 요충지로 진포 (津浦) 철도와 용해 (隴海) 철도가 교차하는 지점이었기에 동서와 남북의 교통 운수업이 원활하게 이어지도록 하는 데에 직접적으로 영향을 미쳤다.

문화대혁명운동이 실시되던 때에, 서주에서는 파벌 싸움이 잦았기에 물류 운수가 여러 번 중단되었으며, 같은 일이 계속 반복되니 전국에서는 서주 지역을 경유하는 경우 화물을 싣지 않거나 그 수를 제한하는 조치를 취했고 이는 공농업의 생산과 주민들의 생활에 심각한 악영향을 끼쳤다.

제 4 기 전국인민대표대회 후, 철도부 부장으로 새로 선출된 만리 (萬里) 는 직접 서주를 방문했고 12 일 동안의 정돈 작업 끝에 승리를 거두며 첫 단추를 무사히 끼우게 됐다. 뒤이어 만리는 작업 팀을 이끌고 차례로 태원 (太原), 정주 (鄭州), 남창 (南昌), 곤명 (昆明) 에 방문하여 각 지역에 존재하는 철도 문제를 해결했다. 전국 철도 상황은 4 개월 안에 눈에 띄게 개선되었는데 우선은 주요 간선 철도의 통행이 원활해졌으며, 정체현상은 기본적으로 모두 해결됐다. 여객 수송량과 화물 수송량 역시 대폭 향상됐다. 7 월, 만리는 전국 철도 회의에서

"철도 수송이 안전하고 , 원활하며 , 사방으로 통하는 것을 최우선으로 삼겠다 ."는 포부를 밝혔다 . 문화대혁명이 시행된 이래로 몇 년간 보지 못했던 철로 사업의 정점을 단 시간 내에 실현시켜 큰 반향을 일으켰다 .

성공적으로 끝난 철로 사업은 다른 분야의 정비 작업을 이끌었는 데 그중 가장 도움을 많이 받은 것은 철강 사업이었다 .

1975 년 , 중국의 GDP 는 작년 대비 8.7% 성장했다 . 1975 년은 제 4 차 경제개발 5 개년계획의 마지막 해이기도 했다 . 이 5 년 동안 주은 래가 실행했던 1972 년과 1973 년의 경제 작업 정비와 등소평의 1975 년 의 정비 과정 덕분에 제 4 차 5 개년계획은 기본적으로 거의 완성됐다 . 1975 년은 1970 년과 비교했을 때 공농업 총 생산 수치가 실질적으로 42.7% 성장했다 .

5 년 동안 재정 총수입은 매년 평균 4.2% 의 증가세를 보였으며 , 재정 총 지출은 매년 평균 4.8% 의 증가세를 보였다 . 이는 제 11 기 중 앙위원회 제 3 차 전체회의 이후 경제의 발전을 위해 큰 도움을 주었다 .

직위로 다시 돌아온 등소평은 큰 결심을 하고 '안정단결'과 '국민 경제의 제고'의 발전에 방해가 되는 장애물을 제거했을 뿐만 아니라 원대한 식견을 통해 중국의 이후 발전 방향에 대해 주의 깊게 살피고 사고했다 . 1975 년 5 월 , 등소평은 5 일 간 프랑스를 방문하게 됐다 . 프 랑스는 등소평이 청년일 때 5 년 넘게 생활했던 곳이기도 했다 .

방문 기간 동안 , 그는 여러 지도자들과 회담을 가졌으며 파리 교 외에 있는 농장과 리옹에 있는 차량 공장을 방문했고 핵발전소에 있는 우라늄 냉각 고속 중성자로를 직접 보았다 .

그 방문은 등소평이 선진국을 직접 체험할 수 있는 두 번째 기회 였다 . 그에게 외부 세계의 변화를 느끼게 해 줬으며 , 무엇이 선진국의 생산력인지, 또 무엇이 사회화의 대량 생산과 전문화의 협력인지에 대해 이해할 수 있는 기회를 준 것이다. 등소평은 선진국의 생활수준에 대해서도 알게 됐다. 그 기회를 통해 그는 더 넓은 안목으로 세계 흐름이라는 큰 배경 하에, 중국과 선진국 간에 존재하는 격차를 인식하게 되었고, 중국의 현 발전 단계와 중국의 국제적 지위에 대해 다시 생각해 보게끔 했다. 또한 중국이 직면한 주요 임무와 박차를 가해야 할 문제에 대해서도 생각해 볼 기회를 갖게 해 준 셈이다.

등소평은 국무원의 업무를 반년 동안 주재하며 전면정돈 전략을 추진해 눈에 띄는 성과를 얻어내고, 실제 경험을 무수히 많이 쌓았다. 이를 통해 등소평은 이미 누구보다 더 멀리 더 깊게 생각하며 중국 사회주의 현대화건설이 나아갈 길을 모색하고, 재검토를 시작했다는 것을 미루어 짐작할 수 있었다.

그는 한참이 지난 후에야 "사실 수습은 1975 년부터 시작되었다. 개혁의 경우 1974 년부터 1975 년까지가 실험해 보는 시험 기간이었다. 그 시기의 개혁은 '정돈'이라는 이름으로 불리며 경제를 원상 복귀 시키는 것을 강조했고 생산 질서를 회복시키는 것이 무엇보다 우선시됐다. 어떤 문제에도 적용해도 효과를 볼 수 있는 해법이었다."는 말을 덧붙이기도 했다.

등소평이 추진한 일련의 '정돈' 전략들은 실제로는 문화대혁명운동과는 완전히 상반된 조치들이었기에 4 인방의 심기를 제대로 자극했다. 당연한 일이지만 4 인방은 얌전히 손 놓고 있지만은 않았고, 계속해서 반격을 가했다. 그러나 1975 년 상반기 동안 모택동은 등소평을 지지하며 4 인방을 계속 비난했다.

강청은 제 4 기 전국인민대표대회 제 1 차 회의가 끝나자마자 '만

나러 오지 말라'는 모택동의 말을 무시하고 혼자 장사 (長沙) 로 향했다 . 모택동은 강청을 보고 "네 의견에 대한 답은 편지에 적어 보냈다 ." 라고 하며 , 예전에 그녀를 질책하던 말을 그대로또 반복했다 . "제멋대로 굴지 말고 규율을 따르며 , 신중하게 행동하게 . 개인 주장만 고집하지 말고 의견이 있으면 정치국과 의논해 . 사람은 자신의 분수를 제대로 알아야 하네 ." 결국 강청은 아무런 수확 없이 빈손으로 돌아갔다 .

이 시기에 모택동의 건강 상태는 이미 악화될 대로 악화된 상태였다 . 상황을 반전시키는 중요한 역할을 맡은 사람은 바로 모원신 (毛遠新) 이었다 . 모원신은 모택동의 첫째 동생 모택민 (毛澤民) 의 아들로 모택동의 조카다 . 1975 년 10 월 , 모택동은 신장 위구르 자치구 설립 20 주년 행사에 참여한 이후 , 북경에 체류하며 병세가 점점 악화되는 모택동과 중앙정치국을 연결하는'비공식 연락원'역할을 맡게 된다 .

당시 모택동이 접근을 허용하는 사람은 극히 일부에 불과했다 . 모원신은 사상 및 정치적 성향 부분에서는 강청과 일치했다 . 모택동은 강청은 만나 주지 않았지만 모원신과는 자주 만났기에 모원신은 여러 문제에 있어서 4 인방이 하고 싶어도 할 수 없는 일들을 해낼 수 있었다 .

9 월과 11 월 , 모원신은 모택동에게 요녕성 (遼寧省) 의 상황을 두 차례 보고하며 "요즘 사회에 이상한 바람이 불고 있는 것 같습니다 . 문화대혁명에 대해 어떻게 생각하는지 , 긍정적으로 생각하는지 부정적으로 생각하는지 , 성과가 7 할이라 생각하는지 실책이 7 할이라 생각하는지 . 이에 대해서 의견이 엇갈리고 있습니다 . 이 바람은 1972 년 좌경향을 비판하던 때보다 더 심각한 것 같습니다 . 등소평 동지의 연설을 주의 깊게 들어 봤는데 등소평 동지는 문화대혁명의 성과는 거의 언급하지 않고 , 유소기가 수정주의 노선으로 나아가려 한 것도 비판하

지 않는 것 같습니다. 중앙위원회가 같은 실수를 반복할까 봐 걱정스럽습니다."라고 말했다.

모원신의 말은 문화대혁명운동이 부정당할까 염려하던 모택동의 심리를 제대로 자극했다. 당시 모택동은 외부와 접촉하는 일이 적었고, 모원신은 지방에서 근무하니 실제상황을 잘 알 것이라 믿었다. 게다가 말을 전해 준 상대가 조카였으니, 가족을 향한 친정도 한몫한 것이다.

이 시기에 또 다른 사건이 발발하게 된다. 청화대학 당 부서기였던 유빙(劉冰)은 8월과 10월, 두 차례에 걸쳐 모택동에게 보낼 편지를 작성했는데 지군(遲群)과 사정이(謝靜宜)의 업무 태도와 사상관념 등에 심각한 문제가 존재한다고 고발하는 편지였다. 이 편지는 등소평이 대신 모택동에게 전달했는데 모택동의 불만을 증폭시켰다. 유빙의 의견이 문화대혁명운동에 대해 불만을 갖고 있거나 흑백을 가리고자 하는 사람들의 의견을 대표한다 생각했기 때문이다.

그 편지는 모택동이 말년에 가장 민감하게 반응하던 문제를 건드렸다. 모택동은 과거에 "나는 한평생 살며 두 가지 큰일을 해냈다. 한 가지는 장개석을 그 조그마한 섬으로 쫓아낸 것이며, 다른 한 가지는 문화대혁명운동을 추진한 것이다."라고 말했다.

물론 시간이 흐르며 문화대혁명운동 도중 예상하지 못한 '타도일절'이나 '전면내전' 문제가 발발했고, 예상과는 다르게 9년 넘게 진행된 것은 모택동 본인도 직접 보아 알고 있었다. 그렇기 때문에 "안정시키고 단결해야 한다", "국민경제 수준을 끌어올려야 한다."고 제창하며 등소평이 시행한 정돈 작업을 지지하고, 강청 등 인사를 비난한 것이다.

하지만 수정주의 문제를 방지 및 해결하고, 사회주의 제도를 공고히 다지기 위해서는 문화대혁명운동이 필요불가결하다는 생각은 변하지 않았다. 모택동은 이상할 정도로 문화대혁명운동의 평가에 신경을 썼고, 문화대혁명운동에 대해 시비를 가리려는 것은 그에게 있어 용납할 수 없는 일이었다.

병세가 나날이 깊어가며 그 불안감과 우려감 역시 점점 팽창했다. 모원신의 말과 유빙의 편지는 내심에 잠재되어 있던 근본적인 문제를 건드려 깨운 것이다.

이게 바로 상황이 갑작스럽게 변화한 이유다.

10월, 외빈과의 회견을 마친 모택동은 이선념과 왕동흥 등 인사들과 대화를 나누며 다음과 같이 말했다. "요즘 내가 강청을 비난했다는 말이 돌고 있는 것 같다. 틀린 말은 아니지만 강청은 아직도 자신의 잘못을 깨닫지 못한 것 같다. 최근에 청화대학의 유빙이 편지로 지군과 사정의의 잘못을 고발했다. 그런데 화살은 그들이 아닌 나를 가리키고 있었다. 지군이 정말 반혁명분자인가? 잘못을 저지르면 비판하는 게 맞지만, 한 번만 잘못하여도 바로 타도하고 내쫓아야 하는 건가?"

모택동이 사용한 "화살은 나를 가리키고 있었다."는 표현은 모택동 본인이 보기에 유빙 등 사람들이 문화대혁명운동에 대해 불만을 갖고 있고, 시비를 가리려 하는 것 같다는 뜻을 내포하고 있었다. 그는 뒤이어 한마디 더 덧붙였다. "유빙도 나도 북경에 있는데 왜 편지를 직접 전달하지 않고 등소평에게 부탁까지 한 건지 알 수가 없다. 후에 등소평을 만나게 되면 유빙을 조심하라고 전해 주길 바란다. 등소평은 유빙을 믿고 감싸고 있으니까."

그 후, 모택동은 몇 명을 불러 회의를 개최해야 하니 등소평에게

'협조'하라고 지시했다. 그는 모원신에게 "우리의 목적은 잘못을 정정하는 것이지, 타도하려는 것이 아니다. 단결해서 사업을 잘 추진해 나가는 것이 목적이다. 강청을 비판한 것도 같은 이유에서 한 일임을 명심해야 한다. 이 일에 대해서는 강청에게 말하지 않는 게 좋을 것 같다."고 신신당부했다.

모원신에게 한 말을 보면 이 시기의 모택동이 등소평을 대하는 태도가 모순으로 가득 차 있다는 걸 알 수 있다. 타도하려는 것까지는 아니지만 문화대혁명운동에 대한 인식을 통일하고 발전 노선에 있어서도 같은 길을 걷길 바랐다. 또 문화대혁명운동을 비난하면 안 된다는 입장은 아니지만, 기본적으로 옳았다고 인정해야 하며, 부족했던 것은 사실이지만 득은 7할이고 실은 3할이라 생각해야 했다. 그는 등소평이 주재하고 있는 정치국에게 문화대혁명운동에 대한 <결정>을 내리라 강요한 것과 다름없었다.

이렇게 하면 인식을 통일하여 문화대혁명운동에 불만을 품고 있는 자들의 입을 막고, 등소평에게도 변화할 기회를 줄 수 있으니 일석이조라 생각했다. 그러나 등소평은 "나는 도화원에 살고 있어서 이에 대해 말할 수 없다.(타도당하고 6년간 떠나 있었던 것을 비유한 말이다)"는 완곡한 표현으로 회의를 주재하길 거부한다. 등소평의 이려한 행동은 모택동을 크게 실망시켰다.

등소평의 딸 등용(鄧榕)은 그 일화를 다음과 같이 서술했다. "한 발자국도 물러서지 않겠다는 아버지의 완고한 태도를 본 모택동 주석은 아버지를 비난하기로 결심한 것 같습니다. 정치생활도 막바지에 이른 모택동 주석은 문화대혁명운동의 위신을 보호하기 위해 심혈을 기울이셨습니다. 문화대혁명운동을 비난하면 그 누구도 용서하지 않았고 , 문화대혁명운동의 인식을 뒤바꿔 놓는 것은 더더욱 용납할 수 없었습니다 . 이는 모택동 주석이 견지한 최후의 원칙이었습니다 .”

이러한 배경 하에 ‘등소평 비판’ 계획은 ‘사전 통지’부터 한 단계씩 차근차근 추진되기 시작했다 . 모택동이 검열한 < 연설 요점에 관한 사전 통지 > 에는 “청화대학에서 일어난 문제는 독립적인 문제가 아니다 . 현존하는 두 개의 계급 , 두 개의 발전 노선 , 두 개의 노선을 두고 일어나는 투쟁이 반영된 사건이다 . 이는 우경화된 번안풍이 불러온 사건이라 할 수 있을 것이다 . 일부 사람들은 문화대혁명운동에 대해 불만만 표출하고 틈만 나면 시시비비를 가리려 들며 흐름을 뒤바꾸려 한다 . 이에 동지들이 실수를 저지르는 일이 없게 미리 사전 통지를 전달하는 바이다 .”라는 내용이 담겨 있다 .

그러나 등소평은 1 년간 정돈 작업을 주재하며 두터운 인심을 얻었고 , 각 지역과 각 단체의 인사 중 절대 다수는 ‘등소평 비판과 우경화 번안풍 반격 계획’에 대해 불만을 품었을 뿐더러 대응해야 한다고 생각했다 . 이는 등소평의 지위를 오히려 더 상승시키는 효과만 낳았다 .

주의해야 할 점은 등소평은 북경을 떠나 저장성과 상해를 방문하러 간 왕홍문 대신 일시적으로 중앙위원회 업무를 주재했던 것이다 . 이 무렵 , 왕홍문은 북경으로 다시 돌아왔고 등소평은 11 월에 보고서를 올리며 왕홍문에게 권한을 다시 돌려주는 것을 제안한다 .

그러나 모택동은 “우선 잠시 동안은 등소평 동지가 계속 주재하고 이 이야기는 후에 다시 논해 보세 .”라며 당일에 거절 의사를 표명했다 .

‘등소평 비판과 우경화된 번안풍 반격 계획’은 이미 시작됐다 . 그러나 중앙위원회의 일상 업무는 등소평이 계속 주재했고 , 등소평을 비판하는 회의의 개최 권한은 우습게도 등소평에게 가 있었으니 , 보기 드문 일이었다. 당시 모택동의 심리가 얼마나 모순적이었는지 알 수 있는 대목이다. 게다가 모택동은 왕홍문에게 완전히 실망했기에 왕홍문과 4인방의 손에 권력이 넘어가는 건 또 원치 않았다.

제8절 단칼에 4인방을 숙청하다

역사는 흐르고 흘러 1976년이 되었고 중국인들은 침울함과 고통 속에 잠기게 된다.

1월 8일, 주은래 총리가 별세했다. 부고 소식이 전해지자 전국은 극심한 슬픔에 잠겼다. 11일, 주은래의 유해는 북경 병원에서 팔보산(八寶山) 혁명가 공동묘지로 옮겨졌다. 영구차가 천천히 장안 거리를 지나갈 때, 백만 민중은 매서운 겨울바람에도 굴하지 않고 자발적으로 십 리가 넘는 장안 거리 양측을 가득 메웠다. 그들은 상장을 달고 하얀 국화를 든 채 주은래의 마지막 가는 길을 배웅했다.

북경 인민대회당에서 진행된 추도식에서 등소평이 대표로 추도사를 낭독했다. 뉴욕에 있는 UN 본부는 조기를 게양하여 애도를 표했고, 그날 다른 회원국의 국기는 게양되지 않았다. UN 안보리는 회의 전 1분간 묵념하는 시간을 가졌다. 전 세계가 비참한 마음으로 애도할 때, 4인방은 수단과 방법을 가리지 않고 공개적으로 추모 활동을 방해했다. 그들은 빈소 설치와 상장 착용을 금지했으며 화환도 보내지 못하게 했다.

추도식 하루 전 날, 4인방이 통제하던 《인민일보》는 경악스럽게도 < 대변론이 가져온 대변화 > 라는 제목의 장편 기사를 신문 1면에 게재했다 . 해당 기사는 '최근 전국 인민이 청화대학에서 열리는 교육혁명의 대변론에 관심을 갖고 있다 .'고 쓰여 있었다 . 이 아둔하다 못해 도리에 어긋나는 행동은 반감만 샀고 , 4 인방을 향한 중국 국민의 분노에 기름을 끼얹었다 . 당시 중국 국민들은 모일 때마다 '4 인방'을 거침없이 욕했다 .

이 무렵 모택동의 건강 상황은 빠르게 악화됐다 . 약이나 밥을 먹을 때에도 다른 사람의 손을 빌려야 했으며 , 밥도 두어 술 뜨는 게 전부였고 거동하는 건 더 큰 문제였다 .

주은래가 별세한 후 , 그 뒤를 이어 중국 총리가 될 사람은 누구일지에 대해 중국과 전 세계의 이목이 집중됐다 . 원칙대로라면 예전부터 국무원 업무를 주재하던 등소평이 담당하는 게 맞는 일이지만 , '등소평 비판' 계획이 추진된 지 두 달이나 된 시기라 현실적으로 가망이 없었다 . 부총리 서열을 기준으로 삼는다면 그 다음은 장춘교였다 . 강청과 그의 세력들은 오래 전부터 총리 직위를 탐내 왔다 .

이는 좌파와 우파의 흐름을 결정하는데 중요한 문제가 됐다 .

모택동은 몸은 병상에 누워 있었지만 생각은 누구보다 깨어 있었다 . 장옥봉 (張玉鳳) 은 그 무렵에 있었던 일을 다음과 같이 묘사했다 . "1 월 중순쯤에 모원신이 주석을 접견하러 왔었습니다 . 그는 모택동 주석에게 후보로 누굴 생각하고 계시냐고 물었습니다 . 주석은 잠시 고민하는 듯하더니 왕홍문에게 장춘교는 우선 양보하라고 전하라고 말씀하셨습니다 . 그 후 주석은 손가락을 꼽으며 정치국에 근무 중인 동지들의 이름을 나열하시더니 마지막에는 역시 화국봉 (華國鋒) 이 가장 낫다고 하셨습니다 . 모원신은 고개를 끄덕이며 동의를 표했습니다 . 이렇게 모택동 주석은 화국봉을 총리로 임명하고 정치국 업무를 주재하게 했던 것입니다 ."

또 모택동은 "화국봉이 앞장서도록 하는 게 바람직하다 . 그는 자신의 정치적 소양이 부족하다 생각하니 외교 관련은 등소평이 맡게 하는 게 좋겠다 ."고 덧붙였다 . 이렇게 정치국을 주재하는 역할은 왕홍문에게 주어지지 않았고 , 국무원을 주재하는 역할은 장춘교에게 주어지지 않았다 . 이는 여러 문제를 고려한 중대한 결정이었다 . 2 월 2 일 , 중공중앙은 모택동 주석의 제안에 따라 화국봉을 국무원 총리에 선임한다고 발표했다 .

화국봉은 당시 55 세였으며 1938 년에 공산당에 입당했다 . 문화대혁명운동 때는 호남성위원회 서기처 서기였고 , 1971 년에는 국무원 업무팀 소속으로 근무했다 . 이후에는 중공중앙정치국 위원에 임명되고 , 국무원 부총리와 공안부 부장을 겸임했다 .

화국봉이 국무원 총리에 선출될 것이라고는 아무도 예상하지 못했다 . 여러 위험이 교차하는 이때 , 모택동은 오랜 고민 끝에 4 인방에게 최고 지도권을 넘겨주지 않는 데에 성공한다 . 이는 후에 4 인방을 숙청하는 데에 지대하고 중요한 작용을 했다 .

이 무렵 , '등소평 비판과 우경화 번안풍 반격 계획'운동은 전국에서 계속 전개됐다 . 그럼에도 불구하고 등소평은 시종일관 같은 태도를 유지했다 . 모택동은 반년이 넘는 기간 동안 등소평이 문화대혁명운동으로 인한 혼란을 해결하는 것과 정돈 작업을 진행하는 데에 지지를 표해왔다 . 그러나 그는 등소평이 문화대혁명운동의 오류를 수정하는 것은 참을 수 없었다 . 3 월 , 중공중앙은 1975 년 10 월부터 1976 년까지 모택동이 모원신의 보고를 듣고 한 말들을 정리하여 < 모택동 중요 지시 > 라는 제목으로 인쇄하여 배포했다 .

< 지시 > 에는 모택동이 잘못된 보고를 듣고 등소평을 질책하는 내용이 담겨 있었다 . "등소평은 계급투쟁에 관심이 없고 기본 강요를 한 번도 언급하지 않았다 . 그는 인민의 문제다 . 그를 도와야 한다 . 그릇된 길로 나아가고 있으니 비판하는 것이 그를 도와주는 것이다 . 비판할 것은 비판해야 한다 . 그렇지만 한 번의 실수로 그를 타도해서는 안 될 것이다 ."등의 내용이었다 .

사회주의 시기의 계급투쟁에 관해서는 다음과 같이 말했다 . "사회주의에는 계급투쟁이 필요한가 ? 무슨 '세 가지 사항을 기본'으로 삼는다는 건지 . '안정단결'은 계급투쟁을 하지 말라는 것이 아니다 . 계급투쟁은 기본이고 다른 것은 전부 목적이다 . 문화대혁명운동의 목적이 무엇이었는가 ? 바로 계급투쟁이었다 . 사회주의 혁명을 꿈꾸는 자가 자산계급이 어디에 숨어 있는지도 모른다는 게 말이 되는가 . 공산당 내부에 있네 . 공산당 내에는 자본주의 노선을 걸어가려는 집권층들이 존재하며 주자파들도 아직 남아 있다 ."

4 인방은 절호의 기회를 이용하기 위해 태세를 바꿔 등소평과 그가 추진한 전면정돈 정책을 반박하고 강하게 비난하기 시작했다 . 그들은 수하에 있는 선전 여론을 도구로 삼아 세 가지 지시 사항을 기반으로 삼는 것을 눈 깜빡하면 뒤바뀌는 정치 강령이라 비하하고 , '네 가지 현대화 목표의 실현'을 '계급투쟁 소멸론'과 '유생산력론'으로 부풀렸다 . 게다가 등소평에게는 '죽어도 잘못을 뉘우치지 않는 당 내 최고 자본주의 집권자 , 우경화 번안풍의 주범'이라는 오명을 뒤집어 씌웠다 .

여러 지역과 단체에 분포되어 있는 강청의 세력들은 죽어도 잘못을 뉘우치지 않는 당 내 최고 자본주의 집권자의 '대리인'을 선출해야 한다고 목소리를 높였다 . 일부 지역은 전면정돈 때 해임되었던 간부들이 다시 지도 직위를 차지했으며 생산 체계와 사회질서는 또 혼란에 빠졌다.

이 시기에 4인방을 향한 중국 국민의 분노와 원한은 차마 다 형언할 수 없는 수준에 다다른 상태였다. 주은래가 별세했을 때 표출해 냈던 거대한 슬픔에는 국가의 앞날에 대한 깊은 염려도 내포되어 있었다. 등소평의 지도하에 진행된 정돈 작업의 효과는 중국 국민 모두가 눈으로 보았고, 직접 경험했다. 그런 상황에서 등소평의 축출을 곧이 곧대로 받아들일 리가 없었다. 공개적으로 등소평을 제재하는 것뿐만 아니라 물밑 작업 역시 활발하게 이루어지고 있다는 것을 알게 된 국민의 분노는 마침내 폭발했다.

1976년 4월 4일은 청명절이었다. 3월 말부터 북경의 학생, 노동자, 단체 간부, 각계 인사 약 100만 명이 모여 4인방의 방해에도 아랑곳하지 않고 천안문광장의 인민영웅 기념비로 향했으며, 주변에 꽃을 놓고, 포스터를 붙이거나 시를 낭송하고, 연설을 하고, 주은래를 추모하는 추도사를 읊으며 4인방을 비난했다.

4월 4일, 화국봉은 중앙정치국 회의를 개최했다.(엽검영과 이선념은 참가하지 않았고, 모원신은 참석했다.) 회의는 강청과 그의 세력의 주도 하에 천안문광장사태를 반혁명 사건으로 규정하고 당일 저녁 천안문광장에 있는 화환, 시구가 쓰인 종이, 플래카드 등을 청소하기로 결정했다. 이튿날 새벽, 민중들은 화환과 플래카드들이 사라진 것을 보고 극도의 분노에 휩싸여 일부 민병, 경찰 그리고 군인들 사이에 충돌이 일어났다.

모택동은 당시 병세가 심각한 수준이었기에 호흡하는 것마저도 힘들어했으며 기계의 도움을 받아야 했고, 말할 힘조차 없었다. 그는 모원신의 보고를 듣고 두 가지 건의를 내놓았다 . 한 가지는 화국봉을 중공중앙 제 1 부주석 겸 국무원 총리 자리에 앉히는 것이었으며 , 다른 한 가지는 등소평이 당내에서 맡고 있는 모든 직위에서 해임하되 당적 만을 보유하게 해 주고 , 그 이후에 일이 어떻게 벌어질지 보자는 것이 었다 . 모택동의 이 제안은 중앙정치국에서 통과되어 4 월 7 일 중앙인 민방송국을 통해 전국으로 송출됐다 .

그리고 6 월 초 , 모택동은 심근경색이 발생했고 응급조치를 통해 위험에서 가까스로 벗어났다 . 7 월 6 일 , 덕망이 높았던 주덕 위원장이 병으로 별세한다 . 90 세의 나이였다 . 28 일 , 허베이 탕산에서 진도 7.8 의 대지진이 발생하여 도시 전체가 황폐화되었고 , 사망자와 재난자의 수가 34 만여 명에 달했다 . 인류 역사상 전례 없던 자연재해였다 . 정부 는 구조 작업에 총력을 기울였다 .

9 월 9 일 새벽 , 중국의 혁명과 사회체제 건설을 위해 누구와도 비 교할 수 없는 거대한 업적을 세운 모택동이 사망했다 . 그의 부고 소식 에 당은 물론 군사와 각 지역 , 각 민족의 국민들이 비탄에 빠졌다 . 9 월 18 일 , 약 100 만 명이 모인 천안문광장에서 성대한 추도식이 거행됐다 . UN 본부는 모택동이 별세한 날 조기를 게양하는 것으로 조의를 표했 다 . 같은 달 21 일에 개최된 UN 제 31 차 총회개막식에서는 140 여 국가 의 대표들이 자리에서 일어나 묵념을 했다 .

모택동이 사망한 이후 , 4 인방이 보기에 자신들을 막을 만한 사람 은 더 이상 남아 있지 않았다 . 주은래는 세상에 없고 , 등소평은 '타도' 됐고 , 여러 원로 간부들은 이미 자신들과 손을 잡았으니 . 화국봉은 애 초에 고려하지도 않았다 . 그들은 기세등등해져 최고 권력을 손에 넣 기 위해 분투했고 , 그 과정에서 이상한 일들이 벌어지기 시작했다 . 긴장감이 점점 고조되기 시작했다. 그러나 그들은 자신들의 능력을 너무 높이 평가했다. 객관적으로 보았을 때 4인방은 장기간 동안 그릇된 일들을 해 오며 천인공노할 지경에 이르렀고, 민중들은 이미 등을 돌린 상태였다. 인민해방군을 제어할 수 있을 리가 없었다. 그들과 같은 길을 걷겠다고 한 사람은 극소수에 불과했는데 문화대혁명운동 때 그들과 함께 조반 활동을 하며 권력을 얻은 자나, 사상에 깊이 빠진 자거나 혹은 폭력적인 사상을 가진 자들밖에 없었다.

모택동의 병세가 악화될 때, 국가의 앞날을 걱정한 엽검영 등 인사들은 소리 없이 개혁을 준비하고 있었다. 당 내에서 벌이는 투쟁만으로는 4인방을 숙청할 수 없을 것이라는 판단 때문이었다. 모택동이 별세한 이후, 강청과 그의 세력들은 정치국 내에서 계속 사고를 치고, 한 발씩 앞으로 나아가며 권력을 강탈할 방법을 모색하고 있었다. 중앙위원회 제1부주석 겸 국무원 총리를 맡고 있던 화국봉 역시 그들의 행보를 보고 반드시 이 세력들을 제거해야 한다고 생각했다. 9월 24일, 이선념은 화국봉의 의견을 엽검영에게 전달하며 몇 날 몇 시에 어떤 방법으로 4인방을 제거할 것인지에 대해 조언을 구했다. 엽검영은 이선념에게 "그들과 맞서려면 사활을 걸어야 한다. 그들을 죽여야만 우리가 살 수 있다. 조화롭게 지내는 건 불가능한 꿈과 같은 이야기다." 라고 말했다.

10월 2일, 화국봉과 엽검영은 의논 끝에 회의를 개최하여 '4인방의 격리'를 선포하기로 결정했다.

10월 6일 밤, 화국봉은 정치국 상무위원회 회의를 개최한다는 명분하에 왕홍문, 장춘교에게 참석하라 통지한다. 강청에게는 회의 의제는 《모택동선집》 제5권의 편집에 관한 문제라며 참석을 요구

했다 . 그들이 중남해에 있는 회인당에 도착했을 때 '격리 조치'를 선포
했다 .

강청은 중앙위원회 사무처 책임자가 경위병을 이끌고 그녀의 숙
소로 가서 <"격리 심사" 결정문 > 을 읽어 주었다 . 같은 날 늦은 시각 ,
중앙정치국은 회의를 소집하여 4 인방을 처리하는 문제에 대해 논의
를 진행했다 . 회의에서는 화국봉을 중공중앙 주석 겸 중공중앙군위원
회 주석 자리에 임명했다 . 이 결정은 후에 10 기 3 중전회에서 정식으
로 추인된다 .

상해는 4 인방이 자신들의 세력을 떨치던 주요 거점이었다 . 그들
은 상해에 있던 세력을 통해 강청과 기타 주요 인사들이 격리됐다는
소식을 듣고 은밀히 쿠데타를 일으키려 했다 . 그러나 이들은 이미 민
심을 잃은 상태였기에 나서길 원하는 사람은 없었다 . 중앙위원회는 신
속하게 상황을 제어하여 상해 지역의 간부들과 시민들의 열렬한 지지
를 받았다 . 4 인방이 상해에서 구축해 놓은 집단은 순식간에 와해됐다 .
기타 지역에 가 있는 4 인방의 핵심 인사에 대해서도 송환 조치 및 검사
등 결단력 있는 조치를 취함으로써 전국의 정치 정세가 안정화되도록
했다 .

4 인방을 숙청하는 주요 정치 사건은 전국을 범위로 하였음에도
불구하고 피 한 방울 흘리지 않았고 , 사회가 흔들리지도 않았다 . 빠르
게 해결된 것은 인민들의 바람이 드러났다 할 수 있겠다 .

10 월 14 일 , 중공중앙은 4 인방을 일망타진했다는 소식을 공식적
으로 선포했다 . 10 년 동안 이어진 혼란 탓에 고통 받으며 신음했던 시
민들은 환호성을 질렀다 . 각 지역의 군사는 물론 모든 시민들은 성대
한 축하연을 개최했다 . 북경의 가게에서 파는 술들은 전부 매진되었

고, 많은 사람들은 게를 먹되 수컷 게 세 마리 암컷 게 세 마리를 먹어야 한다 했다. 앞서 서술한 것들을 보면 국민들이 흥분감이 어느 정도에 달했었는지를 알 수 있으리라 생각된다.

문화대혁명운동 시기는 신중국 건국 이후 '좌'로 치우친 그릇된 지도사상이 중앙에서 주도적인 위치를 가장 오래 차지한 시기였다. 십년 간 이어진 대혼란 속에 국민들의 생활과 법 제도는 큰 타격을 입었고, 인민의 생명과 재산 역시 보장되지 못했다. 대다수의 간부와 국민은 참혹한 일을 당했으며 많은 사람들의 가슴에 대못을 박는 비극적인 일이 벌어졌다.

극단적이면서 심각한 사상 혼란 탓에 사회 분위기와 국민의 도덕 수준 역시 눈에 띄게 하락했다. 문화대혁명이 가져온 결과는 큰 영향을 미쳤다.

그렇지만 그러한 상황에서도 중국은 사회주의 제도의 기반과 통일된 하나의 중국을 지켜냈다. 많은 간부와 민중들은 극단적인 조건 하에도 자신의 자리를 꿋꿋이 지키며 노력했고 시종일관 다른 형식으로 투쟁을 진행했다. 대외 관계에 있어서도 새로운 장을 열었다. 이는 문화대혁명운동이 가져온 재난은 끝이 났고, 새로운 시기에 진입하기 위한 필수 조건들을 창조해 냈다는 것을 의미한다.

문화대혁명운동은 모택동의 주도 하에 일어났다. 중공중앙은 <건국 이래 당의 역사적 문제에 관한 결의>에서는 문화대혁명운동에 대해 다음과 같이 설명했다.

　　문화대혁명운동이라는　전면적이면서도　좌편향된　운동
이　초래한　여러　심각한　문제의　책임은　모두　모택동　동지에게 있다 . …… 말년의 그는 여러 문제에 대해 정확한 분석을 하지 못했을 뿐더러 , 문화대혁명을 진행할 당시 비적대적 모순과 적대적 모순이 뒤섞이게 만들었다 . 또한 당을 대상으로 마르크스 , 엥겔스 , 레닌의 작품을 진지하게 학습하라고 거듭 강요했다 . 게다가 모택동 동지는 시종일관 자신의 이론과 실천은 마르크스주의와 깊은 연관이 있으며 , 무산계급 독재 체제의 기반을 공고히 다지기 위해서는 문화대혁명이 필수불가결하다 판단했다 . 그 그릇된 믿음이 바로 그의 비극의 시초였다 .

이렇게 문화대혁명운동은 막을 내렸고 , 중국 인민은 새로운 발전의 시기에 접어들었다 .

제 22 장
중대한 역사적 전환점

중국의 개혁개방은 모든 조건을 완벽하게 구비한 최적의 상황에서 순조롭게 시작된 것은 아니었다. 오히려 불가능하다 싶을 정도로 복잡하고 어려운 환경 속에서 힘들게 첫 발을 내딛었다.

10년에 걸친 문화대혁명운동이라는 소란을 겪으며 중국 사회와 정치 및 생활에 퇴적된 모순들은 그 수를 헤아리기 힘들었다. 그러나 역사는 새로운 전환점을 맞이했고, 중국 인민들은 벅찬 마음을 품고 새로운 발전 노선에 대해 기대감을 품었다. 그러나 초기에는 그 길이 어떤 길인지, 어떻게 나아가야 하는지를 몰랐기에 의견이 분분히 나뉘고 일치되지 못했다. 이러한 배경 하에 4인방을 척결한 때부터 11기 3중전회가 개최될 때까지, 약 2년 동안 제자리에서 방황하며 조금씩이나마 발전해 나간 것이다.

11기 3중전회는 제자리걸음만 하던 중국의 상황을 해결해 주지는 못했다. 회의에서는 개혁개방 노선을 천명하고, 당과 국가의 역점 사업으로 결정된 사회주의 현대화건설 관련 정책 전략을 발표했다. 이는 중대한 역사적 전환점이었다. 이후, 3년여 시간 동안 실천하고 행동하며 그 과정 속에서 답을 찾아나갔고, 중국공산당 제12기 전국인민대표대회에서는 마침내 '중국 특색의 사회주의 건설'이라는 명확하면서도 기본적인 결론을 내놓았다.

제 1 절 방황하며 전진한 2 년

4 인방 척결과 문화대혁명운동의 종료는 위기와 좌절 속에서 중국을 구출해 냈다. 인민들은 4 인방을 성공적으로 척결했다는 것에 마음이 부풀었고, 승리를 얻어냈다는 기쁨에 연신 환호성이 터져 나왔다. 조국의 건설 사업에 기꺼이 한몸 바칠 준비는 예전부터 되어 있었다. 그러나 십 년의 소란이 가져온 참담한 결과 때문에 국가의 사업은 정체되었고, 문제는 산처럼 쌓여 있었으며 사상 역시 혼란스러워진 상태였다. 대체 어디부터 손을 대야 하는 것인가? 화국봉 (華國鋒) 이 이끄는 중공중앙은 우선 두 가지 사건을 해결하기로 결심했다. 한 가지는 4 인방의 악행을 폭로하고 비판하는 것이었으며, 다른 한 가지는 국민 경제를 천천히 회복시키고 발전시키는 것이었다.

이에 화국봉은 조강치국 (抓綱治國) 이라는 전략을 제안했다. 조강의 강 (綱) 은 1960 년부터 시행해온 '계급투쟁을 기반으로 삼는다'는 원칙을 의미한다. 그러나 구체적인 부분이 달라졌다. 조강치국의 주요목적은 4 인방의 악행을 조사하여 연루되어 있는 인물들과 관계 있는 사건을 전부 밝혀내고, 그들이 오랜 기간 동안 심어온 극좌파 사상을 제거하는 데에 있었다. 4 인방 문제는 당시 중국에게 있어서 가장 시급히 해결해야 하는 사안이었기 때문이다.

이 무렵, 4 인방과 핵심 인사들은 이미 격리되어 조사를 받고 있었고, 북경(北京)과 상해(上海)를 위주로 전국 각지에 퍼져 있던 관련 세력들 역시 당의 통제 하에 놓여졌지만 상황이 오랜 기간 지속된 탓에 몇몇 부서와 지역에는 여전히 그 잔당들이 상당한 권력을 쥐고 있었다. 이 잔당들을 확실하게 처리하지 않는다면 질서 있고 안정적인 환경 속에서 국민 경제를 발전시키는 것도 어려울 게 분명했다.

극소수의 4인방 잔당들이 권력을 잡고 있는 지역은 혼란 속에서 벗어나지 못했으며, 무력 충돌도 빈번히 발생했다. 이에 중앙위원회는 각 지역, 각 부서를 대상으로 주도면밀한 수사를 진행하여 '세 가지 분류의 사람'을 색출해 내고, 지도 업무를 담당하지 못하게 하는 과단성 있는 조치를 발표했다.

색출 작업은 큰 성과를 거두었다. 4인방 잔당들이 정치에서 세력을 넓혀나가지 못하게 완전히 괴멸시켰으며, 각 지도부 인사들을 조정하고 알맞은 인재들로 구성했다. 모든 분야의 업무는 기본적으로 정상 질서를 회복했다. 인민들의 지지 속에 합리적인 정책을 실시하여 짧은 시간 내에 모든 사람들을 괴롭히던 문제를 성공적으로 해결할 수 있었던 것이다. 또한 해결하는 과정에서도 사회가 요동치거나 혼란에 빠지는 일은 벌어지지 않았으며 시종일관 안정적인 사회 분위기를 유지했다. 같은 시기, 국민 경제 역시 처음으로 회복세를 보이며 발전했다.

4인방 색출 작업 이후의 2년은 '방황하며 발전하던 2년'이라 불린다. 방황하며 제자리만 맴돌았지만, 과거에 비교하면 발전했다는 뜻이다. 왜 방황했다고 표현하는 걸까? 당시 지도 사상에도 두 가지 문제가 존재했는데 이 두 문제가 중국이 발전하는 데에 거대한 장애물로 작용했기 때문이다.

첫 번째 문제는 문화대혁명운동이 시행된 이래 기본 지도 사상에 계속 존재해 왔던 좌편향적 오류를 해결하지 못했고, 속박에 묶여 모택동(毛澤東)이 말년에 저지른 실수에서 벗어나지 못했다는 것이다. 당시에 제안된 '양개범시'정책이 바로 그릇된 정책의 대표적인 예다. 당시 중공중앙 주석이었던 화국봉은 이러한 사고방식을 고집했다.

두 번째 문제는 경제사업 분야에서 나타났다. 4인방 척결 이후, 사람들은 극도의 흥분감에 휩싸여 있었다. 인민들은 오랜 기간 동안 억압당했던 생산 의욕을 적극 발휘하여 잃어버린 10년을 되찾기 위해 소매를 걷어붙이고 크게 '한바탕' 하려고 했다. 초기의 국민 경제는 비교적 빠른 회복세를 보였는데 이는 인민들로 하여금 쾌속 성장의 시기가 이미 도래했으며, 유리한 조건이 많고 해결해야 할 문제와 넘어야 할 난관은 적다고 착각하게 만들었다. 이와 같은 상황에서 지도부는 또다시 성과를 우선시하고, 고속 성장만을 쫓는 실수를 범하게 된다. 이 역시 좌편향이 불러온 실책이며, 신(新) 중국경제건설 과정의 고질병이었다.

앞서 말한 두 문제 다 중요하다. 그러나 경중을 따지면 전자, 즉 양개범시 문제의 해결이 더 시급했다. 경제 분야에서 나타난 문제는 아직 시간적 여유가 있었다. '좌'로 치우친 지도 사상을 오른쪽으로 돌리고 교정하여 첫 번째 문제를 해결한다면, 두 번째 문제는 순조롭고 적절한 방법을 통해 해결할 수 있었다.

새로운 시기에 접어들었고, 새로운 임무가 주어진 상황에서 필요한 것은 새로운 지도자였다. 등소평(鄧小平)은 장기간 진행된 혁명의 역사에서 혁혁한 공을 세웠고, 4인방과 끝까지 맞서 싸우며 혼란 속에서도 '전면정돈' 정책을 시행함으로써 큰 성과를 거둔 덕분에 국민의 신임과 지지를 받았다. 중국 국민의 간절한 바람 속에 1977년 7월 개최된 10기 3중전회에서는 중대한 결의를 통과시켰다. 바로 등소평을 중공중앙 부주석, 국무원 부주석, 중공중앙군사위원회 총참모 등 복직시키는 것에 대한 결의였다. 당시 등소평은 이미 73세의 고령이었다.

당시 중국이 직면한 문제는 그 수도 많았고 해결하기 까다로운 문제들뿐이었다. 많은 사람들은 이 상황을 탈피하기 위해서는 무엇을 해야 하는지 알지 못했다. 시급하고 복잡한 문제들을 하루 빨리 해결해야 했지만 그렇다고 멈춰만 있을 수는 없었으며, 전략적인 시각으로 멀리 내다보되 완전히 새로운 사로를 이끌어내 전례 없던 새로운 국면을 위해 견실한 기초를 다져야 했다. 이 두 가지 일은 반드시 단기간 내에 동시에 해결해야만 했다.

등소평은 공산당과 중국인민의 기대를 저버리지 않았다. 그는 업무에 복귀하자마자 전략가의 원대한 식견을 발휘하여 흐름을 파악하고 한 치 앞도 보이지 않는 혼란 속에서도 탈출구를 찾아냈다. 중국은 어느 방향으로 나아가야 하는 것인가? 얽힐 대로 얽힌 문제를 앞에서 그는 우선 결정 작용을 발휘할 문제를 해결하기로 했다. 바로 혼란스러워진 사상을 해결하는 것이었다.

복귀하기 전, 그는 4월 중앙위원회에 서신을 보냈다. 편지에서는 양개범시 정책에 관한 자신의 관점에 대해 서술하며 "정확하고 완벽한 모택동사상으로 우리 당과 군, 인민을 이끌어나가야 한다."고 밝혔다.

5월, 등소평은 측근에게 "최근 며칠 사이에 중앙위원회 사무처에서 책임자 두 명이 나를 만나러 왔었다. 나는 그들한테 양개범시는 틀렸다고 말했다."고 했다. 이 일화를 통해 등소평은 양개범시 문제를 우선적으로 해결할 문제로 여겼다는 것을 알 수 있다. 그는 10기 3중전회의 연설에서도 모택동사상을 정확하고 완전히 이해하는 게 중요하다고 거듭 강조하며 "우리는 모택동사상의 단어 하나하나에 얽매여서는 안 되며 전체를 보고 정확하게 해결해야만 합니다."고 밝혔다. 등소평은 '실사구시 (實事求是)'와 '민중노선'에 중점을 두고 연설을 이어나갔다. "연안 (延安) 에 있는 당중앙 학교에는 모택동 동지가 친필로 작성한 네 글자가 있습니다. 바로 '실사구시'입니다. 대경 (大慶) 에서는 사람은 정직해야 하며 (老實人), 정직한 말을 하고 (老實話), 정직한 일만 해야 한다 (老實事) 는 '삼로 (三老)'를 내세우고 있습니다. 이는 실사구시와도 일맥상통합니다. 저는 모택동 동지가 제창한 사상에서 이 실사구시와 민중노선이 가장 근본적이고, 가장 중요하다고 생각합니다." 등소평이 실제 현실을 고려하여 반영한 게 느껴지는 연설이었다. 이후에 진행된 '진리 표준에 대한 토론'은 연설을 기반으로 하여 발전한 것이다.

복귀 후, 등소평은 자발적으로 나서서 과학 분야와 교육 분야의 사업을 분리해 관리해야 한다는 의견을 내놓았다. 그는 과학 기술이 발전해야만 현대화를 실현시킬 수 있다고 판단했다. 그러나 교육이 뒷받침되지 않으면 과학 기술도 발전하기 어려우며 지식과 인재는 필수불가결한 요소라고 생각했다. 과학 분야와 교육 분야를 분리하고, 실제 행동을 통해 양개범시의 속박을 타파함으로써 완전히 새로운 국면을 불러오는 게 그의 계획이었다.

등소평은 7 월 중순에 회복 작업을 시행했고, 8 월 초에는 폐지되었던 대학 입시 제도를 부활시키는 중대한 결정을 했다.

1977 년 겨울, 전국 570 만 명의 수험생이 '까오카오 (高考)'에 응시했으며 27 만 8,000 명이 대학에 입학했다. 1978 년 여름에는 전국 610 만 명의 수험생이 까오카오에 응시했고 대학에 진학한 학생 수는 40 만

2,000 명이었다. 고등학교와 과학 연구 단체는 연구생 10,708 명을 모집하기도 했다. 대학에 등록한 신입생 중 상당수는 문화대혁명 시기에‘상산하향 (上山下鄉)’운동을 경험한 청년들이었으며, 중고등학교를 졸업한 학생들도 일부 존재했다. 이는 추천을 받아야만 대학에 진학할 수 있던 기존의 추천 입학 제도가 폐지되었음을 의미하기도 했다.

1978 년, 유학을 목적으로 출국한 학생 수는 3,000 명 이상으로 증가했으며, 이는 10 년 전과 비교했을 때 약 3.5 배 증가한 수치였다.

과학과 교육분야는 지식인들이 집중적으로 모이는 분야다. 문화대혁명운동이 진행되던 동안, 4 인방은 지식인을 ‘구린내 나는 아홉째’라고 비하하며 정신적으로 압박을 주었다. 등소평은 회의에서 “17 년 동안 전국의 교육 전선에서 이루어 낸 성과에 대해 어떻게 평가하십니까 ? 제가 보기에는 지도적인 부분에 한계가 존재하는 것 같습니다. 과학 분야나 교육 분야에 관계없이 교육에 종사하는 사람들은 모두 노동자입니다.”라고 명확한 태도로 자신의 의견을 밝혔다. 이 봄바람과도 같은 연설은 많은 지식인들의 사기를 진작시켰으며, 막혔던 숨통을 틔워 줌으로써 억눌려 있던 그들의 적극성을 이끌어 냈다.

중공중앙군사위원회 부주석이자 총참모이기도 했던 등소평은 번개와도 같은 속도로 군대와 국방 과학 기술 분야의 주요업무를 적절하게 안배하여 그 임무를 다했다. 그는 현재 발목을 잡고 있는 것 중 하나는 기술 수준이며, 또 다른 하나는 관리 수준이라고 지적했다. 그렇기 때문에 외국으로부터 기술을 배우고, 기술을 수입하는 것과 동시에 자신의 창조성을 지속적으로 제고시킬 필요가 있었다.

그러나 당시 중국의 국력에는 제한이 존재했고, 방치된 채 해결되기만을 기다리는 사업이 무수한 상황에서 모택동은 국가의 사정을 고려하여 능력이 닿는 선에서 행동하고, 행동 분야를 축소하되 핵심 사업은 돋보일 수 있게 노력하길 요구했다. 그는 과학 기술 분야를 발전시키기 위해서는 과학 분야에만 온 힘을 다해야 한다. 여러 분야를 동시에 발전시키는 것을 해서는 안 된다고 했다. 또한 여러 분야를 동시에 진행하면 무엇 하나 제대로 발전시키지 못할 것이며, 그 과정에서 시간도 많이 허비될 것이기 때문이라고 했다. 게다가 등소평은 군수품은 품질을 최우선으로 두어야 한다고 거듭 강조하며 "품질이 낮은 군수품은 의미가 없는 군수품이다. 적어도 품질 문제에 있어서는 한 치도 양보해서는 안 된다."고 말했다. 그는 또 군민결합(軍民結合), 평전결합(平戰結合), 군품위주(軍品爲主), 이민양군(以民養軍)의 방법을 제안했다. 이렇게 등소평은 새로운 시기에 첫 걸음을 떼려는 국방과 군대의 건설을 위해 나아갈 방향을 제시해 주었다.

등소평이 갖은 노력을 다했지만 4인방 축출 이후 2년 동안, 중국은 제자리에서 방황하며 발전한 것이기에 크게 한 걸음 내딛는 것은 불가능에 가까웠다. 양개범시 정책이 가장 큰 문제였다. 이 문제를 해결하지 않는다면 사회주의 현대화건설은 새로운 국면을 맞이하지 못할 게 분명했다. 양개범시 정책을 향한 사회의 불만도 점점 더 증가했지만 돌파하기에는 여전히 많은 문제점이 존재했다.

당시 중앙공산당교(中央共産黨校) 부교장이었던 호요방(胡耀邦)은 당교 내에서 당의 역사에 관한 토론을 진행하며 마르크스주의와 모택동사상을 토대로 하는 기본원칙을 수립할 필요가 있으며, 진리와 노선의 옳고 그름을 가름하는 기준은 실천이 되어야 한다는 생각을 갖게 됐다.

1978년 5월 11일, <오직 실천만이 진리를 검증할 수 있는 유일

한 기준이다 (實踐是檢驗眞理的唯一標準)> 를 제목으로 한 특약 평론원의 시사평론이 《광명일보 (光明日報)》에 공개됐다 .

평론에서는 마르크스 , 엥겔스 , 레닌 , 모택동에 관한 여러 논평들을 인용하며 진리를 검증할 수 있는 기준은 오직 사회의 실천뿐이며 , 그 어떤 이론도 끊임없이 실천이라는 검증을 받아야만 한다고 주장했다 .

이는 마르크스주의의 기본 원리와 동일한 주장이었으나 , 양개범시와는 완전히 대립했다 . 바꿔 말해 양개범시를 겨냥하여 발표된 것으로 볼 수 있는 것이었다 . 평론은 발표되자마자 즉각적으로 큰 파란을 일으켰다 .

이튿날 , 《인민일보》와 《해방군보》를 선두로 전국 각 지역의 신문사들은 앞다투어 평론의 전문을 전재하기 시작했다 . 평론에 동의와 지지를 표하는 사설들도 신문에 연이어 게재됐다 .

그러나 당시 당의 홍보 작업을 맡고 있던 중국공산당 중앙 책임자들은 이 토론을 탐탁치 않게 여기며 비평하고 질책했다 . 모택동사상을 부정하며 맥을 끊는 행동이라 여겼기 때문이다 . 이에 상당한 정치적 압력을 행사했으나 , 오히려 중국 사회가 진리 문제에 더 관심을 기울이는 결과를 낳았다 .

사회의 실천만이 진리를 검증할 수 있는 유일한 기준이라는 사설로 시작된 이 토론의 장은 범위를 전국으로 넓혀 나가며 폭발적인 반응을 이끌어 냈고 , 사상의 대 해방이라는 변화를 가져왔다 . 사람들은 더 이상 낡고 오래된 틀에 갇혀 생각하지 않았으며 , 맞닥뜨린 새로운 상황과 실제 문제 , 사회주의 현대화건설을 이루어 내기 위한 방법에 주의를 기울이기 시작했다 . 개혁 개방을 목표로 한 새로운 시대가 도래한 것은 바로 이 진리 토론이 돌파구를 제공해 준 덕분에 이루어진 것이다 .

당시 국제적으로 보았을 때도 중국이 개혁개방을 진행하는 데 유리한 환경이었다. 수많은 서방 국가에서는 새로운 과학 기술의 혁명이 시작되며 산업구조가 빠르게 변화했고, 그 과정에서 여러 생산 설비와 생산 자본이 이용되지 못한 채 방치된 상태였다. 시장이 위축되니 활로를 모색하던 서방 국가들은 신중국과 교류하길 희망했다.

제 2 절 중국공산당 제 11 기 중앙위원회 제 3 차 전체회의

1978 년 1 월 열린 11 기 3 중전회는 신중국 건국 이후 깊은 의미를 갖는 위대한 전환점과도 같은 회의였다. 4 인방을 척결한 이후 2 년 간 제자리에서 맴돌기만 하던 상황에 마침표를 찍어 주었을 뿐만 아니라 중국의 사회주의 현대화건설을 위해 완전히 새로운 장을 열어 주었기 때문이다. 아울러 20 세기 중국에게 세 번째 역사적인 변화를 가져다 준 기점이 되어 주기도 했다. 11 기 3 중전회가 개최되기 전인 11 월 10 일부터 중공중앙은 약 36 일간의 중앙업무회의를 개최했다. 11 기 3 중전회를 성공적으로 개최하기 위해 시작된 중요한 준비 작업이었다.

화국봉은 업무 회의 첫날에 이번 회의에서 주로 다루어질 의제는 총 세 가지가 있다고 단호하게 밝혔다.

첫 번째는 농업을 기초로 한 기본 방침을 제정하기 위한 논의를 진행하여야 한다는 것이었다. 두 번째는 향후 2 년 간 진행될 국민 경제발전 계획을 수립하여야 할 필요가 있다는 것이었으며, 마지막은 이선념 (李先念) 이 국무원 이론 학습토론회에서 진행한 연설에 대해 토론하는 것이었다.

아울러 그는 내년 1월부터 당 전체의 업무 중점을 사회주의 현대화건설로 옮긴다는 중앙정치국의 결정을 발표하기도 했다. 업무 중점을 옮긴다는 것에는 전부 동의했지만 주요문제가 우선적으로 해결되지 않는다면 업무 중점을 옮기는 것도 이루어 내기 힘들 것이라 판단했다.

당시 대다수의 회의 참석자들의 동의하에 회의는 예정과 다르게 진행됐다. 주요의제는 사실상 역사가 남기고 간 일부 중대한 문제들이었다. 회의에서는 문제들에 책임이 있는 동지들을 비평했고 진리 표준에 대한 토론을 진행하며 당의 인사를 재편성했다.

회의 셋째 날, 진운 (陳雲) 은 동북 지역에서 큰 파란을 일으킬 연설을 진행했다. 그는 다음과 같이 예리하게 지적했다.

> 당이 안정적인 상태를 유지하며 단결하는 것은 당은 물론이고, 전국 인민이 바라는 일입니다. 그러나 현재 상황을 고려했을 때 간부들과 인민들은 당 내부가 과연 그럴 수 있을지에 대해 크게 염려하고 있습니다.
>
> 역사가 남기고 간 여러 문제들은 그 영향력이 크거나 미치는 범위가 아주 넓은 문제들이기에 중앙위원회가 하루 빨리 결정을 내려줘야만 합니다. 중앙위원회는 행동하여 이 문제에 대한 답을 내놓아야만 할 것입니다.

그는 연설을 진행하며 박일박 등 소위 반역집단이라 불린 61인의 사건, 1937년 7월 중앙위원회가 소위 자수자들이라 불린 집단에 대해 내린 결정, 도주 (陶鑄), 팽덕회 (彭德懷) 의 평가, 1976년 4월 주은래 (周恩來) 총리 추도식과 4인방에게 반기를 들었던 천안문사건, 강생 (康生) 의 잘못까지 총 여섯 개의 사건을 거론했다 .

진운이 언급한 사건들은 그의 말대로 영향력이 크거나 미치는 범위가 아주 넓은 문제들이었으며 , 당이 이 문제들을 하루 빨리 해결해 주길 바라는 국민의 목소리와 요구를 반영한 발언이었다 . 당시 4 인방을 척결한 지 이미 2 년이나 지난 시점이었지만 당은 이 중요한 문제들이 대해 결정을 내리지 못하고 지지부진했다 . 이는 나아가는 과정에서 장애물로 그 모습을 고스란히 드러냈으며 간부와 인민들이 '다소 우려하는 것'은 자연스러운 일이었던 셈이다 . 역사적인 변화를 가져오기 위해서는 반드시 이 장애물을 우선적으로 처리해야만 했다 .

회의 브리핑에서 진운의 연설 전문이 공개되고 참석자들의 강렬한 반응을 불러일으키며 회의 분위기는 순식간에 활기를 띄기 시작했다 . 간부들은 저마다의 의견을 내놓으며 진운이 "제안한 잘못이 있다면 반드시 시정해야만 한다 ."는 원칙에 동의했다 . 이는 사실상 양개범시를 겨냥한 행동이었는데 그와 동시에 역사가 남긴 기타 중대 사건들을 언급한 것이다 .

11 월 25 일 , 화국봉은 정치국을 대표하여 업무 회의에서 연설을 진행했다 . 연설을 진행하며 그는 '반우경화 , 반번안풍' 운동 , '2 월역류 사건'과 양상곤 (楊尙昆) 문제 등 억울하게 조작된 사건에 대해 언급하며 이를 바로잡아야 할 필요가 있다는 의견을 내놓았다 .

뒤이어 회의의 주요의제는 '진리 토론'이라는 사건으로 되돌아왔다 . 격렬한 논쟁이 이어진 끝에 참석자들은 뜻을 같이 했으며 , 화국봉은 양개범시의 오류에 대해 자아비판을 진행했다 .

중앙업무회의는 20 일간 진행될 예정이었지만 결과적으로는 36 일간 진행됐다 . 12 월 13 일 , 등소평은 회의에서 '사상을 해방하자 , 실사구시 (實事求是) 정신을 따르자 , 단결하여 앞으로 나아가자'라는 제목의 연설을 진행했다 . 이 연설은 사실상 11 기 3 중전회의 주제 보고라 할 수 있겠다 .

등소평은 우선 해방 사상의 중요성에 대해 강조하며 이는 중국이 앞으로 나아갈 수 있는지를 가름하는 관건이라고 예리하게 지적했다 . 또한 전국을 범위로 하여 진행되고 있는 '진리 표준 토론'을 긍정적으로 평가하며 바꿔 말해 사상을 해방하여야 하는가에 대한 토론으로 볼 수 있다고 설명했다 . 그는 "만약 한 당 , 한 국가 , 한 민족이 특정 사상을 비판하지 않고 무조건적으로 신뢰한다면 사상은 한 자리에 머무를 것이며 , 미신이 성행하여 발전을 이룩해내지 못할 것입니다 . 뿐만 아니라 결과적으로는 생기를 잃어 당을 궤멸시킬 것이며 국가를 망하게 할 것입니다 ."라고 말했다 .

그는 사상을 해방하기 위한 주요조건 중 하나가 바로 사상이라고 지적했다 . 또한 경제 민주 문제를 언급하며 경영 자주권의 기반을 확대하는 것이 경제 개혁을 이끄는 주요지도 사상이 되어 줄 것이라 발언했다 . 민주와 법치의 관계에 대해서는 "인민들의 민주를 보장하기 위해서는 반드시 법과 제도를 엄격하게 시행하여야 할 필요가 있습니다 ."라는 말을 덧붙였다 .

그는 "민주 법제화나 법률화 같은 제도와 법률은 지도자가 바뀐다 하여 따라 바뀌게 두어서는 안 됩니다 . 제도와 법률은 지도자 개인의 의견이나 생각대로 바꿀 수 없는 것입니다 ."라고 거듭 힘주어 말했다 .

아울러 등소평은 역사가 남겨 놓은 문제를 처리하는 것은 나아가고자 하기 위함이며 , 당의 업무 중점을 순조롭게 이동시키기 위함이라 설명했다 . 여기에는 모택동의 평가라는 문제점이 존재했다 .

등소평은 감정을 담아 다음과 같이 호소했다.

저는 1927년 대혁명이 실패했을 때를 되돌아보았습니다. 당시 모택동 동지의 탁월한 지도가 없었더라면 중국의 혁명은 지금까지도 승리를 거머쥐지 못했을 것입니다. 모택동 동지가 없었더라면 신중국 역시 존재하지 않았을 것이라는 말은 조금도 과장된 표현이 아닙니다. 이 시대를 살아가고 있는 우리를 육성해 낸 것도 모택동사상입니다. 자리하고 계신 동지들 역시 모택동사상이 배양해 낸 우수한 인재들이라 말할 수 있을 것입니다. 우리는 모택동사상의 과학적 원리를 반드시 제대로 이해하고 학습하여야하며, 역사가 변화함에 따라 새로운 상황 속에서 같이 발전해 나가야 합니다. 모택동 동지는 무조건 옳다는 말이 아닙니다. 혁명의 지도자가 결점도, 잘못도 없다면 그 지도자는 마르크스주의를 따르는 지도자라 할 수 없을 것입니다.

중앙업무회의가 막을 내리고 11기 3중전회의 개최를 앞둔 사이에 또 중요한 일이 발생했다. 바로 중미 양국이 약 반년간 진행한 협상을 매듭짓고 12월에 중미 국교 수립을 선포한 것이다. 이 협상은 등소평의 직접 참여 하에 완성됐다.

중미 양국이 발표한 <수교 공동 선언문>에서 "중화인민공화국 정부와 미합중국정부는 1979년 1월 1일 자로 상호 승인하고 외교 관계를 수립하기로 결정했다. 미합중국은 중화인민공화국 정부를 중국의 유일 합법 정부로 승인한다. 이 기본원칙 하에 미국 정부는 문화,

비즈니스 및 기타 분야에 있어서 대만 국민과 체결한 비공식적 관계는 유지한다."는 내용이 있다.

미국은 세계 최대의 선진국이며 중국은 세계 최대의 개발도상국이다. 중미 수교는 30년간 지속되어온 양국의 고착 관계에 종지부를 찍고, 아시아와 전 세계의 평화 유지에 큰 기여를 했다. 이는 양국 관계에 있어 역사적인 의미를 갖는 중대한 전환점이며, 양국 국민의 상호 이해 증진과 관계 발전을 촉진시켰다. 더 나아가 양국이 외교 이외의 각 분야에서도 활발하게 교류하고 협력하도록 하여 새로운 전망을 열어 주었고, 중국의 개혁개방에도 새롭고 유리한 조건들을 제공해 주었다.

1978년 12월 18일부터 22일까지 역사의 전환점이 되는 11기 3중전회의 북경에서 개최됐다. 중앙업무회의에서 이미 충분히 토론하고 준비한 덕분에 11기 3중전회는 닷새 만에 막을 내렸다.

회의가 기여한 가장 큰 공헌은 장기간 동안 좌편향이 되어 있던 오류의 속박을 깨고, 당과 국가의 작업 중점을 사회주의 현대화건설로 옮기며 개혁개방을 위한 전략을 결정 및 시행한 것이다. 이는 시대에 한 획을 긋는 변화였다. 동시에, 회의 참석자들은 '전면약진(全面躍進)'에 오류가 존재한다는 것을 인식하고 이를 바로잡기 시작했다. 명확한 정치적 입장을 가진 채 개혁개방의 서막을 열어젖힌 것이다.

회의는 진리기준 문제에 대한 토론을 높게 사면서도 모택동이 제창한 실사구시의 학풍을 계승해 나가고 드높이는 동시에, 사상을 해방하고 새로운 상황과 새로운 사물, 그리고 새로운 문제에 대해 연구하며 정확한 사고방식을 견지해 나가길 요구했다.

회의에서는 문화대혁명운동 때 발생했던 일련의 중대한 정치적 사건에 대해 진지한 토론을 벌였으며, 문화대혁명운동이 남긴 역사 문제에 대해서도 논의를 진행했다. 논의를 통해 중공 중앙위원회는 '우경화 번안풍 반격 운동'과 천안문사건을 다루는 그릇된 문건을 철회하기로 결정하고, 팽덕회, 도주, 박일파 (薄一波), 양상곤 등 인물에게 잘못된 평가를 내린 것에 대해 조사를 진행하고 교정하겠다고 밝혔다.

회의에서는 당 조직 구조조정을 진행하기도 했는데 여러 문제와 관계되는 대규모의 조정이었다. 진운을 중앙정치국 위원, 정치국 상무위원, 중앙위원회 부주석으로 추가 임명했으며, 등영초 (鄧穎超), 호요방, 왕진 (王震) 을 정치국위원으로 임명했다. 또 중국공산당 중앙기율검사위원회라는 산하조직을 새로 편성하여 진운이 제 1 서기, 등영초가 제 2 서기, 호요방이 제 3 서기를 맡았으며 상무서기는 황극성 (黃克誠) 이 담당했다. 회의가 마무리되고 정치국은 호요방을 중공중앙의 비서장으로 임명하기도 했다.

사실상 11 기 3 중전회를 통해 등소평을 핵심으로 하는 지도 집단이 형성되었고, 제 2 대 지도집단으로의 권력 교체를 의미했다.

기본 방향을 지정한 상황에서 사회주의 현대화건설을 시작하려면 무엇부터 해야 할까? 11 기 3 중전회 이후 중국은 세 가지 큰 임무에 직면했다. 첫째는 국민 경제 조정이었으며, 둘째는 혼란을 수습하는 것이었고, 마지막이 개혁개방 계획을 안배 및 전면적으로 실시하는 것이었다.

전당사업의 중점을 사회주의 현대화건설로 이동하는 과정에 있어서 가장 먼저 맞닥뜨리게 되는 문제는 균형을 잃은 채 다년간 방치되어온 경제 비율을 조정하는 것이었다. 이를 먼저 해결하지 않는다면 국민 경제 발전을 안정적으로, 확실하게 이룩해 내는 것은 불가능에 가까웠다.

이 문제에 대해서는 의견에 계속 분분했다. 11 기 3 중전회 이전에 개최되었던 중앙업무회의에서 진운은 이미 일어난 경제 과열 현상에 대해 지적하며 이는 순차적으로 해결하여야 한다고 의견을 밝혔다. 등소평은 진운의 의견에 완전히 동의했다. 등소평 역시 경제를 발전시키려면 일정 기간의 조정 기간이 필요하다 생각했다.

국민 경제를 조정한 결과, 효과는 확실하게 나타났다. 1979 년, 중국의 재정적자는 당시 GDP 의 3.35% 로 최고치에 다다랐었다. 이는 국제 사회에서 지정한 경계선을 초과한 수치였다. 그러나 조정을 통해 1991 년, 재정적자는 크게 감소하여 37 억 위안에 머물렀고 국민 경제가 발전하는 동시에 물가도 점점 안정세를 되찾았다.

1982 년, 농민의 1 인당 평균 소득은 1978 년에 비해 두 배 증가했다. 도시에서 근무하는 노동자 가정의 1982 년 1 인당 평균 수입은 1978 년과 비교했을 때 38.5% 성장한 수준이었으며, 인민들의 생활 역시 대폭적으로 개선되며 도농 간의 격차도 좁혀졌다.

국방과 군대 건설은 1980 년대에 들어서며 정예부대 편성과 군대 간소화 작업에 총력을 기울였다. 이는 국제 형세를 과학적으로 판단하고 군대의 전투 능력을 제고시킬 필요가 있다는 제안에 의거하여 진행된 것이다. 당시 중앙 군사 위원회 비서장과 국방부 부장을 맡았던 경표 (耿飇) 는 그 시절에 대해 다음과 같이 회상했다.

군대 정예화 편성과 간소화 작업은 군대의 전투력을 약화시키지 않았으며 오히려 증가시켰다. 또 국방 예산에 여유가 생겨 무기와 장비 현대화를 진행할 수 있었다.

당시 당은 국방 문제를 주의 깊게 관찰했으며, 서둘러 임무를 완수하기 위해 애를 썼다. 인프라 건설을 담당하던 공병대와 철도병 등의 부대를 국무원과 지방 관련 부대에 배분하는 것만으로도 몇 십 만 명의 잉여 인원을 감소시켰다. 이는 문화대혁명운동 이후 처음으로 진행한 인민 해방군 구조조정이었다.

혼란을 수습하는 문제의 경우 11 기 3 중전회 전후로 이미 많이 작업을 추진해 놓은 상태였다. 진리표준 문제에 토론하고, 실사구시적 사고방식을 재확립하는 것은 사상 분야의 혼란을 정리하기 위한 것이었다. 11 기 3 중전회에서는 '계급투쟁을 기본으로 한다'는 방침을 폐지하고, 당과 국가사업의 중점을 사회주의 현대화건설로 이동하여 사회 생산력을 이끌어 내는 데에 집중했는데 이는 정치 분야의 제일 근본적인 혼란을 정리하기 위해서였다. 뒤이어, 등소평은 사상노선과 정치노선을 실현하기 위해서는 조직이 뒷받침해줘야 하며, 조직 내부의 문제를 해결하는 것은 이미 당의 의제로 정해졌다고 밝혔다.

등소평은 후임 문제를 해결하는 데에도 착수했다. 일련의 정책들을 시행하여 간부층의 혁명화, 연소화, 지식화, 전문화 문제를 해결했으며 신구 (新舊) 간부들의 협력 및 교대를 시행하고, 당 지도 간부 종신제를 폐지하여 간부층의 사다리 구조화를 실현시켜 나갔다.

1980 년 9 월, 제 5 기 전국인민대표대회 제 3 차 회의에서는 중공 중앙의 권고를 받아들여 화국봉의 국무원 총리 사직 요청을 받아들였고, 후임으로는 조자양 (趙紫陽) 이 임명됐다.

또 등소평, 이선념, 진운, 서향전 (徐向前), 왕진, 왕임중 (王任重) 이 국무원 부총리를 연임하지 않는 데에 동의하고, 섭영진 (聶榮臻), 유백승 (劉伯承), 장정승 (張鼎丞), 채창 (蔡暢), 주건인 (周建人)

의 전국인민대표대회 상무위원회 부위원장 사직을 허락했다.

1982 년 2 월, 중공중앙은 < 원로 간부 은퇴 제도에 관한 결정 > 을 발표하며 성과 각 부서의 간부들의 은퇴 연령에 대해 규정했다. 정직의 경우 65 세 이하, 보좌직의 경우 60 세 이하로 규정했으며, 국장급의 경우 60 세를 초과하지 않도록 한 것이다.

당 지도 간부 종신제를 폐지하자 유능하고 우수한 청장년층 간부들이 그 뒤를 이어 업무를 수행했다. 간부층의 구조에도 큰 변화가 일어나기 시작했다.

억울한 사건이나 오심 사건을 시정하는 작업은 11 기 3 중전회 이후 전면적으로 시행됐다. 1978 년 12 월, 송임궁 (宋任窮) 이 중앙조직부장에 임명됐다. 이후 3 년간 총 2667 개의 사건에 대해 조사를 진행하고 사건을 종결시켰다. 팽진 (彭眞), 장문천 (張聞天), 이유한, 오란부 (烏蘭夫), 습중훈 (習仲勛) 등의 사건이 그 안에 포함되어 있었다. 시정 과정에서 영향이 가장 컸던 것은 바로 유소기의 누명을 벗겨내는 일이었다. 신중국 건국 이래 그 어떤 사건보다 심각하게 조작된 사건을 바로잡는 데 성공한 것이다.

그와 동시에 일련의 정책을 시행하여 사회 각 분야의 관계를 조정하고, 긍정적인 요소를 동원하여 부정적인 요소를 제거하기 위해 노력했다. 1979 년 1 월부터 지주와 부농 같은 "감투"를 제거하고, 그들을 농민 공사 사원으로 대우했다. 또 국민당이 받는 불이익을 해결하기 위해 같이 분투했으며, 귀순한 자들을 위한 정책을 시행했다.

혼란을 수습하는 동시에 11 기 3 중전회 이후, 개혁개방을 전면적으로 시행했다.

혼란을 수습하는 것과 개혁개방, 두 가지는 연관되어 있는 일이지만 근본적인 성질은 달랐다. 혼란을 수습하는 것은 과거의 오류를 수습하는 데에 중점을 두었으며, 배울 만한 교훈은 그대로 남겨 두었다. 이는 11 기 3 중전회 이후에 진행된 활동을 보면 알아차릴 수 있다.

반대로 개혁개방은 새로운 시대의 특징이 두드러지는 운동이었다. 사회주의 제도가 더 완벽해질 수 있게 보완하고 발전시키는 데에 중점을 두었고, 새로운 역사적 배경에서 새로운 것들을 창조하고 앞길을 개척해나가며, 몇 억 인구의 적극성을 유발해 내 그들이 시대의 발전 흐름을 따라오도록 하여 사회주의에 새로운 생기와 활력을 주입하는 것이 목적이었다.

개혁개방 역시 시작점을 정하는 데에 있어서 어려움을 겪었다. 개혁의 바람은 농촌에서부터 불기 시작했다. 당시 중국은 농민이 인구의 80%를 차지하는 국가였고, 농업은 국민 경제의 기초이기 때문이었다. 농업이 빠르게 발전하기 위해서는 우선 농민의 적극성을 이끌어 내야 했다.

당시 농촌은 생산량은 늘어나지만 수입은 늘지 않는 문제에 봉착해 있었다. 많이 일해도 얻는 것은 없고, 할당량 분배 역시 불균형하게 이루어져서 농민들의 적극성을 제고시키는 데에 장애물로 작용했다.

11 기 3 중전회 이후, 약 3 년간 농촌개혁의 주요목표는 가족 단위 농업생산 책임제를 시행하여 개별 농장의 분산 경영과 집체 경제 조직의 통일 경영이 결합된 이중 경영 체제를 형성하는 것이었다. 체제의 특징은 도급 단위를 농민 가정 혹은 소조 (小組) 로 지정하여 농촌 토지와 기타 생산자료를 지급해 주고, 농민들이 경영 부분에 있어 자주권을 행사하게 해 주었다. 절대 평등주의가 분배의 문제를 해결한 것이다. 이는 당시 중국의 상황은 물론이고 농촌 생산력의 실제 발전수준과 농민의 바람을 고려하여 진행된 중대한 개혁이었다.

농민 개혁의 불길은 안후이 등 지역에서부터 불타오르기 시작했다. 안휘 (安徽) 는 문화대혁명운동 때, 식량 생산량이 1,000 만 톤을 계속 맴돌던 지역이며, 가격 등의 문제가 더해져 농민의 실제 생활수준이 하락한 지역이었다.

1978 년, 중국의 전 지역은 백 년에 한 번 있을 법한 엄청난 가뭄을 겪게 된다. 9 월까지 비가 한 차례도 내리지 않았고 강과 시냇물의 물줄기가 끊기며 식량 생산량이 대폭 하락했다.

농촌에서 시행되었던 인민공사 제도의 경우 경영관리에 지나치게 치우쳐 분배 문제에 있어서 절대 평등주의가 지나칠 정도로 강조되었고, 농민의 적극성이 하락하는 결과를 가져왔다. 같은 해 가을, 안휘성 비서현 (肥西縣) 산남 (山南) 공사 (公社) 는 밀을 심으려다 지나친 가뭄 탓에 심을 수가 없자, 당시 소유하고 있던 대부분의 토지를 '포산도호 (包産到戶)'제도에 따라 농민들에게 지급했는데, 그해 밀 생산량은 역사상 가장 높은 수준인 6,725 톤을 기록하여 주변의 농촌들이 따라 시행했다.

역시 같은 해 11 월, 봉양현 (鳳陽縣) 의 소강촌 (小崗村) 에 사는 18 호의 농민 가정은 전면도급제 (大包干) 를 시행하기로 결정했다. 전면도급제란 농민이 단체 대신 농사를 짓고, 생산대 (生産隊) 와 농민이 계약을 맺는 것이었다. 계약 내용은 국가에서 지정한 공량 (公糧) 을 제대로 납부한다는 전제 하에, 남는 양식은 그 양에 관계없이 전부 농민이 갖기로 한다는 것이었다.

당시 안휘성 저현 (滁縣) 중앙위원회 (봉양현은 저현 괄할지이다) 서기로 재직 중이던 왕욱소 (王郁昭) 는 그 사건에 대해 다음과 같이 기억했다.

전면도급제의 시행은 농촌 토지의 양권 분립을 실현시켰다. 토지 소유자는 계속 소유자로 남을 수 있었고, 농민은 도급제를 통해 토지의 사용권과 경영권을 얻을 수 있었다. 농민은 독립적인 상품 생산자이자 경영 생산자가 되었으며, 통일 경영과 분산 경영으로 이루어진 이중 경영 체제를 형성하여 집단과 농민의 권리와 이익을 얻을 수 있는 게 바로 이 전면도급제를 통해 실현된 것이다. 국가의 세수와 식량 매수 문제는 물론이고 집단 체제로 인한 문제도 해결한 데에다 농민들이 생산에 있어서 자주권과 상품 지배권을 얻게 했으니 생산 적극성을 효과적으로 제고시켰고, 생산력의 발전을 촉진시켰다.

　　1979년, 소강촌의 식량 생산량은 작년에 비해 대폭 성장했다.

　　이 방법은 점점 다른 지역으로 전파되기 시작했는데 큰 반발을 샀다. 많은 사람들은 이러한 행동이 집단경제를 파괴하는 불경한 행위라 생각했지만, 안휘성위원회 서기였던 만리(萬里)는 계획을 지지한다고 밝혔다.

　　그는 1978년 10월에 열린 성상무위원회 상무회의에서 "소유제가 변해도 자본주의에 빠지는 일은 일어나지 않을 테니 두려워하지 않아도 괜찮습니다. 민중의 생활에 관심을 두지 않고, 인민 민주주의를 실현시키지 못한다면 발전을 이룩해 내는 것도 불가능할 것입니다."라고 말했다.

　　1979년 말, 그는 한 회의에서 다음과 같이 말했다.

포산도호는 분전단간과는 확연히 다릅니다. 분전단간이 집단경제의 와해를 불러오고 농민 개인이 개인 경영을 하는 상황을 도래하게 만든다면 포간도호는 이러한 문제가 존재하지 않습니다. 포간도호는 책임이 개인에게로 돌아간 생산책임제이며 사회주의이지 자본주의가 아닙니다.

그러나 이 사건에 대한 논의는 전국으로 범위를 넓혀 나갔으며 여러 지도 간부들 사이에서는 계속 논쟁이 이는 문제였다. 등소평과 진운은 안휘성의 방법을 높게 샀다. 1979년 6월, 제 5기 전국인민대표대회 제 2차 회의가 개최됐다. 휴식 시간을 가질 때 만리는 진운을 만나 "안휘성의 일부 지역은 이미 포산도호 방식을 채택하여 생산하기 시작했습니다. 어떻게 생각하십니까?"라고 의견을 구했고, 진운은 "나는 그 방법에 전적으로 동의한다."고 답했다. 이후 만리는 같은 질문을 등소평에게도 물었고, 등소평은 "논쟁하지 않고 계속 하던 대로 해 나가면 된다. 실사구시를 기본원칙으로 삼아 계속 진행하자."고 답했다.

1980년 5월, 등소평은 '농촌 정책 문제에 관하여'라는 연설을 통해 "현재 농촌 사업에 존재하는 주요문제 역시 사상이 충분히 해방되지 않았다는 것입니다."라고 자신의 의견을 명확하게 표명했다.

그는 또 다음과 같이 지적했다.

농촌 정책을 느슨하게 조정한 이후, 일부 지역에서 포산도호 제도를 시행했다는 소식을 들었는데 효과가 좋고 변화 역시 빠르게 나타났습니다. 안휘성 비서현의 대부분의 생산대는 포산도호 방식으로 생산을 진행했고 증가폭도 컸습니다. '봉양화고 (鳳陽花鼓)' 의 가사에 나오는 바로 그 봉양현 역시 같은 방법으로 생산을 진행했는데 역시 두 배 이상의 발전을 기록했습니다. 일부 동지들은 포산도호 제도가 집단경제를 훼손하지는 않을까 염려를 표하시는 걸로 알고 있습니다. 제가 보기에 이는 불필요한 걱정이라고 사료됩니다. 우리의 기본 방향은 집단경제를 발전시키는 것입니다. 포산도호를 시행하는 지역의 경제 주체는 아직도 생산대입니다. 이 지역들은 후에 어떻게 발전할까요? 단언하건대, 생산이 발전하기만 한다면 농촌의 사회적 분업을 실현시킬 것이며 상품 경제 역시 같이 발전할 것입니다. 낮은 수준에 머무르고 있는 집단화 역시 높은 수준으로 발전할 것이며 집단경제도 그 기반을 공고히 다질 것입니다. 이 모든 것을 결정하는 것이 바로 생산력입니다. 생산력의 집단화를 통해 필요조건을 발전시키고 창조해 내야 할 것입니다.

1980 년 9 월, 중공중앙은 성 (급) 위원회 제 1 서기 좌담회를 개최했고, 회의 내용을 정리 및 인쇄하여 《농업생산책임제를 강화하고 보완하는 데에 대한 몇 가지 문제》라는 제목으로 공개했다.

< 회의 개요 > 에서는 "현재 일부 성과 지역, 그리고 일부 간부와 민중 사이에서는 포간도호를 포함한 포산도호 체제를 시행해도 되는지에 대해 광범위한 토론이 이루어지고 있다. 전국적으로 보았을 때 사회주의 공업, 사회주의 상업과 집단 농업이 절대적 우위를 점하고

있는 상황에서 생산대의 지도하에 이루어지는 포산도호는 사회주의 경제에 부합하는 생산 활동이며, 사회주의 궤도를 벗어났다 보이지 않는다. 자본주의로 엇나갈 리스크가 존재하는 것 같지는 않으니 두려워하거나 염려하지 않아도 된다."는 내용을 담고 있다.

이를 기점으로 포산도호는 전국 농촌에서 빠른 속도로 퍼져나가기 시작했다. 포산도호는 경제가 낙후되고, 빈곤했던 지역이 일반적인 생활수준을 가질 만큼 발전하게 했다. 가족 단위의 농산 책임제는 빠르게 추진되었고, '정사합일(政社合一)'이 기본원칙이었던 인민공사 체제는 점점 와해됐다. 1980년 9월, 사천성(四川省) 광한현(廣漢縣) 향양향(向陽鄕)은 인민정부라는 문패를 달았고, 이는 첫 걸음인 동시에 아주 위대한 걸음이었다.

1982년 1월 1일, 중공중앙이 발표한 1호 문건은 < 전국농촌업무회의 개요 > 였다. 문건에서는 포산도호 등 사회주의 집단경제에서 생겨난 모든 생산책임제를 긍정적으로 평가하며 "어떠한 형식을 사용하든 관계없이 민중이 변하지만 않는다면 문제는 발생하지 않을 것이다."라고 밝혔다. 포산도호와 사회주의 사이의 관계에 대해 오랜 기간 동안 이어졌던 논쟁은 중앙위원회의 결정을 통해 종식됐다.

'장기불변(長期不變)'의 규정은 농민들을 안심시켰다. 이렇게 가족 단위의 농산 책임제가 보편적으로 추진되는 단계에 들어선 것이다. 1982년 11월의 통계에 따르면 농업생산 청부제를 시행하는 생산대는 92.3%에 달했으며 그중 포산도호, 조별 포간도호, 조별 생산제를 실시하는 생산대는 78.8%였다. 가족 단위 농업생산 책임제가 주요 경영 책임제로 자리 잡게 된 것도 그 무렵의 일이었다.

경영 체제의 개혁과 정책의 조정 외에도, 농촌을 빠르게 발전시키기 위해서는 두 가지 요소가 매우 중요했다. 하나는 재정적 지원이었다. 경제를 조정하면서 균형을 잃은 국민 경제의 비율을 조정하는 동시에 인프라 투자에 사용하던 자금을 축소하여 농촌 위주로 지원을 진행했다. 또 하나는 과학 기술의 지원이었다. 특히 원륭평 (袁隆平) 이 개량해 낸 벼 품종은 농업의 빠른 발전을 이끌었다.

정책과 과학 , 투자는 농촌의 발전을 지탱하고 거대한 변화를 가져오기 위한 세 가지 필수 요소가 됐다 . 무엇 하나 빠져서는 안 되는 것이었다 .

1979 년에서 1987 년까지 농업 총생산량은 매년 7.9% 의 증가세를 보였다 . 일정 기간 동안은 수입 문제에 있어서 도농간 격차가 줄어들었고 농민들의 생활 역시 눈에 띄게 개선됐다 . 농촌의 이미지에도 큰 변화가 생겼으며 장기간 동안 정체되었던 과거와 다르게 나날이 번영했다 . 이는 현지 향토 사업 발전 역시 견고하여 전국 인민의 경제에 큰 영향을 미쳤다 . 종합해 보면 농촌 개혁은 전국의 개혁개방이 시작될 수 있게 돌파구가 되어 준 것이다 .

도시 경제 체제의 개혁은 주로 기업의 자주권 확대 등의 분야에서부터 시작됐다 . 농촌과 비교했을 때 도시 상황이 훨씬 더 복잡했기에 초기에는 무엇부터 해야 하는지 알 수가 없었고 사람들의 의견도 일치되지 않았다 . 이 때문에 도시의 경제 개혁은 농촌의 개혁처럼 그 정도가 크지는 않았으며 얕은 부분부터 시작해 점점 심화되는 과정을 거쳤다 . 이 시기 이전에는 수도 철강회사를 포함한 8 개의 회사를 선정하여 실험을 진행했었다 .

1982 년 1 월 , 중공중앙과 국무원은 < 국영공업기업 전면정돈에 대한 결정 > 을 발표하며 책임제의 정비 및 개선 , 기업 경영관리 제도

개선, 노동법 재정비 및 강화, 상벌 제도 집행, 재정법 정비, 건강한 재무 회계 제도 설립을 강조했다. 또 노동 조직을 정비하여 잉여 인력 문제를 해결하고 기율을 지키지 않는 현상에 대해서도 제재를 가하겠다고 밝히며, 지도부를 재정비하거나 건설하여 직원을 대상으로 한 사상 정치 교육을 진행하겠다는 내용도 포함되어 있었다. 초기 개혁을 통해 공업 생산 역시 안정적으로 성장했는데 경공업과 에너지 생산 분야의 변화가 특히 더 두드러졌다.

재정 체제의 개혁은 1980 년 대도시에서 '분조흘반 (分灶吃飯)' 이라 불리는 중앙정부와 지방정부 분세 제도가 자리를 잡으며 시작됐다. 각 지역에서 재정의 도급제를 시행했는데 기본 금액을 정해 놓고 많이 벌면 많이 지출할 수 있었다. 이를 통해 지방의 경제 자주권을 확대하고 생산력과 수입을 증가시키는 적극성을 유발해 냈다. 그러나 이후에 중앙 재정에 문제가 생기거나 외국 자본이 차지하는 비율이 너무 높아지는 문제를 낳았다.

국내 문제를 해결하는 동시에 등소평은 시대의 흐름에 따라 대외 개방을 제시했고, 사회주의 현대화건설의 속도를 제고시키기 위해서는 대외개방을 국가의 장기적이면서도 기본적인 정책으로 취급해야 한다고 주장했다. 그는 전 세계는 개방적인 세계를 추구하고 있으며 중국의 발전은 세계와 떨어져서는 이루어 낼 수 없다고 믿었다. 문을 닫고 건설해서는 안 되며 폐쇄적인 사회에서 반 (反) 폐쇄적인 사회로 변할 필요가 있고, 세계 속으로 걸어 들어가야 한다고 판단한 것이다.

11 기 3 중전회 이후, 세계와 중국의 흐름에는 큰 변화가 발생했다. '개방정책 시행'을 공식적으로 말한 것은 1978 년 10 월 독일연방신문 대표단을 접견할 때의 일이었다. 등소평은 "개방정책을 시행하는

것은 과거의 전통을 위배하는 일이 아니냐고 물으셨는데, 좋은 전통은 남기되, 새로운 상황에 맞는 새로운 정책을 시행하는 것이 중국의 전략이자 방법입니다."라고 답했다.

대외 개방은 연해 지역인 광동(廣東)에서 비교적 빠른 속도로 진행됐다. 광동은 홍콩과 마카오와 가까이 위치해 있고 교민들이 거주하는 곳이며, 예전부터 대외 경제 교류가 활발히 이어지던 지역이었다. 대외 개방정책을 시행하고 경제발전 속도를 제고하는 데에 있어서 천혜의 조건을 갖춘 곳이기도 했다.

1979년 1월, 홍콩 공장장이 광주에 공장을 건설할 수 있도록 허가해 달라는 서신을 보냈다. 이는 등소평의 집무실로 보내졌는데 등소평은 편지를 읽더니 "이런 일은 광동 지역이 자체적으로 해결할 수 있게 해도 될 것 같다."고 말했다.

같은 해, 광동성과 교통부는 이선념과 국무원에게 보고를 올리며 교통부 산하에 있는 초상국(招商局) 기업이 광동성 인근에 있는 홍콩 보안현(寶安縣) 사구(蛇口) 인민공사에 공업 개발지구 설립을 제안했다. 이는 중국 국내의 저렴한 토지와 노동력을 이용할 수 있는 동시에 국외의 자본과 선진화된 기술과 원재료를 수입하기에도 편리할 것이라는 주장이었다. 이선념은 사구(蛇口)에서 공업기술개발지구를 설립하는 것에 동의했고, 이는 후에 심천(深洲) 경제특구의 일부분이 된다.

1979년 4월, 중앙위원회는 경제건설 위주로 토론하는 업무 회의를 개최했고 광동성위원회의 주요지도층들은 등소평에게 보고를 진행할 때 중앙위원회가 광동성에게 권한을 일부 위임하여 광동의 대외 경제활동에 비교적 많은 자주권과 이용할 수 있는 토지를 제공하여 주었으면 한다고 밝혔다. 또 심천과 주해(珠海), 교민이 많이 거주하고 있는 산두 (汕頭) 에 수출가공지구를 설립하는 것에 대해 허락해주셨으면 한다고 언급했다 .

등소평은 이 구상에 완전히 찬성했다 . 그는 "특구라고 부르는 게 좋을 것 같다 . 섬감녕 (陝甘寧) 도 특구라는 이름이 붙지 않았는가 ! 재정적 지원은 어렵지만 정책적으로는 지원해 줄 수 있으니 광동성이 직접 구상하여 혈로를 뚫고 나가길 바란다 ."라고 말했다 .

이 업무회의의 내용을 정리한 문건에는 '수출특구 시범운영'이라는 문구가 포함되어 있으며 심천 , 주해 , 산두 , 하문 (廈門) 을 수출특구로 결정했다 . 수출 특구를 설립하는 것은 대외 개방을 대대적으로 시행하기 위한 돌파구이자 중국이 여태 경험해 보지 못한 완전히 새로운 상황이었다 .

1980 년 3 월 , 중공중앙과 국무원위원회의 권한을 위임받은 구무의 주재 하에 광주 (廣州) 에서 광동성 , 복건성 양성 (省) 회의를 개최했다 . 회의에서는 수출특구 네 곳의 이름을 '경제특구'로 변경하고 시범 운영을 진행한 뒤 , 경험을 종합하여 경제특구를 보완하고 연구를 진행하기로 결정했다 .

8 월 , 전국인민대표대회 상무위원회는 국가수출입관리위원회 부주임이었던 강택민 (江澤民) 이 제안한 광동 , 복건 경제특구 건설과 < 광동성 경제특구에 관한 조례 > 에 대해 심사 및 승인을 진행했다 . 이렇게 경제특구는 입법 방식을 통해 중국에 자리 잡았다 .

중앙위원회는 경제특구 한정으로 특수한 정책과 특혜를 주었다 . 경제특구가 대량의 외국 자본을 이용할 수 있도록 허용해 주었으며 , 시장조절을 위주로 하여 비공유제 경제의 비중을 확대시키는 것도 가능했다 . 외국인투자와 특구 수입화물에 대해서는 관세우대정책을 시행했고, 수출입 절차 간소화, 노동수입제도 개혁 등 경제특구가 경제활동에 있어 비교적 많은 자주권을 향유하게 해주었다.

　이는 대담한 시도였다. 경제특구는 건설된 이후 경악할 만한 속도와 효과를 보여 주며 사람들 눈앞에 펼쳐졌다. 특구를 건설하는 과정에 있어서 기초인프라시설 구축을 우선적으로 진행했으며, 공개입찰 방식을 시행해 경쟁체제를 도입했다. 높은 빌딩과 줄지어 세워진 공장들에서 과거의 어촌, 변두리 마을, 황무지, 강변의 모습은 찾아볼 수 없었다. 신흥 기업이 경제특구에 설립되었고 국내에서는 보지 못했던 상품과 설비가 즐비했다. 모든 작업은 질서 있게 진행되었으며 방문하는 사람들은 눈과 귀가 트이는 느낌을 받았다. 심천경제특구의 거주민은 대부분 현지인이 아닌 전국 각 지역에서 온 사람들이었다. 경제특구는 임금도 높고 업무효율도 높았기 때문이다. 비록 초기에는 많은 문제가 발생했지만 전체적으로 보았을 때 심천만의 발전 속도가 전국의 발전을 견인했으며 경제 체제를 개혁하는 데에 있어서 중요한 경험을 얻게 해 주었다.

　이때 중국은 '아시아의 네 마리 용'의 산업구조가 변화하며 2차산업으로 전이되는 기회를 놓치지 않았다. 외국 투자자들을 두 팔 벌려 환영하며 저렴한 노동력을 무기로 노동집약형 산업인 수출 가공업 분야를 대폭 발전시키는데 성공했다. 이 무렵에 실시된 대외개방정책은 실제상황에 부합했으며 중국경제에 새로운 활력을 불어 넣어 주었고 경제 체제의 전면적인 개혁에 있어서 새로운 경험을 제공해 주었다.

　더 많은 해외기술을 수입하면서 지불 방법과 관련된 문제가 생겨났다. 당시에 기술 및 장비를 수입할 때는 국제 사회에서 통용되는 후(後) 지급방식을 사용했는데 문제는 이자가 높다는 것이었다. 이에 등소평은 "해외로부터 수입은 계속해야 하는 일이고 중요한 것은 시간을 버는 것이다. 시간을 벌기 위해선 약간의 융자도 좋은 해법이 될 것이다."라고 말했다.

1978 년 8 월, 중일 평화 우호 조약이 체결되고 일본은 저금리 우대대출을 제공해 줄 수 있다는 의사를 내비쳤다. 몇 차례의 협상 끝에 1979 년 12 월 오히라 마사요시 (大平正芳) 일본 수상이 중국을 방문하여 1979 년도에 500 억 엔의 특혜 차관을 도입하는 계약을 체결한다. (당시 약 2 억 3,000 만 달러에 달하는 금액이었다. 연 금리는 3%, 차관 기간은 30 년이었다.) 이는 중국이 개혁개방을 시행하면서 외국 정부로부터 도입한 최초의 장기 저리 차관이었다.

1979 년부터 1983 년까지 중국은 일본으로부터 총 3 조 390 억 엔의 차관을 유치했으며, 1984 년부터 1984 년 사이에 4 조 700 억 엔을 들여왔다. 중국이 들여온 차관 중 대부분은 일본에서 온 자금이다. 해외 융자를 얘기할 때 빠질 수 없는 큰 사건이 있다. 바로 1980 년에 중국이 세계은행 이사국 지위를 얻게 된 것이다. 동시에 국제통화기금 (International Monetary Fund, IMF) 에서의 회원국 지위를 얻어냈다. 그때부터 중국은 세계은행과 장기간 동안 밀접한 협력을 추진했고 세계은행으로부터 융자를 지원받아 진행한 사업들은 모두 큰 성과를 거두었다. 이에 제 3 세계 개발도상국들이 세계은행에서 지원받은 자금으로 국내 과학기술과 경제발전을 촉진할 때 참고하는 모범적인 예이자 교과서가 됐다.

이 시기 중국은 외국 자본을 더 순조롭게 유입시키기 위해 중대한 정책을 시행하게 된다. 바로 외국인 직접투자 (FDI) 를 허용한다는 정책이었다.

1978 년 말, 등소평은 한 보고서에서 "합영기업은 외국인 직접투자를 유치할 수 있다."고 명시했다. 1979 년 7 월, 제 5 기 전국인민대표대회 제 2 차 회의에서는 《중외합자경영기업법 (中外合资经营企业法)》을 통과시켰다. 10 월, 영의인 (榮毅仁) 이 회장직과 사장직을 겸직한 중국 국제 신탁투자공사 (CITIC) 라는 투자 회사가 해외를 상대로 영업을 시작했다. 영의인은 등소평이 일찍이 그해 1 월부터 비즈니스 업계 책임자들을 직접 접견하며 어떻게 하면 경제를 무사히 건설하고 개혁개방을 시행할 수 있을지에 대해 의견을 구했다고 회상했다. 또 다음과 같이 기억했다.

나는 외국 자본을 유입하는 게 해법이 될 수 있다고 제안했다. 또 생산 분야의 발전을 위해서는 두 가지 문제를 우선 해결해야 한다고 지적했다. 하나는 인재 문제였고, 하나는 관리 문제였다. 그 외에도 대외협력을 진행할 때 국내의 각 부서가 서로 협조하여야만 한다고 언급했다. 내 말을 들은 등소평은 외국과 협력을 진행할 때는 집중해서 처리해야 하며 투자 항목과 책임자를 선정할 때도 신중을 기해야 한다고 말씀하셨다. 또 경제 정책을 수단으로 이용하여 경제를 관리해야 하고, 불합리적인 행정 정책들은 일절 배제하여야 한다고 강조했다. 그는 나를 격려하며 사업을 잘 이끌어 나가기 위해서는 근심이 있어서는 안 되니 인사 결정권을 포함한 모든 권리를 내게 맡길 것이며 실수를 범하더라도 책임을 묻지 않겠다고 했다.

《중외합자경영기업법》에 근거하여 1980년 4월 외국투자관리위원회는 북경항공식품회사, 북경건국호텔공사 (北京建國飯店公司), 북경장성호텔공사 (北京長城飯店公司) 초기에 설립된 이 세 중외합자기업을 허락했다. 위원회는 뒤이어 더 많은 중외합자기업을 추가로 허락했는데 해당 회사들은 이전까지는 중국에서 생산할 수 없었거나 국제 수준의 품질을 만족시키지 못했던 상품들을 생산해냈다.

중국이 대외 경제 무역을 촉진할 때 가졌던 특수한 장점에 대해서 언급하지 않고 넘어갈 수는 없겠다. 당시 홍콩과 마카오, 대만 (臺灣) 동포와 해외에 거주하는 화교들, 그리고 세계 각 지역에 분포되어 있는 중국계 외국인은 5,000만 명이 넘었다. 그들은 중화민족의 위대한 부흥을 누구보다 원했으며, 중국에서 경제 무역 활동을 진행하기 위해서는 무엇을 해야 하는지 누구보다 잘 아는 사람들이었다. 중국이 개혁개방을 시행한 이후, 가장 먼저 투자 의사를 밝힌 게 바로 홍콩 동포와 동남아계 화교, 화교 기업가들이었다. 그들의 투자 항목과 투자량은 역외 투자 분야에서 일정 기간 동안 선두를 달렸다. 이 흐름은 20세기 말까지 이어졌으며 외국인 투자 자금이 지속적으로 증가하던 상황에서도 홍콩의 투자 자금은 60%를 차지했다.

화교 자본은 유럽, 미국, 일본 등 국가 및 지역의 투자를 견인했으며 외국 바이어들의 투자 및 무역 분야에서도 화교가 솔선수범하며 시범 효과를 일으켰다. 이는 중국과 외국의 상호 이해를 증진했고 당시 중국이 해외의 경험을 학습하는 부분에 있어서도 매개체 역할을 담당했다.

1982년 1월, 호요방은 당중앙서기처회의에서 사회주의 현대화 건설을 위해서는 국내자원과 국외자원 두 가지 자원을 모두 이용해야

하고, 국내시장과 국외시장 두 시장을 모두 개방해야 하며 국내 사업
건설을 진행하는 방법과 대외 경제 관계를 발전시키는 방법 두 가지
모두를 학습해야 한다는 의견을 내놓았다. 이 의견은 대외개방에 대한
사고의 폭을 한층 더 넓혀 주었다.

정치체제의 개혁 역시 '민주주의를 발양해 내고 법적 규제를 강
화한다'를 기본 이념으로 하여 새로운 발걸음을 떼었다. 전국인민
대표대회가 다시 설립되며 법제화 추진 역시 속도가 붙기 시작했다.
1979년 6월부터 7월까지, 제5기 전국인민대표대회 제2차 회의에서
는 《중화인민공화국형법》, 《중화인민공화국형사소송법》 등 일곱
가지 주요법률을 제정했다. 이 기본법의 제정은 중국이 사회민주주의
의 확대와 사회주의 법제화 완비라는 궤도에 올라섰다는 것을 의미했
다.

형법과 형사소송법에 근거하여 1980년 11월, 최고인민법원 특
별법정에서는 임표, 강청 두 명의 반혁명집단의 주범에 대한 공개 재
판이 이루어졌다. 두 피고인이 반혁명집단을 조직한 것은 당과 국가
의 최고 권력을 약탈하고 인민민주주의를 뒤엎으려는 게 목적이었음
을 재확인했다.

특별 법정에서는 강청을 포함한 열 명의 주범에 대해 판결을 진
행했는데 강청과 장춘교(張春橋)는 사형을 판결하며 2년간 집행을
유예하고, 왕홍문(王洪門)은 무기 징역, 기타 7명의 범죄자들한테
는 유기징역 판결을 내렸다. 이는 인민의 의지와 사회주의 법제화라는
거대한 힘을 보여 준 역사적인 재판이었다.

1981년 6월, 11기 6중전회가 개최됐다. 회의에서는 두 가지 문
제를 해결하는 게 주 목적이었다.

한 가지는 < 건국 이래 당의 역사적 문제에 관한 결의 > 를 통과하여 당과 전국 인민의 사상에 큰 영향을 미치는 것이었다 . 또 하나는 인사결정 문제였는데 화국봉이 중공중앙 주석 자리와 중공중앙군위원회 주석 자리에서 사직하겠다는 요구를 받아들이고 호요방을 중국중앙위원회 주석으로 , 등소평을 중앙군사위원회 주석으로 선출했다 . 11기 6 중전회에서 통과된 역사 문제에 관한 결정은 1979 년 11 월부터 등소평 주재 하에 초안을 작성했고 약 1 년 반이라는 시간이 소요됐다 .

< 결의 > 는 신중국 건국 이래 사회주의 혁명과 건설을 진행하는 과정에서 터득한 경험을 총정리했으며 일부 중대한 역사적 사건의 공과 과 , 옳고 그름에 대해 실사구시의 기준을 적용하여 평가를 내렸고 , 문화대혁명운동과 무산계급 독재 하에 혁명 지속론을 근본적으로 부정했다 . 동시에 당시 모택동과 모택동사상을 부정하는 그릇된 사조가 퍼져나가지 않게 억제했으며 과학적 관념에서 모택동의 역사적 지위를 평가하고 모택동사상의 '살아 있는 영혼'은 세 가지 기본적 측면으로 구분할 수 있다 했다 . 이는 실사구시 , 민중노선 , 독립자주를 의미하며 모택동사상의 진면목을 회복시켰다 .

《결의》가 없었더라면 당과 전국 인민은 중대한 문제에 있어서 의견을 통일하지 못했을 것이고 , 심지어는 끝이 나지 않는 논쟁의 혼란에 빠져 발전은 이룩해 내더라도 통일된 걸음을 내딛지는 못했을 것이다 .

11 기 6 중전회는 중국공산당이 지도 사상에 존재하던 혼란을 성공적으로 수습했다는 것을 의미하며 1982 년으로 예정된 중국공산당 제 12 기 전국대표대회의 성공적인 개최를 위해 튼튼한 기반을 제공해 주었다 .

문화대혁명운동이 막을 내렸을 무렵, 중국 인민은 극도로 어려운 상황에 처해 있었다. 10년간 이어진 소란이 사회에 입힌 피해는 심각했으며, 문제는 산처럼 쌓여 있었다. 인민들의 사상은 혼란 속에 빠져 있었으며 여러 부정적인 현상들은 복구하는 것조차 불가능할 것이라는 생각까지 들게 만들었다. 이 어려움 속에서 빠져나갈 수 있을 것인가? 그렇다면 어떻게 해야 빠져나갈 수 있는 것인가? 우리가 사회주의 현대화건설이라는 거대한 목표를 실현해 낼 수 있을 것인가? 많은 사람들은 이 문제에 대해 의심했고, 스스로를 믿지 못했다. 전 세계 역시 중국을 주목하고 있었다. 중국은 대체 어떻게 발전해 나갈 것인가?

당시 중국이 직면한 문제와 풀어 나가야 할 과제는 심각할 정도로 많았던 반면, 국가의 역량과 자금에는 한도가 존재했기에 모든 분야의 개혁은 하나씩 차근히 진행하여야 했다. 만약 한 번에 많은 것을 해결하고자 한다면 무엇 하나도 해결하지 못할 게 분명했다.

11차 3중전회가 막을 내리고 중국공산당 제12기 전국대표대회 개최까지 3년이라는 시간이 있었다. 이 짧은 3년 사이에 등소평을 핵심으로 구성된 중국공산당 지도층은 멀리 내다보며 여러 가지 문제점에 대해 침착하게 대응했다. 어려운 상황 속에서도 사건의 경중과 완급을 구분해 합리적으로 일을 안배하고, 질서 있게 업무를 수행해 나간 것이다.

국민경제를 대대적으로 조정하고, 사상, 정치, 단체 등 각 분야에 존재하는 혼란을 수습했으며 개혁개방이라는 새로운 발전 노선을 걷기 시작한 것도 역시 이 무렵부터였다. 그들은 여러 분야에서 오는 불필요한 간섭들을 전부 배제하며 경제 사회 발전과 전국 국민의 안정 단결이라는 새로운 장을 펼치는 것에 성공했다. 중국 사회주의 현대화

제 23 장

중국특색사회주의의
깃발을 높이 치켜들고

등소평 (鄧小平) 은 10 분정도 되는 연설을 통해 "11 기 3 중전회부터 중국공산당 제 12 기 전국대표대회까지 , 일심일의 (一心一意) 의 건설을 추진하는 새로운 발전 노선으로 나아가기 시작했습니다 ." 라고 공포했다 . 이 새로운 노선으로 걸어가면서 중국인들은 어떤 '깃발'을 들어야 하는 걸까 ? 일심일의의 건설 목표는 무엇을 말하는 걸까 ? 누군가의 답변이 절실해지는 순간이었다 . 중국특색사회주의 건설이 바로 이 모든 질문에 대한 답변이었다 .

중국특색사회주의는 무엇일까 ? 그 안에 함축된 의미는 무엇보다 명확했다 .

첫째 , 우리가 건설하고자 하는 사회는 사회주의 사회이지 기타 다른 사회가 아니다 . 등소평은 대만 지인과 이야기를 나누던 도중 "우리 중국은 계속 사회주의를 견지해 나갈 것이며 , 자본주의라는 그릇된 길로 빠지지 않을 것이다 . 사회주의가 자본주의와 다른 점은 같이 부유해진 후의 양극화 현상이 존재하지 않는다는 점이다 ."라고 말했다 .

제 1 절 중국공산당 제 12 기 전국대표대회와 12 기 3 중전회에서 내린 중대한 결정

중국공산당 제 12 기 전국대표대회는 1982 년 9 월 북경 (北京) 에서 개최됐다 . 등소평은 개막사에서 중요한 발언을 진행했다 .

혁명이든 건설이든 외국의 경험을 학습하고 배워야 합니다 . 그러나 다른 나라의 경험과 다른 나라의 모델을 단순히 베끼는 것으로는 절대 성공할 수 없을 것입니다 . 이에 대해서는 우리 모두가 이미 많은 교훈을 얻어서 알고 있다 생각합니다 . 마르크스주의의 보편적인 진리를 중국의 실제상황과 결합하여 중국만의 특색을 가진 사회주의를 건설해 내는 것 , 이게 바로 오랜 기간 동안 역사를 경험하며 내린 기본 결론입니다 .

중국특색 사회주의 건설이라는 깃발은 이렇게 중국의 각 민족과 인민의 눈앞에서 높이 들어 올려졌다 .

그렇다면 일심일의의 건설을 위해 중국이 금세기 안에 이루어 내야 하는 구체적인 목표는 무엇인가 ? 등소평은 이 문제에 대해 끊임없이 고민하고 있었다 . 1979 년 12 월 , 그는 오히라 마사요시 (大平正芳) 일본 총리와 회견을 가질 때 20 세기 내에 '샤오캉 (小康)'사회를 건설할 것이라 밝혔다 . 등소평은 "20 세기 말에는 중국의 4 대 현대화 목표가 일정 목표치를 달성한다 하더라도 우리 국민의 1 인당 국민생산총액 (GNP) 는 여전히 낮은 수준에 머무를 것입니다 . 제 3 세계 국가 사이에서 비교적 부유한 국가가 되기 위해서는 1 인당 국민생산총액 (GNP) 을 1,000 달러로 제고시켜야만 하는데, 이 목표도 많은 노력을 기울여야만 이루어 낼 수 있습니다. 게다가 목표를 달성한다 하더라도 서방 국가들과 비교하면 낙후된 수준일 것입니다. 그렇기 때문에 저는 금세기 말쯤에 샤오캉 사회를 건설하는 것을 발전 목표로 삼을 생각입니다."라고 말했다.

이 결정은 새롭고 중요한 결정이었다. 이전까지는 '네 가지 현대화'의 실현을 궁극적 목표로 삼았었는데 실제와 동떨어진 지나치게 높은 목표를 설정하기 십상이었다. 금세기 안에 샤오캉사회를 건설하겠다는 새로운 결정은 당시 중국의 발전에게 실현 가능하며 신뢰할 수 있는 기본 구상을 제공해 주었다. 이 결정은 과거에 중국이 국내 상황을 고려하지 않고 성과를 얻어내는 것에만 급급해 저질렀던 실수를 다시 반복하지 않도록 근본적으로 제한한 것이었다. 이 구상은 중국공산당 제 12 기 전국대표대회에서 확정됐다.

호요방 (胡耀邦) 은 중국공산당 제 11 기 중앙위원회를 대표하여 < 사회주의 현대화건설의 새로운 국면을 열어 나가자 > 를 제목으로 한 보고서를 발표했다.

보고서에서는 지난 6 년간 있었던 역사적 전환점을 되돌아보며 새로운 역사에 부합하는 새 임무를 제시했다. 보고에서는 '번량번 (飜 番)'을 요청했는데, 다시 말해 1981 년부터 금세기 말인 20 년 후까지 중국경제건설의 목표는 전국의 공농업 총생산액을 네 배로 늘려 1980 년의 7,100 억 위안에서 2 조 8,000 억 위안 수준까지 향상시키자는 것이었다. 이 무렵에는 국민의 물질적 생활수준 역시 샤오캉 수준에 달할 것이라 예측했다.

호요방은 회의에서 "20 년 목표를 실현시키기 위해서는 두 단계로 나누어 진행하여야 합니다. 첫 10 년은 기초를 다지며 힘을 기르고 건설을 위한 조건들을 구비시켜 놓는 게 목표이며, 남은 10 년 동안은 새로운 경제진흥시기로 진입하는 것입니다."라고 공포했다.

중국공산당 제 12 기 전국대표대회에서는 새 기수의 중앙위원회를 선출하기도 했다. 신구 간부 간의 협력과 세대교체를 실현시킨 게 특징이었다. 또한 중앙고문위원회의 설립을 결정했는데, 이 단체는 과도적 단계의 성향이 강한 단체였다. 등소평과 진운 (陳雲) 이 각각 중앙고문위원회의 1 기, 2 기 주임을 맡았다. 중앙고문위원회는 중국공산당 제 14 기 전국대표대회가 개최될 때쯤에는 역사적 임무를 다하고 해산이 결정됐다.

중국공산당 제 12 기 전국대표대회가 막을 내리고 얼마 지나지 않아 제 5 기 전국인민대표대회 제 5 차 회의가 개최됐다. 회의의 핵심 내용은 크게 두 가지로 구분할 수 있다.

한 가지는 중국의 상황이 변화한 것을 고려하여 《중화인민공화국헌법》을 수정한 것이고, 다른 한 가지는 조자양 (趙紫陽) 국무원 총리의 《제 6 차 5 개년계획에 관한 보고》를 듣고 《중화인민공화국 국민경제 및 사회발전을 위한 제 6 차 5 개년계획》을 비준한 것이다. 이 계획에 관해 토론할 때 '2 단계 발전 전략'을 따라 2 단계로 분리하여 진행할지에 대해서는 여전히 의견이 하나로 통일되지 못했다.

1983 년 6 월에는 중앙업무회의를 개최하여 경제적 지원과 물질적 지원을 통해 핵심 사업을 건설하는 문제에 관한 토론을 진행했다.

등소평은 회의에서 "만약 제 6 차 5 개년계획 기간에는 6%, 제 7 차 5 개년계획 때는 7% 이상의 성장률을 유지하고 첫 번째 10 년 동안 에너지, 교통, 원재료 등 사업 분야의 기초를 잘 다져 놓으며 핵심 사

업의 건설을 지원한다면 두 번째 10년 때 8%의 경제성장률 역시 실현
할 수 있는 목표가 될 것입니다. 이는 위험을 무릅쓰고 하는 모험이 아
니며, 실제상황을 고려한 실현 가능한 목표입니다."라고 발언했다.

회의에 참석한 인사들은 "핵심 사업이 발전하지 않는다면 전체
시장 역시 발전하기 어렵다. 현재 에너지와 교통은 국민경제 분야 중
가장 취약한 분야고, 이미 충분히 발전되어 있는 가공업을 발전시키는
것은 헛수고이며 대대적인 조정을 거쳐야 할지도 모른다. 모든 재력과
물리력을 전부 동원해야만 해결할 수 있는 문제다."라는 의견에 동의
했다. 이렇게 추가 조정에 관한 방침이 결정됐다.

비록 진행하는 과정에 있어서 장애물과 맞닥뜨리긴 했지만 중앙
위원회가 마음을 굳히고 몇 년간 조정하며 발전시킨 덕분에 제6차 5
개년계획은 전체적으로 보았을 때 성공적으로 마무리됐다. 이 무렵에
는 인민들의 생활 역시 확실히 개선됐다.

국민경제의 발전과 경제 운행 체제가 변화하며 경제업무에 있어
서 또 다른 논쟁이 일기 시작했다. 바로 계획과 시장의 관계에 관한 문
제였다. 당시에는 사회주의 사회가 상품 경제를 발전시켜도 괜찮은
것인지를 주제로 하여 토론이 진행됐다. 계획과 시장은 모두 생산력
을 발전시키기 위한 방법과 수단이며 근본적으로 대립하는 요소는 아
니다. 사회화된 생산은 일정 부분이지만 계획성을 띠고 있으며, 상품 -
화폐 관계가 존재한다면 반드시 시장과 가치규율(value discipline)을
이용하기 마련이었다.

신중국 건국 이래 장기간 존재해 온 문제가 바로 경제 계획을 실
행하는 것에만 집중하여 상품생산, 가치규율 그리고 시장의 작용을 무
시한 것이다. 결과적으로는 경제업무의 숨통을 막히게 해서 발전할 힘

조차 잃게 만들었다 .

1984 년 10 월 , 중공중앙은 12 기 3 중전회를 개최해 < 중공중앙의 경제체제개혁에 관한 결정 > 을 통과시켰다 . < 결정 > 에 담긴 내용 중 가장 이목을 끈 것은 경제업무의 중점을 단순 조정에서 전면적 개혁으로 옮기고 , 개혁의 목적은 경제를 활성화시키기 위함이며 활기찬 사회주의 경제 체제를 건설하는 것이 목적이라고 강조한 것이다 . < 결정 > 에서는 "계획 경제와 상품 경제가 대립된다는 전통 관념에서 벗어나야 한다 ."는 인식이 엿보였는데 이는 이론 부분에 있어서 아주 큰 변화였다 . 문건에서 나오는 상품경제는 기본적으로 시장경제를 가리킨다 .

등소평은 이 문건의 내용에 대해 굉장히 만족스러워하며 12 기 3 중전회에서 "이 결정은 마르크스주의의 기본원칙과 중국 사회주의의 실천이 결합되어 나온 정치경제학입니다 ."라고 평가했다 .

제 2 절 전면적으로 시행된 개혁개방

중국공산당 제 12 기 전국대표대회 이후 , 중국은 이미 일심일의 (一心一意) 의 건설 노선을 걷기 시작했으며 개혁개방은 전국에서 빠르고 전면적으로 추진되고 있었다 .

중국경제개혁이 처음으로 성과를 거둔 것은 농촌 지역이었다 . 중공중앙은 매년 초마다 <1 호 문건 > 을 발표했는데 1982 년부터 연속 5 년간 전부 농업문제를 다루는 내용이었다 .

기존에 시행했던 정사합일 (政社合一) 제도는 상황이 바뀌며 더 이상 적용할 수 없었기에 반드시 바꿔야만 했다 . 사천성 (四川省) 광한현 (廣漢縣) 은 1979 년에 인민공사 관리 제도를 약간 수정하여 시범 운영을 진행했는데 바로 정사합일을 정사분리로 고치는 것이었다 .

1982 년에 개최된 제 5 기 전국인민대표대회 제 5 차 회의는 개정한 《중화민국공화국헌법을》 통과시키고 더 나아가 현 이하의 향 (鄉), 민족향 (民族鄉), 진 (鎭) 지역에 제 1 급 인민대표대회와 인민정부를 설립하여 1 급 행정기관으로써 행정 권력을 행사하도록 한다고 규정했다 . 또 향 정부 이하로 직접 선거하여 선출하는 1 급 행정기관 농촌 위원회를 설립하여 기층 민중성 자치 조직으로서 그 책임을 다하게 한다는 내용도 포함되어 있었다 . 이 변혁은 1985 년에 완전히 완성되었으며 중국 농촌에서 인민공사 제도를 더 이상 찾아볼 수 없게 됐다 .

농촌 개혁을 진행하는 도중 놀랄만한 변화가 나타났는데 바로 향진기업이라는 새로운 세력의 출현이었다 .

비소통 (費小通) 교수의 의견에 따르면 이 향진기업은 크게 두 가지 부류로 나눌 수 있다 . 그는 '소남 (蘇南) 모델'과 '온주 (溫州) 모델' 두 가지로 나누어 부르며 소남모델이 그 수가 많고 사대 (社隊) 기업으로부터 발전했다고 설명했다 . 비소통 교수는 다음과 같이 설명했다 .

향진기업이라 불리는 이 소형 공장은 사실상 공사나 생산대 (生産隊) 를 구성하는 한 부분이며 공사의 서기나 생산대장이 지도 및 관리했다 . 공장에 근무하는 노동자들은 본사나 본대에 근무하는 구성원의 가족 중에서 채용했으며 임금 대신 노동 점수를 매겼다 . 공장의 이윤은 연말에 결산하며 공사나 생산대의 재정과 공익 비용으로 사용된 금액을 제외한 후 , 남은 금액은 전부 생산대의 노동 점

수 기금으로써 사원들에게 공평하게 분배됐다.

공사 체제개혁 이후 농업과 공업은 분리됐다. 농업은 '승포도호(承包到戶)' 방법을 이용하여 생산하기 시작했지만, 인민공사와 생산대의 기업은 분리되지 않고 기존의 기능을 그대로 유지했다. 공사의 이름이 향으로 바뀌고, 생산대의 이름은 촌으로 바뀌었으니 사대기업의 이름 역시 바뀔 필요가 있다 판단하여 일반적으로는 향진기업이라 부르게 된 것이다.

온주모델은 이와 다르게 가정과 기업이 결합하여 세워진 모델이었다.

가정 기업이 가장 큰 비중을 차지했으며 소위 말하는 개인운영자가 운영하는 것으로 분류하자면 사유제에 속한다. 그러나 사유제가 주로 개인이 소유하는 것을 이르는 반면, 원저우 길거리에 늘어진 작은 공장들은 엄밀히 따지면 개인이 아닌 한 가정이 소유하고 있었기에 사유제와는 차이가 존재했다. 가정에는 여러 구성원들이 포함되어 있으며 직계 가족만으로 구성된 경우는 드물었기 때문이다. 이미 결혼한 형제는 물론이고 심지어는 일가친척까지 전부 모여 설립한 가정 기업도 존재했다.

여러 기업이 연합하여 '협력사'의 원칙에 따라 경영하는 것은 협력 성질을 가진 집단 소유제로 볼 수 있다. 이러한 협력 단체는 주로 친척 혹은 이웃사촌 관계로 이루어진 수공업 공장이었으며, 가정 소유제가 발전해나간 과정이라고도 말할 수 있겠다.

농가 세대별 생산 책임제의 도입은 농촌 노동 생산성을 향상시켰으며 대량의 잉여 노동력을 활용하여 활로를 모색할 수 있도록 도와주었다. 농촌 지역의 상품 경제발전은 시장의 번영과 도농교류의 확대를 촉진하기도 했다. 사대기업은 이러한 수요에 적응하여 빠르게 발전하기 시작했다.

이 기업들은 초기에는 큰 어려움을 겪었다. 국가 계획에 포함되지 않아 원재료 등의 지원을 받지 못했고, 확실한 판매 루트도 없었기에 판매원이 직접 발로 뛰어다니며 판매하고 홍보하는 것밖에는 방법이 없었다. 이 때문에 판매원이 도처에 널려 있는 기현상까지 발생하게 됐다. 일부는 불법적인 수단을 이용해 문제를 해결하려다 비난을 받기도 했다. 중앙위원회는 해당 기업들의 발전을 긍정적으로 평가했다.

1983년 말까지, 전국의 사급기업과 대급기업은 이미 134만 개에 달했으며 종사자는 3,134만여 명, 생산액은 1,222억 위안으로 농촌 생산액의 3분의 1을 차지했고 작년과 비교했을 때 두 배 증가했다.

1984년 3월, 중공중앙과 국무원은 농·축산·어업부 당조(黨組)가 작성한 <사대기업 신국면 창조에 관한 보고>를 하달했으며 보고서에는 "사대기업이라는 명칭을 향진기업으로 개명하자는 의견에 동의한다."는 내용이 담겨 있었다. 이렇게 향진기업이라는 새 이름이 정식으로 뿌리 내리게 됐다.

향진기업은 놀라운 속도로 그 규모를 늘려나갔고 중국 농촌의 흐름을 급격하게 뒤바꿔 놓았다. 1986년, 전국의 향진기업 수는 1,750만여 개로 증가했는데 이는 1983년과 비교하면 열 배 증가한 수치였다. 총생산액은 4,764억 위안으로 농촌 사회 총생산액의 50.4%를 기록했으며 처음으로 농업 총생산액을 초과했다 . 종사자 수 역시 8,805 만 명을 기록하며 기존의 농민들을 신세대의 노동자로 탈바꿈시켰다 . 향진기업의 발전은 소도시와 읍을 부흥시켰는데 1983 ~ 1986 년 중국에 세워진 소도시 수는 7,750 개나 증가했다 . 또한 전국 도농 분포도에도 변화를 일으키며 중국 특색 사회주의를 발전시키는 데에 중요한 조건이 되어 주었다 .

1984 년부터는 경제 체제개혁 분야에서 새로운 특징이 나타나기 시작했다 . 바로 사업의 중점이 농촌에서 도시로 이동하기 시작한 것이었는데 이는 아주 중요한 변화였다 .

도시는 국가의 경제 , 정치 , 과학기술 , 교육문화가 모여 있는 집결지로 사회주의 현대화건설에서 주도적 역할을 맡아 수행했다 . 도시의 경우 체제가 서로 밀접하게 연결되어 있기 때문에 사소한 일부분만 개혁해도 나비 효과처럼 커져서 전체가 다 흔들릴 수도 있었다 . 경험이 부족한 상황에서 경솔하게 진행한다면 일을 더 복잡하게 꼬아 놓아 수습하기 더 어려워질 게 분명했다 . 그래서 중공중앙과 국무원은 농촌 경제를 개혁할 때보다 더 신중한 태도로 도시 경제개혁에 임했다 .

개혁을 추진하기 위한 출구를 찾아내는 건 쉬운 일이 아니었다 . 도시 경제개혁을 어떻게 진행해야 할까에 대한 답을 모색하는 동안 여러 방법이 제안됐었는데 그중에는 농촌에서 시행했던 도급제를 도시에도 적용하자는 의견도 포함되어 있었다 .

초기에는 도시에서도 도급제를 전면적으로 시행하려 했었다 . 그러나 이후에는 생각을 바꿔 북경 서단 (西單) 상가와 전문 (前門) 상가 두 상가에서만 시범적으로 운영하며 소그룹별과 매장별로 나누어 판매금액에 따라 임금을 지급하기로 결정했다 . 당시 일부 신문에서는 "도급제를 시행하면 문제가 해결되고 , 도급제를 시행하면 경제가 활성화되며, 도급제를 시행하면 변화가 일어난다."는 홍보 문구도 실렸었다.

그러나 시범 결과, 도시의 상황은 농촌과 비교할 수 없을 만큼 복잡하다는 것을 알아차렸다. 도시는 모든 분야가 서로 밀접하게 연결되어 있었으며 상호 제약하는 관계를 형성했고 각 기업의 조건과 도급자의 능력에 큰 차이가 존재했기에 농촌의 도급제를 도시에 그대로 적용할 수는 없었다.

시범 초기에 나타난 문제점은 그 외에도 더 있었다. 도급은 일정 기간을 정하여 진행하는 게 원칙이지만 경영자의 요구 탓에 기간이 짧아지는 경우도 있었으며, 도급제의 주요 목적이 이윤을 상납하기 위함이었기에 회사는 고이윤 상품만 생산하고 저이윤이지만 국민이 필요로 하는 상품들은 생산하지 않으려 했다. 게다가 도급 지수는 지나치게 낮은 반면 초과 수입의 비율은 지나치게 높았고, 이득만 보고 책임은 지지 않으려 하니 공공에 손해를 주고 사리사욕만 채우는 일이 빈번하게 발생했다. 설상가상 이득을 보는 사람도 정해져 있었다. 당시 도급업자의 수입은 일반 노동자의 수입보다 훨씬 높았다. 전체적으로 보았을 때 시범은 성공적이지 못했다.

이후에는 중대한 정책을 채택하여 시행하게 되는데 바로 '이개세(改稅) 정책'이었다. 국무원은 1983년 4월에 < 이개세정책에 관한 시행방법 >을 발표했다.

11차 3중전회 개최 이전의 중국 기업은 "중국의 국유기업은 기본적으로 자기 자본이라는 게 존재하지 않는다. 이익은 전부 상부에 상납하고, 필요한 자금은 전부 상부에 요구하는 형식이었다. 국가가 이익을 보는 동시에 손해를 모두 책임지는 구조였기에 기업은 사실상 행위 능력을 가지지 못한 국가의 부속품에 불과하여 법인이라 불리지 못했다."라는 평가를 받았다.

이개세정책과 같은 방법을 시행한 이후, "국유기업은 약간의 세후이익을 소유할 수 있게 되었으며 이는 곧 자신의 자금을 이용하여 기업의 개혁과 발전을 이루어 낼 수 있다는 것을 의미했다. 또 기업이 복리 시설을 증설하고 많은 기여를 한 직원에게 상여금을 주는 것도 가능해졌다."는 평가를 받았다. 이개세정책은 기업이 중앙위원회의 부서와 각 지방정부와 맺었던 직접 예속관계에서 탈피하여 상대적 독립성을 유지할 수 있게 해 주었고, 이는 세수제도에 있어 거대한 개혁이었다.

세수법과 세율로 국가와 기업 간의 이윤분배를 명확히 규정하고 기업의 경제활동을 조절하는 것은 경제를 현대화하기 위한 필수 조치였다. 당시 국무원은 "이개세정책을 통해 시장 개혁의 속도를 제고시키는 것이 목표다."라고 밝힌 바 있다. 한 걸음 크게 내딛긴 했으나, 도시의 경제를 개혁하기에는 부족한 수준이었다.

복잡한 데에다가 경험해 본 적 없는 문제를 해결하기 위한 정확한 해법을 찾아내는 건 보통 어려운 일이 아니었다. 1984년 10월에 중공중앙이 통과시킨 <경제체제개혁에 관한 결정(關于經濟體制改革的決定)>은 지속적으로 활로를 모색하며 얻어 낸 경험을 기반으로 하여 도시 경제개혁을 위해 체계적이고 전면적인 의견을 제시했다.

<결정>의 구체적인 내용은 다음과 같다.

　(1) 가치규율을 자발적으로 운영하는 계획 체제를 수립하여 사회주의 상품 경제를 발전시킨다.

　(2) 합리적인 가격 체제를 수립하여 경제의 지렛대 작용을 해낼 수 있도록 한다.

(3) 정부와 기업의 책임을 분리하여 정부가 경제 관리 기능을 정확하게 발휘할 수 있도록 한다.

(4) 다양한 형식의 경제 책임제를 실시하여 노동의 양과 질에 의거한 분배 원칙을 관철시키기 위해 노력한다.

(5) 다양한 경제 형식을 적극적으로 발전시켜 대외 경제와 국내 경제의 기술 교류를 한층 더 확대시킨다.

< 결정 > 은 국유기업의 소유권과 경영권은 적절하게 분리되어야 하며 국유기업이 자주적으로 경영하고 손익과 책임을 직접 부담하는 동시에, 상대적으로 독립된 상품생산자와 경영자가 될 수 있도록 공장장 책임제 (사장 책임제) 를 시행한다고 규정했다.

< 결정 > 이 발표된 후, 평균 분배 체계를 타파하는 것부터 시작해서 도시를 중점으로 모든 경제 체제의 개혁이 전면적으로 이루어지기 시작했다.

소유제 구조 부분에서는 공유제 경제가 핵심 주체가 되었으며 다양한 경제 요소가 같이 발전하는 새로운 국면을 맞이하게 됐다. 1987년이 되었을 때 공업생산액 중 국유경제의 비중은 59.7% 를 기록했고 집단경제는 개혁 전의 23% 에서 34% 로 상승했다. 비공유경제의 경우 개혁 전에는 무 (無) 에 가까운 수준이었으며 개혁 후에는 5% 를 기록하여 생산과 국민생활을 편리하게 하고 취업 문제를 해결하는 데에 큰 영향을 미쳤다.

국가의 계획관리체제의 경우, 국무원은 "규모가 큰 분야의 문제를 우선 잘 해결하고 관리한다면 작은 분야의 문제도 자연스레 해결된다."는 마음가짐으로 국가에 의한 세부지침의 규모는 축소하고 거시적 계획과 시장 조절을 더 확대하겠다고 거듭 강조했다.

국가 경제와 국민의 생활에 직접적으로 연관이 있는 중요한 경제활동의 경우, 기존처럼 지령성 계획을 시행할 것이다. 규모가 비교적 큰 일반 경제활동의 경우, 거시적 계획을 시행할 것이며 요식업, 서비스업과 단순 상품생산과 같은 분야는 시장의 자기 조절 기능에 따라 결정되도록 한다.

이후, 물자가 풍족해짐에 따라 곡물과 유류를 제외한 기타 소비 물품의 가격은 통제 수위를 낮춰 나갔고, 기존의 '배급표'를 없애 제한 없이 공급하도록 했다.

이 무렵, 상해시(上海市)는 시범 주식회사제를 시행하기 시작했다. 상해진공장치 유한책임회사(上海眞空器件股份有限公司)는 신중국 건국 이래 규범을 정해 사회에 주식을 발행하고, 국유주식을 위주로 운영한 최초의 주식제 회사였다.

이 회사의 이사장은 다음과 같이 설명했다.

주식제 회사와 유한책임회사 형태의 국유 독자기업은 다르다. 국유 독자기업의 경우 권리를 행사할 수 있지만 결국 최종 결정권은 정부에게 있다. 공장장이나 서기 모두 정부의 의견을 따라야만 하는 것이다. 그러나 주식제 회사의 경우, 공장장인 내가 책임을 져야 하며 주주의 의견과 시장의 의견을 귀담아 들어야 한다. 물론 정책적인 부분에서 국가의 의견을 따르는 것은 당연한 일이다. 시범 운영 초기에는 시행 규칙이 없어서 어려움도 겪었다. 주식 배당금의 수익을 우선 정해 놓는 바람에 경영 상황에 관계없이 이익을 일률적으로

배당해 줘야 하는 경우도 있었다. 주주총회는 개최되지 않았으며, 감사회는 유명무실하여 실제로는 도움이 되지 않았다. 관련 정책 부족으로 인한 어려움도 존재했었다. 이 문제들은 개혁이 진행되고 경험이 쌓이면서 점점 해결됐다.

주식제를 시행할 때 가장 중요한 문제는 지분을 보유한 사람이 누구냐에 따라 상황이 크게 달라진다는 점이었다.

도시 경제 체제를 개혁하며 가끔 혼란스러운 상황이 빚어지기도 했지만 전체적으로 보았을 때, 단계적으로 진행된 개혁 덕분에 도시의 경제생활은 유례를 찾아볼 수 없을 만큼 활발한 양상을 보였다. 등소평은 흥분한 목소리로 "12기 3중전회 이후, 개혁의 중점은 도시로 옮겨졌다. 다년간 쌓아온 경험과 농촌 개혁의 성공을 기초로 하여 경제 체제의 전면 개혁을 천천히 실시해 나가자."라고 말했다.

도시의 경제 체제를 전면적으로 개혁하는 동시에, 중공중앙은 1985년에 잇따라 과학기술체제개혁과 교육체제개혁에 관한 결정을 내렸다. 1986년 3월, 저명한 과학자 왕대형(王大珩), 왕감창(王淦昌), 진방윤(陳芳允), 양가지(楊嘉墀)는 중앙위원회에 보고서를 올리며 첨단과학기술 발전을 위한 건의를 제안했다. 이 건의는 후에 '863계획'으로 불리게 된다.

건의를 들은 등소평은 "이 사업은 빠른 결단을 내려야 한다. 미루어서는 안 된다."고 지시했다.

11월, 중공중앙과 국무원은 <국가첨단기술 연구발전계획(일명 863계획) 개요>를 전달하며 동봉한 통지문에 "일부 최첨단 과학기술 분야에서는 세계 수준을 뒤따라갈 수 있도록 노력해야 하며, 이를 위해 생물공학, 항공우주, 정보기술, 국방안보기술, 자동화기술, 에너지기술과 신소재 등 7 개 분야의 15 개 주요 항목을 핵심사업으로 삼는다. 이 계획의 시행은 중국경제 및 과학기술의 발전과 국방능력을 증강하는 데에 큰 의미를 갖는다."고 밝혔다.

개혁이 전면적으로 실시됨에 따라 현대화건설 사업에서도 커다란 성과를 거두었다. 1983 년, 첫 실험용 통신위성을 성공적으로 발사했으며 예정된 시기에 지구로 귀환하도록 했다. 인란입진 (引灤入津) 사업을 추진하여 천진 (天津) 에 정식으로 물을 공급했고, 1 초에 100 만 회의 연산을 수행할 수 있는 수퍼 컴퓨터를 개발해 내기도 했다.

1984 년에는 첫 통신 시험 위성 발사에 성공했고, 중국의 첫 고원 철도인 서녕 (西寧) 과 격이목 (格爾木, 거얼무) 를 잇는 서격 (西格) 철도가 정식 운행에 들어갔다.

1985 년에는 보산철강그룹 (寶山鋼鐵總厂) 의 1 호고로가 예정대로 생산에 들어갔는데 이는 외국에서 들여온 투자항목 중 가장 중요한 항목이었으며 큰 규모와 상당히 많은 자금이 투입된 사업이었다. 선진화된 기술을 사용하여 좋은 품질과 다양한 종류의 상품을 생산해냈고, 관리 역시 과학적으로 진행되어 중국의 기업현대화에 광범위한 전시 효과를 미쳤다.

같은 해 5 월, 중국 최초의 프로그램제어 전화교환기 생산라인이 중국과 필리핀이 공동경영하는 상해벨전화설비회사에서 생산에 들어갔다. 이렇게 중국의 통신제조업이 현대화 생산을 향한 첫 번째 페이지를 펼쳤다.

1986 년에는 두 번째 자동차 생산공장이 설립되었으며 자동차공업의 두 번째 본거지가 됐다. 정주 (鄭州) 황하 (黃河) 도로 대교는

차량의 통행을 허용했고, 당시 전국에서 가장 긴 도로교였다. 방송 통신위성을 성공적으로 발사하고, 민간기를 최초로 해외에 수출한 해도 1986년이었다.

국민경제가 전반적으로 성장할 무렵, 새로운 문제가 머리를 치켜들기 시작했다.

1984년 초부터 일부 지도층들은 거대한 성과를 보며 객관적인 사고를 잃어버리고 중국경제가 고속 성장의 '이륙' 단계에 들어섰다고 생각하여 생산량을 네 배로 증가시키는 시기를 앞당기라고 압력을 가하기 시작했다. 이는 지역 간의 경쟁 구도를 형성시켰는데 정도가 점점 거세지며 자금의 축적소비가 동시에 확대되는 상황을 만들어 버렸다. 수요 팽창과 '초고속'만을 추구하는 사회 분위기가 결합되어 생성된 이러한 사조는 인프라 사업을 안정적으로 추진하는 데에 장애물로 작용했으며 일부 경제 체제, 특히 공업 내부 부문의 구조와 산업 지역의 구조 및 기업 규모 구조 등에 존재하는 편차 문제가 점점 더 심화되게 만들어 경제 효과에 큰 손해를 입혔다.

무시할 수 없는 문제가 하나 더 있었다.

1984년, 일부 사람들은 3중전회 이후 큰 성과를 거두자 중국의 실제 발전 수준과 직면하고 있는 문제는 고려하지 않고 중국의 식량 생산량이 이미 '합격선'을 넘었으며, 몇 년 후에는 식량이 남아도는 상황이 올 것이라 지레짐작했다. 이에 국민의 식생활 구조를 변화시켜야 한다고 판단하여 보급 식량에 대한 통제를 느슨하게 조절하고 육류와 식량 소비 촉진을 격려하기 시작했다. 동시에 산아제한정책을 완화시켜 인구 성장세가 본래 계획을 넘어서기에 이르렀다. 그 외에도 인민들에게 좋은 면만 보여 주기에 급급해 '고소비', '돈을 버는 사람은 쓸 줄도 안다.'

는 황당한 구호를 제창하며 인민들이 생활 개선을 과도하게 요구하고 , 기대감을 품게 만들었다 . 이 시기에 일부 지역 , 부서와 단위는 자신의 이익을 우선적으로 고려하여 각종 상금과 보조금 , 물품 지원을 남발했다 . '고소비'를 추구하는 추세가 당풍과 공무원의 기율 , 사회 분위기에 미친 부식 작용 역시 가볍게 넘어갈 수준을 초과해 버렸다 .

이 심층적인 문제는 한동안 사람들의 주목을 받지 못했다 .(특히 상품 경제를 발전시키면서 거시적인 제어와 통제를 해 본 경험이 부족한 상황에서) 경험이 부족하니 , 발전하는 과정에서 문제가 나타나는 것은 자연스러운 일이었다 . 그러나 이 문제가 쌓이고 쌓여 1987 년 이후 차츰 차츰 드러나기 시작했다 . 이는 뒷부분에서 더 자세히 다룰 예정이다 .

국방건설 부분에 있어서 가장 중요한 조치는 군대 인원을 감축하고 전투 능력을 제고시키는 것이었다 . 1984 년 11 월 , 등소평은 국제 흐름을 분석하고 판단하여 100 만 명의 인민해방군을 감군하겠다고 발표했다 . 100 만 명을 줄이는 것은 군대의 전투 능력을 감소시키지 않았을 뿐더러 , 오히려 증강시켰다 . 감군 조치는 사실상 인민해방군의 체제를 재정비하기 위해 시행한 조치였다 . 1 급 부대는 여러 병과의 군인들이 모인 부대로 편입되어 '집단군'이 됐다 . 전략 미사일부대 , 전자전부대 , 잠수함부대는 전투능력 수준이 향상됐다 . 인민해방군 역시 현대화를 향해 한 발자국씩 나아가기 시작했다 .

이 시기에 대외개방 분야에도 큰 변화가 일어났다 . 대외개방은 연해 지역에서 내륙으로 , 점에서 면으로 점진적으로 추진됐다 .

경제특구는 중앙위원회에서 특수한 정책과 유연한 조치를 제공받은 덕분에 대외 경제 분야에서 선두를 달렸지만 이 때문에 논쟁이 일기도 했다 . 1984 년 초 , 등소평은 심천 , 주해 , 하문 세 지역의 경제특구와 상해에 있는 보산철강공장에 시찰을 나갔다. 당시 선전의 공업 생산액은 특구 건설 전인 1978년의 수치와 비교했을 때 10배 넘게 증가했다.

이번 시찰은 등소평을 흥분시켰다. 북경으로 돌아온 그는 몇몇 중앙위원회 책임자들에게 다음과 같이 말했다.

특구는 창구(窓口)입니다. 기술의 창구이며, 관리의 창구이고 지식의 창구인 동시에 대외 정책의 창구이기도 합니다. 특구를 통해 기술을 들여올 수 있고, 지식을 습득할 수 있으며 관리 방법에 대해서도 배울 수 있습니다. 관리 방법 역시 지식입니다. 특구는 개방의 근거지가 되어 경제 분야뿐만 아니라 인재를 양성하는 데에도 큰 도움을 줄 것입니다. 또 우리의 대외 영향력을 확대시킬 것입니다.

현재 건설된 경제특구 외에 다른 연해 도시에 경제특구를 추가로 건설하는 것도 고려해 볼 만한 것 같습니다. 대련이나 청도 같은 지역 말입니다. 이 지역은 특구라고 부르기에는 조금 부족할 수 있지만 특구에 적용되는 정책들을 시행할 수는 있지 않겠습니까. 우리는 해남도도 개방해야 합니다. 해남도의 경제를 빠르게 발전시킬 수만 있다면 큰 승리를 거둔 것과 마찬가지일 것입니다.

등소평의 의견에 따라 같은 해 5월, 중공중앙과 국무원은 천진, 상해, 대련(大連), 진황도(秦皇島), 연대(烟臺), 청도(靑島), 연운항(連雲港), 남통(南通), 녕파(寧波), 온주, 복주(福州), 광주, 담강(湛江), 북해(北海) 등 14개 연해 항구도시를 추가 개방하기로 결정했다. 이 14개의 도시들은 외국 자본의 이용과 기술 도입 부분에서 더 많은 자주권을 향유하도록 허용해 주었으며, 경제특구의 일부 우대 정책이 시행되기도 했다. 또한 도시의 일부 지역은 경제기술 개발구로 지정되었으며, 투자를 원하는 외국 투자자와 첨단 기술을 제공해 주는 외국 바이어에게는 특혜를 제공하며 양호한 투자환경을 조성하여 제공하기로 결정했다. 1984년, 허락받은 외국자본 투자항목은 1856개에 달했으며 지난 5년간의 수치를 다 합산한 것보다 더 높은 수치였다.

1985년 2월, 중공중앙과 국무원은 장강삼각주, 주강삼각주와 민남하장천(閩南廈漳泉) 삼각주 지역에 연해 경제 개발 구역을 건설하고, 대외 경제활동 분야에서 상응하는 권한을 부여하며 14개 연해 항구도시를 추가 개방하기로 결정했다.

등소평의 지시에 따라 1985년 5월에는 고 켕 스위(Goh Keng Swee, 吳慶瑞) 싱가포르 부총리를 연해 항구 도시 개발 고문으로 초청하고, 후에는 관광업 고문을 겸직해 달라고 부탁했다.

대외무역 체제의 개혁은 막힘없이 지속적으로 진행됐다. 환율과 대외무역 보조금 체제를 정비, 수출면세제도 시행, 수출을 통한 외화 창출에 대해 하달했던 지령성 세부지침 계획 수정, 대외무역 경영권 제한조치 수정 등 여러 분야에서 다양한 방법으로 진행됐다.

열몇 개의 회사로 십몇억 인구가 살고 있는 중국의 대외무역이 크게 발전하길 기대하는 것은 이루어질 리 없는 꿈과도 같은 일이었다. 그리고 당시 대부분의 사람들은 이 아주 간단하고 명료한 사실에 대해 누구보다 잘 알고 있었다.

1986년 7월, 중국은 가트(GATT) 회원국 지위를 회복하고자 가트 사무국에 가입 신청서를 제출했으며, 이는 후에 세계무역기구에 가입하기 위한 협상으로 발전했다.

당시 외국 자본의 이용량이 점점 더 증가하는 것은 상당히 두드러지던 문제였다. 개혁개방 조치를 시행하며 외국 자본을 중국 내에 유치하는 것은 과거 구중국 시기 제국주의 하에서 국내 자본을 해외로 수출하던 것과는 근본적으로 다른 문제이며 구분해야만 한다. 외국 자본 유치는 국가 주권을 보호한다는 것을 기본 전제로 하며, 독립자주적이고 평등호혜하며 민족경제와 국가경제의 능력을 제고시킨다는 원칙하에 진행되는 것이다. 외국 자본을 유치하고 이용하는 동안 중국은 많은 발전을 이룩해 냈다. 1979 ~ 1985 년, 중국이 체결한 외부 자본 이용 협정 금액은 총 375 억 5,000 만 달러였으며 실제 이용한 금액은 218 억 달러였다. 건설 자금이 매우 부족한 상황에서 외부 자본은 중국이 사회 생산력을 발전시키는 데에 큰 도움을 주었다.

물질문명 건설 속도에 박차를 가하는 동시에, 중공중앙은 사회주의 정신문명의 건설을 최우선 순위에 놓았다.

이는 아주 근본적인 문제였다. 중국이 진행하고자 하는 것은 사회주의 현대화건설이었다. 그러기 위해서는 작업 중점을 물질문명 건설, 다시 말해 생산력을 발전하는 데에 두어야 했다. 정신문명 건설도 지속적으로 해 나가야 하며 시종일관 사회주의 방향으로 나아가도록 하여 국민의 사상 문화 소질을 제고시킬 필요가 있는 것이다. 등소평이 개혁개방이라는 가장 중요한 전략을 제안한 후, 연이어 네 가지 기본원칙을 고수하여야 한다고 발표하여 당의 기본노선을 두 가지로 나뉘게 한 이유가 바로 여기에 있다.

등소평은 개혁개방을 진행하는 동시에 사상이 그릇된 쪽으로 나아가지 않게 주의해야 한다는 걸 알아차린 것이다. 그는 1981 년 3 월에 진행한 연설에서 "사상의 해방이란 '좌'로도 치우치지 않게 주의하면서 '우'로도 치우치지 않게 줄곧 경계하는 것을 의미합니다. 3중전회에서 언급한 해방사상은 양개범시를 겨냥한 발언이라 좌편향적 오류를 수정하는 데에 중점이 가 있지만 후에 우경화 현상이 나타난다면 그 역시 당연히 교정해야 합니다."라고 했다.

7월, 등소평은 예리한 지적을 내놓았다. "당이 사상 분야와 문화 예술 분야에 괄목할 만한 성적을 거둔 것은 사실입니다. 이는 인정하여야 한다고 생각합니다. 그러나 사업을 진행하는 도중 단순화의 오류를 범하고 고압적으로 진행했다는 것도 부정할 수 없습니다. 그러나 지금 가장 주의해야 할 문제는 이 두 문제가 아닌 다른 문제라고 생각합니다. 제가 보기에는 기강이 해이해지고 나태해져 그릇된 것을 보고도 지적하지 못하고, 올바른 지적을 하는 사람에게 무분별한 비난이라며 몰아세우는 것이 제일 큰 문제라고 생각됩니다."

그는 일부 잘못된 언론들을 예를 들어 열거한 후 말을 이어나갔다. "이런 사건이 적지는 않습니다. 한 마디 말이면 사회주의 궤도에서 이탈하게 할 수 있고, 당의 지도자를 몰아낼 수도 있고, 자산계급의 자유화라는 음모를 꾸밀 수도 있습니다. 자산계급의 자유화는 당의 지도자들에게 반기를 드는 것이며 당의 지도자들이 없다면 사회주의 제도도 존재하지 않을 것입니다. 이 문제들에 대응하기 위해서는 더 이상 옛 길을 걸어가서는 안 됩니다. 과거에 그랬던 것처럼 정치 운동을 진행해서는 안 되지만, 비평이라는 무기를 손에서 놓아도 안 됩니다."

이 연설은 등소평이 처음으로 '자산계급 자유화'를 반대한다고 직접적으로 언급한 연설이다. 그는 사상전선 문제를 해결하는 지도자들이 '해이해지고 나태해졌다'고 비평하며 자극적 언사를 사용했다.

1986년 9월, 중공중앙은 12기 6중전회에서 < 중공중앙 사회주의 정신문명 건설의 지도방침에 관한 결의 > 를 통과시켰다. 문서에서는 초반 부분부터 사회주의 정신문명의 전략적 지위에 대해 서술하고 있다. 내용은 다음과 같다. "마르크스주의를 지도 사상으로 삼는 사회주의 정신문명은 사회주의 사회의 주요 특징 중 하나다. 이는 사회주의의 흥망성쇠와 관련되는 국가 대사 (大事) 이다."이 < 결의 > 에 관해 논의할 때, 회의에서는 다른 의견이 충돌하며 논쟁이 일었었다. < 결의 > 에 자산계급의 자유화를 반대한다는 내용을 포함시킬지에 대한 논의였다.

등소평은 즉석에서 연설을 진행했다.

자산계급의 자유화를 반대한다는 것은 내가 가장 많이 말한 주제이며, 내가 가장 고집하는 일이기도 합니다. 이유가 무엇이냐. 첫째, 현재 인민들 특히 젊은이들 사이에서는 일종의 사상이 유행하고 있는데 이 사상이 바로 자유화입니다. 둘째, 이 사상에 동조하며 선동하는 사람들도 있습니다. 홍콩이나 대만에서 진행되는 논의는 전부 우리의 네 가지 기본원칙에 위배되는 것들뿐입니다. 우리가 자본주의 제도를 구축해야만 진정한 현대화를 이루어 낼 수 있다고 떠들고 있습니다. 그렇다면 자유화란 대체 어떤 것인가? 하는 의문이 생길 거라 생각됩니다. 자유화는 중국의 기존 정책들을 자본주의라는 도로 위에 올려놓으려고 하는 모든 요소들을 가리킵니다.

보아하니 자유화를 반대한다는 것은 이번 회의에서 말하고 끝낼 게 아니라 십 년, 이십 년 가까이 언급해야 할

것 같습니다 . 이러한 사상을 미리 통제하지 않는다면 대외
개방으로 인해 유입된 온갖 불순한 요소들과 결합되어 무
시할 수 없는 사건으로 변화할 가능성이 높습니다 . 이는
사회주의의 네 가지 현대화에 큰 피해를 입힐 것입니다 .

당시 당의 총서기였던 호요방은 혼란스러웠던 사상을 수습하고
개혁개방을 진행하는 동안 혁혁한 공을 세운 인사였다 . 좌편향적 오류
를 교정하고자 하는 그의 태도는 시종일관 명확했지만 , 자산계급 자유
화 사상에 대해서는 경계심이 부족했기에 그 위험성이 어느 정도인지
알지 못했다 .

그해 말 , 합비 (合肥), 북경 등 지역의 일부 고등학교 학생들은
교실 대신 거리로 나와 시위를 진행했다 . 자유화 사상의 영향을 받은
결과였다 . 그중에서도 다른 속셈을 품은 극소수는 공산당과 사회주의
제도에 반기를 들자며 학생들을 부추겼다 . 일부 지역에서는 사회 안정
과 치안에 영향을 주는 사건까지 발생했다 .

당시 당의 태도는 명확했기에 학생 운동은 금세 평정됐다 . 호요
방은 자아비판을 진행했으며 총서기 자리에서 해임되었고 후임 총서
기는 조자양이 맡았다 .

한마음 한뜻으로 사회주의 현대화건설을 진행하기 위해서는 내
부 요소로는 국내의 안정된 정치 국면이 , 외부 요소로는 평화로운 국
제환경이 필요했다 .

등소평은 이미 미래까지 계획해 놓은 상태였다 . "우리는 두 가지
단계로 이루어진 목표를 확정했다 . 한 가지는 금세기 말까지 샤오캉사
회를 건설하는 것이고 , 다른 한 가지는 다음 세기에 30 년에서 50 년이

라는 기간을 이용하여 생활수준을 중진국 수준까지 높이는 것이다."

이 길고 원대하며 현실성 있는 목표는 여러 선진국들이 몇 백 년에 걸쳐 걸어온 발전 노선을, 중국은 백 년 남짓한 시간 안에 마무리 짓겠다는 자긍심을 느낄 만한 목표였다.

그는 "이 두 단계 목표를 실현시키기 위해서는 두 가지 조건이 필요하다. 한 가지는 국제 사회가 평화를 유지하는 것이며, 다른 한 가지는 국내의 정치 형세가 안정되고 단결하여야만 사회주의를 질서 있게 건설해 나갈 수 있다."고 강조했다.

1980년대에 들어서고, 세계 상황을 살펴보았을 때 미국과 소련의 패권 싸움이 고착 상태로 들어서며 국제 형세는 전체적으로 보았을 때 점차 평화로워지고 있었다. 무엇 때문에 중국의 외교정책을 조정하려는 것인가? 정책조정은 현재 세계가 직면한 주요문제에 대해 정확한 판단을 내렸다는 전제 하에 진행해야만 했다. 문화대혁명운동운동이 진행되는 동안 유행한 한마디가 있다. "지금의 세계는 제국주의가 붕괴하고 있고, 사회주의가 전 세계에서 승리를 거두는 시대로 나아가고 있다."는 말이었다. 중국은 전쟁의 위협성을 과도하게 평가하는 경향이 있었다. 이런 판단 탓에 인민들의 주의력은 세계 혁명을 지지하거나 전쟁에 대비하는 쪽으로 쏠렸다.

11차 3중전회가 막을 내린 후, 중국은 세계 형세의 사소한 발전도 주의 깊게 관찰하며 실제상황을 고려한 후에 사고방식을 조정하고 새로운 판단을 내렸다. 1984년, 등소평은 연설을 진행하며 "현재 국제 사회에는 두 가지 문제가 굉장히 두드러지게 나타나고 있습니다. 하나는 평화문제이며, 다른 하나는 남북문제입니다. 물론 이 외에도 많은 문제들이 존재하지만 이 두 문제처럼 모든 분야에 영향을 미치거나 전 세계적이고 , 전략적 의미를 갖지는 않습니다 ."라고 몇 차례 지적했다 .

등소평이 말한 '남북문제'란 발전 불균형문제를 의미한다 . 특히 제3세계 국가들에게서 나타난 발전문제 말이다 . 이후 , 그는 짧게 한 마디 더 덧붙였다 . "세계평화와 발전 , 이 두 문제는 지금까지도 해결되지 않았습니다 ."

이로써 패권주의에 반대하고 , 세계평화를 유지하며 세계 각국과 우호협력을 펼쳐나가고 각국과 같이 발전하고 함께 번영하는 것이 중국 대외 분야의 근본적인 목표가 됐다 .

중미 관계는 중국이 가장 중요하게 생각하는 대외 관계 중 하나로 중국의 외교 분야에 전면적인 영향을 미치는 관계다 . 중미 수교는 세계평화와 발전에 큰 도움이 되는 중대한 사건이었다 . 중미수교 이후 , 얼마 지나지 않아 등소평은 대표단을 인솔하고 미국을 방문했다 . 이는 중미관계 역사에 있어서 새로운 시대가 열렸다는 것을 의미했다 . 그러나 중미 관계의 발전은 순조롭게 이루어지지는 않았으며 , 여전히 많은 어려움과 장애물이 남아 있었다 . 미국이 '대만관계법'을 통과시키고 대만에게 무기를 추가로 수출한 사건이 그 장애물 중 하나다 .

중국공산당 제12기 전국대표대회가 개최되기 전날 밤 , 중미 양국은 < 공동성명 > 을 발표했다 . 이는 중미 관계에 있어서 아주 중요한 사건이었다 .

당시 중국 외교부 부장을 맡고 있던 황화 (黃華) 는 회고록에서 < 공동성명 > 을 발표하기까지의 과정을 서술했다 .

1981년 6월 , 헤이그 미국 국무장관이 중국을 방문했다 . 14일과 15일 이틀에 걸쳐 그와 회담을 가졌다 .

회담 도중, 나는 미국이 대만에 무기를 수출한 것에 대해 언급했다. 수교 이후, 미국이 《대만관계법》을 통과시킨 것은 여러 면에 있어서 공동성명을 위반하는 행동이었으며, 사실상 미국과 대만의 공동방어조약을 회복시켜 대만에게 방어 물자와 방어 서비스를 제공한 것으로밖에 보이지 않는다. 무기는 일반 상품이 아니며, 대만에 무기를 수출한 것은 민간 교류가 아니다.

수교 초기, 중국은 미국이 대만을 상대로 무기를 수출하는 것에 대해 명확하게 반대 의사를 표명했고 시간이 지나면 자연스레 해결되리라 믿었다. 그러나 수교 후 벌써 1년이나 지났다. 이 상태가 지속된다면 우리도 더 이상 용납하지 않고 강경하게 대처할 수밖에 없다. 중미 양국관계는 발전하지 못할 뿐더러 정체 수준에 머무르는 것조차도 불가능해질 것이다. 중미 관계가 후퇴한다면 전략적인 측면에 안 좋은 결과를 낳을 가능성이 높다.

그러자 헤이그 장관이 다음과 같이 답했다.

전략적인 측면은 큰 타이어고, 대만문제는 큰 타이어의 부속품인 작은 타이어라 할 수 있다. 큰 타이어는 작은 타이어에게 지속적으로 영향을 미치며 작은 바퀴를 제어하기 마련이다. 미국은 이후에도 대만을 위해 적당한 성능의 방어용 무기를 제공할 계획이다.

나는 다시 답했다.

대만에 지속적으로 무기를 수출하는 것은 작은 바퀴나 작은 문제가 아니다. 이는 큰 바퀴이며 큰 문제이다. 양국

관계와 전략적 협력 관계에 영향을 미치는 큰 문제이니 앞으로 더 각별히 주의해 주길 희망한다 .

26 일 , 등소평은 헤이그 국무 장관과 회견을 가지며 미국이 무기를 수출한 문제를 다시 언급했다 . 그는 우리가 용인할 수 있는 것도 정도가 있으며 , 이와 같은 문제가 해결되지 못하면 중미 관계는 정체되거나 후퇴할 수도 있으니 미국 정부가 더 넓은 각도로 이 문제에 대해 고려해 보길 바란다고 거듭 강조했다 . 이에 헤이그 국무부장관은 미국이 이 문제를 신중하게 처리할 것이라고 답했다 .

1 년간 협상을 지속한 결과 , 양국은 마침내 합의점을 도출해 내며 1982 년 9 월 17 일 , < 연합공동성명 > 을 발표하기에 이르렀다 . < 성명 > 은 미국이 대만에 무기를 수출한 문제를 해결해 주었을 뿐만 아니라 미국 정부가 대만을 대하는 태도도 더 명확하게 규정했다 .

발표된 < 성명 > 에는 다음과 같은 내용이 담겨 있다 .

미합중국은 중화민족공화국 정부가 중국 유일 정부임을 승인하며 하나의 중국만 존재하며 대만은 중국의 일부라는 의견에 동의한다 . 이 범위 내에서 양측은 미국 국민이 대만 국민과 문화 , 비즈니스 및 기타 비공식 관계를 유지하는 데에 동의한다 . 이러한 맥락 하에 중미 양국국교는 다시 정상화된다 .

미국은 대만으로의 무기 수출 정책을 장기적으로 추진하지 않는 한편 무기의 성능과 수량 측면에서도 중미 외교

관계 수립 후 최근 몇 년간 제공된 수준을 초과하지 않을 것이다. 또 일정 기간 동안 대만으로의 무기 수출을 단계적으로 축소해나갈 것이다. 일정 기간 후에는 완전히 해결될 수 있도록 할 것이다.

1984년, 레이건 대통령이 중국을 방문했다. 다음 해에는 이선념 국가 주석이 미국을 방문하고, 부시 부통령이 중국을 방문했다. 중미 양국은 여러 분야에서 교류하고 협력하며 점차 그 범위를 넓혀 나갔다. 일정 기간 동안, 미국은 대만으로의 무기 수출에 신중한 태도를 취했지만 최종적으로는 약속한 바를 지키지 않았다.

개혁 개방이 전면적으로 추진됨에 따라 중국 내에서는 각 분야가 나날이 발전하는 모습을 보였고, 도농 주민의 수입과 소비수준 역시 눈에 띄게 향상됐다. 국외 상황의 경우, 중국이 여러 국가와 우호 관계를 수립하며 점차 국제 사회의 존중을 받기 시작했다.

1984년, 중화인민공화국 건국 35주년 기념행사가 개최됐다. 천안문을 지나가는 퍼레이드 행렬에는 북경대학 학생들이 있었다. 그 학생들은 천안문 성루(城樓) 앞을 지나갈 때'등소평 주석님, 안녕하십니까?'라는 플래카드를 높이 들어 올렸고, 이는 자발적인 행동이었다. 전국 국민의 희열과 흥분이 어느 정도였는지 충분히 엿볼 수 있는 대목이다.

제 3 절 조국통일이라는 대업을 적극 추진하자

1980년대 전후로 조국의 완전 통일 추진이라는 중요한 문제가 다

시 수면 위로 올라왔다. 등소평은 1979 년 신정에 개최된 회의에서 "대
만이 다시 조국의 품으로 돌아오고, 조국통일 대업을 실현시키기 위해
구체적 통일 일정에 대해 이야기해 볼 때가 됐습니다."라고 말했다.

어떤 방법으로 조국의 통일이라는 대업을 실현하려는 것일까?
기본 방침은 '평화통일, 일국양제 (한 나라, 두 체제)'였다. 이 구상은
대만 문제의 해결을 고민하다 나온 결론이다. 1979 년 1 월, 등소평이
미국을 방문했을 때 미국 상하원 의원들 앞에서 연설하며 다음과 같이
말했다. "중국은 더 이상 '해방대만'이라는 표현을 사용하지 않을 것
입니다. 대만이 조국의 품으로 돌아오기만 한다면 대만의 현실과 기존
제도를 존중할 생각입니다."

이튿날, 등소평은 미국 방송계 인사 레이놀즈와 인터뷰를 진행할
때 다음과 같이 말했다. "중국은 평화적인 방법으로 대만 문제를 해결하
려고 노력하고 있으며, 최종적으로는 대만이 조국의 품에 다시 안기는
것으로 우리나라의 통일이라는 임무를 완수하고자 합니다. 문제는 중국
이 무력을 일절 사용하지 않는다고 공표한다면 양손목을 묶은 것과 같아
지며, 대만 당국이 평화통일이라는 것 자체를 논하지 않으려 할 것입니
다. 이는 오히려 무력으로 해결하는 상황만 불러올 가능성이 큽니다."

당시 대만에도 큰 변화가 생겼다. 1975 년 4 월, 장개석 (蔣介石)
이 별세했다. 1978 년 3 월, 장경국 (蔣經國) 이 대만 '총통'으로 선출
되었으며 옛것은 보존하면서도 변화하기 위해 정치 분야의 조치를 조
정하기 시작했다. 1986 년 4 월에 개최된 국민당 제 13 회 3 중전회에서
장경국은 '정치혁신'이라는 주장을 펼치며 일련의 정책을 시행했는데
계엄령을 해제하고, 정당 금지 및 출판물 금지령을 해제하며 지방자
치 등이 법제화 되었다. 이 기간 동안 대만은 비교적 많은 발전을 이룩

해 냈다. 그러나 대만은 자원이 부족하고 시장이 협소한 데에다 대외 의존도가 높아 '쟁반형 경제'의 특징이 나타나기 시작했고, 이는 사회, 경제발전의 큰 장애물로 작용했다.

이 무렵, 대만에서는 '대만 독립'을 주장하는 분열활동이 나날이 창궐하기 시작했다. 독립을 주장하는 세력들은 양안관계의 발전과 조국의 평화통일을 위협하기 시작했다.

1970년대 초, 중화인민공화국이 UN에서 합법적인 지위를 회복하고, 닉슨 대통령의 방중, 중국과 일본의 외교 관계 수립 등, 중국이 대외 교류를 늘려나가며 대만은 국제 사회에서 점점 고립되어 갔다.

이러한 배경 하에 1979년 신정, 전국인민대표대회 상무위원회는 '대만동포에게 고함 (告臺灣同胞)'이라는 문장을 공표하며 조국으로 하루 빨리 돌아오길 간구했다.

1949년, 대만과 조국이 불행하게 분리된 이후, 우리 사이에 말이 통하지 않고 교류가 단절되어 조국의 통일도 요원해졌다. 가족들이 생이별을 하고 친인척은 한 자리에 모이지 못하니 민족, 국가 그리고 인민 모두 큰 피해를 입었다. 중국 동포는 물론이요, 전 세계 각 지역에 거주하고 있는 화교 동포들 역시 이 가슴 아픈 상황이 하루 빨리 끝나길 누구보다 바라고 있다.

1983년 6월, 등소평은 미국의 양력우 (楊力宇) 교수와 회담을 가지며 다음과 같이 말했다.

문제의 핵심은 조국통일입니다. 평화통일은 국민당과 공산당 양당의 공통된 바람이 되었습니다. 그러나 누가 누구에게 흡수되는 식으로 진행되어서는 안 됩니다. 우리는 양당이 함께 힘을 합쳐 민족통일을 이루어 내고 중화민족을 위해 공헌하길 바라고 있습니다.

　　조국이 통일된 이후, 대만 특별행정구역은 독립성을 유지할 수 있으며 대륙과 다른 제도를 시행하여도 무관합니다. 대륙에 위협이 되지 않는 선에서 대만만의 군대를 편성하는 것도 허락할 수 있습니다. 대륙은 사람을 대만에 보내지 않을 것입니다. 군대는 물론이고 행정 직원도 파견하지 않을 것입니다. 대만의 당, 정부, 군대 등 체제도 대만이 직접 관리하도록 할 것이며 이에 필요한 금액은 중앙정부가 지불하도록 하겠습니다.

　1년 후, 등소평은 홍콩에서 온 두 단체를 접견할 때에도 이 의견을 다시 한 번 더 명확하게 피력했다.

　　중국이 시행하고자 하는 정책은 '한 개의 국가, 두 개의 제도'입니다. 구체적으로 말하면 중화인민공화국이라는 하나의 국가 안에 십몇억 대륙 인구는 사회주의를 따르고, 홍콩과 대만은 자본주의 제도를 시행하도록 하는 것입니다.

　　조국의 통일은 민족의 간절한 염원입니다. 백 년이 걸려도 통일하지 못한다면, 천 년이 걸리더라도 해내야만 합니다. 이 문제를 해결하기 위해서는 '한 개의 국가, 두

개의 제도' 정책을 시행하는 것 외에는 다른 해법이 존재

하지 않습니다. 세상에 존재하는 모든 분쟁은 평화적인 방

법으로 해결할지, 비평화적인 방법으로 해결할지를 두고

고민하게 됩니다. 중국은 어떻게든 해법을 모색해 낼 것이

며, 새로운 문제는 새로운 방법을 통해 해결해야 합니다.

등소평의 말들은 '일국양제'의 기본 내용에 대해 자세히 설명한

것이었다.

'평화통일, 일국양제'라는 주장을 제안한 이후, 대만 당국은 대

중국 정책 전략과 구체적인 조치를 약간 수정했다, 그러나 전반적으로

보았을 때 크게 변하지는 않았기에 정책은 여전히 융통성이 없었다.

그러나 1987년에 중대한 사건이 발생하게 된다. 바로 대만 거주민들

이 대륙에 가서 가족들을 만나고 올 수 있도록 허용한 것이다.

이는 다양한 요소의 영향을 받아 나타난 사건이었다. 조국인 중국

대륙이 개혁개방 이후 거대한 성과를 거두고, 영국과 홍콩문제에 대한

합의점을 도출해내자 대만 내부의 각계 인사들이 대만 당국에게 양안관

계를 조정하라고 요청하기 시작했다. 10월, 국민당은 회의를 통해 대만

거주민들이 대륙을 방문하여 가족과 친척을 만나고 올 수 있도록 하는

정책을 통과시켰다. 정책은 1987년 11월부터 시행하며 현역 군인과 공

무원을 제외한 대만 거주민들은 제3 지역을 경유하여 대륙에 있는 친지

들을 만나고 올 수 있도록 허용한다고 밝혔다. 이후, 해협을 사이에 두고

38년 간 단절되었던 양국이 드디어 공백을 깨고 다시 만나게 됐다.

굳게 닫혀 있던 문이 열리고, 양안에 거주하는 동포들이 왕래하

며 경제 및 문화 분야의 교류는 거센 물결처럼 밀어닥쳐 막고 싶어도

막지 못하는 시대의 흐름이 되었다. 양안에 거주하는 동포들의 왕래는 매년 증가하는 추세를 보였으며 규모 역시 점점 확대됐다. 양안의 경제 무역교류는 점점 빈번해졌고 경제관계는 밀접해졌다. 양측의 문화 등 분야에서의 교류량 역시 대폭 증가했다.

이렇듯 '한 나라 두 체제' 구상은 홍콩이나 마카오문제 때문에 제안된 것이 아니었다. 그러나 홍콩과 마카오문제는 1980 년대에 대만보다 빠른 속도로, 원칙적으로 해결된다. 이는 중국 역사에 길이 남을 대형사건이었다.

예로부터 홍콩은 중국 주강삼각주를 구성하는 일부분이었다. 홍콩이라는 지명은 2,000 년 전 한 왕조 때 이미 정해진 이름이었다.

그리고 1840 년, 영국은 아편전쟁을 일으킨다. 1842 년, 중국은 영국과 남경조약 (南京條約) 이라는 불평등 조약을 체결하며 홍콩을 영국에 할양했고, 1860 년, 제 2 차 아편전쟁이 끝난 이후에는 북경조약 (北京條約) 을 맺으며 또다시 구룡반도 (九龍半島) 의 일부분을 영국에 넘겨주게 된다.

1895 년, 열강들이 중국을 나누어 가지려 할 때 영국은 기회를 놓치지 않고 그 흐름에 편승했다. 영국은 청나라 정부를 협박하여 홍콩 개발 조약을 체결하고, 구룡반도와 대부분의 토지 및 이백여 개에 달하는 외곽 섬 (이후에는 신계 (新界) 로 통칭된다) 을 조차한다는 명목 하에 강탈해 갔다. 조차 기간은 99 년 후인 1997 년 6 월 30 일까지였다. 이 신계의 면적은 홍콩 지역의 92% 에 달하는 크기였다. 당시의 중국은 극도로 빈곤하고 위태로운 상황이었기에 영국 정부는 애초부터 기간이 만료된다 하더라도 반환할 의지가 없었다.

그렇게 1979 년이 되었고, 영국 정부가 억지로 조차해 간 신계 지역 반환을 반환하기까지는 18년이라는 시간밖에 남지 않았다. 영국 정부는 당시 홍콩 총독을 맡고 있던 맥클레호스를 북경으로 파견하는 데 이는 중국정부가 홍콩문제에 대해 어떤 입장을 취할 것인지 넌지시 떠보기 위함이었다.

맥클레호스는 등소평을 만나 홍콩에 투자하고 있는 투자자들이 미래에 대해 불안감을 느끼고 있다고 밝혔다.

이에 등소평은 명확한 답변으로 응수했다. "홍콩은 중국의 일부분입니다. 이 문제는 논의하여 결정할 문제가 아닙니다. 그러나 한 가지는 확실하게 약속할 수 있습니다. 만기 날짜인 1997년이 되어 이 일이 해결된다 하더라도 중국은 홍콩 고유의 특수한 지위를 존중합니다. 현재 사람들은 홍콩에 지속적으로 투자해도 문제가 되지 않을지에 대해 우려를 표하고 있습니다. 이에 대한 중국정부의 입장은 명료합니다. 영국 정부에게 정치적으로 해결하게 된다 하더라도 투자자의 이익에 피해를 입히지는 않을 것이라 전해 주시길 바랍니다. 금세기는 물론 다음 세기까지, 홍콩은 사회주의체제를 유지하는 중국과 다르게 자본주의체제를 계속 이어나가도 무관합니다."

이 담화 이후, 중국정부는 홍콩문제 해결을 의사일정에 포함시켰다.

1982년 9월, 취임한 지 얼마 안 된 마가렛 대처 영국 총리가 중국을 방문했다. 영국 총리가 중국을 방문한 것은 처음 있는 일이었다. 마가렛 대처는 소문난 강경파로 외국 여론은 그녀에게 '철의 여인'이라는 별칭을 붙여 주었다. 그녀는 등소평과 회담을 가지며, 기세등등한 태도로 세 가지 불평등조약은 여전히 유효하고, 영국이 1997년 이후에도 홍콩을 관리하도록 해준다면 중국의 주권 요구는 수용할 의향이 있다고 밝혔다. 이게 바로 소위 '주권환치권'으로 불리는 제안이었다.

심지어 그녀는 영국이 관리하지 않는다면 투자자들이 홍콩에 대한 신뢰도가 하락하며 자본이 밖으로 유출될 것이고, 홍콩경제는 붕괴하며 재난과도 같은 피해를 입을 것이라 으름장을 놓기까지 했다.

그 이야기를 들은 등소평은 솔직하고 단호하게 대답했다.

주권 문제는 협상할 문제가 아닙니다. 지금은 시기적으로도 무르익었으니 1997년에는 반드시 홍콩을 중국에 반환해줘야만 합니다. 다시 말해 중국은 신계만 돌려받고자 하는 것이 아니며 홍콩과 주룽반도 모두 돌려받을 생각입니다. 중국과 영국은 이런 전제 하에 회담을 진행하며 협상을 통해 홍콩문제를 해결할 해법을 모색해 나갈 필요가 있습니다.

중화인민공화국이 건국된 지 48년이 되는 1997년에도 홍콩을 돌려받지 못한다면 중국 지도층과 간부들은 중국 국민 앞에 설 수 없으며, 세계 국민 앞에도 당당히 설 수 없습니다. 이는 곧 지금의 중국정부가 청대 말엽 정부와 같이 무능하고, 중국 지도자가 이홍장과 다름없다는 뜻이기 때문입니다.

중국이 1997년에 홍콩을 확실히 돌려받겠다고 선포한다면 홍콩이 불안정하게 흔들릴 수도 있을 것입니다. 그러나 저는 미미한 파장은 피할 수 없는 문제라고 생각합니다. 중국과 영국 양국이 서로 협력하여 이 문제를 해결한다면 거대한 파동이 이는 것은 막을 수 있을 것입니다. 마가렛 대처 총리께 한 가지 더 말씀드리고 싶은 게 있습니다. 중국정부가 결정을 내릴 때에는 그 결정으로 인해 일어날 모든 가능성을 전부 염두에 두고 진행합니다. 심지어 중국은 중국 입장에서 상상하기조차 싫은 상황에 대해서도 고민해 보았습니다. 15년이라는 과도기 사이에 홍콩에서 심각한 사건이 터진다면 어떻게 대처할 것인가에 대해서 말입니다. 만약에 그런 일이 발생한다면 중국은 어쩔 수 없이 돌려받는 시기와 방법을 조정할 수밖에 없을 것입니다.

회담이 끝난 이후, 사소한 에피소드도 발생했다. 등소평과 함께 대처 총리를 접견한 황화는 당시의 일을 이렇게 회상했다.

두 사람은 화기애애한 분위기 속에서 웃음꽃을 피우는 것처럼 보였지만, 실상은 한 발도 물러서지 않고 팽팽히 대립하며 설전을 이어나가다 다시 완곡히 돌려 말하는 것을 반복했다. 이 때문에 원래는 한 시간 반으로 예정되어 있던 회담은 50분이나 연장됐다. 회담이 끝나고 인민대회당 북문 밖으로 나갈 때, 대처 총리는 깊은 생각에 빠져 있던 탓인지 실수로 발을 헛디뎌 넘어졌다. 나는 곧바로 부축했지만 언론은 그 상황에 대해 마음대로 추측하고 억지로 끼워 맞춘 기사를 발표했다.

그 후 2년 좀 넘는 기나긴 기간 동안 험난한 협상을 거친 끝에 1984년 12월, 조자양 중국 국무원 총리와 마가렛 대처 영국 총리는 북경에서 정식으로 홍콩반환협정을 체결했다. 협정 본문은 다음과 같다. "중국 중앙인민정부는 1997년 7월 1일부터 홍콩의 주권을 회복한다." 이는 양국이 홍콩문제를 해결하고 원활히 이행할 수 있도록 법률적 기반을 다진 것이다.

홍콩문제의 해결은 마카오문제를 해결하는 데에 있어서 좋은 본보기가 되어 주었다. 마카오문제는 비교적 순조롭게 해결됐다. 마카오는 원래 광동성 향산현(香山縣)의 일부였다. 1553년, 포르투갈은 폭풍우를 만난 탓에 젖은 화물을 말려야 한다는 핑계를 대며 마카오에 상륙할 수 있게 해 달라 요청하고, 명나라 관원에게 뇌물을 건네 관원을 매수했다. 10년도 채 되지 않는 기간 동안 마카오에 거주하는 포르투갈인은 만 명을 넘어섰고, 마카오에서 자리를 잡고 살아가기 시작했다.

1887년, 포르투갈은 청 정부에게 중포회의초약(中葡會議草約)과 중포북경조약(中葡北京條約)에 서명하도록 강요하며, 포르투갈은 마카오와 마카오 주변지역을 영원히 관리하고, 포르투갈 본국의 제도에 따라 통치한다고 규정했다. 이후 포르투갈은 계속 마카오를 점령하고 있었다.

1979년 중국과 포르투갈 간에 국교를 수립할 때, 양측은 마카오문제에 대해 원칙적으로 합의를 보았으며 포르투갈은 마카오가 중국의 영토임을 인정했다. 홍콩문제를 해결하기 위한 중-영 회담이 끝난 이후, 1985년 안토니우 하말류 이아느스 포르투갈 대통령이 중국을 방문했고, 근 시일 내에 회담을 진행하여 마카오문제를 해결하자는 데에 양측 모두 동의했다. 1987년 4월, 양국 총리는 <마카오문제에 관한 공동성명>을 정식으로 체결했다. 공동성명 본문에는 마카오는 중국의 영토이며, 중화인민공화국은 1999년 12월 20일부터 마카오에 대한 주권행사를 회복한다고 명확히 규정되어 있으며, 중국정부는 마카오의 기본 정책은 '한 나라 두 체제' 정책에 근거하여 시행할 예정이라 밝혔다.

제 24 장
거센 풍랑을 뚫고

제 1 절 사회주의 초급단계론 , 기본노선의 확립

1987 년 10 월 , 중국공산당 제 13 기 전국대표대회가 북경에서 개최됐다 . 회의에서는 개혁개방정책의 전면적인 추진에 있어서 중요한 위치를 차지하는 회의였다 . 그 역사적 공헌을 열거하자면 우선 중국이 현재 사회주의의 초급단계에 진입했다는 것을 체계적으로 논술했으며 ,'하나의 중심 , 두개의 기본점 (一個中心 , 兩個基本點)'이라는'기본노선'을 확실하게 제시하여 중국 특색 사회주의를 실현시키기 위해 걸어가야 할 노선을 더 명확하고 , 구체적으로 밝혀 주었다 .

등소평 (鄧小平) 은 '개혁개방과 현대화건설의 총설계사'라는 평가가 부끄럽지 않게 행동했다 . 그는 중국공산당 제 13 기 전국대표대회가 개최되기 전 , 심사숙고하여 자신의 생각을 조리 있게 요약했다 .

그는 최근 몇 년간 발표했던 연설에서 모든 것은 사회주의 초급단계라는 중국의 실제상황에서부터 출발하여야 하며 , 경제를 중심으로 한 사회주의 현대화건설을 추진해 나가되 두 개의 기본점을 반드시 견지해야 한다고 거듭 강조했다 . 또 현대화건설은 세 단계로 나뉘어 진행해야 한다는 '삼보주 (三步走 , 싼부저우)' 전략을 제시하는 등 미래 중국의 발전에 관계되는 전면적인 노선을 제공해 주었으며 , 앞서 언급한 확실한 이론적 관점을 제공해 줌으로써 중국공산당 제 13 기 전국대표회의의 개최를 위한 기반을 다져 주었다 .

중국공산당 제 13 기 전국대표대회에서는 조자양이 중앙위원회 대표로 '중국 특색의 사회주의 도로를 따라 전진하여야 한다' 는 제목의 보고서를 발표했다 . 보고서는 중국이 현재 사회주의 초급단계에 처해 있다고 했다 . 이 결론은 두 가지 뜻을 내포하고 있었다 . 첫째 , 중국 사회는 이미 사회주의 사회가 되었으니 사회주의를 계속 견지해 나가야 하며 , 이 궤도에서 벗어나서는 안 된다 . 두 번째 , 중국의 사회주의 사회는 이제 겨우 초급단계에 진입했기 때문에 실제상황을 고려하여 발전해 나가야 한다 . 이 단계를 뛰어넘으려 해서는 안 된다 .

보고서에는 다음과 같은 내용도 담겨 있었다 . "사회주의 초급단계에 진입한 지금 , 우리 당은 각 민족과 인민을 지도하고 단결하여 경제건설을 중심으로 삼고 , 네 가지 기본원칙과 개혁개방을 견지해 나가며 , 자력갱생하고 , 고난을 극복하고 창조하여 우리나라를 부강하고 , 민주적이고 , 문명적인 사회주의 현대화 국가로 만들기 위해 노력할 것이다 . 이것이 바로 우리 당이 중국 특색 사회주의를 건설하기 위해 채택한 기본노선이다 ."

보고서에서는 11 기 3 중전회 이후 , 중국의 현대화건설이 싼부저우전략을 따라 진행되고 있으며 싼부저우전략에 대한 부가설명도 덧붙였다 . 제 1 보는 국민총생산액을 1980 년의 두 배로 증가시켜 의식 문제를 해결하는 것이며 , 이는 기본적으로 실현됐다 . 제 2 보는 금

세기 말까지 국민총생산액을 두 배로 제고시켜 인민들의 생활 수준을
샤오캉 (小康) 까지 끌어올리는 것이다 . 제 3 보는 21 세기 중반까지
1 인 평균 GDP 를 중진국 수준까지 끌어올려 인민이 부유한 생활을
향유할 수 있도록 하고 , 기본적인 현대화를 실현시키겠다는 계획이
었다 .

이렇게 중국공산당은 전국 인민 앞에 중국의 미래 70 년을 위한
구체적인 발전 전략을 명확하게 공개했다 .(싼부저우의 구상은 등소
평이 1982 년 9 월에 일본 총리와 회담을 가지며 처음으로 언급하고
1987 년에 정리하여 정식으로 제안한 것이다 .) 중국은 이 발전 노선을
따라 한 걸음 한 걸음 나아가고 있었다 .

제 13 기 전국대표회의에서는 조자양 (趙紫陽), 이붕 , 교석 (喬
石), 호계립 (胡啓立), 요의림 (姚依林) 을 중앙정치국상무위원회 위
원으로 선출했으며 , 조자양을 총서기로 임명했다 . 또한 등소평을 중
공중앙군사위원회 주석으로 임명하고 , 진운 (陳雲) 을 중앙고문위원
회 주임에 , 교석을 중앙기율검사위원회 서기로 임명했다 . 등소평과
진운 , 이선념등은 중앙정치국상무위원회 위원을 재임하지 않고 2 선
으로 물러났다 . 이는 신구 간부의 세대교체에 있어서 큰 발걸음이었
다 . 다음 해 3 월에는 중국공산당 제 7 기 전국대표대회가 개최되었으
며 주석에는 양상곤 (楊尙昆), 인민대표 상무위원회 위원장에는 완리 ,
국무원총리에는 이붕을 임명하고 등소평을 국가군사위원회 주석으로
선출했다 .

·

제 2 절 나아가던 도중 맞닥뜨린 새로운 상황과 새로운 문제점들

중국공산당 제 13 기 전국대표대회가 개최되던 해는 7 차 5 개년 계획의 두 번째 해였다.

7 차 5 개년계획은 1986 년부터 1990 년까지로 고도로 집중된 계획 경제체제가 사회주의 시장경제체제로 변화하는 과정을 겪고 있던 때 였다. 경제체제개혁 속도가 빨라지며 그 과정에서 두 가지 경제체제 가 공존하게 되었는데 그 둘이 서로 격렬하게 대립하며 여러 새 상황 과 문제들을 가져왔다.

7 차 5 개년계획 초기에는 경제가 굉장히 빠르게 발전했다. 1986 년 국내 총생산액은 지난해에 비해 8% 성장했으며 역사상 처음으로 1 억 위안을 넘는 쾌거를 이루어 냈다. 1987 년에는 11%, 1988 년에는 11% 의 성장률을 보였는데 이 커다란 발걸음은 온 국민의 경제 수준을 새로운 수준까지 제고시켰다. 그러나 이 무렵의 발전은 과거 대약진운 동 때와는 달랐다. 대약진 당시 가장 빨리 발전한 분야는 중공업으로, 인민의 생활수준은 현저히 하락했다. 반면, 이 무렵에 가장 빨리 발전 한 분야는 투자 금액은 적지만 효율이 좋은 경공업이었다. 에너지와 원재료의 공급은 점점 긴장국면으로 접어들었지만 인민의 생활수준 은 눈에 띄게 개선됐다.

중국공산당 제 13 기 전국대표대회 개최 이후, 등소평은 과학기 술이 제 1 생산력이 되어야 한다는 중요한 결론을 내놓았다. 이는 풍부 한 식견을 가지고 미래를 멀리 내다 본 전략적 사상이었다.

그 발언 이후, 1988 년 9 월과 10 월 사이에 중국은 기상 위성 '풍운 (風雲) 1 호’를 시험발사했는데 이는 연구 개발부터 발사 단계에 이르기까지 전부 중국이 맡아 진행한 첫 번째 극궤도 기상위성이었다 . 뒤이어 동중국해에서는 핵잠수함 수중시험발사를 진행했는데 역시 성공했다 . 중국의 첫 번째 고에너지 가속기인 북경 전자 - 양전자 충돌기도 가동에 성공했고 , 이는 중국이 첨단과학기술 분야에서 한계를 돌파하고 이루어 낸 거대한 업적이라 할 수 있겠다 .

개혁이 심화되며 공유제를 주체로 하되 , 다양한 소유제도가 같이 발전하는 새로운 국면이 형성되기 시작했다는 게 가장 큰 변화였다 .

개혁개방정책을 시행하기 이전 , 중국의 소유제 구조는 단일적 소유 형태 하나뿐이었다 . 11 기 3 중전회 이후에는 농촌의 수공업자 , 소상인 등을 개인사업자로 승인했는데 시간이 흐르고 지식 청년들이 도시로 돌아와 자리를 잡자 도시의 개인사업자 역시 늘어나기 시작해 1985 년에는 이미 천만 명을 초과했다 .

일반적으로 개인사업자는 규모가 작으며 , 지역 거주민들이 필요로 하나 대형 상점에서는 팔지 않는 저가 상품이나 제철 채소들을 주로 취급해 인민의 수요를 만족시켰다 . 이는 관련 상품 제조업에 종사하는 노동자들의 수입을 상승시키는 결과를 가져오기도 했다 . 일부 사업자들은 단거리에 한해 상품 배송 서비스를 제공하기도 했다 .

개인사업자들은 생산 , 특히 단순 상품생산의 발전을 이끌었으며 , 상품 물류를 활성화하고 취업률을 제고시키는 동시에 인민의 생활을 편리함을 가져다주는 등 여러 분야에 긍정적인 영향을 미쳤다 .

개인사업자는 농촌에서부터 생겨나기 시작했다 . 그들은 개인 경제를 운영하기 위한 경험을 쌓으며 규모를 확대시켰고 , 체제가 비교적 유연하다는 것과 시장과 가깝다는 장점을 활용해 빠르게 발전했다 . 일부 개인사업자들이 고용하는 상공업 종사자 수 역시 점차 증가하기 시작했다. 이 무렵, 암거래상 문제와 고용 인원 수 문제 등이 논쟁의 화두가 됐다.

1987년 9월, 국무원은 <농촌 개인사업자 관리에 관한 임시 조례>를 발표하며 개인사업자들의 발전을 격려하는 동시에 관리를 강화하고, 올바른 방향으로 나아갈 수 있도록 지도했다. 13기대회 보고는 이에 대해 더 명확히 규정했다. "공유제를 주체로 한다는 전제 하에 지속적으로 다양한 소유제를 발전시켜 나가야 한다." 여기서 말하는 '다양한 소유제'"에는 개인 경제 역시 포함되어 있었다.

1988년 4월에 개최된 제7기 전국인민대표대회 제1차 회의에서는 헌법 수정안을 통과시키며 "국가는 개인 및 민간경제가 법률이 규정하는 범위 내에서 발전하는 것을 허락하며, 민간경제는 사회주의 공유제를 보완한다. 국가는 개인 및 민간경제의 합법적인 권리와 이익을 보호하며 개인 및 민간경제를 지도, 감독 및 관리한다." 및 "토지 사용권은 법률 규정에 의거하여 양도가 가능하다."는 조항을 헌법에 추가했다. 이후, 사기업은 상당히 빠른 속도로 발전하기 시작했다.

이 무렵, 국유기업을 개혁하기 위해 많은 조치를 취했지만 순조롭지 못했다. 국유기업의 경영 체제 전환은 언제나 국유기업 개혁의 중점이었다.

1988년 4월, 전국인민대표대회는 《중화인민공화국 전민소유제공업기업법》을 통과시키고 기업의 자주권과 기업 경영 체제 전환에 관한 약간의 규정을 제정했다.

그러나 상황은 이상적인 방향으로 흘러가지 않았다. 그 이유는 규정에 대해 이해하는 바가 달라 법을 집행할 때 모순이 발생했으며,

일부 현행법과 《기업법》은 연결되지 않을 뿐더러 법규상 충돌이 발생하기도 했다. 게다가 《기업법》 자체가 명시적이지 않아 다루기 까다롭기도 했다. 대외 개방 분야에서는 중요한 조치가 시행됐다. 바로 하이난성을 설치하고 해남도(海南島) 경제특구를 설립한 것이다.

종합해 보자면 이 시기에는 경제발전과 개혁 모두 우수한 성적을 거두었다. 이에 대해 등소평은 다음과 같이 말했다.

> 몇 년에 걸쳐 한 단계 더 발전하는 것은 충분히 해낼 수 있는 일입니다.
>
> 1984년부터 1988년까지는 경제발전이 비교적 빨리 이루어졌습니다.
>
> 전반적으로 보았을 때 그 5년간의 빠른 발전을 어떻게 평가해야 적절하겠습니까. 그 5년간의 발전은 일종의 비약이라고 말할 수도 있을 것입니다. 그러나 대약진운동과는 다르게 그 어떤 분야의 발전 체제에도 피해를 입히지 않았습니다.
>
> 만약 그 5년간의 비약적인 발전이 없었더라면, 모든 경제가 한 단계 더 발전하지 않았더라면, 미래 3년 동안의 경제환경을 정비하고 질서를 바로잡는 일 역시 순조롭게 진행하지 못했을 가능성이 큽니다.

이렇게 빠른 속도로 발전하고, 사회 각 분야에 영향을 미치는 대대적인 개혁을 진행한 것은 중국인에게 있어 한 번도 경험해 보지 못한 완전히 새로운 일이었다. 새로운 것들이 기존의 것을 대체하며 변화하는 과정에서 생겨난 문제 역시 대부분 예상하기 어려운 것들이었다 . 인민들 역시 이를 인식하기 위한 과정이 필요했다 . 중국은 앞으로 험난한 여정을 거쳐야 했기 때문이다 .

경제학자인 설모교 (薛暮橋) 는 이 시기에 대해 "당시 기존의 체제를 새로운 체제가 대체하는 과정을 겪고 있었지만 , 우리나라는 재정과 조세 정책 , 은행 대출과 같은 경제 지렛대를 이용하여 거시 제어를 진행하는 방법에 대해 알지 못했다 . 그런 상황에서 기존의 체제는 힘을 잃고 , 새로운 체제는 바로 설립되지 않았으니 경제질서는 자연스레 혼란에 빠져들었다 ."고 요약했다 .

경제질서를 혼란에 빠뜨린 새로운 문제들은 초기에는 겉으로 잘 드러나지 않아 사람들이 관심을 갖지 못했고 , 몇 년이라는 기간 동안 누적되고 심화됐다 . 당시에 나타난 주요 문제점들은 다음과 같았다 .

첫째 , 한동안 경영관리 권력을 국유기업으로 이양한 탓에 중공중앙이 갖고 있는 재정 수입 비율은 대폭 하락했으며 , 지방 정부 , 부서 , 기업이 장악하는 자금 비율이 급격하게 상승했다 .

둘째 , 일부 당 조직과 당 지도층들 사이에 부패 현상이 만연하기 시작했다 .

셋째 , 농촌 , 농업 , 농민 소위 '삼농' 문제가 점점 경시되기 시작했다 .

넷째 , 사상 정치 작업이 눈에 띄게 쇠퇴하기 시작한 반면 그릇된 사상이 범람하여 해이해지고 나태해졌다 .

1987 년과 1988 년에 들어서며 몇 년간 누적되어 온 문제점들이 드러나기 시작했다 . 물가가 대폭 인상되더니 연이어 상승 추세를 보였으며 특히 더 두드러지는 문제가 됐다 .

1987 년의 소비자물가지수는 작년 대비 7.3% 증가하여 노동자들의 실제 수입이 크게 하락하는 결과를 낳았다 .

1988 년 1 월 , 국가 계획 위원회 , 재정부 , 중국인민은행 , 국가물
자국 등은 물가와 경제를 안정시켜야 한다고 강하게 요구했다 .

그러나 당시 일선에서 사업을 주재하고 있던 조자양은 예상과는
다른 대답을 내놓았다 . '물가 문제 하나 발생한 것 갖고 물가 문제만 생
각하는 것은 나무만 보고 숲을 보지 못하는 행위'라고 평했다 .

이러한 상황에서 1988 년 , 679 억 6,000 만 위안의 화폐를 추가로
발행했는데 작년과 비교하면 443 억 위안 더 발행한 것으로 신중국 건
국 이래 화폐를 가장 많이 발행한 해였다 .

전국의 소비자 물가지수는 계속 폭등하여 18.5% 를 기록했고 , 이
는 개혁개방 이후 물가 상승 속도가 가장 빨랐던 한 해로 인민들이 감
당할 수 있는 범위를 이미 한참 넘어섰다 .

1989 년 , 물가를 안정시키기 위해 일부 조치를 취했음에도 불구
하고 소비자 물가지수는 지난해 대비 17.8% 증가했다 . 물가는 한 가정
의 생활수준 및 실제 체감 이익과 직접적으로 관계되는 문제다 .

중국인은 1900 년대 전반기에 초인플레이션으로 인해 고통 받은
경험이 있기에 유사한 문제를 대할 때는 특히 더 예민해졌다 . 최근 몇
년간 국가의 통제 하에 물가는 장기간 동안 안정세를 유지했고 , 그 상
황에 이미 익숙해진 중국 인민이 물가가 대폭 상승한 상황을 받아들이
기 힘들어하는 것은 어찌 보면 당연지사였다 .

이 무렵 , 계획경제가 시장경제로 변화함에 따라 가격 개혁 문제
가 또다시 두드러져 의사일정에 포함됐다 . 이와 관련된 문제 , 특히 가
격 체계를 조정하는 문제를 언급하려면 이것이 객관적으로 필요했는
지에 대해서 언급하지 않고 넘어갈 수 없겠다 .

계획 경제체제 하에 우리나라의 가격 체계와 가격 관리 체계 모

두 합리적이지 않았다 . 문화대혁명운동 이 진행되는 10 년 동안 가격
이 기본적으로 동결 상태를 유지했었던 탓에 이 불합리한 상황을 더
악화시킨 것이다 .

당시 기업은 가격 결정권을 갖지 못했기에 시장의 공급과 수요
에 따라 유연하게 가격을 조정하는 것이 불가능했다 . 이러한 가격 체
계와 가격 관리 체계는 공농업생산 발전과 인민 생활수준을 상승시키
는 것 , 양쪽 모두에 불리했을 뿐만 아니라 개혁과 개방을 추진하는 데
에 장애물이 됐다 . 물가를 조정하지 않는다면 개혁 역시도 불가능한
상황이었다 .

당시 2 선으로 물러나 있었던 등소평 역시 이 문제를 알아차렸다 .
1988 년 5 월 , 그는 다음과 같이 말했다 .

물가를 조정해야만 개혁이 빠르게 진행될 수 있다 . 물
가 문제는 역사가 우리에게 남겨 준 과제다 . 과거에는 물
가도 전부 국가가 규정했다 .

그러나 이 방법은 가치규율을 위반하며 농민의 생산 적
극성을 이끌어 내지도 못한다 . 하물며 국가의 등에 큰 짐을
지워 주니 매년 수백억 위안을 물가를 조정하는 데에 사용
해야만 한다 . 이렇게 되면 국가의 자금이 실제로 사용되어
야 할 경제건설에는 제대로 투입되지 못하고 , 교육 , 과학 ,
문화 사업을 발전시키는 데에 사용되는 자금은 더 적어지게
된다 . 그렇기 때문에 물가 문제를 해결하지 않는다면 이 짐
을 내려놓고 가벼운 발걸음으로 발전하는 것 역시 불가능하
다는 말이다 .

　　물가 개혁은 해결하기 어려운 문제이며 큰 리스크를
안고 가야만 한다. 이 문제는 우리가 과감하면서도 세심하
게 문제를 해결하도록 요구하고 있다. 우리는 반드시 경
험을 종합하고 문제를 발견하는 즉시 조정하여 실제상황과
부합하도록 해야만 한다.

　　중국의 사회주의 개혁개방은 과거에서 그 예를 찾아볼 수 없는
새로운 사업이었다. 직접 행동하며 존재하는 문제점들을 찾아내고,
경험을 종합해 해결하며 전진하는 방법밖에 없었던 것이다. 당시 물가
개혁 문제는 진퇴양난의 상황에 처해 있었다.

　　한쪽에서는 통화가 급격히 팽창하고, 물가는 전에 없던 속도로
상승하며 국민의 공황감과 불안감은 가중되었고, 이에 더해 경제질서
특히 유통질서가 혼란스러운 상황에서 가격 개혁을 진행하면 떠안게
될 리스크는 거대했다.

　　또 다른 한쪽에서는 개혁이 심화됨에 따라 계획경제가 시장경제
로 변화하고, 비틀려 있던 가격 체계는 피해 갈 수 없는 장애물이 됐다.

　　문제 해결의 관건은 조정 시기와 조정 수준이었다. 인플레이션
을 억제하는 데에는 특히 더 주의를 기울여야 했다.

　　조자양은 가격 개혁이라는 관문을 돌파하기로 결심했다. 동시에
통화량이 적당한 수준을 유지하도록 하여 경제가 지속적으로 성장할
수 있게 한다는 계획이었다. 1989년 5월, 그는 미국에서 온 손님을 접
견할 때 "현재 중국의 개혁 개방은 중요한 시기에 들어서서 나아가지
도, 물러서지도 못하는 상황입니다. 앞으로 한동안은 물가 개혁에 총
력을 다 할 생각입니다."라고 밝혔다.

진운은 이붕 등 동지들과 대화하며 주의사항을 일러 주었다.

물가는 한 번에 해결할 수 있는 문제가 아니다. 그 어떤 국가도 보조금을 지원하며 해결했다.

농업 역시 금세기 말쯤에는 합격선을 넘지 못할 가능성이 높다.

농민들의 생활이 눈에 띄게 개선되며 중국에서는 폴란드혁명이나 헝가리혁명 같은 시위가 벌어지지 않을 거라 예상하는 사람도 있지만, 도시에 거주하고 있는 2억 명의 인구가 시위를 벌일 수도 있다.

화폐 발행 역시 제어해야 한다.

당과 정부 기관 전부가 사업 경영에 손을 대는 것은 좋은 현상이 아니다.

1988년 5월, 중공중앙 정치국은 5년 동안 진행될 물가조정 개혁에 대해 토론하며 보완할 방법을 제안했다. "물가를 조정하며 임금 문제도 해결하여야 한다. 개혁이란 인민들에게 이익을 가져다주기 위해 진행하는 것이다." 당시 지도층들은 임금 제도를 해결한다면 물가 개혁이 안정적으로 진행되리라 예상한 것 같다. 그러나 실상은 이 조치 때문에 진퇴양난의 상황은 해결되지 못했다.

8월, 중국공산당 중앙 정치국은 <가격 및 임금개혁에 관한 초기 방안>을 통과시켰다. 18일, 신화사는 정치국회의 내용에 따라 기사를 발표했다. "회의에서는 앞으로 진행할 가격 개혁이 일부 주요 상품과 임금은 국가에서 관리하고 절대다수의 상품 가격은 제한을 해제하는 것이라고 밝혔다. 가격은 시장이 자체 기능을 발휘하여 조절하도록 하고, 가격이 체제로 변환되어 '국가가 시장을 제어하고, 시장이 기업을 이끈다.'는 요구를 실현시키겠다는 심산이다."

물가가 대폭 상승하며 많은 사람들은 현실을 보며 공황감에 빠져들었다. "상응하는 임금 조절"이라는 약속도 모든 사람들을 안심시키기에는 부족했다. 신화사의 기사는 절대다수 상품의 가격 제한이 해제되는 점을 강조했다. 19일에는 《인민일보》가 기사를 게재했고, 중앙인민방송국에서도 방송을 진행했다. 많은 사람들은 가격이 즉시 폭등할 것이라고 예상했다. 국무원이 유명브랜드의 담배와 명주의 가격 상승을 허락하자마자 각 지역의 상품들이 가격 역시 자발적으로 상승했다. 은행은 9월 1일에 이율을 올리겠다고 발표하여 9월 1일에 물가가 상승되는 착각을 주었다.

당시 사람들이 제일 두려워한 것은 화폐가치가 하락하는 일이었다. 19일에 기사가 발표되자마자 전국 각 지역에서는 상품을 대량으로 구매하고, 예금을 찾기 위해 은행으로 몰려가는 사람들이 줄을 이었다. 국가 통계국의 통계에 따르면 8월 상품 구매 총액은 동기 대비 38.6%나 증가했다. 이 구매 열풍 현상의 특징은 다음과 같다.

(1) 급하게 불어 닥쳤으며 파급 범위가 넓었다. 8월 중순에 일부 지역에서만 불어 닥친 구매 열풍이 빠른 속도로 전국 대부분 도시와 농촌까지 퍼져나갔다.

(2) 지속 시간이 길며 구매하는 상품 종류 역시 다양했다.

(3) 대량으로 구매한 탓에 판매량이 급증했다. 세탁기의 경우 두 배, TV는 56%, 냉장고는 82%를 기록했다. 이

렇게 판매량이 급증하는 것은 비정상적인 일이었다 .

(4) 맹목적이고 , 피동성이 강했다 . 구매의 목적은 소비가 아닌 가치를 보존하거나 상품 가격이 급증할까 봐 두려워서였다 .

(5) 어느 한 계층에 한정되지 않고 사회 각계각층이 전부 충동적으로 구매했다 . 예금을 인출할 때에도 똑같았다 .

8 월 한 달 사이에 주민들이 은행에서 인출해 간 금액은 389 조 4 억 위안으로 동기 대비 두 배 증가한 금액이며 예금 금액이 70% 증가한 것을 한참 뛰어넘는 수준이었다 . 각 지역에서 일부 상품의 재고량이 최저 경계선을 초월했다는 것을 보여 주고 있었다 .

습격처럼 벌어진 예금 대량인출사태와 물건 충동구매의 풍조는 개혁수준이 반드시 인민이 감당할 수 있는 범위 내에서 진행되어야 한다는 교훈을 주었고 , 거시적 제어가 부족하여 당시 시장 환경과 질서가 혼란스러운 상황에 빠져 있다는 것을 의미했다 .

이붕은 8 월 27 일 자 일기에 "저녁 일곱 시 반 , 조자양의 주재 하에 현재 경제 흐름에 대해 토론을 진행했다 . 그는 맹목적인 구매 풍조가 점차 더 심각해지자 몹시 초조해하는 듯했으며 이는 예상하지 못한 일이라고 말했다 ."고 기록했다 .

중공중앙은 당시 상황에 대해 연구한 끝에 가격 및 임금 개혁이 나아갈 방향은 그대로 유지하되 , 안정적으로 진행할 필요가 있다고 판단했다 . 이에 내년까지 경제환경을 관리하는 데에 집중하고 정상적인 경제질서를 설립하기로 결정했다 . 이는 물가 개혁을 순조롭게 진행하고 개혁을 심화시키기 위한 필수 조건인 동시에 그 자체로도 중요한 개혁이었다 .

9 월 1 일 , 이붕은 일기에서는 "등소평 동지는 내게 우리가 제안한 물가제어조치에 동의한다며 잠시 쉬어가는 것도 그 나름의 장점이 있지만 개혁의 기본방향은 변하지 않는다고 했다 . 올해 국가가 시행한 가격제고조치는 몇 개 되지 않는다 . 그런데 각 지역에서는 물가가 연이어 상승하고 있다니 ! 지금처럼 주고받기 식으로 물가를 올리고 국가의 지령을 따르지 않으며 제멋대로 하는 탓에 국가는 더 혼란스러워지고 있다 ."고 썼다 .

이붕의 일기에서는 《경제일보》가 게재한 평론원 사설의 일부도 적혀 있었다 . 내용은 다음과 같다 . "한동안은 지시를 내려도 이행하지 않고 , 금지하여도 멈추지 않았다 . 심지어는 겉으로는 따르는 척하며 뒤에서는 하고 싶은 대로 행동하는 현상이 점점 더 심각해지고 있다 . 일부 단체와 부서는 자신의 이익만을 고려하여 초기에는 덩달아 가격을 올리더니 이제는 서로 앞질러 나가고 하고 있는 상황이다 . 이는 물가 규율을 파괴시켰을 뿐만 아니라 인민과 개혁의 이익에도 거대한 손해를 입혔다 ."

이 시기에는 경제 사업을 진행하는 도중 여러 가지 문제점들이 드러났는데 , 대부분의 문제들은 정책을 느슨하게 조정하고 경제를 활성화시키는 과정에 있어서 성과를 거두는 것에 급급해 거시적 제어와 종합 균형을 무시한 탓에 벌어진 일들이었다 .

경제학자 설모교는 "당시 우리나라는 가격 , 세금 정책 , 대출 등 경제 지렛대를 제대로 건설하지 않은 상황에서 거시적 제어를 진행하고 새로운 체제를 설립했다 . 이때 중공중앙이 계획 , 재정 , 은행 , 무역 등 분야에서 필요한 관리 권력을 과도하게 이양한 탓에 , 기존에는 과도하게 집중되어 있던 것이 반대로 과도하게 분산되며 거시 경제환경이 파괴됐다. 게다가 새로운 경제체제가 뿌리 내리지 못한 상황에서 성장 속도를 제고시키는 데에만 급급했다. 결국에는 경제 과열 현상이 발생하며 새로운 비율 불균형 문제가 생겨났다."고 지적했다.

쓴맛을 보고 난 뒤에야 알아차린 큰 교훈이었다.

9월 12일, 등소평은 정치국상무위원회 위원들과 회담을 가지며 인플레이션은 여러 요소가 결합되어 발생하는 것이니 인플레이션을 해결하기 위해서는 여러 분야의 문제를 같이 해결해야 한다고 지적했다. 그는 다음과 같이 말했다.

개혁이 성공하기 위해서는 반드시 누군가 이끌어야 하며 단계적으로 진행하여야 합니다. 자기 의견만 내세우며 자기 할 일만 한다면 어떻게 실현시킬 수 있겠습니까?

저는 개혁을 진행하며 동시에 경제환경을 재정비하고 무너진 질서를 바로잡자는 의견에 찬성합니다. 양호한 환경이 조성되어야만 개혁도 순조롭게 진행될 수 있는 것입니다.

물가 분야에서만 개혁을 진행할 것이 아니라 여러 분야에서 종합적인 개혁을 진행해야 합니다. 다방면적이고 종합적인 개혁만이 물가 개혁을 성공시키기 위한 조건을 제공해 줄 수 있습니다.

9월 26일, 13기 3중전회가 북경에서 개최됐다. 회의에서는 경제 생활에 인플레이션이 발생한 것과 물가 상승폭이 과도하게 높은 것이 현재 가장 두드러지는 문제라고 말하며 근본적인 이유는 경제 과열 때문이며, 사회 수요가 공급을 초과했기 때문이라고 지적했다. 또 이는 다년간 누적되어 발생한 문제라는 데에 의견을 같이 했다. 회의에서는 중앙 정치국이 제안한 경제환경 정비, 경제질서 정비, 전면적인 개혁 심화 계획 및 조치 등을 통과시켰으며, 경제환경을 재정비하고 경제질서를 바로잡는 것을 향후 2년 간 개혁과 건설 사업의 중점으로 확정했다.

경제환경을 정비하고 경제질서를 바로잡는 것은 무엇을 위한 것일까?

회의 《공보》에서는 "경제환경을 정비하는 것은 사회의 수요를 축소하여 통화가 팽창하는 것을 억제하는 것이다. 경제질서를 바로잡는 것은 현재 경제생활, 특히 유통 분야에서 나타나는 각종 혼란스러운 현상을 해결하기 위해서다. 이 두 분야의 문제를 해결하기 위해서는 유효한 방법을 채택하여 단호하게 시행해야 한다. 경제환경을 정비하고 경제질서를 바로잡기 위해서는 새로운 체제가 기존의 체제를 대체하는 과도기 때 거시적 제어의 제어 수준을 증가시키고 개선해야 하며, 농산물과 부업 생산물, 수요량이 높은 방직 상품과 에너지 및 원재료 등의 실수요를 증가시키는 노력과 함께 진행되어야 한다."고 설명했다.

10월, 등소평은 해외에서 온 국빈들을 맞이하며 다음과 같이 말했다.

최근 우리 경제는 과열현상이 나타나고 있으며 속도가 지나치게 빨라 경험을 종합하여 해결해야만 하는 상황에 처해 있습니다. 이 때문에 13기 3중전회 때는 경제발전 속도를 제어하자는 의견이 제안됐었고, 경제환경을 정비하며 경제질서를 바로잡을 필요가 있습니다. 초기에는 우선

2년간 시행해 볼 계획입니다. 경제발전 속도를 늦춰 적당한 속도를 유지하도록 할 것이고, 부패 현상을 없애기 위해 노력할 것입니다. 이를 위해 중공중앙과 국무원의 제어능력을 제고시켰으며 일부 적극적인 조치와 적절한 방법을 통해 관리수준을 높여 나가고 있습니다.

이 무렵, 진운(陳雲)은 조자양을 찾아가 "우리 같은 사회주의 국가가 서양 시장경제의 방법을 학습하여 적용한다는 것은 여간 어려운 일이 아니다. 길을 찾는 과정에서 문제를 맞닥뜨리게 되는 것은 피할 수 없는 일이니 계속해서 길을 찾아나가며 경험을 종합하면 된다."고 말했다.

그는 의견 여덟 가지를 내놓았는데 그중에 언급된 내용은 다음과 같다.

식량 문제는 시종일관 큰 문제였다.

전체적으로 보았을 때 균형을 이루어야 하는 것 중 제일 기본적인 게 바로 재정 분야에서의 균형이다. 현재의 혼란스러운 경제 국면을 해결하기 위해서는 반드시 재정의 균형을 유지하여야 한다. 특히 중앙 당 정부의 재정 균형이 가장 중요하다. 지금은 채권을 과도하게 발행한 상황이다. 채권 발행의 권력은 중앙 당 쪽에 집중되어야 한다.

60년 동안 소련이든 중국이든 사업을 진행할 때 가장 자주 드러난 문제점이 바로 계획과 비율에 따라 진행한다는 조항만 있고 사회주의 제도 하에 시장 조절을 진행하겠다는 것이었다. 그렇기 때문에 우리는 개혁을 진행해야만 한다. 그러나 개혁을 진행하기 위해 계획과 비율에 따라 경제를 발전시키겠다는 목표를 버려서는 안 된다. 그렇지 않다면 국민경제는 혼란스러워지기 때문이다.

인민의 생활수준은 반드시 일정 수준을 유지하며 제고시켜야 한다. 너무 높거나 너무 낮아서는 안 된다. 옛말처럼 제일 중요한 것은 먹는 것이고 그 다음이 건설이다. 옳은 일은 실천해야 그러나 그것도 힘이 있어야 가능한 일이다.

중공중앙의 정치권력은 중앙의 경제 권위를 기반으로 한다. 경제활동에 있어서 중공중앙은 반드시 권력을 집중시켜야 한다. 경제를 활성화시키는 것은 옳은 일이지만 권력이 과도하게 분산된다면 활성화시키는 것도 어려워진다.

등소평과 진운의 의견은 일치했으며 문제점의 핵심을 제대로 짚어냈다. 그러나 당시 경제환경과 경제질서는 깊은 혼란 속에 빠져 있었기에 정비하는 것도 쉬운 일이 아니었다. 게다가 이번 조정 작업은 물가가 대폭 상승하며 전국적으로 대량 예금 인출 사태와 물건 대량 구매 사태가 일어나는 바람에 어쩔 수 없이 진행하게 된 것이니. 과열된 머리는 금방 냉정해지기 어려웠다. 게다가 작업을 진행하는 도중에 만나게 되는 장애물이 너무 큰 탓에 일부 대형 사업들은 이것도 저것도 진행하지 못해 효과가 드러나지 않았다.

1989년 2월, 국가통계국은 1988년 물가 현황에 대해 "작년에 화폐를 과도하게 발행한 탓에 물가는 급격히 상승했고 그 결과 인플레이션이 발생했다. 물가는 18% 상승했다. 물가 상승으로 인해 약 34%의 가정의 실제 수입이 하락했다. 이번 경제 과열은 곡식, 면, 기름의 생산량이 몇 년 연속 바닥에 머무르며 나타난 현상이다. 생산량과 상품 가격을 급등하며 발생한 이익은 기업과 중간 단계인 유통 업자들에게 돌아갔으며 국가는 받지 못했다."고 보고했다.

이런 상황에서 국민은 부패 현상, 특히 특권을 이용해 중간 유통 과정에서 폭리를 취한 공무원들의 '브로커'와도 같은 행위에 격한 분노를 느꼈다.

제 3 절 1989 년의 정치풍파

1989 년, 《인민일보》가 게재한 신정 축사가 사람들의 이목을 끌었다. 그 축사는 "지나간 1988 년은 잊을 수 없는 한 해였다."라는 문장으로 서두를 열었다.

축사에서는 1988 년에 이루어 낸 성과를 우선 언급하고, 겪었던 문제점에 대해 지적했다. "지난 한 해 동안, 우리는 전례 없었던 심각한 문제들을 겪었다. 그중 경제생활에서 인플레이션이 발생한 것이 가장 두드러지는 문제점이었다. 물가는 폭등하고, 당과 정부기관, 사회에서 발생한 일부 부패현상은 우리를 놀라게 했다."

"개혁을 시작하고 딱 10 년 되던 해에 맞닥뜨린 어려움과 문제들에 대해서는 대부분의 사람들이 사상적으로 준비되어 있지 않은 상태였기에 잠시나마 의견이 분분했다. 이는 극히 자연스러운 일이다."

갑자기 나타난 문제들을 어떻게 보아야 하는 걸까? 어떻게 대응해야 하는 걸까?

축사가 내놓은 답은 "개혁이란 본디 굉장히 복잡하고, 어려운 혁명이다. 모든 것을 해결할 수 있는 이상적인 해법은 존재하지 않으며, 순풍에 돛을 단 듯 순조롭기만 할 수는 없고, 고치자마자 효과를 보는 일도 있을 수 없다. 현재 가장 중요한 것은 경험을 종합하여, 개혁의 규율성에 대한 인식을 제고시키는 것이다."였다.

또한 축사에서는 "새로운 해가 밝았으니 우리는 반드시 엄격하게 당을 다스리고, 엄격하게 집권하고, 특히 청렴한 정치를 위해 더 효과적인 조치를 취함으로써 부정부패 현상을 최소화시킬 수 있도록 노력할 필요가 있다."라고 강조했다.

이붕 국무원총리 역시 신년 단배식 축사에서 다음과 같이 솔직하게 말했다.

현재 우리가 겪고 있는 어려움과 문제들은 과거에 우리가 당을 이끌며 저질렀던 과오나 부족했던 점과 분리하여 생각할 수 없습니다. 우리는 반드시 경험을 종합하여, 결점을 극복하고 새로운 해에는 각 분야의 사업을 더 잘 처리할 수 있도록 노력해야 할 것입니다. 이와 동시에 현재 경제와 사회의 발전 과정에 문제점들이 복잡하게 얽혀 있어 해결하기 쉽지 않을 것이라 예상됩니다. 이는 일정 기간이 지난 후에야 해결할 수 있을 것 같습니다. 참석하신 분들이 이 점에 대해 부디 양해해 주셨으면 합니다.

물가 급등이라는 돌발 상황에 직면한 당과 정부는 작업을 진행하는 과정에서 존재했던 결점이나 오류에 대해 인식했으며, 경험과 교훈을 종합하여 해법을 찾아 조치를 취하려 했다. 그러기 위해서는 반드시 정치 질서를 안정화시켜야 했는데 전국 인민들이 한마음 한뜻으로 협력하여 같이 어려움을 이겨내기 위해 노력해야만 이루어 낼 수 있는 일이었다.

그러나 외부와 내부의 적대세력들은 이번이 절호의 기회라 생각하며, 인민들이 물가 상승과 부정부패 현상에 갖는 정당한 불만을 악의적으로 이용하여 중국이 분열되게 하고, 국내 정세를 어지럽혀 사회주의제도를 뒤바꾸려 했다.

예전부터 일부 서양 국가들의 정치세력은 각종 방법과 수단을 이용해 사회주의 국가의 사상과 정치에 침투하려 했다. 심지어는 반(反)공산당, 반사회주의 활동을 지지하고 지원해주기도 했다.

이 무렵, 불순분자들은 민주를 요구한다는 명목으로 깃발을 치켜들었는데 활동이 이상할 정도로 빈번하게 이루어 졌으며, 정치적 의도가 굉장히 노골적으로 드러났다.

1988년 여름 이후, 자산계급 자유화를 추구하는 방려지(方勵之)와 같은 불순분자들이 정부를 비난하는 목소리가 점점 높아지기 시작했습니다. 방려지는 외신기자와 자주 인터뷰하며 공개적으로 네 가지 기본원칙을 부정했고, '정신오염 제거운동'과 '자산계급자유화 반대운동'을 비난하며, '전반적인 서양화 추진'을 제창했다.

1988년 가을과 겨울, 북경의 일부 고등학교에는 각종 토론회, 연구회, 살롱 등과 같은 이름을 달고 자산계급 자유화를 추구하는 사람들을 초청해 연설을 듣는 모임도 존재했었다.

1989년 1월 6일, 방려지는 등소평에게 정치범을 사면하고 위경

생 (魏京生) 을 석방하라 요구했다 . 이 모든 것은 폭풍전야와도 같은 분위기를 형성시켰다 . 거센 정치 풍파가 몰려오고 있었다 .

등소평은 이러한 정치 동향을 경계할 필요가 있다는 걸 직감했다 . 그는 2 ～ 3 월 연설에서 "중국은 혼란스러워져서는 안 됩니다 ."라고 거듭 강조했다 .

그는 중국을 방문했던 부시 미국 대통령과 회담을 가질 때 다음과 같이 말했다 .

중국에 존재하는 문제들 중 최우선은 바로 안정을 유지하는 것입니다 . 안정적인 환경이 갖추어지지 않는다면 그 무엇도 해낼 수 없으며 이미 이루어 낸 성과도 잃어버릴 가능성이 높습니다 . 중국은 반드시 개혁개방을 견지해 나갈 것이며 , 개혁개방은 중국의 문제를 해결해 낼 유일한 희망입니다 . 그러나 개혁을 성공시키기 위해서는 우선 안정적인 정치환경이 필요합니다 .

중국은 현재 온힘을 다해 경제발전을 이루어 내야 하는 시기에 처해 있습니다 . 형식상의 민주만을 추구한다면 실제 민주는 실현하지 못할 뿐더러 , 경제 역시 발전하지 못합니다 . 이는 곧 국가에 혼란을 가져오고 , 중국 국민의 마음을 흩트려놓을 것입니다 . 우리 중국은 이 점에 대해 누구보다 더 잘 알고 있습니다 . 과거에 문화대혁명운동을 겪고 그것이 낳은 결과를 직접 두 눈으로 보았기 때문입니다 . 중국은 인구가 많은 나라입니다 . 시위가 이곳저곳에서 발생한다면 365 일 시위가 끊이질 않을 것이며 경제건설

의 추진이라는 목표도 실현할 수 없어집니다. 우리는 사회
주의식 민주를 발전시켜야 합니다. 그러나 급하게 진행해
서는 안 되며, 서양국가의 제도를 따라서는 더더욱 안 됩
니다. 복수정당제를 도입한다면 분명 문화대혁명운동 때의
'전면내전'과도 같은 혼란스러운 상황이 펼쳐질 것입니다.

등소평은 조자양과 대화할 때도 "나는 부시 대통령과 회담을 가질
때 중국에 존재하는 문제들 중 최우선은 바로 안정을 유지하는 것이라
고 말했다. 중국의 안정을 저해하려 하면 그게 무엇이든 반드시 대응할
것이며 양보할 수 없고, 타협해서는 안 된다. 외국의 여론은 우선 신경
쓰지 않아도 된다. 우리가 깨어있지 않다고 비난하는 것만 아니면 말하
고 싶은 대로 말하게 두면 된다. 욕을 먹은 게 하루 이틀 일도 아니고,
그렇다고 우리가 무너졌는가? 어찌 되었든 중국인의 일은 중국 인민인
우리가 직접 해내야 한다. 중국은 혼란스러워져서는 안 된다. 이 이치
는 반복해서 말해야 하고, 공개적으로 말해야만 할 것일세. 입 밖으로
말하지 않는다면 이치 면에서 패배했다 여길 가능성이 높으니 중국은
혼란스러워져서는 안 된다는 신호를 계속 송출해야 한다."고 했다.

그리고 4월 15일, 중공중앙 총서기였던 호요방(胡耀邦)이 심
장병으로 별세했다. 그날 밤, 중공중앙은 그의 부고를 발표했다. 추도
사의 내용에는 호요방이 개혁개방운동을 추진하며 세운 혁혁한 공을
충분히 인정하고, 당과 인민을 위해 일생 동안 분투했다는 긍정적인
평가가 담겨 있었다. 그러나 극소수의 사람들은 호요방의 사망 사건
을 이용해 사회 경험이 부족한 청년 학생들에게 유언비어를 퍼뜨리고,
선동하여 '독재정치 반대'와 같은 구호를 외치게 만들었다. 4월 18일

을 기점으로 상황은 급속도로 악화되기 시작했다.

이 모든 것은 문화대혁명운동 때 자주 보던 현상을 떠올리게 만들었다. 사회의 안정단결은 어렵게 실현해낸 것이었다. 이 불순한 시위운동을 방임한다면 사태가 점점 더 커져 최후에는 수습하기도 힘들어지고, 상상도 못한 결과를 낳을지도 모르는 일이었다. 국가는 혼란상태에 빠져들 것이고, 당을 다스리고 체제를 정비하는 것도 지속해나갈 수 없을 뿐더러, 십 년간 개혁을 진행해오며 얻어낸 성과들이 하루아침에 사라질 수도 있었다.

4월 26일, 《인민일보》는 사설을 발표하여 "모든 당원 여러분, 전국 국민 여러분, 이번 소란을 제압하지 않는다면 앞으로 태평한 나날을 보내는 것도 어려워집니다. 이번 투쟁은 개혁개방과 네 가지 현대화건설의 승패에 직접적으로 영향을 미치는 일이며, 국가와 민족의 미래에도 관련된 일입니다."라고 지적했다.

당시 중공중앙 총서기였던 조자양은 자산계급 자유화 반대 운동에 계속 소극적인 태도로 임했다. 출국했다 다시 돌아온 그는 정치국 상무위원회의 의견도 구하지 않고 5월 4일 당중앙의 입장과 지도 방침과는 전혀 다른 내용의 담화문을 게재했다. 이는 중앙 내부에서 의견이 통일되지 않고 있다는 걸 외부에 공개해 버린 셈이다. 6일, 그는 중앙위원회에서 홍보와 사상 공작을 담당하고 있는 책임자들에게 "시위 장면이 보도되고, 신문에 공개되는 정도가 좀 늘어난다 해서 문제가 생기지는 않습니다."라고 말했다. 조자양의 이러한 태도는 여론의 분위기를 순식간에 뒤바꿔 놓았으며 학생운동을 지지하는 기사가 우후죽순처럼 쏟아지기 시작했다. 정세가 안정을 되찾던 참에 긴장 국면에 들어섰고, 수업에 복귀하려던 학생들은 또다시 시위에 말려들었다. 사회에는 유언비어가 판을 치기 시작했다.

이때, 등소평, 진운, 이선념 등 1세대 원로 지도자들은 이미 2선으로 물러난 상황이었으며 중앙의 업무에 대해 물어보지도 않았다. 이 사건을 어떻게 처리할 것인지에 대해 당 내부에서는 의견이 두 갈래로 나뉘기 시작했다. 5월 13일부터 일부 학생들은 천안문광장에서 단식 시위를 하기에 이르렀다. 점점 더 다양한 계층의 사람들이 시위에 참여하기 시작했으며 북경의 치안은 이미 통제가 불가능한 상황에 처했다.

5월 15일에는 고르바초프가 중국을 방문했다. 이는 중 - 소 관계가 개선됨을 의미하며 세계를 놀라게 한 중요한 사건이었다. 그러나 시위 탓에 이 중요한 활동도 정상적으로 진행하기 어려웠다. 환영식은 인민대회당 동문 앞 광장에서 진행하는 게 일반적이지만 어쩔 수 없이 북경 공항으로 자리를 옮겼다. 이튿날 오전, 등소평은 고르바초프와 회담을 가졌다. 18일에는 < 중소연합성명서 > 가 발표되며 양국 관계가 정상화되었음을 선포했다.

북경시의 경찰 인력이 부족하여 이미 정상적인 생산, 업무, 교통 등 생활 질서를 유지하지 못하는 상황에서 더 악화되는 것을 방지하기 위해 19일 저녁, 중공중앙과 국무원은 중앙위원회와 북경시 당정부 군 지도자들이 참석하는 대회를 개최했다. 북경에서 벌어진 정치풍파를 하루 빨리 해결하지 못한다면 시위가 전국으로 퍼져 나갈 수도 있으며 더 큰 대가를 치르게 될지도 모르는 일이었다. 조자양은 회의에 참석하길 거부했다.

20일, 국무원은 북경의 부분 지역에 계엄령을 선포했다.

6월 3일, 일부 계엄부대가 계획에 따라 계엄지역으로 진군했다. 그러나 불법단체를 이끄는 자들이 길에 장애물을 설치하여 부대가 진

군할 수 없도록 했다. 심지어는 해방군의 총을 뺏으려 하고 군용차에
불을 지르는 등 심각한 사건이 발생했다. 그날 밤, 계엄부대는 어쩔 수
없이 단호한 방법을 취하며 진군을 강행했고 일부 지역에서 불순분자
들과 충돌이 발생했다.

4일 새벽, 천안문광장에 진을 치고 있던 몇천 명의 학생은 계엄
부대의 경고를 듣고 순순히 해산했다. 북경의 상황은 금세 안정을 되
찾았으며 주동자 방려지는 주중 미국대사관으로 도피했다.

이 정치 풍파가 발생한 데에는 사회적, 정치적 동기가 큰 영향을
미쳤다. 등소평은 6월 9일 북경에 주둔하고 있는 계엄부대 간부들을
접견하며 다음과 같이 말했다.

이번 소란은 언젠가는 발생할 수밖에 없었던 불가피한
소란이었다. 이 소란은 국제 사회와 중국 사회의 영향을
받아 일어날 수밖에 없던 소란이었으며 사람의 의지로 바
꿀 수 있는 게 아니었다. 이는 단지 시간문제에 불과했으
며, 규모가 크냐 작냐의 문제였다.

인민이 부패 척결을 요구한다면 우리 당은 당연히 받아들
여야 한다. 불순분자들이 부패 척결을 요구하는 구호를 제창
해도 우리는 당을 위한 의견이라 생각하며 받아들여야 한다.
그러나 그들이 외치는 구호는 핑계에 불과하며 진짜 목표는
공산당을 타도하고 사회주의 제도를 전복시키는 데에 있다.

이와 같은 사건은 처음 겪는 일이라 처리하기가 더 어
려웠다. 불순분자들이 그 많은 학생들과 민중들 사이에 숨
어 있는 바람에 누가 누구인지 구분해 내기가 어려워 상응

하는 대처방법을 취하지 못했다. 우리 당의 원로 간부들이 없었더라면 이 사건의 본질이 무엇인지도 알아차리지 못했을 게 분명하다. 일부 동지들은 사건의 본질에 대해 제대로 이해하지 못하고 단순한 시위운동에 불과하다 판단할 가능성이 크다. 그러나 이번에는 시위 장소에 옳고 그름을 구분하지 못해 휩쓸린 민중들만 있던 게 아니며 그 사이에 조반파와 대다수의 사회 분자가 섞여 있어서 더 큰 문제가 됐다. 그들은 국가를 전복시키고, 당을 와해시키는 게 목적이고, 이게 바로 문제의 본질이다. 근본적인 문제를 이해하지 못한다면 실제 성질도 구분해 내지 못한다.

정치 풍파를 한 차례 겪고 난 후, '싼부저우' 발전 전략을 포함하여 11기 3중전회 때 제정한 발전 노선, 방침, 정책이 정확한지에 대해 의심하는 사람이 생겨났다. 혹시 틀리지는 않았을까? 13기 3차중전회의 핵심이라 할 수 있는 '하나의 중심, 두 개의 기본점' 전략은 맞는 걸까? 이는 전국 국민이 주목하는 문제가 되었으며, 해답을 갈구하기 시작했다.

이에 등소평은 단호하게 딱 잘라 대답했다.

우리는 틀리지 않았습니다.

이제 우리는 어떻게 해야 합니까? 우리는 원래 제정한 기본노선과 방침, 정책을 따라 계속 나아가면 됩니다. 흔들리지 않고 나아가야 합니다.

경험을 종합하여 올바른 것은 계속 견지해 나가고 실

수는 교정하며 부족한 점은 보완하면 됩니다 . 다시 정리하
자면 현재의 경험을 종합하여 미래를 내다보아야 합니다 .

등소평의 연설은 매우 중요한 작용을 했다 . 당시 국내는 물론 해
외 역시 중국의 개혁개방이 이번 풍파로 인해 바뀌지는 않을까 주의
깊게 살피고 있었으며 일부 사람들은 이 정치풍파가 무엇 때문에 발생
했는지 알지 못해 당혹스러워했다 .

이러한 배경 하에 등소평의 연설은 사람들이 이번 풍파의 본질을
파악할 수 있도록 도와주었으며 , 당을 계속 이끌어 나가고 사회주의
제도를 보호하는 것이 굉장히 중요하다는 것을 다시 한 번 느끼게 해
주었다 . 거칠고 사나운 파도와 역사적 난관을 겪으면서도 정확한 방향
을 향해 계속 나아갈 것이며 , 불순한 세력 때문에 잠시 흔들려도 11 차
3 중전회에서 통과시킨 본 노선과 방침 및 정책을 포기하지 않을 것이
라는 결심이 엿보이는 연설이었다 . 또 중국의 태도를 얼버무리지 않고
확실하게 전 세계에 선포함으로써 인민들을 안심시켰다 .

제 4 절 13 기 4 중전회

풍파가 잦아들자 중공중앙은 6 월에 13 기 4 중전회를 개최했다 .
회의는 전국의 상황을 안정시키는 데에 큰 도움을 주었을 뿐더러 11 기
3 중전회 때 당이 결정한 노선과 방침 , 정책의 연속성을 보장해 주었기
에 깊은 의미를 갖는다 .

13 기 4 중전회는 성명서를 발표했는데 내용은 "전회에서는 최근

두 달 간의 전국 정치동향에 대해 분석을 진행했으며 극소수의 불순분자들이 학생들을 선동하여 북경과 일부 지역에서 사전에 조직적 · 계획적으로 모의하여 정치적 소란을 일으키고, 이에 멈추지 않고 북경에서 반혁명 폭동을 펼친 것을 밝혀냈다."였다.

　전회에서는 조자양이 이번 사태 때 저지른 심각한 실책에 대해 토론을 진행했으며, 그를 중앙위원회 총서기에서 해임하기로 결정했다. 중앙지도부 구조에 대한 조정도 같은 회의에서 이루어졌다. 강택민을 중앙위원회 총서기로 임명하고, 중앙정치국 상무위원회는 강택민, 이붕, 교석, 요의림, 송평(宋平), 이서환(李瑞環) 6명으로 구성되도록 했다.

　4중전회 전후로 등소평은 다음과 같이 강조했다.

　새로운 지도자가 선출되면 작업 사항을 질서 있게 안배하는 것까지만 보고 이후의 진행 상황에 대해서는 묻지 않을 것이며, 더 이상 간섭하지 않을 것입니다.

　이 문제는 꽤 오랜 기간 동안 인식해 온 문제입니다. 한두 명의 덕망과 명성을 기반으로 삼아 국가의 운명을 쌓아 올리는 것은 건강하지 않은 처사이며 아주 위험한 일입니다. 문제가 일어나지 않는다면 괜찮을지 몰라도 일어나는 순간 수습하는 것 자체가 불가능해집니다. 새로운 지도자가 선출되면 그 지도자가 모든 책임을 다해야 합니다. 맞든 틀리든, 공을 세우든 실패하든 전부 지도자가 책임질 일인 것입니다. 이렇게 해야만 새 지도자들과 간부들이 마음 놓고 일할 수 있으며 새로운 지도단체가 직접 부딪히며 경험을 쌓아가는 데에도 도움이 됩니다.

같은 해 11월에 개최된 13차 5중전회에서는 <등소평 동지의 중국공산당 중앙군사 위원회 주석직무 사임에 관한 동의 결정>을 통과시키고 강택민(江澤民)을 중공중앙군위원회 주석에 임명했다. 이를 통해 등소평을 중심으로 이루어졌던 공산당 제2대 지도부가 강택민을 중심으로 이루어진 제3대 지도부에게 무사히 정권을 인계했다. 강택민을 중심으로 한 신중앙지도부는 사회가 크게 요동치는 상황에서도 정권을 건네받았음에도 불구하고 질서정연하게 임무를 수행해 나갔다. 중국이라는 선박 역시 11기 3중전회 때 확정된 기본노선을 따라 계속 전진했다. 13기 3중전회가 막을 내리고 중공중앙과 국무원은 힘을 모아 몇 가지 사건을 해결하여 인민이 만족할 만한 소식을 들고 왔다.

당시 전국에는 총 29만여 개의 회사가 존재했다. 일부 회사는 혼란스러운 경영을 이어나가며 당시 중국의 상황과 맞지 않는 고임금과 높은 수준의 복지를 제공했다. 극소수의 인원들은 직권을 이용해 자신의 사리사욕을 채우고 도박이나 투기, 뇌물 수수 등 문제를 일으켜 사회자원 분배 불균형문제를 더욱 더 심화시켰고, 민중들의 원성은 날로 커져갔다. 중앙위원회는 이 회사들을 뿌리 뽑겠다고 결심한 뒤, 유통 분야에서 과도하게 많은 비율을 차지하고 있는 상업, 무역, 물자 공급 회사와 금융회사에 중점을 두고 제재를 가했다. 중앙군사위원회 역시 군대와 무장 경찰부대가 상업활동을 펼치지 못하도록 규제했다.

각 분야를 재정비하고 문제점은 시정하며, 특히 급격하게 늘어난 사회 총 수요를 억제하기 위해 여러 효과적인 방법을 시행했다. 혼란스러웠던 상황은 일련의 과정을 거치고 빠르게 안정됐다.

이 시기는 중국의 대외 개방정책이 큰 시험에 빠진 시기이기도 했다. 당시 중국이 정치풍파를 종식시킨 이후, G7 국가는 인권을 침해했다 비난하며 중국에 제재를 가하고 내정에 간섭하기 시작했다. 서구 7개 국가의 대중제재 탓에 중국의 개혁과 경제건설이 큰 어려움을 겪은 것은 당연한 일이며, 제재를 가한 국가들 역시 손해를 보았다. 그러다 중국의 국내정치 형세와 사회질서가 점차 안정되자 7개 국가는 중국에 가하던 제재를 느슨하게 조정했다.

제5절 한층 심화된 경제환경 정비와 경제질서 시정

1989년과 1990년은 개혁개방 이래 국민경제가 가장 느린 속도로 발전하던 해였다. 그와 같은 상황이 발생하게 된 이유는 여러 가지가 있었다. 이는 우선 과거 몇 년간 지속된 경기 과열과 필요에 의해 경제환경을 정비하고 질서를 바로잡은 것과 당연히 관련이 있다.

1989년에 벌어진 정치풍파사건은 경제상황을 정비하고 질서를 바로잡는 데에 큰 방해가 되었으며 경제환경을 설립하는 데에 상당한 손해를 입혔다. 그 외에도 서구 국가가 중국에게 제재를 가하며 1990년 수입 총액은 작년 대비 9% 하락했고, 필요한 설비와 원재료를 수입할 수 없으니 경제적 어려움을 더 가중시켰다. 이 사실을 통해 정치와 사회의 안정이 중국의 경제발전에 얼마나 중요한 요소인지 알 수 있다.

국내에서 벌어진 풍파가 잠잠해졌을 때쯤에 경제분야에는 냉정하게 판단하고 실제상황을 고려하여야만 답을 찾아낼 수 있는 문제가 나타나게 된다. 당시에는 경험과 교훈을 종합하여 경제상황의 재정비 수준과 경제질서 시정수준을 강화하고 개혁을 심화시키는 게 목표였다.

1989 년 11 월, 중앙 업무 위원회는 11 기 3 중전회를 개최하여 < 경제환경의 재정비와 경제질서 시정의 심화 개혁에 관한 규정 > 을 통과시켰다. 중앙위원회는 이 < 결정 > 을 통해 자체비판을 진행했다. 관련 내용은 '중공중앙과 국무원은 우리나라 경제생활에 나타난 어려움과 문제에 관해 큰 책임이 존재한다. 경제건설과 개혁개방을 실시하는 구체적인 지시에도 오류가 존재했다. 이 문제가 발발한 원인은 국민이 아닌 지도부에게 있으며 지도부는 응당 책임져야 한다'였다.

이 엄숙한 자체비판은 적절한 내용으로 이루어졌다. 종합 균형과 거시적 제어 수준을 높여 나가는 문제에 대해 언급하며 지난 단계에는 무시되었지만 중요한 문제임을 강조했다. 또 성과를 얻어내는 데에 급급한 것은 신중국경제에 지속적으로 발생하는 고질병이라 지적했다.

< 결정 > 은 삼 년 혹은 그보다 더 오랜 기간이 걸리더라도 경제환경을 재정비하고 경제질서를 시정하는 작업을 기본적으로 완수해 내겠다는 포부를 밝혔다.

1990 년에 진행된 경제환경 재정비와 경제질서 시정 작업은 눈에 띄는 효과를 얻어냈으며 시장질서는 기초 정비에 들어갔다. 중국경제가 굉장히 어려운 조건에 처해 있었음에도 불구하고 비교적 빠른 속도로 호전되어 다시 건강한 발전 궤도 위에 오른 것이다.

7 차 5 개년계획이 성공적으로 마무리된 이후, 1990 년 12 월 13 기 7 중전회를 개최하여 < 국민경제와 사회 발전 10 년 계획과 8 차 5 개년 계획을 제정하는 것에 관한 건의 > 를 통과시켰다. 8 차 5 개년계획과

10 년 계획을 같이 결합했다는 게 이 < 건의 > 의 특징이었다 . 이는 경제와 사회 발전 과정에서 맞닥뜨리게 되는 문제는 대부분 연속성을 가지며 장기간 고려해야만 해결할 수 있고 , 일부 중대 건설 항목이나 과학 기술 과제 및 인재 양성 등 분야는 5 개년계획이라는 기간 안에 이루어 낼 수 없다는 것을 고려하여 내린 결정이었다 . 10 년 경제발전의 추세와 분투 목표에 따라 5 개년계획을 제정하는 것은 더 멀리 내다보며 발전 노선을 따라 착실하게 발전해 나가는 데에 도움이 됐다 .

1991 년 , 중국이 추진하는 각 분야의 사업은 외부 압력과 내부 문제가 공존하는 상황에서도 빠르게 발전하는 과정에 진입했다 . 3 년간 추진된 경제상황 재정비 및 경제질서 시정 작업과 개혁의 심화 작업을 통해 중국경제의 발전 추세는 정상적인 상태로 돌아왔으며 , 점점 더 좋은 방향으로 발전하기 시작했다 .

그해 , 중국의 국민경제는 크게 한 걸음 내딛는 데에 성공했다 . 연말까지 전국 국내 총생산액은 2 조 161 억 8,000 만 위안을 기록했으며 최초로 2 조라는 큰 난관을 뛰어넘었다 .

포동 (浦東) 신경제지구의 개발은 이 시기에 내린 중대한 결정 중 하나였다 . 상해는 중국에서 가장 큰 공업 도시로 인재 , 기술 및 관리 분야에서 우세를 차지했다 . 또한 지리적으로 보았을 때도 영향을 미치는 범위가 넓은 게 장점이었다 . 상해가 경제 중심 도시로써의 역량을 발휘한다면 장강 삼각주를 포함한 장강유역 경제벨트의 빠른 발전과 전국경제의 발전 양쪽 모두에게 큰 의미를 가질 게 분명했다 .

그러나 상해는 발전시킬 수 있는 지역이 제한적이라는 게 문제였다 . 반대로 황포강 (黃浦江) 을 사이에 두고 상해와 마주하고 있는 포동지역은 거대한 발전 잠재력을 안고 있었지만 , 그 잠재력이 제대로 이용되지 못했다.

1990년 초, 등소평은 상해를 방문했다. 당시 상해시위원회 서기 겸 시장을 맡고 있던 주용기(朱镕基) 등 관련 인사들은 업무보고를 진행하며 포동지역 개발구상계획을 함께 제안했다. 3월, 북경으로 돌아온 등소평은 중앙 관련책임자에게 "개발하기에 적합한 조건과 더 많은 잠재력을 가진 지역이 어디인지 생각하고 연구해 볼 필요가 있다. 예를 들자면 바로 상해가 그렇다. 상해는 우리 비장의 카드다. 상해의 발전은 국가의 발전을 위한 지름길이다."라고 지시했다.

4월, 국무원 총리 이붕은 상해를 방문하여 중국공산당 중앙위원회와 국무원의 결정을 발표한다. "대외형 경제 및 첨단기술 경제를 위주로 하여 포동지역의 개발을 추진하겠다는 계획에 동의한다. 아울러 포동지역에는 일부 경제특구의 정책을 적용하여 시행하도록 한다."

같은 해, 포동 신경제지구는 폐쇄형 관리 체계를 갖춘 외고교보세구(外高橋保稅區)를 설립했다. 국가의 비준을 받아 설립된 중국 최초의 보세구역이었다. 이해부터 포동 지역은 실질적인 개발단계에 들어섰다.

1991년 3월, 중앙위원회는 상해와 심천 지역에 증권시장을 설립하여 시범 운영해 보기로 결정한다. 이 또한 개혁개방이 진행되며 생겨난 신문물이었다.

물론 그 과정에서 여러 문제점들을 맞닥뜨리기도 했다. 그중 가장 두드러진 문제점은 바로 '삼각채(三角債)'였다. 이전에 인플레이션과 화폐의 과도한 유통으로 인한 문제를 해결하기 위해 긴축정책을 시행한 탓이었다. 이에 더해 구매열풍이 지나간 이후 소비가 위축되며 많은 기업들은 자금부족 현상을 겪게 되었고, 대금지불을 서로에게 미루는 일이 빈번하게 벌어졌다.

국무원은 이 문제를 해결하기 위해 총력을 기울였으며 1991 년, 국영 대·중형 기업 관리를 위한 정책 20 조 중 '삼각 채무관계'를 해소하는 것을 돌파구로 삼았다.

그러나 문제의 난도가 너무 높아 하나를 해결하면 하나가 더 생기는 일이 빈번하게 발생했고, 일부 기업은 "채무는 재테크의 일종이며, 채무를 지는 것이 이득이다."는 잘못된 사상을 갖고 있었다. 이 문제는 경제생활이 정상적으로 운행되는 데에 큰 장애물로 작용했으며 경제 사업의 발전을 몇 년간 방해했다. 그 무렵 국유기업의 경제 효율이 지속적으로 하락하며 큰 손해를 입은 탓에 걱정은 두 배로 증가했다. 경제생활에서 속속히 드러난 문제들은 속도가 아닌 효율을 제고시키지 못하는 게 더 큰 문제라는 것을 증명해 주었다. 이는 몇 년 전 경제가 과열되었을 때 낮은 수준의 중복 건설이 성행하고 기업의 경영 체제가 호전되지 못한 것과 밀접한 관련이 있었다.

신임 국무원 부총리인 주용기는 이 점에 대해 예리하게 지적했다.

현재 많은 기업들이 겪고 있는 문제는 손해를 보아서가 아닌, 아무것도 하지 않아서 벌어졌다. 대다수의 기업은 감가상각비를 적용하지 않고 신상품개발기금을 국가 규정에 따라 적절하게 이용하지 않아 실제로는 원금을 낭비하고 있다. 손해가 발생해도 직원 상여금은 그대로 지급하고, 기업에 문제가 생겼는데도 책임자는 해임되지 않고. 상품이 팔리지 않아 재고가 쌓이고 있는데도 불구하고 생산량을 조절하지 않았다. 업무는 줄어들고 있는데 인원감축은 진행하지 않고 , 기업내부의 상벌이 명확하게 규정되지 않아 일을 많이 하든 적게 하든 잘하든 못하든 모두 똑같은 대우를 받았다 . 이는 기업 체제에 존재하는 문제가 해결되지 못했기 때문이다 . 이 문제를 우선 해결하지 않는다면 기업의 효율을 제고시키는 것은 불가능하며 고인 물속에 잠겨 있는 기업들 역시 변화할 수 없다 .

이에 그는 "폐쇄 , 중지 , 합병 , 전환을 통해 공업 내부구조를 해결해야 한다 ."는 해법을 내놓았다 .

앞서 언급한 문제들은 모두 중국이 개혁개방과 사회주의 현대화 사업을 건설하는 과정에서 마주친 새로운 형태의 문제들이다 . 이 문제들은 개혁을 지속해 나가야만 해결할 수 있으며 , 발전하는 과정에서만 해결할 수 있는 문제들이었다 . 개혁과 발전을 실현하기 위해서는 기존의 사고방식을 벗어나 새로운 사고방식을 갖고 크게 한 걸음 내딛어야만 했다 . 이렇게 중국 인민들은 대단히 복잡한 상황에서 , 경험은 부족하지만 멈추지 않고 계속 나아가겠다는 굳은 마음가짐으로 대담하게 앞으로 나아가며 길을 모색하고 , 길을 모색하는 과정에서 발전하며 새로운 미래를 맞이한 것이다 .

1980 ～ 90 년대 , 국제 사회에는 전 세계 사람들을 깜짝 놀라게 할 만한 변화가 일어났다 . 소련이 와해되고 , 동유럽 정세가 급변하기 시작한 것이다 . 이 두 사건은 냉전을 종식시켰고 , 세계 정치 양극화시대를 불러와 중국의 개혁개방과 현대화건설을 위해 유리한 환경과 조건을 조성해 주었다 .

그러나 세계 사회주의운동은 침체 상태에 빠져들었다 . 일부 서구 사람들은 우쭐해하며 20 세기가 남긴 가장 위대한 유산은 사회주의라는 역사적 실험의 참담한 실패라고 조롱했고 , 중국인들은 당혹감을 감추지 못했다 .

이렇게 험난한 국면 앞에서도 등소평 (鄧小平) 은 평정심을 잃지 않았다 . 그저 "국제정세에 대응하기 위해 우리가 취해야 할 행동은 세 마디로 요약할 수 있다 . 첫째 , 냉철하게 상황을 판단해라 . 둘째 , 기반을 공고히 다져라 . 셋째 , 침착하게 대응하라 . 조급해할 필요도 없고 , 조급해해서도 안 된다 . 냉정하고 , 냉정하고 또 냉정하게 행동해야 한다 . 정신을 집중하여 한 가지 일에만 몰두하면 된다 . 바로 우리 자신의 일이다 ."

"정신을 집중하여 한 가지 일에만 몰두하면 된다. 바로 우리 자신의 일이다." 이 한마디에는 11 기 3 중전회 이후 중국이 추진해 온 중국 특색 사회주의 사업만을 착실히해나가면 된다는 뜻이 내포되어 있는 것이다.

제 1 절 등소평의 남순 강화와 중국공산당 제 14 차 전국대표대회

등소평은 1992 년 1 월부터 2 월 사이에 무창 (武昌), 심천 (深洲), 주해 (珠海), 상해 (上海) 등 지역으로 시찰을 나갔다. 퇴임한 이 노인은 여전히 중국 특색 사회주의 건설 사업에 관심을 갖고 주의 깊게 살펴보고 있었으며, 개혁개방과 사회주의 현대화건설 사업이 어떻게 발전해 나가는지 관찰하고 있었다.

이때, 중국의 경제건설과 개혁 사업은 중요한 시기에 이르렀다. 등소평은 남방을 순찰하던 도중 전략가의 시선과 식견을 발휘하여 장기간 동안 인민들이 관심을 갖고, 사상적으로 이해하지 못한 중요한 문제에 대해 대답해 주었다.

사회주의를 견지해 나가지 않고, 개혁개방을 중단하고, 경제를 발전시키지 않고, 인민의 생활을 개선하지 않는다면 우리 앞에 남는 건 막다른 길밖에 없습니다. 기본 노선을 건설하기 위해서는 백 년을 기다려야 하며 절대 흔들려서는 안 됩니다.

어떤 것을 판단할 때는 사회주의 생산력을 발전시키는 데에 도움이 되는지부터 봐야 합니다. 이것이 사회주의 국가의 종합 국력을 증강시키는 데에 도움이 될 것인가, 인민의 생활수준을 제고시키는 데에 도움이 될 것인가를 기준으로 판단하여야 합니다.

계획경제의 비율이 더 높은가, 시장경제의 비율이 더 높은가. 본질적인 사회주의와 자본주의의 구분은 단순히 비율로 결정되는 것이 아닙니다. 계획경제가 사회주의를 의미하지는 않습니다. 자본주의에도 계획이 존재합니다. 반대로 시장경제가 자본주의를 의미하지도 않습니다. 사회주의 사회에도 시장은 존재합니다. 계획과 시장 둘 다 경제적 수단입니다. 사회주의의 본질은 생산력을 해방하고, 생산력을 발전시켜 착취를 없애고 빈부격차를 소멸시켜 최종적으로는 다 같이 부유해질 수 있도록 노력하는 것입니다.

기회를 붙잡아야 합니다. 그리고 지금이 바로 절호의 기회입니다. 나는 다른 것보다 기회를 놓칠까 봐 두렵습니다. 붙잡지 않는다면 기회는 눈앞에서 사라질 것이고, 시간은 눈 깜빡할 사이에 흘러가 버립니다.

일부 사회주의 국가가 우여곡절을 겪고 있는 모습을 보며 사회주의 세력이 약화됐다고 말하는 사람들이 있습니다. 그러나 인민들의 사상은 이를 기회로 단련될 것이며, 그 과정 속에서 교훈을 얻고 사회주의를 더 건강한 방향으로 발전시켜 나갈 것입니다. 그러니 당황하여 실수를 저지르는 일이 없게 주의하고, 마르크스주의가 소실됐다, 쓸모

없어졌다, 실패했다 같은 생각은 하지 맙시다. 말이나 되는 소리입니까!

　　우리는 중국 특색 사회주의를 건설하기 위한 발전 노선 위에 서 있으며 계속 앞으로 나아가야 합니다. 자본주의는 발전시키기까지 몇 백 년이라는 시간이 걸렸는데, 우리나라가 사회주의를 건설하기 시작한 지 얼마나 됐다고 포기합니까! 게다가 우리는 중간에 20 년이라는 시간을 잃어버렸습니다. 건국한 날부터 계산해 백 년이라는 기간 안에 우리나라를 중등 수준의 선진국가로 발전시킨다면, 그것만으로도 대단한 일 아니겠습니까!

　　등소평은 이 연설을 세 권으로 구성된 《등소평문선 (鄧小平文選)》의 마지막 편으로 정했다. 이는 그가 중국공산당과 중국 국민에게 남겨 준 중요한 정치사상이라 할 수 있겠다.

　　1991 년 개최된 전국인민대표대회에서 통과된 8 차 5 개년계획과 10 년 계획은 초기에는 국민총생산을 매년 평균 6% 성장시키겠다고 규정했었다.

　　이는 당시의 상황과 밀접한 관련이 있다. 첫째, 이 계획을 세울 당시에는 국제와 국내 정치 및 경제상황이 불안정하여 계속 관찰할 필요가 있었고, 안정을 강조하며 안정 속에서 성장을 이룩하려는 의도였다.

　　둘째, 6% 의 성장률만이 2000 년대에는 국민총생산이 네 배 증가하도록 하겠다는 전략적 목표를 달성할 수 있었기 때문이다.

　　셋째, 계획을 정할 때는 빠듯하게 정하는 것보다 여지를 남겨 놓는 게 좋다 판단하여 내린 결정이었다. 그러나 시간이 지나며 실제상황을 고려했을 때 6% 라는 성장률은 연 성장 속도에 비해 너무 낮은 수준이었음을 알아차렸다.

1992 년이 되었을 때 객관적인 형세는 이미 변하기 시작했다. 국제정세는 점차 안정세로 접어들었으며 그 흐름에 따라 중국이 더 발전할 가능성 역시 높아졌다. 또 새로운 과학 기술 혁명이 진행되며 전 세계의 사업 구조가 조정 시기에 들어섰고, 선진국가의 기업들은 공장을 개발도상국으로 옮기고 싶어 했다. 중국 주변에 있는 국가와 지역 역시 발전에 박차를 가하기 시작했다.

이러한 상황에서 경제발전 속도를 제고하고, 원래 계획보다 더 높은 경제성장 속도를 실현해 내는 것은 반드시 필요한 것이었으며 실현 가능성이 있는 일이었다. 등소평은 이 변화를 바로 알아차리고 즉시 기회를 붙잡아 발전을 가속화해야 한다는 의견을 내놓는다. 그의 의견은 중국의 경제의 빠른 발전에 중요한 작용을 미쳤다.

이 무렵, 중국공산당은 제 14 기 전국대표대회의 개최를 준비하고 있었다. 6 월 9 일, 등소평의 남순 강화 정신을 깊이 이해하고 실천에 옮기기 위해 강택민 (江澤民) 은 중국공산당 중앙당교 (中央黨校) 의 고위급 간부 연수반 (進修班) 에서 중요연설을 진행했다. 그는 "경제체제개혁 속도를 높이는 것이 가장 근본적인 임무이며, 사회주의의 새 경제체제를 하루 빨리 건설해야 합니다. 그리고 새로운 경제체제를 건설하기 위해서는 시장문제와 상호관계에 대해 정확하게 판단하고 계획하여야 합니다. 국가의 거시적 통제 하에 시장이 자원분배라는 본연의 기능을 다할 수 있도록 이끌어야 할 것입니다."라고 말했다. 이는 등소평이 남순강화를 진행할 당시 거듭 강조했던 문제점이기도 했다.

이 문제에 대한 인식은 실천하는 과정에서 자리를 잡고 점점 심

화되어 갔다. 강택민은 연설 도중 11차 3중전회 개최 이래 계획과 시
장문제 및 기타 상호관계에 대한 인식이 자리 잡는 과정을 객관적으로
회고했다. 몇십 년간 실천하고 깨닫는 과정을 반복하며 강택민은 '사
회주의 시장경제'라는 새로운 개념을 제시했다.

6월 12일, 등소평은 자택에서 강택민과 대화하며 '사회주의 시
장경제'라는 표현법을 사용하는 데에 찬성한다고 말했다. 이 표현법
은 진운(陳雲)과 이선념의 지지를 얻었다.

중국공산당 제14기 전국대표대회가 1992년 10월 개최됐다. 강
택민은 제13기 중앙위원회대표로 < 개혁개방과 현대화건설의 속도
를 가하고, 중국 특색 사회주의 사업을 위해 더 큰 승리를 거머쥐자 >
는 제목의 보고서를 발표했다.

보고에서는 등소평이 제시한 중국 특색 사회주의 건설 이론의 주
요내용을 사회주의적 발전노선, 발전단계, 근본과제, 발전 동력, 외
부요소, 정치적 보장, 정치적 전략, 지도자 역량 및 의존 역량, 조국통
일 문제 등 아홉 가지 분야로 나누어 개괄했고, 사람들이 등소평의 이
론의 과학적체계를 더 정확하게 이해할 수 있도록 했다.

강택민은 "이 이론은 중국처럼 경제와 문화가 낙후된 국가가 어
떻게 하면 사회주의를 건설할 수 있는지, 어떻게 하면 사회주의의 기
반을 공고히 다지고 발전시킬 수 있는지와 같은 일련의 기본 문제에
대해 새로운 사상과, 관점을 통해 체계적인 대답을 제공해 준 최초의
이론입니다. 이 이론은 마르크스주의를 계승하고 발전시킨 것입니다."
라고 했다.

90년대 개혁과 건설 과제에 대해서는 유리한 기회를 붙잡아 빠른
발전을 이루어 내야 한다고 강조했다. 그는 "90년대 경제발전 속도에

관한 계획을 세울 때, 국민 총생산을 매년 평균 6% 성장시키는 것이 원래 목표였습니다. 그러나 현재 국제정세와 국내 상황을 종합하여 보았을 때 더 빠른 속도로 성장시키는 것도 가능합니다. 추산에 따르면 8%에서 9%에 성장률도 가능할 것으로 예상됩니다. 우리는 이 성장률을 목표로 삼아 발전해야 합니다."

보고서는 계획과 시장의 관계를 정확히 이해하고 알맞게 처리하는 것이 중국의 경제체제 개혁의 핵심이라고 강조했다. 강택민은 중국의 경제체제 개혁목표는 사회주의 시장경제체제를 세우는 것이라고 명백하게 밝혔다. 그는 목표에 대해 구체적인 설명을 덧붙였다. "우리가 건설해야 하는 것은 사회주의 시장경제체제입니다. 시장이 사회주의 국가의 거시적 통제 하에 자원분배라는 기초적인 능력을 발휘하도록 하여 경제활동이 가치규율의 요구를 준수하고, 수급관계의 변화에 적응하도록 해야 합니다. 경쟁체제가 가격을 지렛대 삼아 자원을 효율적으로 분배하도록 하여 기업에게 적당한 압력과 에너지를 주어, 강한 자는 살아남고 약한 자는 도태되는 시장 환경을 조성해야 할 것입니다. 또 시장이 각종 경제신호에 비교적 빠르게 반응한다는 장점을 살려 공급과 수요가 실시간으로 조절될 수 있도록 할 수 있을 것입니다. 동시에 시장의 약점과 부족한 부분이 드러난다면 반드시 국가가 나서서 보완하고 개선시킴으로써 경제를 거시적으로 통제해나가야 합니다."

1999년 3월, 제 8기 전국인민대표대회 제 1차 회의가 북경에서 개최됐다. 대회에서는 사회주의 경제체제의 설립을 중국경제체제 개혁의 목표로 확정하고 강택민을 국가 주석으로 선출했으며 교석(喬石)을 전국인민대표대회의 상무위원장에, 이붕을 국무원 총리에 임명했다.

1992 년, 등소평이 남방순화를 진행하고 중국공산당 제 14 기 대회가 개최되는 그해, 국내 생산총액은 작년에 비해 14.2% 증가했다. 공업생산량만 보자면 철강생산량은 5 년 전인 1987 년에 비해 42% 성장했으며, 석탄은 20%, 발전기 설비는 46% 의 성장세를 보였다. 농업의 경우 4 년 연속 풍부한 수확을 거두었으며 향진기업은 왕성한 발전추세를 유지했다. 수출입 총액은 작년에 비해 22% 증가했다.

국내 총생산액의 성장 속도는 1988 년의 11.3% 를 막 초월했는데 1988 년의 상황과 비교했을 때 많은 차이점이 존재했다. 첫째, 이번 고속 성장은 몇 년 전 경제환경을 재정비하고 경제 규율을 시정하며 저속도 성장세를 유지하던 와중 이루어 낸 쾌거였다. 두 번째, 경제환경 재정비 및 경제규율 시정 전략을 펼칠 때 산업구조와 경제 비율을 조정한 덕분에 에너지와 원재료 등 기초 산업이 비교적 빠른 성장세를 보였다. 공급 상황도 1988 년에 비해 대대적으로 개선되어 경제발전을 이룩할 때 신뢰할 수 있는 버팀목이 되어 주었다. 셋째, 도시 노동자들의 수입 성장세가 물가 상승폭보다 훨씬 높은 수준이었다.

경제가 발전하는 동시에, 경제 구조를 조정하고 기업의 경영 체제를 전환하는 것을 핵심으로 한 심화개혁 역시 괄목할 만한 성과를 거두었다. 공유제경제 이외의 기타 경제 역시도 빠른 성장세를 보였다. 시장체제가 미치는 영향이 점점 확대되며 공업 생산에 하달된 세부지침 계획은 20% 줄어들었으며, 소비자 가격의 경우 90% 이상은 시장이 자체적으로 조절하고 있었다. 인재가 자유롭게 이동할 수 있는 노동자 시장환경이 조성되었으며, 증권과 채권을 포함한 각종 자본시장의 체제 역시 점진적으로 형성되기 시작했다.

1993 년 , 경제는 향상된 성장 속도를 기반으로 하여 점점 발전해 나가기 시작했다 . 국가 통계국이 제 1 차 전국통계조사에 근거하여 2 차 조사를 시행한 결과 얻은 수치는 다음과 같았다 . 국내 총생산액은 3 조 5,334 억 위안으로 처음으로 3 조라는 큰 난관을 뛰어넘으며 작년에 비해 14% 성장했다 . 기업의 기술 개조 및 개발과 상품 구조의 조정은 점점 속도가 붙기 시작했다 . 농업은 이번에도 풍부한 수확을 거두었으며 곡식 총생산량은 4,564 억 킬로그램으로 , 역사상 최고 수준을 기록했다 . 핵심 건설 사업 추진 속도도 제고되기 시작했다 . 교통 운수 능력이 부족한 상황에서 북경과 홍콩의 구룡 (九龍) 을 잇는 경구 (京九) 철도 , 남녕 (南寧) 과 곤명 (昆明) 을 잇는 남곤철도 등 주요 노선의 건설 사업도 순조롭게 진행되었으며 고속도로와 핵심사업인 항구 건설의 진척도 역시 빨라졌다 . 통신 분야의 상황은 빠르게 개선됐다 . 물가 상승 요소를 배제하고 전국에 있는 도시 거주민들의 평균 생활 수입은 작년에 비해 10% 증가했으며 , 농촌 거주민들의 수입은 3% 증가했다 .

이렇게 두 자릿수의 경제성장률을 유지하는 것은 세계 각국의 평균 성장 속도를 한참 초월했을 뿐만 아니라 세계 1 위 자리를 당당히 차지했다 . 중국경제의 번영은 당시 침체기에 접어든 국제 사회와 비교했을 때 명확히 대조됐다 . 중국은 이미 국제 경제의 성장을 견인하는 선두 주자가 되었으며 , 자체 개혁을 통해 얻어 낸 완벽한 사회주의 제도의 우월성을 전 세계에 충분히 보여 주었다 .

제 2 절 거시적 통제 강화

사회주의 시장경제체제를 건설하는 것을 목표로 확립한 이후, 시장체제가 미치는 영향이 점점 확대되고 국민경제가 빠르게 발전함과 동시에 기존의 제어체제가 힘을 잃고, 새로운 거시적 통제체제가 완성되지 못한 탓에 또 여러 새로운 문제를 맞닥뜨리게 됐다.

"경제의 고속성장은 경제의 맹목적인 확장과 경제질서 혼란 등 눈에 띄는 문제들을 발생시켰다. 이는 특히 1993년에 가장 두드러졌다. 이 문제들이 발생했다는 것은 사고 (四高), 사열 (四熱), 이란 (二亂) 현상이 나타나는 것을 통해 알 수 있다. 사고 (四高) 는 투자 금액, 통화 공급량, 물가와 무역 적자가 높아지는 것을 의미한다. 사열 (四熱) 은 부동산 시장, 개발 지구, 금융시장, 주식 시장에 과열되는 것을 가리킨다. 마지막으로 이란 (二亂) 은 금융질서와 시장질서가 혼란스러워지는 것을 뜻한다."

한마디로 정리하자면 새로운 역사 상황을 맞이한 지금, 또다시 새로운 경제 과열 현상을 막기 위해 노력해야 한다는 뜻이었다.

신중국 건국 이래 경제 과열로 인해 시장이 크게 요동치며 오르락내리락하던 현상은 여러 번 있어 왔고, 중국에게 큰 교훈을 남겼다. 국가계획위원회 주임이었던 진금화 (陳錦華) 는 "개혁개방을 실시한 이후 나타난 두 가지 현상은 생각해 보고 결론 내릴 만한 가치가 있다고 생각된다. 하나는 투자가 급격하게 팽창하는 현상이며, 다른 하나는 지도자가 교체되며 나타나는 정치적 효과다. 두 가지가 결합되어 상호 작용하면 경제를 과열시키고, 통제 상태를 벗어나게 만들며 새로운 경제 파동을 유발시키거나 심지어는 경제가 크게 오르락내리락 하는 상황이 발생할 가능성도 있다 ."고 썼다 .

1993 년에도 각 지역의 지도층들의 교체 작업이 진행됐다 . 새로 취임한 지방 정부들은 무엇 하나 더 하기 위해 노력했으며 빨리 , 많이 하여 발전을 이룩해 내겠다는 사상이 도처에 널려 있었다 . 이러한 사상이 경제발전을 이끌고 긍정적으로 작용했다는 것은 부정할 수 없다 . 그러나 경제가 빠른 성장세를 유지하고 있는 상황에서 일부 지역과 분야에 경제 과열현상이 나타났다 . 건설이라는 사업은 전국에 큰 영향을 미쳐 각 지역에서 연이어 개발구를 설립하고자 했으며 , 심지어는 1 급 농촌지역마저도 설립하려 했다 . 이렇게 설립된 개발구는 사실상 넓은 면적의 황무지에 불과했다 . 이미 완공되었거나 건설 중인 분양 주택 역시 분양은 되지 않고 널려만 있어 미완성 건물이라 불렸다 . 수중에 사용할 수 있는 자금이 없자 각종 방법을 통해 자금을 만들어 내고 , 은행에서 대출하는 일도 벌어졌다 . 무분별하게 설립된 금융기관은 대량의 자금을 시장에 풀어 이자율은 통제를 잃어버렸다 . 투자 규모는 과대하게 확장되며 국가와 지방이 감당할 수 있는 수준을 넘어섰다 . 이는 첫 걸음을 뗀 지 얼마 안 된 경제체제의 개혁에 있어서는 엄청난 도전이었다 .

"거시 경제가 점점 과열되는 상황에서 지방과 각 부서는 자기가 멋대로 행동하고 , 중국의 시장은 성숙되지 않았으니 '보이지 않는 손' 이 말썽을 일으키기 시작했다 . 그렇다면 '보이는 손'인 정부는 이 상황에서 어떻게 대처해야 하는 것인가 ?"

이제 막 발을 디딘 사회주의 시장경제체제가 새로운 복잡한 환경에 처하게 되었고 , 국가가 문제를 효율적으로 제어하고 이끌 수 있을지가 전국 인민의 관심사가 됐다 .

중공중앙과 국무원은 일찍부터 이 문제를 발견하고 주의 깊게 살피고 있었다. 1992년 4월, 강택민은 "현재 제일 중요한 문제는 간부와 민중들의 고조된 에너지를 잘 이끌고 보호하고, 발휘하도록 지도해야 합니다. 결론적으로 개혁을 심화하는 데에 심혈을 기울이며 중복건설과 대량의 상품재고가 발생하지 않게 투자규모가 큰 사업은 추진하지 않도록 주의할 필요가 있습니다."라고 했다.

그러나 당시 지도부의 의견은 하나로 통일되지 않았다. "동부 지역은 당시 개혁개방이 안정적으로 진행되고 있으며, 빠른 발전이 새로운 기회를 가져왔다 믿었다. 경제 과열화현상은 나타나지 않았다 생각한 탓이다. 중서부 지역의 경우 상승세가 정체되기 시작했다는 것을 체감했지만 이제 겨우 막 호전된 상황에서 경제 과열 현상이 일어날 리가 없다 판단했고, 본인이 체감하지 못하니 무시하고 넘어갔다."

상술한 배경 하에, 각 지역은 서로 경쟁하며 시장 요구나 조건을 고려하지 않고 투자 규모를 확대시키는 데에만 집중했다.

3 ～ 4월, 중공중앙은 각성의 성 위원회 서기와 장관급을 인사를 초청하여 회의 겸 경제상황 보고회를 진행했고, 경제 과열을 방지해야 한다는 주제에 대해 이야기를 나누었다. 중공중앙과 국무원은 6월 <현재 경제상황과 거시적 통제 수준을 제고시키는 것에 관한 의견> 이라는 문서를 내놓았다. 이는 중국이 사회주의 시장경제체제를 건설하고 보완하는 과정에 있어서 아주 중요한 의미를 갖는 문서다.

< 의견 >은 중국의 경제가 여전히 빠른 발전 속도를 유지하고 있지만 현재 새로운 모순과 문제점들이 드러났으며 일부 분야에서는 상황이 비교적 심각하다고 밝혔다.

(1) 화폐가 대량으로 시장에 풀리며 금융 질서가 혼란에 빠졌다.

(2) 투자 수요와 소비 요구 둘 다 급격히 팽창하는 추세를 보이기 시작했다.

(3) 재정적 어려움이 점점 더 심화되고 있다.

(4) 공업 성장 속도가 가속화되며 기초 시설과 기초 공업의 '병목현상'이 더 심해졌다.

(5) 수출 성장세의 약화와 부진이 이어지는 반면, 수입의 성장세는 급격히 성장하여 국가의 외화 보유량이 대폭 하락했다.

(6) 물가 상승 속도가 점점 더 빨라지고 있으며 인플레이션이 가속화될 조짐이 보이기 시작했다.

상술한 여섯 가지 항목을 보면 알 수 있지만 당시 중국의 거시경제 환경은 조금의 여유도 없는 긴축상황에 처해 있었으며, 일부 모순과 문제점은 몸집을 계속 불려가고 있었다. 기회를 잡아 해결하지 않는다면 개혁을 추진하고 거시적 통제를 가할 때 분명 사회 공급 수요가 균형을 잃을 것이며, 인플레이션은 더 심각해질 것이고 심지어는 경제에 큰 파동을 일으켜 전체 사회에 영향을 줄지도 모르는 상황이었다.

경제생활에서 발생한 이 시급한 문제들을 해결하기 위해 <의견>은 16개의 조치를 총동원하여 거시적 통제를 강화하고 보완하겠다는 의사를 밝혔다.

(1) 화폐 발행량을 통제하여 금융 형세 안정 회복

(2) 대출 시 규정을 위반한 게 적발될 경우 제재

(3) 이자율을 유연하게 이용하여 예금량 제고

(4) 각종 불법 모금행위 제재

(5) 신용대출 규모를 엄격히 통제

(6) 저축은행의 경우 예금자에 대한 예금 지급보증

(7) 금융개혁 속도 및 중앙은행의 금융 거시적 통제능력 제고

(8) 투자 체제개혁과 금융 체제개혁 상호 결합

(9) 기간 내에 국고 채권발행

(10) 유가증권 발행 및 규범화된 시장관리 보완

(11) 외화관리 정책 개선 및 외환 시장 가격안정화

(12) 부동산 시장을 대상으로 한 거시적 통제 및 관리 수준 강화, 부동산의 건강한 발전 촉진

(13) 세수 징수관리 강화, 세수유출 사전 방지

(14) 건설 항목 심사 및 승인 엄격히 진행, 새로운 건설사업 통제

(15) 물가개혁 적극 추진, 물가상승 수준 제어

(16) 사회 집단 구매력의 과도한 성장 제어

거시적 통제수준을 강화하겠다는 것은 기존의 계획경제 모델로 돌아간다는 뜻이 아니다. 첫째, 거시적 통제는 거시 경제가 정확히 발전하도록 이끌며, 국민경제의 종합 균형을 유지하고, 미시경제 분야의 경우 기본적으로 시장의 자기조절능력을 통해 조절되도록 한다. 두 번째, 문제를 해결할 때는 경제적, 법률적 수단을 주로 이용하며 필요

하다면 행정수단으로 보완하는 형식을 취한다. 이는 실천하며 자연스레 알게 된 것들이다.

거시적 통제수준을 강화하겠다는 이번 조치는 금융, 재정, 세수분야를 집중 관리 분야로 선정했다. 근본적인 문제를 해결하려는 게 목표였다. 계획 경제체제 하에는 재정과 금융의 관계가 순조롭게 처리되었던 적이 없다. 재정에 문제가 생기면 은행에게 필요한 자금을 요구하고, 은행이 지불할 능력이 없는 경우 화폐를 더 발행하여 인플레이션을 유발시켰다.

금융은 국민경제의 중추라고 할 수 있다. 금융질서가 혼란스러워지고 기율이 해이해지면 개혁개방과 경제발전에 심각한 영향을 미치게 된다. 그렇기 때문에 이번 거시적 통제정책은 금융질서를 조정하는 것을 작업의 핵심사항으로 삼았다. 금융질서부터 조정한다면 경제가 과열되는 것을 방지할 수 있고, 발생원인을 뿌리까지 제거할 수 있을 것이다. 각 조치들은 번개처럼 빠르게 진행되었고, 중간에 급정지하거나 상황을 고려하지 않고 단칼에 자르지 않도록 주의했다. 현재 직면한 심각한 문제를 위주로 해법을 고민하면서도 먼 미래를 내다본 것이다. 또 경제수단을 주로 이용하여 경제구조를 조정하고 경제를 관리하는 방법을 채택했다. 이는 이후 중국의 경제가 더 빠르고 건강하게 발전하는 데에 큰 영향을 미쳤다.

몇 개월간의 노력 끝에 경제 과열 문제는 어느 정도 억제되었고, 전국 경제흐름 역시 성장세를 유지하며 안정적인 모습으로 건강한 발전을 향해 나아갔다.

제 3 절 전반적인 개혁과 성공적이었던 '연착륙'

1994 년 , 중국은 사회주의 시장경제체제를 건설하는 것을 경제체제 개혁의 목표로 설정하고 , 개혁을 전면적으로 추진하며 난관을 돌파하는 단계로 들어섰다 . 이번 개혁은 전에 없던 수준으로 광범위하게 추진되었으며 , 나아가는 속도 역시 비할 길이 없었다 .

이번 개혁의 제일 큰 특징은 요구에 발맞춰 사회주의 시장체제를 건설하면서도 , 재정 및 세금 , 금융 , 외환 및 외국 무역 , 투자 , 가격과 유통체계 등 상호 밀접한 관계를 갖는 일련의 분야에도 중대한 개혁을 진행했다는 것이다 . 개혁이 영향을 미치는 범위는 점차 확대되었으며 그 정도 역시 대단했기에 자주 볼 수 있는 광경이 아니었다 . 각 분야의 개혁은 밀접한 관계를 맺고 있으며 한 분야의 개혁을 진행하면 다른 분야도 따라오는 경우가 있었다 .

중국은 이렇게 전체적인 체제개혁을 진행해 본 경험이 없기에 개혁을 진행하는 과정 속에서 난관을 해결해 나갔다 . 이번 개혁은 사회주의 시장경제체제 건설을 향한 요구를 충족시키고 , 기본 경제관계를 순조롭게 처리하여 기반을 다지고 , 새로 운영될 경제체제에 기존의 문제가 영향을 미치지 않도록 미리 조정한 것이다 .

2 년 동안 유지된 두 자릿수의 고성장을 기초로 하여 , 국내 총생산률은 작년에 비해 13.1% 성장했다 . 국가의 핵심 건설 사업 역시 크게 발전했다 . 각 핵심 건설사업에 투입되는 비용 역시 지난해에 비교하면 안정적인 상황을 되찾았다 . 동시에 최근 몇 년간 건설해 온 기초산업과 기초 인프라시설을 완공한 기분 좋은 해이기도 했다 . 산북 (山北) 보호림 2 기 공사의 경우 예정되었던 기간보다 1 년 일찍 완성되었

으며, 약 2 억여 묘 (畝) 에 달하는 숲을 창조해 냈다. 세상을 놀라게 할 삼협 (三峽) 댐의 시공 작업이 정식으로 시작되었으며, 황하 (黃河) 소랑저 (小浪底, 샤오랑디) 저수지는 이미 착공하여 순조롭게 공사가 진행되고 있던 때였다.

과학기술 영역에서도 혁신적인 성과를 거두었다. 당시 중국은 이미 270 여 종이 넘는 고수확, 고품질에 내성이 강한 농작물 품종을 개발해 냈으며, 더욱 더 큰 성과를 얻기 위해 계속 발전을 추진했다. 중대형 장비를 연구 및 개발하는 데에 성공하고 데이터 교환기와 고성능 패러랠 컴퓨터, 공업로봇, 백신, 기능성 재료를 개발하는 등 최첨단 산업분야에서도 큰 성과를 거두었다. 그 결과 중국에너지연구원이 설립되었고 기술응용 수준을 제고시켜 기초연구를 보완하는 동시에 새로 개발한 신 (新) 기술이 널리 보급되어 응용 범위를 늘려나갈 수 있도록 노력했다.

대외개방 분야는 양호한 추세를 유지했다. 수출입 총액은 작년에 비해 20% 증가했으며 특히 수출 분야의 성장세는 수입 분야의 성장 속도보다 높았다. 실제 이용한 외국인 투자 자금은 432 억 달러였으며 작년 대비 10% 증가했고, 외환보유액의 경우 516 억 달러로 작년에 비해 두 배 증가했다. 중국정부는 해외에서 자금을 수입하는 문제에 대해 적극적이고 환영하는 입장을 취하며 동시에 외국 자본의 선택성을 증가시켰다. 선진화된 기술과 관리 경험을 받아들였으며 자유화에 오염되지 않게 위험성이 높은 외국 투자는 국가에서 관리했다.

경제건설을 급속히 추진하는 과정에서 국방 분야 역시 같이 발전했다. 무기장비 분야, 특히 비장의 무기장비 연구분야의 경우 최우선 순위의 일을 먼저 해낸다는 '유소위, 유소불위 (有所爲, 有所不爲)'

의 원칙에 입각하여 핵심사업과 핵심기술 단체 등 각 분야의 힘을 모아 함께 협력했다.

개혁개방 이후, 중국의 경제체제는 고요하고 안정된 환경 속에서 운용된 것이 아니며 나아가는 과정 속에서 내내 큰 파도와 폭풍우를 만났다. 이때 두드러진 문제는 경제가 빠른 속도로 성장하는 동시에 물가상승률 역시 과하게 상승하여 그 속도가 빠르고 범위는 넓으며 오랜 시간 지속됐다. 1993년 3월부터 물가상승률은 기본적으로 10% 이상을 계속 유지했다. 1993년 물가 총 수준의 경우 작년에 비해 13% 상승했다. 이러한 상황에서 1994년에는 거시적 통제작업의 중점을 통화 팽창 억제로 옮겼지만 치솟는 물가는 멈추지 못했다.

1995년 초, 이붕은 전국인민대표대회에서 업무보고를 진행하며 "작년 업무보고 때 소비자 물가지수 상승률을 10% 내외로 유지할 필요가 있다는 점을 제안했었습니다. 이를 실현시키기 위해 총력을 다 했지만 상승률은 21.7%로 치솟았으며 그중 식료품 물가의 경우 약 13% 증가하여 여론이 격렬하게 반발하고 있습니다."라고 말했다.

개혁개방 이후 10여 년 동안 물가상승률이 20%를 초월한 것은 처음 생긴 일이었다. 모든 사람들이 물가만 논하는 상황이 도래했고 저소득 계층들의 생활은 더욱 더 힘들어졌다.

물가가 이렇게 폭증한 데에는 여러 가지 이유가 복합적으로 작용했다. 물가 폭증등 사태는 중국 농업의 기반이 아직 취약하여 빠르게 발전하는 공업과 도농 주민생활의 수요증가 속도를 발 맞춰 따라 갈 수 없다는 것을 보여 준 셈이다.

이와 같은 난제를 직면하게 된 중국공산당 위원회는 침착하게 상황을 살피며 '급정거'를 하거나 긴축 정책을 실시하지 않고 이른 바 '연착륙' 전략을 추진해 문제가 완화될 수 있도록 하여 시장의 급격한 파동은 피하기 위해 노력했다. 그러나 이 방법을 추진하며 물가상승률을 제어하는 것에 어려움을 겪게 됐다.

"연착륙" 정신에 입각하여 경제가 적절한 성장속도를 유지할 수 있도록 하는 동시에, 통화 팽창을 억제하여 물가의 상승 폭을 제어하는 것이 눈앞으로 다가온 1995년과 함께 당과 정부 앞에 놓인 막중한 임무였다.

물론 이는 쉬운 일은 아니었으며 여전히 많은 장애물이 앞에 놓여 있었다. 지식인들을 포함하여 일부 도시의 시장이나 현장은 물가상승이 심각한 수준은 아니며, 임금을 높이는 것으로 감당할 수 있는 문제라 판단했다. 중앙정부는 이 문제에 대해 신중하면서도 단호한 태도를 취했다. 빠른 경제성장을 유지하면서도 통화팽창을 억제하기 위해 제시된 조치는 다음과 같았다.

(1) 적절한 긴축정책을 통해 재정정책과 화폐정책을 제어하고, 화폐공급량과 은행을 통제하여 국가의 '금고'를 정리한다.

(2) 유통질서를 보완하고 정돈함으로써 시장가격의 관리 및 감독을 강화하고 일부 일용품이나 생활용품의 가격 조정 시기를 잠시 연기한다.

(3) 재정예산 내에서의 자금과 은행 출금이 농업에 투입되는 비율을 늘리고, 농경지를 보호하며 각 성의 성장이 곡식생산량을 책임지고 관리하는 '미따이즈 (米袋子 , 쌀 가마니) 정책' 과 시장이 책임지고 부식품 생산량 관리하는

'차이란즈 (菜籃子 , 채소바구니) 정책' 을 강화하여 곡식
과 부식품의 시장공급량을 늘렸다 .

1995 년 물가 총 수준의 상승률은 점차 하락하여 1 월 달 22% 에서
12 월 달에는 8% 로 감소했다 . 소비자 물가지수 상승률의 경우 14% 의
상승률을 기록하며 제 8 기 전국인민대표대회 제 3 차회의 때 지정한
물가상승률을 15% 내외로 제어한다는 정책을 실현해 냈다 .

비록 초기단계에 얻어낸 성적에 불과하고 , 물가수준은 여전히 높
은 상태를 유지했지만 연착륙이라는 목표에는 한 걸음 더 가까워졌다
볼 수 있다 .

1995 년은 8 차 5 개년계획의 마지막 해였기에 국민경제와 사회발
전을 위해 해내야 하는 임무 역시 그 양이 많고 중대한 것들뿐이었다 .
또한 국민총생산액은 6 조 794 억 위안을 기록했고 , 6 조라는 큰 산을
한 번에 뛰어넘으며 작년에 비해 10.9% 증가했다 . 핵심 건설 사업 역시
무사히 진행되고 있었다 . 세계의 이목을 집중시킨 삼협공정은 순조롭
게 추진되었으며 남북 지역을 잇는 경구철도는 전 노선이 개통됐다 .
이 철로는 9 개의 성 (省) 과 98 개 현 (縣) 을 관통하며 총길이 2,235
km에 달했다 . 서남 (西南) 지역에서는 첫 번째 고속도로인 성투로 (成
渝路) 가 완공되어 차량통행을 시작했다 . 중국이 자국이 직접 개발하
여 북경 , 천진 , 상해를 잇는 경진호 (京津沪) 광케이블도 이 무렵에
설치됐다 . 일부 회사에서는 컴퓨터 통합생산 시스템을 도입하여 사용
하기 시작했다 . 도시와 읍은 주 5 일제 근무제도를 시행했다 . 인민 생
활수준은 지속적으로 개선되며 '소강 (小康 , 샤오캉)' 사회라는 목표
를 향해 꾸준히 나아갔다 .

거시적 통제를 강화하고 연착륙 방법을 선택한 덕분에 8 차 5 개년계획은 무수한 어려움들을 뚫고 목표를 성공적으로 달성했다 . 5 년 동안 국내 총생산액의 성장률은 연 평균 12% 를 유지했으며 , 과거에 시행되었던 그 어떤 5 개년계획 시기보다도 높은 수준을 기록했다 .

8 차 5 개년계획이 성공으로 마무리되며 1995 년 9 월에는 14 기 5 중전회가 개최됐다 . 주요 의제는 '국민경제와 사회 발전을 위한 제 9 차 5 개년계획 제정 및 2010 년 미래 목표에 대한 건의'였다 .

9 차 5 개년계획은 사회주의 시장체제가 건립되고 처음으로 제정하는 경제 및 사회 발전 5 개년계획이었기에 기존에 시행했던 5 개년계획들과는 큰 차이가 존재했으며 새로운 사고방식과 방법이 필요했다 . 우선적으로 고려해야 하는 건 주요 상품에 대한 지표나 수치 같은 것이 아니라 국민경제와 사회발전의 주요목표와 지도방침 , 경제발전과 주요사업 및 전략배치 , 개혁개방의 주요 임무 및 관련 부서 , 사회발전의 주요임무 및 기본정책과 같은 거시적 경제 문제였다 .

중국에게 있어서 발전은 변하지 않는 확실한 도리고 모든 문제는 자신의 발전을 통해서만 해결해 낼 수 있었다 . 2000 년에는 국민총생산액을 1980 년의 네 배로 제고시키겠다는 목표는 5 년이나 앞당겨 이루어졌기에 < 건의 > 는 다음과 같이 요구했다 . "2000 년에는 전국 인구가 1980 년에 비해 3 억 여 명 증가한 상황에서 , 인구 총생산액을 1980 년의 네 배로 증가시키고 , 빈곤 현상은 기본적으로 해소하며 인민의 생활수준이 샤오캉 수준에 달할 수 있도록 한다 . 또 현대화제도 건설속도를 제고시키며 , 사회주의 시장경제체제 기초건설에 착수한다 . 이후 10 년 , 즉 2010 년까지의 주요 분투목표는 국민총생산액을 2000 년 대비 두 배 증가시켜 인민의 샤오캉 생활이 한층 더 여유로워지고 부유해지게 하며 더 완벽한 사회주의 시장경제체제를 건설하는 것을 목적으로 한다.”

15년 동안 이어진 꾸준한 노력을 통해 중국의 사회 생산력과 국가 능력, 인민 생활수준은 한층 더 발전했다. 이는 21세기 중반에 제3보 전략 목표를 성취하고 현대화를 기본적으로 실현하는 데에 새로운 국면을 열어 주었다.

이 목표는 적극적이며 노력한다면 충분히, 혹은 더 잘해 낼 수 있는 목표였다. 9차 5개년계획을 시행한 결과, 1996～2000년 연평균 경제성장률은 8%를 기록했다. 이는 국민총생산액을 십 년 사이에 두 배로 제고시키기 위해 필요한 7%보다 높은 수치였으며, 세계 평균성장률인 3%를 한참 상회하며 중국과 세계 선진국가간 경제규모의 차이를 좁혀 주었다.

<건의>는 경제 성장 방식의 전환을 적극적으로 추진하고, 경제효율성 제고를 경제분야의 핵심업무로 삼아야 한다고 강조했다. 이는 매우 중요한 문제이며 동시에 9차 5개년계획의 가장 큰 특징이기도 했다.

당시 국민경제는 빠르게 발전했지만 여전히 많은 기업은 오랜 기간 누적된 폐단으로 인해 ‘조방형(粗放型)’ 성장 방식에서 벗어나지 못하고 있었다. 수량, 규모, 속도, 생산 수치만 중시하며 기존 기술의 개량 및 신기술개발, 관리수준 및 인적자원의 역량제고는 중시하지 않아 투입되는 자금이나 비용에 비해 그 효율이나 창조 가치는 높지 않았다.

일부 전문가들은 개혁개방 이후 중국의 경제 성장은 72%가 투자로 이루어진 것이며 기술의 발전을 통해 이루어 낸 것은 28%에 불과하다고 추측했다.

이와 같은 상황이 지속된다면 새로운 분야와 사업의 발전을 추진하는 데에 투입될 자금은 어디서 어떻게 조달해야 하는 걸까? 이 경우 주로 국가의 재정에 의존하여 자금투입량을 증가시켰다. 그러다 국가 재정이 부족해지면 채권 발행량을 높이는 것이었다. 그러나 이 방법이 낳는 결과는 참담했다. 첫째, 앞에서 서술한 것처럼 인플레이션이 몇 년간 이어지며 물가가 폭등하기 마련이다. 둘째, 대량의 저수준 중복 건설 항목이 나타나며 공급이 수요를 한참 초월하여 균형을 잃게 됐다.

이는 현재 국유기업들이 어려움을 겪고 있는 가장 큰 이유였다. 경제성장 방식의 전환이 필요하다는 요구는 바로 이 상황을 고려하여 제안된 것이다. 그러나 여러 환경에서 생겨난 장애물들 역시 적지 않아 한 순간에 해결할 수 있는 문제는 아니었다.

상황을 해결하기 힘든 이유는 여러 가지가 있었다. (1) 사태는 각 지역의 정부와 공무원들의 대처능력을 시험하는 것과 같았다. 각 지역의 경제발전 속도 및 규모와 밀접하게 연관되어 있었기 때문이다. (2) 정부와 기업이 분리되지 않은 구체제가 사라지지 않고 잔존해 있었기에 기업은 투자부분에 있어서 제약을 받았다. (3) 기업의 수준이 낮아 기술을 개량하거나 개발할 능력도, 의지도 없었다. (4) 도시와 농촌 각 지역에서 노동력 잉여현상이 나타났으며 거대한 취업문제를 해결해야만 했다. 당시 중국의 상황은 단순히 생산율이나 효율만 제고시키는 것만으로는 절대 해결할 수 없는 상황이었다. 그렇다면 이 많은 노동력과 취업 문제는 어떻게 해결해야 하는 걸까?

이러한 배경 하에 경제 성장 방식의 전환은 시급히 해결해야 하는 문제가 되었으며 중국은 또다시 장기간의 작업에 착수했다.

<건의>는 협조 발전 문제에도 관심을 기울였다. 이는 기존에

맡았던 것보다 훨씬 더 어려운 임무였다.

등소평은 1993년 9월에 다음과 같이 말한 바 있다.

12억 인구가 전부 부유해지기 위해서는 어떻게 해야 하는지, 또 부유해진 이후에는 그 부를 어떻게 분배할 것인지가 가장 큰 문제입니다. 일부 사람들만 많이 얻고 대다수의 사람들은 얻지 못한다면 분명 어느 날 문제가 드러날 것입니다. 분배의 불균형은 양극화를 가져오며 일정 시간이 되면 그 문제는 세상에 폭로되기 마련입니다. 그렇기 때문에 분배문제는 반드시 해결해야 합니다. 과거의 우리는 세부적인 것들은 우선 발전한 이후에 생각하자는 마음가짐으로 발전을 추진했었습니다. 그러나 지금 상황을 살펴보니 발전하기 전보다 문제가 더 많아진 듯합니다.

발전하는 과정에서 격차가 생기는 것은 피할 수 없는 일이며 자연스러운 일이다. 그러나 이 격차가 점점 더 벌어지는 것은 걱정하지 않을 수 없었다.

<건의>의 초안에 대해 토론할 때 이붕은 다음과 같이 말했다.

현재 세 가지 격차가 존재하고 있습니다. 첫째는 동서 간의 격차이며, 둘째는 도농 간의 격차이고, 셋째는 다른 사회 계층 간의 수입 격차입니다. 이 세 격차를 줄이는 과정은 곧 발전의 과정이 될 것이며 장기간 동안 진행해야 합니다.

도농 간의 격차는 공업과 농업 간의 격차를 반영해 보여

줍니다. 기존에는 농산품 가격을 제고하고 공업 상품의 가격을 낮춰 격차를 줄여 나갔습니다. 몇 번의 조정 과정을 거친 결과 곡식 생산량의 적극성이 상승했습니다. 그러나 몇 년 후에는 농산품의 가격이 급등할 것이며 격차는 더 늘어날 것입니다. 향진 기업과 소도시를 발전시키는 것이 해답이 아닙니다. 농업이 규모 경영을 실시할 수 있도록 해야 합니다.

자원의 제약은 미래 15년 후의 경제발전에 영향을 미치는 중요한 요소입니다. 우리나라는 인구는 많은 반면 생산 자원은 부족합니다. 이는 경작지 부족 문제에서 가장 두드러지며 농업의 발전에 직접적으로 영향을 미칩니다. 수자원의 불균형도 같은 영향을 미치고 있습니다. 동남 지역은 수자원이 충분한 반면 서북 지역은 부족하여 지역 간의 발전 격차가 더 두드러지고 있습니다. 에너지의 경우 석유 에너지가 가장 부족합니다. 15년 이후에는 석유를 자급자족할 수 없을 것으로 예상됩니다.

환경을 보호하는 것은 우리나라의 기본 정책이며, 경제 성장 방식을 반드시 전환해야만 합니다. 자원의 과소비와 고오염을 통해 경제를 성장시키는 방법은 사용해선 안 되며, 지속될 수도 없습니다.

강택민은 회의 마지막 날에 연설을 진행했다. 그는 개혁 개방이후 터득한 실제 경험을 종합하여 사회주의 현대화건설을 실현시키기 위해 반드시 정확하게 처리해야만 하는 몇 가지 관계에 대해 설명했다. 그 관계들은 다음과 같다.

(1) 개혁 , 발전 , 안정과의 관계

(2) 속도와 효율의 관계

(3) 경제건설과 인구 , 자원 , 환경의 관계

(4) 1 차 산업 , 2 차 산업과 3 차 산업 간의 관계

(5) 동부지역과 중서부지역의 관계

(6) 시장체제와 거시적통제의 관계

(7) 공유제 경제와 기타 경제요소의 관계

(8) 수입 분배에 있어서 국가 , 기업과 개인 간의 관계

(9) 대외 개방의 확대와 자력갱생 간의 관계

(10) 중앙정부와 지방정부 간의 관계

(11) 국방건설과 경제건설 간의 관계

(12) 물질적문명과 정신적문명 간의 관계

이 12 가지 관계는 개혁과 발전의 새로운 흐름 하에 전반적으로 영향을 미치는 중요한 문제였다 .

< 건의 > 는 '싼부저우' 발전 전략의 연속성을 반영했으며 , 업무의 중점을 20 세기의 마지막 5 년에 두는 동시에 21 세기 첫 10 년에 맞이하게 될 문제에 대해서도 연구를 진행했다 . 1997 년 3 월 , 전국인민대표대회는 국무원이 < 건의 > 에 의거하여 제정한 < 국민경제와 사회발전을 위한 제 9 차 5 개년계획 제정 및 2010 년 미래 목표 개요 > 를 심사 및 승인했다 . 이렇게 전국 각 민족과 인민이 8 차 5 개년계획을 성공적으로 마무리하는 즉시 다음 단계의 전략 목표와 지도 방침을 명확하게 이해할 수 있도록 했다 .

1996 년에 가장 중요했던 사건은 경제체제의 연착륙을 성공적으로 실현한 사건이다.

연착륙이란 경제체제가 비정상적인 상태를 벗어나 정상적인 상태를 향해 안정적으로 나아가며 일정기간이 지난 이후에는 적당한 성장구간에 진입하는 일을 가리킨다. 경착륙 현상과 비교하면 연착륙은 '급정거로 인해 급격한 파동이 이는 것을 방지할 수 있다는 장점이 있다. 당시의 중국은 국민경제가 적당한 발전속도를 유지하는 동시에 통화팽창과 급등하는 물가를 제어 및 조절하고, 사회의 안전을 확보해야만 했다. 진퇴양난의 상황에 놓인 것과 다름없었으며, 쉽게 해낼 수 없는 일들이었다.

앞에서 언급한 것처럼 1994 년의 물가상승률은 21% 로 경악스러울 만큼 치솟았으며, 식료품의 경우 더 높은 35% 를 기록했다. 이는 국민이 감당할 수 없는 수준이었다. 정부는 가격, 세수, 이율, 환율 등 각종 경제 지렛대를 이용하고 조정하여 공급 능력을 제고시키고 화폐의 수요를 감소시키며 과도한 수요를 억제해 물가가 원래대로 돌아올 수 있도록 온 힘을 다했다.

1995 년 12 월, 주용기는 중앙 경제업무 회의에서 다음과 같이 발표했다.

과도하게 높은 물가는 여전히 현재 경제상황에서 가장 두드러지는 문제입니다. 올해의 물가상승률은 15% 까지 낮출 수 있을 것으로 예상되며, 이는 큰 성과입니다. 그러나 소비자물가지수는 17% 를 초과할 것으로 예상되며 이는 여전히 높은 상승률입니다. 게다가 두 자릿수의 상승률이 벌써 삼

년 간 이어졌습니다. 작년부터 나타난 물가 상승의 특징은 도시보다는 농촌이, 내륙보다는 연해 지역의 가격 상승률이 더 높다는 점입니다. 저개발 지역과 저소득층 인민에게 미치는 영향이 비교적 크기 때문에 주의 깊게 살펴봐야 할 필요성이 있습니다. 물가는 벌써 3년 연속 높은 상승률을 보이고 있으며 기업의 자본과 경영 부담감을 증가시켰고, 개혁의 순조로운 진행에도 영향을 미칠 가능성이 높습니다.

당시에 종합적이며 거시적인 '적정 긴축' 전략을 지속적으로 진행한 덕분에 성공적으로 가격 목표를 보완 및 실현했으며 일련의 상응하는 정책들을 제시했다. 1996년 중반이 되었을 때는 물가제어 작업이 눈에 띄는 성과를 거두었다.

1996년 국내총생산액은 작년 대비 10% 증가했으며 재정 총수입은 18.7%의 증가세를 보였다. 1990년에 100억 달러를 갓 넘겼던 외환보유율은 최초로 1,000억 달러를 돌파했다. 농촌 거주민들의 월평균 가계소득은 작년 대비 22%의 증가하여 1990년대에 들어서 성장속도가 가장 빨랐던 한 해였다. 특히 더 자랑스러운 건 그해 중국의 철강생산량이 1억 124만 톤을 기록하며 마침내 1억 톤의 관문을 돌파했다는 것이다. 오랫동안 오매불망 염원해 온 목표는 조용하게, 그러나 착실히 진행되어 중국인들의 눈앞에 그 모습을 드러냈다. 이후 1997년에는 국내총생산액이 작년 대비 9% 증가했으며, 소비자 물가지수 상승률은 0.8%에 그쳤다.

빠른 경제 성장을 유지하면서도 통화 팽창을 효과적으로 억제하고 경제가 크게 흔들리지 않도록 하는 것은 정말 해내기 힘든 일이며,

위대한 업적이었다.

1982 년 초부터 추진된 이중가격제는 물가를 점진적으로 개혁하는 과정에서 잠시 채택했던 단계적 조치였다. 국민경제가 빠르게 발전하고 시장 가격이 원래 상태로 돌아오며 14 년간 시행되었던 이중가격제는 1996 년 마침내 역사의 뒤안길로 사라졌다.

제 4 절 조국으로 돌아온 홍콩과 마카오, 대만문제

조국통일이라는 대업을 완수해내는 것은 중화민족의 핵심 이익이자 홍콩, 마카오, 대만에 거주하고 있는 동포들을 포함한 온 중국 인민의 공동 사명이다. 등소평이 제시한 일국양제는 역사가 남겨 준 문제를 해결하기 위해 나아가야 할 방향을 명확히 제시해 주었다.

일국양제는 대만 문제를 평화롭게 해결하기 위해 제안된 정책이었다. 그러나 대만 문제는 20 세기의 마지막 십 년 동안 여러 우여곡절을 겪게 됐다.

1987 년 11 월, 38 년간 양안 동포를 가로막고 있던 벽이 무너지며 동포들은 자유롭게 왕래하고 경제와 문화 분야의 교류가 활성화되는 등 경사스러운 일이 이어졌다. 양안의 인적교류는 시간이 흐를수록 점차 증가하여 1992 년부터는 매년 평균 100 만 명을 가뿐이 넘어섰다.

1992 년, 중국의 해협양안관계협회와 대만의 해협교류기금회는 '해협 양안은 하나의 중국을 지지한다'는 원칙을 견지하며 구두 방식으로 9·2 합의를 체결했다. 이후 양안은 이 9·2 합의를 기초로 하여 비즈니스 협상을 진행하기도 했으며, 이듬해 4 월에는 왕도함 (汪道涵)

해협양안관계협회장과 고진보 (辜振甫) 해협교류기금회장이 싱가폴에서 왕고 (汪辜) 회담을 가졌다 .

회담에서 두 회장은 금년도 협상 의제 , 경제 교류 , 에너지 개발 및 교류 , 문화·교육·과학기술 교류 등 문제에 관한 < 공동협의 > 에 서명했는데 , 이는 기존까지 대만 당국이 고집하던 중국과 '접촉하지도 않고 , 대화하지도 않고 , 교류하지도 않는다'는 삼불 (三不) 정책에도 변화를 가져왔다 .

1988 년 1 월 , 장경국 (蔣經國) 가 별세했다 . 지도자 자리는 이등휘 (李登輝) 가 이어받았다 . 이제 막 지도자 자리에 오른 그는 자리를 잡지 못한 상태였기에 대만독립이라는 자신의 야망을 드러내지 않고 우선 덮어 놓았다 .

이등휘는 취임 후 첫 기자 회견에서 중화민국의 국가정책에는 하나의 중국이라는 원칙밖에 존재하지 않으며 두 개의 중국은 존재하지 않는다고 말했다 . 그는 취임 초기에는 이와 같은 입장을 반복적으로 밝히며 최고 원칙은 하나의 중국이라고 했었다 . 그러나 시간이 흐르며 이등휘와 대만 당국이 하나의 중국이라는 원칙을 어기고 본모습을 드러내기 시작했다 .

1991 년 9 월 , 이등휘는 대만은 오래 전부터 주권을 가진 하나의 독립된 국가였으며 중화민국이라는 어엿한 이름을 갖고 있다고 폭탄 발언을 내놓았다 . 1993 년 2 월 , 그는 또 뻔뻔하게 "중화민국은 곧 대만이다 . 나는 '하나의 중국'을 입에 담은 적이 단 한 번도 없다 ."는 거짓말을 하기에 이르렀다 . 이러한 지도사상 하에 , 이등휘는 '두 개의 중국' , '하나의 중국 , 하나의 대만'이라는 정책을 제정하며 대만문제 평화해결의 길에 여러 장애물을 설치했다 .

민진당 (民進黨) 은 1986 년 9 월에 설립됐다 . 초기에는 국민당에 반대하는 세력들이 모여 설립한 당이었지만 시간이 흐르며 대만독립을 제창하는 불순한 분자들이 당의 지도권을 손에 넣었다 . 1991 년 10 월에 개최된 민진당 회의에서는 당의 강령에서 "독립적인 주권을 가진 대만공화국을 건국하고 새 헌법을 제정하여야 한다 . 새 헌법은 대만 인민들에게 교부되어야 하며 국민 투표방식을 통해 결정해야 한다 ."는 내용을 포함시키고 공공연하게 드러내기까지 했다 . 대만내부는 물론 외부에서도 대만독립을 제창하는 세력들이 점점 창궐하기 시작했다 .

흐름이 바뀌자 강택민은 1995 년 1 월 신춘 다과회에서 < 조국통일 대업을 완성하기 위해 계속 투쟁해 나가자 > 는 연설을 진행했다 . 그는 연설을 시작하자마자 중국과 대만은 '하나의 중국'임을 강조하며 "대만은 중국의 불가분한 일부입니다 . 잘 아시다시피 1949 년 이후 모종의 사건 때문에 대만은 조국으로부터 떨어져 나갔습니다 . 조국의 완전한 통일을 실현하고 중화민족을 부흥시키는 것은 변함없이 중국인의 신성한 사명이며 숭고한 목표입니다 ."라고 했다 .

이는 조국통일이라는 대업을 반드시 완수하고자 하는 중국정부의 굳은 결심을 드러낸 연설이었으며 , 이천여만 명의 대만 동포들의 바람과 대만의 실제상황을 고려하여 대만 문제 평화 해결이라는 정확한 방향을 제시해 주었다 .

해협 양안에 거주하고 있는 동포들의 노력 하에 양안은 인적교류와 경제무역 , 문화 등 영역에서 교류하고 협력하며 거대한 발전을 이룩해 내고 새로운 열풍이 일게 만들었다 . 그러나 그와 동시에 대만 내부에 있는 분열 세력들은 외부 세력의 종용과 지지를 받으며 호시탐탐 대만독립을 추진하고 양안의 대화를 단절시켰다 . 게다가 외성인 (중국) 과 내성인 (대만) 사이의 갈등인 성적모순 (省籍矛盾) 을 유발시켜 사회 분쟁을 야기했고 , 대만 사회가 분열되고 대립하게 만들어 불안감을 증폭시켰다 .

1999 년 7 월 이등휘가 내놓은 양국론 (國論) 은 양안관계의 발전 가능성을 완전히 짓밟아 버렸다 . 그리고 2000 년 3 월 , 민진당의 진수편 (陳水扁) 이 대만의 지도자가 되자 대만독립을 바라는 자들은 더 극성스레 행동하기 시작했다 . 양안관계는 다시 긴장 국면에 접어들었으며 수단과 방법을 가리지 않는 무질서한 행위에 양안 동포들의 공분을 샀다 .

대만 문제를 해결해 조국의 완전 통일이라는 위업을 실현하는 것은 국가 주권 및 완전한 영토와 관계된 일이며 , 중화민족의 근본적인 이익에 관계된 일이고 , 대외 관계를 처리하는 것과도 밀접한 연관이 있다 . 하나의 중국은 국제 사회에서도 보편적으로 인정받고 있는 원칙이다 . 그러니 대만 문제는 반드시 해결될 것이다 . 이는 변하지 않을 사실이다 .

잃어버렸던 홍콩의 행사 주권을 회복한 것은 조국통일이라는 큰 퍼즐의 한 조각을 맞춘 것이기도 하며 , 중국 인민들이 기를 펼 수 있게 해 준 20 세기 중국 역사상 중대한 사건이었다 .

등소평의 일국양제 정책에 의거하여 1994 년 중국과 영국 양국은 < 홍콩문제에 관한 연합 성명 > 에 서명하며 홍콩을 조국에 반환한다는 원칙적 합의에 도달했다 .

중국과 영국이 홍콩 반환에 관한 외교적 협상을 진행하던 때 , 초기에는 비교적 순조로웠다 . 그러나 1989 년 북경에서 정치 풍파가 발생하고, 중 - 영 관계는 틀어지게 시작해 홍콩 정치체제개혁 문제 하나를 두고 오랜 기간 동안 의미 없는 분쟁만 이어갔다. 영국 측은 양국이 이미 협의안을 도출했음에도 불구하고 지속적으로 중국 측이 받아들일 수 없는 일련의 의견을 제시하여 쌍방의 협의에 차질이 빚어지게 만들었다.

중국 측은 일찍이 양국이 < 공동선언 > 을 발표한 이후부터 각 분야의 저명한 홍콩 인사들을 초청하여 《중화인민공화국 홍콩특별행정구 기본법》 초안을 작성하기 시작했다. 이 《기본법》은 홍콩이 반환된 이후, 홍콩의 미래에 대한 사람들의 궁금증과 오해를 해소해 주는 역할을 맡게 됐다. 당시 서구권 국가들은 홍콩이 중국으로 반환되면 중앙정부가 기다렸다는 듯이 홍콩특별행정구의 업무에 과도하게 간섭할 것이라 생각했다.

그들은 홍콩특별행정구역에 한해 고도의 자치권을 누릴 수 있게 해 준다는 중국의 약속을 믿지 않았다. 대륙에서는 일부 인민들이 홍콩의 귀환에 대해 괴상한 생각을 갖고 있었다. 일부는 1997 년 6 월 30 일이 되면 중앙정부가 1949 년 당시에 군사를 이끌고 남하 (南下) 한 것처럼 홍콩을 접수하리라 생각했다. 또 일부는 1997 년 이전까지는 홍콩이 영국의 관리 하에 있어 가고 싶어도 갈 수 없지만 1997 년에 홍콩이 반환된다면 법의 통제를 받지 않으리라 생각했다. 그 외 일부 홍콩 시민들은 홍콩이 중국으로 반환된 이후에도 안정적으로 번영할 수 있을지에 대해 의심하고 우려를 표출했다.

1987 년 4 월, 등소평은 홍콩특별행정구역 기본법 초안 준비위원회를 접견할 때 다음과 같이 말했다.

오늘은 변하지 않는 것 (不變) 에 대해 이야기하고 싶습니다 . 홍콩이 1997 년 조국으로 돌아온 이후 , 우리가 마련한 기본법을 포함한 정책이 50 년 동안 변하지 않는다면 최소 50 년은 관리해야 합니다 . 그 50 년 이후에는 변화할 필요도 없습니다 .

이 변하지 않는 것에 대해 지금도 의견이 분분하지만 제가 보기에는 이번 세기 말까지 , 다음 세기까지도 계속 토론해야 하는 일이라 생각됩니다 . 우리는 사실로써 변하지 않는 것을 증명해야 합니다 .

짚고 넘어가야 할 문제가 하나 더 있습니다 . 홍콩의 일은 전부 홍콩이 알아서 관리하고 중앙위원회는 관여하지 않아도 되니 만사형통이라 생각하면 절대 안 됩니다 . 그런 생각은 해서는 안 되며 , 실제와 거리가 존재합니다 . 중앙정부가 홍콩특별행정구역의 구체적인 업무에 대해서는 간섭하지 않기로 합의했고 , 간섭할 필요도 없습니다 . 그러나 특별행정구역에서 국가의 근본 이익을 위협하는 일이 발생한다면 어떻게 되겠습니까 ? 홍콩에서 그런 일이 단 한 번도 안 일어날 것이라 장담할 수 있습니까 ? 그런 사태가 발생한다 해도 중앙정부는 손을 놓고 보고만 있을 것입니까 ? 홍콩이 그럴 힘이 없다고 생각하십니까 ? 이건 근거 없는 자기 위로에 불과합니다 . 중앙이 모든 권력을 포기한다면 혼란이 일어날 것입니다 . 이는 홍콩의 이익에도 피해를 입히게 됩니다 . 그렇기 때문에 중앙정부가 약간의 권력을 갖고 있는 것은 홍콩에게도 해 (害) 가 아니라 득 (得) 이 되는 일입니다 .

홍콩특별행정구역 기본법 초안 준비 위원회의 4 년에 걸친 노력 끝에 1990 년 4 월 , 전국인민대표대회 제 3 차회의에서 《중화인민공화국 홍콩특별행정구 기본법》과 < 홍콩특별행정구 설립에 관한 결정 > 등의 문건이 통과됐다 . 이를 통해 홍콩특별행정구역에 적용될 특별제도를 법률 형식으로 제정하여 전 세계에 알리고 , 홍콩이 조국으로 반환된 이후에는 《기본법》을 참고하여 각 분야의 업무를 무리 없이 진행할 수 있도록 했다 .

홍콩이 조국으로 돌아오기까지 7 년밖에 안 남은 상황이었다 . 그러나 영국 측은 예상 밖의 행동을 하며 순조로울 수 있었던 홍콩 반환 과정에 발을 걸기 시작했다 .

1992 년 10 월 , 홍콩 총독부는 시정 보고를 진행하던 도중 , 일방적으로 양측의 기존 협의와 기본법과 맞물리는 원칙을 위반하며 홍콩 현행 정치체제를 뒤바꿔 놓았고 , 입법처를 통해 법률을 통과시키기까지 했다 .

중국측이 거듭된 수정 요구 하에 양측은 회담을 무려 17 차례나 진행했지만 아무런 성과도 얻지 못했다 . 게다가 영국 측은 중국과 아무런 합의도 하지 않은 상황에서 홍콩 총독부의 정치 일정에 따라 선거를 진행했으며 , 중국 측이 받아들이길 강요하려는 속셈이었다 .

1994 년 8 월 , 전국인민대표대회에서는 다음과 같은 결의를 통과시켰다 . 중영공동선언 규정에 따라 영국은 홍콩을 1997 년 6 월 30 일까지만 관리하며 중국정부는 1997 년 7 월 1 일부터 홍콩의 행사주권을 회복한다 . 영국이 관리하는 홍콩 총독부의 구성 부서인 구 의회 , 시 의회와 입법처는 반드시 영국의 통치기간과 함께 행정활동을 종료하여

야 한다. 1997년 7월 2일부터 홍콩특별행정구역은 중국전국인민대표대회가 결정과 홍콩특별행정구역의 기본법에 따라 행정법을 다시 구성한다. 이렇듯 영국의 방해 공작 때문에 홍콩 반환이라는 역으로 향하던 급행열차는 운행이 취소되고 다시 원점으로 돌아갔다.

1996년 1월 26일, 홍콩특별행정구 준비위원회가 설립됐다. 전국인민대표대회 산하에 있는 단체로 홍콩특별행정구역과 관련된 사업을 추진하는 단체였다. 약 150명의 위원 중 홍콩에서 온 위원은 94명으로 전체의 63%를 차지했다. 홍콩의 저명한 엘리트들이 포함되어 있어 큰 대표성을 가졌다. 28일에는 중화인민공화국 중앙군사위원회 지도자에 예속된 중국인민해방군 주 홍콩부대가 구성되었으며 7월 2일부터 정식으로 홍콩에 주둔할 예정이었다. 중요한 것은 군대를 파견하는 것일 뿐, 약속한 대로 홍콩의 특벌행정구역의 업무에는 간섭하지 않았다.

12월, 홍콩특별행정구 제1기 정부 추천 위원회는 무기명 투표를 진행하여 동방(東方) 인터네셔널 국제 유한회사의 전 회장이었던 동건화(董建华)를 초대 행정장관으로 선출했다. 16일, 국무원은 동건화를 홍콩특별행정구 초대 행정관으로 임명했다. 21일, 추천 위원회는 제1기 임시 입법회의를 진행할 60명의 의원을 선출했다.

1997년 6월 30일, 중영 양국의 정부 및 관련인사들의 참석 하에 홍콩반환식이 홍콩에서 성대하게 거행됐다.

중국측 인사로는 강택민, 이붕, 전기침(錢其琛), 장만년(張萬年), 동건화가 참석했으며, 영국측 인사로는 찰스 영국왕세자, 토니 블레어 영국총리, 로빈 쿡 외무부장관, 크리스 패튼 전 홍콩총독, 찰스 거스리 국방부 참모장이 참석했다. 23시 59분, 영국 국가가 울려

퍼지는 가운데에 영국 국기인 유니언 잭이 내려졌다. 반세기 동안 이어진 홍콩에 대한 영국의 통치도 막을 내렸다는 것을 의미했다. 7월 1일, 오전 0시를 기하여 중화인민공화국 국가가 연주되는 가운데 중국의 국기와 홍콩특별행정구역의 깃발이 서서히 게양됐다. 드디어 홍콩이 조국의 품에 안긴 것이다.

마카오의 반환과정은 홍콩과 많이 다른 분위기 속에서 진행됐다. 홍콩은 폭풍우 치는 밤에 거센 파도를 뚫고 조국에 반환됐다고 표현한다면 마카오는 파도 한 번 치지 않는 잔잔한 바다를 건너 돌아왔다는 말로 표현할 수 있을 것이다.

이는 1974년 4월, 포르투갈 공화국구국위원회가 반세기 가까이 이어진 독재정권을 전복시키며 포르투갈이 추구하는 정책이 변했기 때문이다. 포르투갈 신정부는 식민주의 정책을 폐지하고 포르투갈 인민들을 상대로 비식민지화 운동을 진행했다. 우선은 아프리카지역 식민지를 독립시켜 주었고 1975년에는 마카오에 주둔하던 군대를 철수시켰다. 이후에는 < 마카오 조직장정 (澳門組織章程)> 을 발표하며 현재 마카오는 포르투갈이 관리하고 있지만 중국의 영토임을 인정한다. 그리고 1979년 중국과 포르투갈이 외교 관계를 수립할 때 포르투갈 측은 마카오가 중국의 영토임을 재차 인정했다.

1980년대에 중국과 포르투갈이 마카오문제에 대해 정식으로 논의할 때 영토 주권의 문제는 이미 해결되었으며, 일제양국 정책을 실시하겠다는 중국의 입장 역시 명확했다. 협상은 사실상 중국이 마카오를 돌려받을 날짜를 정하기 위해 진행된 것이었다. 우호적인 분위기에서 협상을 진행한 끝에 양국은 1987년 4월 < 마카오문제에 관한 공동성명 > 에 서명하고 "중화인민공화국은 1999년 12월 20일부터 마카오에 대한 주권 행사를 회복한다 ."고 선포했다 . 1999 년 5 월 , 국무원은 마카오특별행정구역 제 1 기 정부추천위원회의 선거결과에 따라 하후화 (何厚铧) 를 마카오 제 1 대 행정장관에 임명했다 .

1999 년 12 월 19 일 23 시 42 분부터 마카오 주권 교체식이 성대하게 개최됐다 . 중국 측 인사로는 강택민 , 주용기 , 전기침 , 당가선 (唐家璇), 하후화가 반환식에 참석했으며 , 포르투갈 측은 조르즈 삼파이우 포르투갈 대통령 , 안토니우 구테흐스 총리 , 자이메 가마 국무부장관 겸 외무부장관 , 전 마카오총독이었던 바스코 조아큄 로차 비에이라 총독이 참석했다 .

포르투갈의 깃발은 천천히 내려지고 중국 국기와 마카오특별행정구의 깃발이 함께 나란히 게양됐다 .

홍콩과 마카오의 귀환은 계획이 아닌 현실이 됐다 . 중국 인민들은 자연스레 대만 문제도 하루 빨리 평화적으로 해결되길 희망하기 시작했다 . 최종적으로 중국은 조국의 통일대업을 완수해 낼 것이다 .

제 26 장
신세기를 맞이하다

20 세기 최후의 몇 년 만을 남겨놓은 상황에서 21 세기가 다가오고 있었다 .

신세기에도 평화와 발전은 여전히 시대가 바라는 주제였다 . 세계적으로 보자면 국제의 흐름은 점점 경제와 과학기술을 바탕으로 한 종합 국력을 겨루는 쪽으로 변화하기 시작했다 . 국제정세가 긴박해지며 각국은 나아가지 못한다면 후퇴할 수밖에 없는 상황에 처했다 .

과학과 교육을 통해 국가를 발전시키고 , 자주혁신 (自主革新) 을 실현해야 한다는 요구는 바로 이러한 시대적 배경에 발맞추어 나타났다 .

전국인민대표대회가 1996 년 3 월에 승인한 < 국민경제와 사회발전을 위한 제 9 차 5 개년계획 제정 및 2010 년 미래목표 개요 > 역시 위와 같은 맥락으로 곧 도래할 신세기를 맞이하기 위해 미리 준비해 놓은 것이었다 .

중국공산당 제 15 기 전국대표대회는 이렇게 세기가 교차하는 역사적인 시점에 개최되었다 .

제 1 절 중국공산당 제 15 기 전국대표대회

중국공산당 제 15 기 전국대표대회는 1997 년 9 월에 개최되었다. 이 회의는 과거의 정신과 교훈을 이어받아 미래를 개척해 나가기 위한 뜻 깊은 회의였다.

같은 해 2 월 19 일, 중국 개혁개방의 총 설계사였던 등소평 (鄧小) 平이 별세했다. 향년 93 세의 나이였다. 등소평의 부고 소식이 알려지자 많은 사람들은 중국이 앞으로 어떤 깃발을 들고 나아갈지, 또 어떤 길로 나아갈지에 대해 관심을 갖고 지켜보기 시작했다. 중국공산당이 명확하고 분명한 대답을 내놓아야 하는 순간이었다.

중국공산당 제 15 기 전국대표대회에서는 강택민 (江澤民) 이 제 14 기 중앙위원회를 대표하여 < 등소평 이론이라는 위대한 깃발을 높게 들어 올리고 중국 특색 사회주의 사업을 전면 추진하며 21 세기로 나아가자 > 는 제목의 보고를 했다. 보고에서 그는 신세기로 교체되는 이 시점에서 과거를 돌아보며 미래에 대한 전망하고, 세기를 뛰어넘는 새로운 여정에 들어섰으니 반드시 등소평의 이론에 따라 중국의 모든 분야의 사업과 업무를 이끌어 나가야 한다고 강조했다.

보고는 11 기 3 중전회에서 정해진 노선을 반드시 견지해 나가야 하며 등소평 이론이라는 깃발을 높게 들어 올리되 절대 흔들려서는 안 된다고 엄숙하게 선포했다.

강택민은 다음과 같이 연설했다.

마르크스주의는 중국의 현실과 결합하여 두 차례의 비

약적인 발전을 이루어 냈고, 두 차례의 비약은 두 개의 위대한 이론이라는 열매를 맺게 했습니다. 첫 번째 비약이 얻어낸 이론적 성과는 실천을 통해 증명된 중국 혁명과 건설에 필요한 정확한 이론 원칙과 경험을 종합해 주었습니다. 그 창시자는 바로 모택동(毛澤東) 동지이며 우리 당은 이를 모택동사상이라고 부릅니다. 두 번째 비약이 얻어낸 이론적 성과는 중국 특색 사회주의 건설 이론입니다. 이 이론은 등소평 동지가 처음으로 제안한 이론이기에 우리 당은 그를 기념하기 위해 등소평 이론이라는 이름을 붙였습니다.

지금의 중국이 나아갈 길을 찾기 위해서는 마르크스주의와 중국 상황과 시대적 특징을 결합한 등소평 이론을 따라 가야 합니다. 기타 다른 이론들은 사회주의 앞에 놓인 앞길과 운명을 밝혀 주지 못합니다. 등소평 이론은 현대 중국을 위한 마르크스주의이며, 마르크스주의가 중국에서 발전하며 생겨난 새로운 단계라 할 수 있습니다.

이 중요한 시기에 사람들 앞에는 두 가지 큰 문제가 던져졌다. 한 가지는 사회주의 제도가 시장경제체제에 잘 녹아들 수 있는지의 여부였으며, 다른 한 가지는 국민경제가 빠르고 건강한 발전할 수 있는지의 여부였다.

국유기업의 개혁 문제는 중국공산당 제14기 전국대표대회 이후부터 나날이 두드러지기 시작했으며 개혁을 심화하기로 결정한 원인이 되었다. 중국공산당 제15기 전국대표대회에서는 국유기업을 개혁하며 일어난 일련의 실질적인 문제들에 대한 해법을 내놓았다. 보고에서 언급된 계획들은 다음과 같다. (1) 국유기업을 대상으로 개혁 및 재정비와 관리 강화를 동시에 진행하여 3년 안에 대부분의 대, 중형 국유기업이 어려움을 벗어날 수 있도록 한다. (2) 시선을 국유경제로 돌려 경제가 전반적으로 활성화될 수 있도록 하며 중대한 일은 철저하게 관리하고 사소한 일은 융통성 있게 처리하는 전략적 재정비를 진행한다. (3) 합리적인 경영을 위해 국유기업의 합병을 장려, 기업파산 과정을 규범화, 잉여인원을 적절히 배치, 인원감축을 통한 효율향상 및 재취업 등의 정책을 실시하고, 강한 자가 살아남고 약한 자는 도태되는 경제체제를 건설한다.

그 외에도 여러 일체화 개혁정책을 적극적으로 추진하겠다는 의사를 밝혔다. 언급된 계획들은 다음과 같다. (1) 국유기업의 재산 가치를 보호 및 증가시키고, 국유 재산이 유출되는 일을 방지한다. (2) 사회보장 체제와 의료보험 제도를 건설한다. (3) 도농 주택기금을 설립하며 부동산제도 개혁을 가속화한다.

상술한 개혁계획 중 중대한 일은 철저하게 관리하고 사소한 일은 융통성 있게 처리하는 것과 전략적 재정비를 진행하는 것은 하나의 항공모함을 만들기 위한 계획이었다. 이 항공모함은 지역이나 분야나 소유제도에 제한되지 않는 대형그룹이며, 동시에 중공중앙의 정책들이 무시할 수 없는 중요한 조치였다.

대외 개방은 장기적이며 기본적인 국가정책이다. 중국은 경제의 글로벌화가 시대의 흐름이 되었다는 점을 알아차렸다. 보고에서는 중국을 벗어나 더 적극적으로 세계를 향해 나아가고, 전방위적이며 다단계적이고 더 넓은 영역을 포괄할 수 있도록 대외 개방 국면을 보완해야 한다고 지적했다.

1998 년 3 월 , 제 9 기 전국인민대표대회 제 1 차 회의를 개최했다 . 대회에서는 등소평 이론의 깃발을 높이 들고 중국공산당 제 15 기 전국대표대회의 정신을 철저히 이행하길 바란다고 강조했다 . 대회에서는 강택민을 국가 주석으로 선출하고 이붕을 인민대표대회 상무위원회 위원장으로 , 주용기 (朱鎔基) 를 국무원 총리로 임명했다 .

중국공산당 제 15 기 전국대표대회가 막을 내리고 , 1997 년이 다 가기까지는 3 개월이 남아 있는 상황이었다 .

이 기간 동안 중국은 국가 경제건설 분야에 있어서 새로운 발전을 이루어 냈다 .

그중 몇 년에 걸쳐 준비한 장강 삼협 (三峽) 수리 허브공정과 황하 소랑저 (小浪底) 수리 공정의 댐 물막이공사가 성공적으로 완료된 것과 남곤철도의 전 노선이 실제 운영에 들어간 것이 가장 눈길을 끌었다 . 장강과 황하는 중국의 2 대강이다 . 삼협과 소랑저 수리공정의 물막이 공사는 약 열흘의 간격을 두고 연이어 완료되었다 .

북쪽에 하나 , 남쪽에 하나 . 특대형 수리공정이 같이 추진되며 날개를 달고 함께 비상하기 시작하자 자연스레 이목을 끌었고 사람들에게 벅찬 감동을 선사했다 . 두 개의 수리 공정은 수리 역사에 길이 남을 쾌거이며 자연을 정복하고 개조하겠다는 중국 국민들의 원대한 포부를 보여 주었다 .

남곤전기화철로 (南昆電氣化鐵路) 는 서남지역 철도의 대동맥이다 . 동쪽의 광서장족자치구의 남녕에서 시작하여 서쪽의 운남성 곤명까지 이어진 철도로써 노선이 거쳐 가는 지역의 지형들은 극히 복잡하고 , 고도차가 2010m 에 달하는 지역도 존재했다 . 이는 중국 철도 역사에서 찾아볼 수 없는 성과였다 . 남곤전기화철로는 12 월에 전 노선이 개통되어 운행에 들어갔다.

경제건설이 발전하고 경제 실력이 증가함에 따라 예전에는 해내지 못했던 전방위적인 사업도 이제는 단순한 구상에 머무르지 않고 현실이 되었다. 이렇듯 중국은 새로워진 모습으로 신세기를 향해 나아갔다.

이어서 국내 경제상황을 살펴보자. 지난 몇 년간 시급히 해결해야 하는 문제는 물가 문제였지만 이 무렵에는 물가상승폭이 크게 둔화되며 해결되었다. 문제는 금융 분야에서 나타나기 시작했고, 금융경제에 숨어 있는 우환과 리스크가 점점 커져 갔다.

조금 더 구체적으로 보자면 문제는 두 가지로 나타났다.

첫째, 국유 은행의 자산에서 불량 자산이 차지하는 비율이 높고 미수 이자가 급증하며 경영이 나날이 어려워졌다. 당시 국유은행이 관리하는 채권 중 대부분이 부실 채권이나 악성부채였기에 회수가 불가능했다.

둘째, 비은행 금융기관에 존재하는 문제가 더 심화됐다. 셋째, 일부지방이나 부서, 단체들은 금융기관을 난립하고 금융 업무를 무분별하게 처리하거나 불법 융자를 제공해 주는 등 비도덕적으로 행동했다. 넷째, 주식시장과 선물시장에서는 불법행위가 자행했다. 다섯째, 여러 금융기구와 종사자들이 수치를 거짓으로 꾸미고 날조하는 등 경영하는 과정에서 불법적인 일들을 저질렀다.

현대 경제의 핵심은 금융이며, 거대한 경제자원을 거머쥐고 있는 곳은 바로 금융기관이다. 사회주의 시장경제가 지속적으로 발전함에 따라 금융활동의 작용은 사회 경제의 각 분야에 광범위하게 영향을 미치고 그 속으로 스며들었다. 금융의 불안은 사회의 안정에 필연적으로 영향을 미치게 되고 더 나아가 개혁과 발전과정에도 방해가 된다 . 이에 중공중앙과 국무원은 11 월에 전국금융업무회의를 개최하였고 , 12 월에 < 금융개혁 심화 및 금융질서 재정비를 통한 금융리스크 예방에 관한 통지 > 를 공포했다 .

이번 금융기관의 구조 개혁은 금융기관의 구조가 사회주의 시장경제에 적응하여 함께 발전할 수 있도록 해주었을 뿐만 아니라 다음 해에 다가온 동남아 금융위기라는 예상하지 못한 폭풍에 대응할 중요한 대비책이 되어 주었다 .

제 2 절 두 가지 위기에 맞서다

1998 년 , 신세기와 또 한 걸음 더 가까워진 해였다 .

중국경제는 이 해에 거대하고 특수한 두 가지 위기에 직면하게 되었다 . 그 위기들이 중국에게 가져다 준 어려움은 모두의 예상을 훨씬 뛰어넘은 수준이었다 .

첫 번째 위기는 동남아 금융위기였다 . 동남아 금융위기가 나날이 더 심각해지고 다른 지역으로 확산됨에 따라 국제 금융시장이 요동치기 시작했다 . 일본 , 러시아 , 라틴 아메리카 , 미국의 경제발전 속도는 둔화되었으며 이는 중국경제에도 큰 충격을 주었다 .

두 번째 위기는 전례 없던 침수 재해가 가져왔다 . 1954 년 장강 대홍수가 발생한 이래 처음으로 유역 전체에서 홍수가 발생했다 . 송화강 (松花江), 눈강 (嫩江) 의 경우 역사상 최악의 대홍수가 발생했으며 피해 면적 3 억 묘 (畝), 수재민 2 억 명 , 직접적 경제 손실액은 2,000

여억 위안에 달했다.

사회 및 경제생활에 누적되어 있던 기존의 문제들에 새롭게 대두된 문제들이 더해지니 1998년의 형세는 더 심각해졌고, 더 복잡해졌다. 많은 사람들은 중국이 이 혹독한 시련을 견뎌낼 수 있을 것인지, 개혁과 건설을 계속 추진해나갈 수 있을 것인지에 대해 우려하기 시작했다.

동남아 금융위기는 세계화라는 큰 배경 하에 발생했다. 이는 중국에게 있어서 일종의 심각한 경고메시지였다. 동남아 금융위기는 1997년부터 시작되었지만 중국경제에 직접적으로 영향을 미치기 시작한 것은 1998년의 일이었다. 이와 같은 영향은 중국의 수출 무역에서 처음으로 드러났다. 앞서 언급한 국가들은 금융위기가 발생하자 경제성장이 둔화되며 경기침체에 빠져 들었는데, 이는 당연히 중국의 수출량에도 영향을 미쳤다.

당시 중국에서 상당히 빠른 경제성장세를 보이며 수출지향형 도시였던 절강을 예로 들어 보자.

절강성의 지역별 수출량을 보면 동남아가 50%, 선진국들이 30%를 차지했다. 동남아와 선진국 양쪽 다 금융위기를 겪는 탓에 올해 절강성의 수출량은 20%에서 30% 떨어질 것으로 예상된다. 전국적으로 보자면 올해는 국제시장이 위축됨에 따라 외국 무역의 수출입 총액이 작년 대비 0.4% 하락할 것으로 보이며 이는 1982년 이후 유례없던 일이다. 국내총생산증가율은 2% 하락할 것이며 국제 흐름에 따라 위안화 평가절하를 진행하여야 할지에 대해 큰 압박감을 받게 될 가능성이 크다. 해외의 대(對) 중국 직접투자는 감소할 것이다.

상황이 이렇게 되니 전 세계, 특히 동남아 각국이 중국을 주시하기 시작했다. 과연 중국이 이 거대한 해일 속에서 살아남을 수 있을까? 위안화 가치를 평가절하하지 않을까? 만약 중국이 버텨 내지 못하고 휩쓸려 위안화 가치가 대폭 하락한다면, 이번 금융위기가 만들어 낸 참혹한 상황은 더 심각해질 것이 분명했기 때문이다

그리고 중국은 전 세계가 만족할 수밖에 없는 대답을 자신 있게 내놓았다. 근 20년 간 추진해 온 개혁개방과 현대화건설을 겪은 덕분에 중국의 종합 국력과 위기 대응 능력은 충분히 강해져 있었다. 또 1996년 경제 운행을 위해 시행했던 연착륙 조치가 성공적으로 마무리되고, 1997년 금융 개혁 강화 및 금융 질서 재정비를 추진하며 시행한 일련의 조치들 덕분에 중국은 온 아시아를 휩쓴 금융위기에서도 굳건히 버텨내고 주동적인 역할을 맡았다.

위안화 평가절하의 경우, 이해득실을 따져 본 후에 비록 중국이 큰 어려움을 겪겠지만 위안화 가치가 하락하지 않도록 온 힘을 다했다. 또 금융위기로 인해 큰 피해를 입은 국가에게 약간의 원조금을 지원하며 금융위기 극복에도 기여했다.

위안화 환율 방어에 성공하며 중국 국민들은 중국의 경제상황에 확신을 가지게 되었다. 중국경제에 큰 문제가 생기지는 않았다는 것을 인식했고, 주변 국가들이 흔들리는 상황에서도 꿋꿋하게 버티며 안정을 유지했다는 것은 아주 큰 의미를 갖는다.

또 국제적 관점에서 보면 전 세계에 영향을 미치고 있는 이 금융 폭풍 속에서도 중국은 국제 사회에서 맡은 바를 다하며 책임을 지는

대국이며, 없어서는 안 될 안정적요소라는 점을 세계에 알린 셈이었다. 이는 중국의 국제적 위상과 지위를 한층 더 높였줬다.

이례적인 수준의 대홍수는 중국경제가 1998 년에 맞닥뜨린 또 다른 도전이었다. 중화민족은 홍수와의 전쟁에서 세상 사람들에게 중화민족의 강한 단결력을 보여 줬다. 군인과 민간인이 함께 맞섰으며, 당시에 참여한 사람들은 지도 간부들을 포함하여 약 800 여만 명에 달했다. 그들은 개인의 안위나 득실 같은 사소한 것에 얽매이지 않았으며 대홍수 앞에 굴하지 않고 팽팽히 맞섰다.

특히 30 여만 명의 해방군과 무장 경찰 부대는 끝까지 맞서 싸우며 자기희생정신을 보여 주었고, 죽음을 각오하고 끝까지 지켜 내는 과정에서 발생한 아름다운 사례도 끊임없이 이어졌다. 오랜 기간 동안 낮과 밤도 가리지 않고 분투한 끝에 무너질 뻔한 둑을 사수해 냈으며 수백만 명의 생명과 재산을 무사히 지켜내는 데에 성공했다.

중국의 경제는 1998 년부터 비교적 빠른 성장세를 보였는데 국민 총 생산률의 경우 작년 대비 7.8% 상승했다. 비록 원래 예상했던 8% 에는 못 미치는 성장률이었지만 당시 세계 평균 성장률이었던 5% 를 훨씬 웃도는 수준이었으며 물가상승률의 경우 3% 이내로 억제되었다.

농업은 당시 대홍수로 인해 피해를 입었음에도 불구하고 상당히 양호한 성적을 거두었으며 양곡 생산량은 지난해와 거의 비슷한 수준을 유지했다. 수급 상황을 살펴보면 장기간 동안 공급이 부족했던 시기를 벗어나 전체적으로는 균형을 이루되, 수확량이 많아 약간 남는 경우도 존재했다.

공업 생산액의 경우 작년 대비 8.9% 증가하였으며 산업 구조도 개선되었다. 첨단 기술을 사용하며 부가가치가 높은 전자, 정보, 통신 분야의 상품의 생산량이 빠르게 증가했고, 마이크로컴퓨터, 방송파통신설비, 이동통신설비 등의 생산량은 지난 해 대비 17 ~ 53% 상승했다. 제 3 차 산업의 생산액은 8.3% 증가한 것으로 기록됐다.

고정 자산 투자도 확대되었는데 주로 중서부 지역 쪽으로 치우쳐져 있었다. 서부 지역의 투자 규모는 31% 증가했으며 동부 지역과 비교했을 때 15% 나 빠른 속도였다. 계획되어 있던 대형인프라시설 항목들도 추진되기 시작했다. 난주 (蘭州) 에서 시작해 서녕 (西寧) 을 지나 라사까지 잇는 통신용 광케이블 사업은 예정 시일보다 더 일찍 완공되어 전국을 포괄하는 통신 광케이블의 기간망을 거의 완성했다.

호항 (滬杭) 고속도로, 경정 (京鄭) 전기화철도, 합간녕 (陝甘寧) 가스유전 등 대형 건설사업이 준공되어 실제로 이용되기 시작했다. 이해, 인터넷은 중국에서 대중매체 분야에 이용되기 시작했으며 신문과 소식을 더 빠르고 더 편리하게 전달하며 다양화되는 데 도움을 주었다.

이 무렵, 환경보호 사업의 중요성을 실감하여 중점을 두고 추진한 결과 단기간 내에 큰 발전을 이루어 냈다. 이전에는 많은 지역이 무분별한 벌목과 경지면적 탓에 몸살을 앓았었다. 이에 중국은 마침내 큰 결심을 내리고 퇴경환림 (退耕還林) 이라는 환경보호정책을 실행하기에 이르렀다. 1994 년 이후 개간한 임지는 반드시 2000 년 이전에 다시 산림으로 되돌려 놓아야 하며, 경사가 25 도 이상인 곳 2000 년 이전에 다시 산림으로 복구해 놓아야 한다는 정책이었다. 경사가 25 도 이하인 경우 토양 환경보존에 힘써 기준치 이상을 유지해야 했다. 중요한 것은 정부가 퇴경환림에 참여한 국민들에게 충분한 양식과 보조금을 제공했다는 점이다.

중공중앙정부위원회와 국무원은 10 월 이후부터는 장강 (長江), 황하 (黃河) 상류에 있는 천연림 벌목의 경우 임업회사가 사업을 전환하여 삼림을 관리하고 보호하도록 한다고 발표했다 .

도시와 농촌의 생활수준은 지속적으로 향상되었다 . 농촌 거주민의 순수입은 물가를 고려했을 때 실제로는 약 5.8% 상승했다 . 시장의 공급이 충분하거나 수요를 초과하여 전국의 상품 소매가는 1998 년 말까지 약 15 개월 연속 하락세를 보였다 .

빈민 구제 사업에도 속도가 붙었다 . 1978 년 2 억 5,000 만 명에 달했던 중국 농촌 빈곤 인구가 1998 년에는 4,200 만 명으로 감소하였으며 비율로 보았을 때는 30.7% 에서 4.6% 까지 하락했다 . 매년 평균 1,000 만 명 감소한 셈이다 .

몇 년간 노력한 결과 중국은 오랜 기간 동안 중국 국민들을 괴롭혀 온 공급 부족 문제를 거의 해결했고 , 일정 범위의 구매자 시장을 형성하기 시작했다 . 이는 중국이 사회주의 시장경제체제를 구축하며 생겨난 역사적인 변화였다 .

1998 년 , 직면한 두 가지 도전을 해결하는 동시에 경제개혁 역시 단계적으로 진행하여 일련의 중요한 정책들을 연이어 내놓았고 일부 문제들은 해결할 돌파구를 찾는 데 성공했다 .

국유기업 개혁 한층 더 심화되었다 . 정부와 기업을 분리하기 위해 중요한 한 걸음을 내디뎠고 국유기업의 고위급 관리자들을 대대적으로 재편성했다 . 중국석유천연가스그룹 (中國石油天然氣集團 , 중국석유화공 (시노펙 , 中國石油化工集團), 상하이바오강그룹 (上海寶鋼集團) 등 대기업 집단은 이 무렵 건설되었다 . 기술과 장비수준은 대폭 높아 졌으며 , 기술혁신 능력 역시 눈에 띄게 향상되었다 . 당시 국유기업 중 손실이 가장 큰 분야는 방직분야였다. 이에 총 52 만 개의 낙후된 방추를 폐기하고, 66 만 명의 종사자에게 정리해고하고 기타 분야로 분배했다. 국유기업을 시행하는 동안 모든 분야가 어려움을 벗어날 수 있도록 돌파구를 제공해준 중대한 결정이었다.

금융 체제 개혁의 경우 아시아금융위기로부터 교훈을 얻어 박차를 가했다. 우선, 인민은행의 성급 지점 통폐합 작업에 나섰으며 아홉 개의 '지역급' 지점을 신설해 지방 정부가 은행에 불필요한 간섭을 진행할 수 없도록 사전에 예방했다. 중국 증권감독관리위원회는 수직적 관리 체계를 시행하기 시작했다. 또 금융질서를 정비하여 법과 규정을 위반한 사안들을 밝혀냈고 문제가 심각한 금융기구의 경우 경영을 그만두게 하였다. 이 무렵 상업 은행은 독립된 기업으로 자주 관리경영에 들어갔다.

국무원 기구 개혁은 순조롭게 진행되었으며 정부 기구의 기능에 변화가 생겨 정리해고를 진행한 결과 총 인원이 절반이상 감소했다.

제 3 절 두 가지 결정을 내리다

1998 년 하반기부터 1999 년까지 중국의 사회주의 현대화건설을 진행하는 과정에 있어 또다시 중대한 두 가지 결정을 내렸다. 첫째는 내수 확대 수요에 근거하여 적극적인 재정정책, 특히 인프라시설 투자를 늘리기로 한 점이다. 둘째는 서부대개발 사업을 진행하기로 확정했다.

역사의 발전이라는 게 항상 그렇다. 기존의 문제를 해결하면 새로운 문제가 눈앞에 나타나기 마련이었다. 당시 중국경제 분야에서 핫이슈로 떠오른 새로운 문제는 바로 경제 과열 현상을 극복하고, 연착륙을 성공적으로 실현하니 이제는 경제성장률이 지속적으로 하락하기 시작했다는 점이었다.

8 차 5 개년계획이 시행되던 기간, 다시 말해 1991 ~ 1995 년 중국의 GDP 평균성장률은 12% 였다. 이는 세계적으로 보았을 때 분명 낮은 편은 아니었지만, 중국에 한정하여 보았을 때 성장률이 4 년 연속 하락했다는 것은 경제가 합리적으로 운영될 수 있는 구간의 하한선에 다다랐다는 것을 의미했다.

연착륙에 성공했는데 경제성장률은 왜 하락하기만 하는 것일까?

첫 번째는 경제분야의 '관성의 법칙' 때문이며, 두 번째는 아시아 금융위기의 영향을 받았기 때문이고, 세 번째는 당시 제안된 거시적 제어 정책이 제대로 자리를 잡지 못했기 때문이었다.

적절하면서도 빠른 경제성장률을 유지하는 것은 중국의 실제상황을 고려했을 때 특별한 의미를 가졌다. 중국사회가 직면한 여러 문제들은 경제가 비교적 빠른 속도로 발전해야만 해결할 수 있는 문제들이었기 때문이다. 지속된 성장률 하락세는 정리 해고로 인한 실직문제와 기업 경영난 및 금융리스크 상승 등 여러 대형 문제를 불러왔다.

게다가 중국은 인구 대국인 탓에 새로운 구직희망자는 매년 1,000 만 명 이상 증가했으며, 농촌에는 아직도 1 억여 명의 잉여 노동력이 남아 있어 취업 압박은 나날이 커져만 갔다. 이 시기는 종사자 정리해고, 간부 재배치, 군대 인원축소를 단행하던 시기였기에 취업 문제는 해결되지 못하고 나날이 더 심화되었다. 경제성장률이 1% 포인트 증가할 때마다 100 만 명이 취업할 수 있으니 위와 같은 상황에서 경제성장률 하락은 눈 감고 넘어갈 수 없는 큰일이었던 셈이다.

개혁개방 이후 저가 노동력에 의존해 수출 주도형 경제성장전략을 펼친 덕분에 중국의 국민경제는 빠른 발전을 이룩해 낼 수 있었다. 경제특구와 연해 지역의 주요 도시에 위치한 대다수의 기업은 재료를 주면 가공하는 가공업 분야로 치우쳐져 있었다. 그러나 아시아금융위기가 발발하며 중국의 수출액은 마이너스 성장을 기록했으며 중국 GDP 성장률을 2% 포인트나 하락하게 했다. 중국 지도자들이 진지하게 고려해 보고 대응해야 할 문제였다.

이제는 수출 주도형 경제성장 대신 내수활성화로 경제성장을 이끌 필요가 있다는 의견이 상술한 환경에서 제안되었다.

내수를 활성화하기 위한 방법은 크게 두 가지로 나눌 수 있는데 첫째는 국내소비를 증가시키는 것이며 두 번째는 투자를 확대하는 것이다.

국내 소비를 증가시키는 것이 가장 근본적인 일이지만 당시 상황을 고려했을 때 단기간 내에 효과를 보긴 어려웠다. 이에 중국정부는 우선 투자확대에 중점을 두었다. 1998년 8월, 국무원은 더 적극적인 재정정책을 펼쳐 국내수요를 확대함으로써 경제 성장을 견인하겠다고 발표했다. 이를 위해 약 천억 위안의 장기 국채를 추가로 발행하여 국가 예산 안에서 인프라시설 구축 전용자금으로 지정하고 인프라시설 구축에 사용하겠다는 계획이었다.

내수를 힘차게 이끌기 위해 내놓은 이 정책은 두 가지 특징을 갖고 있었다.

첫 번째는 자금조달을 위한 화폐 추가발행이 아닌 국가 채권을 발행하여 국민들의 예금을 국가건설 항목에 투입하도록 유도했다는 것이다. 이는 통화팽창을 방지할 수 있으며 적극적인 재정정책과 안정적이고 건전한 화폐정책을 통합한 것으로 볼 수 있다.

두 번째는 대형사업을 빠르게 추진하거나 가공분야 사업을 확대하는 등과 같이 자금을 맹목적으로 이용하지 않고 인프라시설 분야로 한정했다는 것이다. 이는 중복 건설을 예방할 수 있으며 만약 그런 실수를 저지르더라도 금세 수습할 수 있기 때문이다.

인프라시설 구축의 경우 비용이 높고 소요기간도 긴 탓에 투자금을 일시에 회수하기가 어려워 은행에서 전부 출자하거나 민간 자본에 의지해서는 구축할 수 없었다. 이 때문에 재정 투자를 늘리고 국채를 발행하는 방법을 채택해 진행해야만 했다.

1998 ~ 2000 년 약 3 년 동안 중국은 총 3,600 억 위안의 장기 건설 국채를 발행하여 공공 사업 건축을 촉진하는 데 사용했다. 주로 이용된 분야는 5 개로 나눌 수 있다.

첫째, 총 500 억 근에 달하는 양식을 보관할 수 있는 현대화 비축 창고의 건설을 위해 이용됐다. 중앙에서 건설비용을 지원하고 지방에서는 토지를 지원하는 형식이었다. 이 과정에서 시멘트, 철강 등 관련 산업의 발전을 촉진했다.

둘째, 전선 (電線) 망을 보수하는 데 이용됐다. 농촌의 기존전력망은 전력손실률이 37% 에 달했다. 송전되는 사이에 약 3 분의 1 의 전력이 길가에 버려진 셈이다. 이 때문에 전기세가 상승하며 농민들은 가전 용품을 사용하는 것조차 어려워졌다.

셋째, 장강과 황하 중상류의 수토 보존과 '벌목 대군'을 '식목 대군'으로 변화시키는 데 이용됐다. 동시에 기존에 건설되어 있고 저수지를 보수함으로써 홍수 대처 능력을 제고시켰다.

넷째, 주거물을 추가로 건축하는데 이용됐다. 이 과정에서 잉여 철강재, 시멘트, 기계 및 전력 설비, 건축 자재를 전부 사용하였다.

다섯째, 교통과 통신 체계를 완벽히 구축하는 데 이용됐다. 그중 제 9 차 5 개년계획 기간 동안 증축된 차선의 총 길이는 24 ㎞, 증축된 고속도로의 길이는 1 만 1,500 ㎞에 달했다는 건 꼭 짚고 넘어갈 필요가 있다. 2000 년 말, 중국에 건설된 고속도로의 총 길이는 1 만 6,200 ㎞를 기록했다. 이는 세계에서 세 번째를 차지하는 길이로 최근에 지어진 도로들이 대부분이었다. 덕분에 교통 및 운수상황은 크게 개선됐다.

통신 사업은 개혁개방이 시작된 이후 연평균 두 자릿수의 성장 속도를 유지해 왔다. 휴대전화 보급률은 경악할 만한 속도로 치솟기 시작했다. 고속도로와 통신 사업 등 인프라시설의 빠른 발전은 상품 유통의 규모와 속도를 제고시켰다. 이는 중국이 현대화된 경제를 건설하는 과정에서 맞이한 거대한 변화였다. 몇 년이라는 짧은 기간 동안 경제발전에 '병목현상'으로 작용하던 낙후된 상황들을 눈에 띄게 개선시켰을 뿐만 아니라 국가건설을 위한 든든한 뒷받침을 마련하는 데 성공했다.

당의 적극적인 재정정책이 중국경제의 성장을 이끈 중요한 역할이었다는 점은 사실이 증명해 준다. 2000 년, 중국경제 성장에 다시금 상승세를 보인 것 역시 다년 간 추진된 적극적인 재정정책과 밀접한 관련이 있다.

중국은 연착륙을 성공적으로 실현한 이후, 내수를 확대시키기 위한 새로운 사로와 방법을 터득했다. 이는 사회주의 시장경제 체제를 건설하고 보완하는 데 중요한 의미를 가진다.

내수 시장을 확대한다는 것은 대외무역을 포기한다는 뜻이 아니다. 경제 글로벌화가 빠르게 진행되고, 중국이 세계무역기구의 가입을 준비하는 상황에서 대외무역은 서로가 혜택을 누릴 수 있는 새로운 출구다. 1999년 11월에도 중요한 사건이 발생했다. 중미 양국이 중국의 세계무역기구 가입에 관한 양자 협정을 마무리한 것이다. 양측은 신문을 통해 공동성명을 발표하기도 했다. 중국이 세계라는 무대로 나아가기 위해 내딛은 첫 발걸음이었다.

그와 동시에 외국 자본을 더 적절하게 이용하기 위해 대외 개방도를 한층 더 제고했다. 외국 자본 투자 관련 산업 정책을 지속적으로 보완하고, 외국 자본이 신기술 산업에 이용되길 격려했다. 전방위적이며, 다층적이고, 여러 분야를 포괄하는 개방적인 형세가 점진적으로 형성되기 시작했다.

비록 상술한 성과들을 거두긴 했으나 1999년 중국경제가 맞서고 있는 문제들은 여전히 심각했다. 해외 수출액과 외국인 직접 투자(FDI) 금액은 지속적으로 하락했고 세계 경제 형세에 존재하는 불확실 요소가 증가하며 아시아금융위기로 인한 폐해가 여전히 곳곳에 남아있었다. 중국 국내 소비 수요 여전히 부진했으며 도농 주민의 소득 증가율은 점차 하락하는 추세를 보이기 시작했다. 이에 더해 미래 지출액이 증가할 것이라는 예상 탓에 인민의 구매 의욕이 꺾이며 저축률은 빠르게 치솟았고 공업 소비품은 대부분 남아돌아 상품 재고 특히 소비 품목의 재고량이 대폭 증가했다. 국민의 소비 의욕을 진작시키기는 더더욱 어려운 일이었다.

경제발전이 이루어 낸 성과를 평가할 때는 생산 능력의 높고 낮음이 아닌 시장 수요의 존재 여부가 관건이다. 만약 수요가 공급을 따라가지 못한다면 생산이 아무리 빠르게 발전하더라도 재고만 늘어나 상황은 오히려 더 악화될 것이다. 그러나 국제 사회에서의 경쟁, 취업 압박 등 여러 요인이 존재했기에 발전 속도가 너무 느려서도 안 될 일이었다.

그래서 주용기 총리는 1999년 3월 제9기 전국인민대표대회 제2차 회의에서 진행한 <정부업무보고> 도중 "국내·외에 존재하는 유리한 조건과 제재 요소를 종합하여 분석한 결과 올해의 경제성장률은 7%로 예상됩니다."라고 말했다.

그렇다면 이 목표를 실현시키기 위해서 무엇을 해야 할까?

주용기 총리가 내놓은 답은 "반드시 국내 시장 수요를 최우선적으로 고려하여 적극적인 재정정책을 지속적으로 실시할 필요가 있습니다. 투자 수요를 확대하는 동시에 효과적인 정책을 통해 소비 수요를 확대하고 이끌어야 하며 투자와 소비 둘 모두가 경제 성장을 이끄는 역할을 수행하도록 해야 합니다."였다.

이 무렵 주의 깊게 보아야 할 현상이 하나 더 출현했다. 바로 사회 전반의 총수요 부족으로 인한 디플레이션 징후의 출현이었다.

무엇이 디플레이션이냐에 대해서는 학계에서도 의견이 일치하지 않았다. 가장 많은 지지를 얻은 주장은 물가 수준이 지속적으로 하락하는 것이 곧 디플레이션이라는 주장이었다.

당시 중국의 통화 공급량은 대폭 감소하지 않았으며 생산량 역시 하락하지 않았다. 그러나 1997년 10월부터 1999년 8월까지 중국의 소비자물가지수는 23개월 연속 하락했다. 이 점을 고려하면 디플레이션 징후가 나타났다고 볼 수 있는 것이다. 중국의 역사에서 디플레이션이란 대단히 보기 드문 현상이었다.

중국인들은 과거의 경험 덕분에 인플레이션 현상이 경제발전에 미치는 악영향에 대해서는 잘 알고 있었지만, 디플레이션의 위험에 대한 지식은 거의 전무한 상태였다. 대처해 본 경험도 부족했기에 대책을 세울 때 의견이 일치하지 않았으며, 거시적 정책을 추진하면서도 약간 동요했다.

물가지수가 이렇게 장기간 동안 지속적으로 대폭 하락한 탓에 국유기업의 이윤에 큰 손해를 미쳤으며 생산 및 경영은 어려움을 겪게 되었다. 아울러 투자자들의 신뢰도 역시 하락하였고 직원들의 소득과 취업기회가 감소되며 하나의 대형문제로 심화되어 갔다.

중국공산당 제 15 기 전국대표대회 때 당국은 부실기업으로 판단되는 중대형 국유기업이 3 년 내에 경영난을 탈피하기 바란다고 요구한 바 있다. 이를 돕기 위해 1998 년 일련의 개혁 정책들을 내놓고 대대적인 개혁을 진행했지만 국유기업은 여전히 위기를 벗어나지 못했다. 중국의 국유기업 중 공업기업의 손실비율과 손실액은 1990 년의 27.6% 와 47.3% 에서 1998 년의 41.5% 와 68.8% 로 늘어나는 결과를 낳았다.

디플레이션 징후의 출현은 당시 어려움을 겪고 있던 국유기업의 상황에 기름을 붓는 격이었다. 국유기업의 개혁과 발전은 1999 년 중국경제 작업 과정에서 드러난 큰 문제가 되었다.

이는 겪어 보지 못한 새로운 문제는 아니었다. 그러나 이미 무시할 수 없을 만큼 중요한 문제임이 분명했다. 그해 4 월, 강택민은 사천성 성도시에서 서남지역 네 개 성 (省) 에 위치하고 있는 국유기업들의 개혁과 발전에 관한 좌담회를 개최했다. 그는 회의에서 "중공중앙은 국유기업의 개혁과 발전을 올바른 방향으로 이끌고 추진하는 것이 금년 경제목표 중에서 가장 중요한 목표라는 데 의견을 함께했습니다. 국유기업의 개혁과 발전은 조급하게 추진해서도 안 되지만, 느긋하게 돌아가서도 안 됩니다. 이 고비를 넘기느냐, 못 넘기느냐는 국유기업 개혁뿐만 아니라 경제체제 개혁의 성패까지도 가름할 것입니다."라고 했다.

이후 그는 무한, 서안, 청도, 대련 등지에서 중남지역, 서북지역, 화동지역, 동북지역과 화북지역 성 및 도시를 대표하는 국유기업의 개혁과 발전을 위한 좌담회를 가졌다. 회의에서 강택민은 "지금부터 21세기의 첫 10년인 2010년까지는 우리나라의 개혁과 발전의 승패를 결정지을 중요한 기간입니다. 이 기간 동안 우리는 반드시 사회주의 시장경제체제가 어느 정도 안정될 수 있도록 노력해야 하며, 국민경제가 빠르고 건강한 발전 속도를 유지하도록 힘쓸 필요가 있습니다. 이와 동시에 적절한 시기를 놓치지 않도록 국유기업의 발전을 추진해야만 국유기업의 개혁이 난관을 타파하고 비약적인 발전을 이루어 낼 수 있습니다."라고 말을 남겼다.

이쯤에서 당시 사회여론을 살펴볼 필요가 있겠다. 개혁과 관련된 여러 조치들이 잇따라 공개되자 중국인들은 경기침체가 장기간 지속될 수도 있다는 느낌을 받았고, 소량의 비상금을 마련해 놓아야만 의료, 진학, 주택마련, 노후대비 등 문제에 대비할 수 있다고 판단했다. 이는 곧 소비욕구 저하라는 사회 문제를 가져왔다. 이러한 문제를 의식한 강택민은 개혁수준과 발전속도, 사회의 수용능력을 전부 고려하고 결합하여 신중히 개혁을 진행하겠다는 매우 중요한 원칙을 내세웠다.

국유경제 개혁 및 발전을 고려한 경제발전을 실현하기 위해 나아갈 길을 모색하는 과정에서 사람들은 지식 및 기술의 혁신과 첨단기술 산업화만이 오늘날 국제 경쟁의 핵심이라는 사실을 깨닫게 되었다.

지식 및 기술의 혁신과 첨단기술 산업화를 실현시키지 못한다면 제자리에 온전히 발붙이고 서 있기도 힘들 뿐더러, 치열한 경쟁에서 선두주자 자리를 차지하기란 더더욱 어려웠다. 이는 국유기업의 개혁과 발전을 실현시키기 위해서도 반드시 넘어서야만 하는 문턱이었다. 같은 해 8 월, 중공중앙과 국무원은 < 기술 혁신 강화와 첨단기술 발전 및 산업화 실현에 관한 결정 > 을 발표했다.

이 < 결정 > 을 철저히 시행하고 한 걸음 더 나아가 과학기술과 교육을 통한 부흥 전략을 실시하기 위해 중공중앙과 국무원은 전국기술혁신대회를 개최했다.

강택민은 회의에서 "우리는 유소위 유소불위 (有所爲 有所 爲) 의 마음가짐으로 만사에 임해야만 합니다. 우리나라만의 장점을 발휘하여 사회발전을 이끌 수 있으며, 국가의 안보에 기여해야 합니다. 또한 생산력과 종합 국력을 크게 증진시킬 수 있을만한 산업분야를 찾아내 발전시킬 필요가 있습니다. 당과 인민이 힘을 모아 협력하고, 해결에 몰두한다면 그 어떤 난관도 돌파할 수 있습니다."라고 연설했다.

9 월, 중국공산당 중앙위원회, 국무원, 중공중앙군사위원회는 '양탄일성 (彈一星)'의 연구개발에 공헌한 과학기술 전문가들을 표창하기 위한 대회를 개최했다. 해당 대회에서는 전학삼 (錢學森) 을 포함한 16 명의 과학기술 전문가와 전삼강 (錢三强) 을 포함한 7 명의 과학기술 전문가에게 '양탄일성 공훈 훈장'을 수여하였으며, 당과 군, 전국의 인민들을 향해 이 23 명의 전문가를 귀감으로 삼길 바란다는 말을 남겼다. 많은 사람들이 양탄일성의 연구개발 정신을 이어받아 중국만의 특색을 가진 사회주의 사업을 전면적으로 추진하여 21 세기에는 구축해낼 수 있길 희망했다.

같은 해 10 월 1 일은 중화인민공화국 건국 50 주년이 되는 국경일이었다. 중국 전역에 거주하고 있는 각 민족과 인민들은 중국인들만을 위한 이 뜻 깊은 기념일을 기념했다.

11 월에는 중국 최초의 유인우주선인 신주호 (神州號) 시험발사에 성공했으며, 계획에 따라 정해진 범위 내에서 우주과학 실험을 완료한 이후 무사히 귀환했다. 해당 시험발사에 이용된 우주선과 신형 미사일은 중국이 자체적으로 연구개발해 낸 모델들이었다. 시험발사였기에 우주선에 사람이 탑승하고 있지는 않았지만, 발사했다는 사실과 과학기술의 혁신이라는 그 자체만으로도 중국의 우주비행기술이 새로운 돌파구를 찾아냈음을 알 수 있었다. 이는 중국의 우주비행사업이 자신의 힘만으로 발전하며 새로운 발전단계에 접어들었음을 의미하기도 했다.

정부와 민간의 끊임없는 노력 덕분에 1999 년 국내 총생산액은 지난해 대비 7.6% 상승하며 연초에 계획했던 목표보다 높은 수준을 기록했다. 국가 재정 수입은 처음으로 1 조 위안을 돌파했으며, 외환 보유액은 연말에 1,547 억 달러에 이르렀다.

1999 년, 중국공산당은 중대한 결정을 내렸다. 바로 서부지역을 대상으로 한 대대적인 개발을 추진하겠다고 발표한 것이다.

서부 지역이란 감숙, 귀주, 녕하, 청해, 협서, 사천, 티베트, 신강, 운남, 내몽고, 광서, 중경 등 12 개의 성과 자치구, 직할시 (直轄市) 를 포괄하는 범위였으며 약 10 여 개의 국가와 접해 있는 지역이기도 했다. 이 지역들은 소수민족 거주 비율이 높은 지역들로 일대에는 풍부한 자원들이 매장되어 있기도 했다.

역사적 요소와 현실적 요소, 교통, 무역과 투자 환경 등 여러 요

소의 영향으로 인해 동부 연해 지역이 서부 내륙 지역에 비해 빠르게
발전했다. 신중국 설립 이후, 중국공산당은 서부 지역을 개발하기 위
해 많은 노력을 기울였었다. 삼선건설(三線建設)이 시작된 이후, 당
의 간부들은 악조건 속에서도 포기하지 않고 개발 사업에 매진했다.
자원을 개발하고, 인프라시설을 구축함으로써 지역 특색을 가진 중추
산업과 중견 기업을 탄생시켰고, 이는 서부지역의 개발을 위해 유리
한 조건들을 제공해 주었다. 그러나 전체적으로 보았을 때 서부 지역
의 경제상황은 여전히 낙후된 상태였으며 동부 지역과의 경제 격차는
해소되지 못하고 계속 심화되었다.

이 문제를 일찍이 인식하고 있던 등소평은 주의 깊게 관찰하다
1988년 연해 지역과 내륙 지역의 관계에 대해 언급하며 두 개의 국면
이라는 사상을 제시했고, 다음과 같이 말한 적이 있다.

연해 지역은 대외 개방 속도를 가속화할 필요가 있습
니다. 이를 통해 약 2억 인구가 거주하고 있는 이 드넓
은 지역이 우선적으로 발전한다면 내륙 지방의 발전을 이
끌 것이며, 바꿔 말해 우리는 넓게 보며 대국을 중시할 필
요가 있다는 것입니다. 내륙 지역은 반드시 전체적인 국면
을 고려해야만 합니다. 반대로 연해 지역의 발전 수준이
일정 단계에 이르렀을 때, 내륙 지역의 발전을 위해 연해
지역이 보다 더 많이 공헌하도록 요구하는 것 역시 대국을
중시하는 것입니다. 그때가 된다면 연해 지역 역시 대국을
중시해야만 하는 상황이 올 것입니다.
금세기 말쯤 중국사회가 소강(小康, 샤오캉) 수준에

도달하면 동서부지역 간의 격차 문제를 공개적으로 언급하
고 해결하기 위해 노력할 것입니다 .

시간은 흘러 세기가 교차하는 1999 년이 되었다 . 중국이 일정 수
준의 발전을 이룩할 시기이기도 했다 .

그해 6 월 , 강택민은 중앙 빈곤구제 개발업무회의에서 다음과 같
이 말했다 .

전국 각 지역 간의 발전 격차를 서서히 좁혀 나가는 것
은 전국 경제 사회가 서로 협력하며 발전하기 위함이며 , 전
국 인민이 부유해지기 위함입니다 . 이는 사회주의의 특징
을 가진 본질적인 요구이기도 합니다 . …… 현재 중서부 지
역의 발전을 가속화시키기 위한 조건은 이미 전부 구비되어
있으며 시기 역시 적절합니다 . 만약 우리가 이 유리한 조건
들을 보지 못해 시기를 놓쳐 버리고 , 해야 할 일에 최선을
다하지 않는다면 이는 역사적인 실수가 될 것입니다 .

11 월 중순 , 중국공산당 중앙위원회와 국무원은 중앙 경제 업무
회의를 개최하며 제 2 년 경제 업무 계획을 세울 때 구체적인 규정을 내
놓았다 .

"시기를 놓치지 않고 서부대개발전략을 실시하는 것은 내수 시
장의 확대와 경제 성장 촉진과 직접적으로 연관되어 있다 . 또한 우리
민족의 단결과 사회의 안정 , 국경 지역의 안보는 물론이요 , 동서 지역
의 균형 있는 발전과도 관련이 있으며 최종적으로는 전 인민이 다 같

이 부유해지는 미래를 실현하는 것이다."

이는 사회주의 국가의 힘을 빌려야만 비교적 짧은 시간 내에도 실현해 낼 수 있었다.

낙후된 인프라시설은 서부지역의 발전을 방해하는 큰 걸림돌이었다. 같은 해, 남강(南疆) 철도의 전 노선이 개통되었다. 이는 중국의 9차 5개년계획의 주요 사업 중 하나로 동쪽의 토로번(吐魯番, 투루판) 지역에서부터 시작하여 서쪽의 객십(喀什, 카슈가르) 지역을 잇는 철도였다. 총 길이는 1,451km에 달하며 3년이라는 기간 안에 시공을 완료하고 정식 운행에 들어갔다. 남강 철도는 중국 철도 역사의 기적이라고도 불리며 서부대개발전략의 주요 인프라 건설 항목 중 하나이기도 했다.

2000년, 서부대개발전략은 순조롭게 진행되었고, 구상해 놓은 정책들을 차례대로 시행했다. 뒤이어 중국은 서부지역 개발과 관련된 원칙들을 제정하고 서부대개발과 관련된 일련의 정책들을 출범시켰다. 그해 중국이 서부지역에 투자한 금액은 약 3,943억 위안으로 14.4% 증가하였으며 전국 평균 성장 속도보다 5.1% 포인트 높았다.

그중, 새로이 시작하는 10대 공정에는 총 1,000억 위안이 투입되었으며 서부 지역의 교통, 에너지 및 수리 공사가 전면적으로 추진되었다. 그 외에도 과학기술 교육을 통해 서부 지역을 지원했으며 이를 통해 지역 특색을 살린 경제를 구축하고 우수한 산업이 발전하도록 이끌었다. 이 과정에서 농촌의 생산력과 생활조건 역시 개선되었다.

서부대개발전략은 이렇게 실질적인 한 걸음을 내딛으며 순조로운 시작을 알렸다. 새로운 세기를 맞이하기 위한 준비의 일환이기도 했다.

제 4 절 '세 가지 대표사상'의 출현

2000 년에 막 들어서자마자 큰 사건이 하나 터졌다. 바로 강택민이 세 가지 대표라는 중요한 사상을 제시한 것이다.

2 월, 그는 광동지역을 시찰하며 진행한 연설에서 다음과 같이 말했다. "70 여 년간 이어져 온 우리 당의 역사를 되돌아보면 매우 중요한 결론을 도출해 낼 수 있습니다. 우리 당이 인민의 지지를 얻을 수 있었던 것은 우리 당이 혁명, 건설, 개혁과 같은 역사적인 시기에 첨단화된 생산력의 발전 요구를 대표했기 때문이며, 선진 문화의 나아갈 방향을 대표했기 때문이며, 중국 인민의 근본적인 이익을 대표했기 때문입니다. 또한 정확한 발전 노선과 정책을 제정함으로써 국가와 인민의 근본적인 이익을 수호하기 위해 쉬지 않고 노력해 왔습니다. 인류는 이제 곧 새로운 한 세기를 맞이하게 되며 또 다시 새로운 천 년을 보내게 될 것입니다. 당에 소속된 동지들, 특히 고위층 간부 동지 여러분들은 새로운 역사 조건 속에서, 어떻게 하면 이 세 가지 대표 역할을 더 잘 수행해 낼 수 있을지에 대해 한 번쯤 고민해 볼 필요가 있겠습니다."

세 가지 대표 사상은 새로운 세기를 앞둔 교체기라는 중요한 시기에서 제시되었다. 급격하게 변화하며 복잡해진 상황을 맞이하게 된 당시 중국공산당의 당원, 특히 고위급 간부들에게 맡은 바를 다하고, 사회주의 현대화라는 중국의 역사적인 사명을 위해 노력하라고 지시하면서도 세 가지 요점을 놓치지 않고 깊이 고찰해 볼 기회를 제공해 주었다.

이 세 가지 대표 사상은 통일되어 있는 사상이며 서로 연결되어 있고, 서로를 이끄는 역할을 수행해 냈다. 생산력의 첨단화와 문화선진화, 인민의 근본적인 이익실현이 해당 사상의 기초 조건인 것이다. 인민과 민중은 생산력을 발전시키고 선진 문화를 창조해 내는 주체이며 동시에 자신의 이익을 실현시키기 위한 근본적인 힘을 가지고 있다.

생산력의 첨단화와 문화 선진화를 끊임없이 추진하는 것은 결국 나날이 높아져 가는 인민과 민중의 물질적, 문화적 수요를 만족시키는 것으로 귀결되며 인민의 근본적 이익을 만족시키기 위함이다.

강택민은 "시대는 발전하고 있으며, 상황은 계속해서 변화하고 있습니다. 우리 당은 집정 당의 지위를 공고히 다지는 동시에 세계가 발전하는 속도와 그 흐름에 발맞추어 함께 앞으로 전진해야만 합니다. 생산력의 첨단화라는 발전 요구를 만족시키는 것과 동시에 문화가 발전할 수 있도록 나아갈 방향을 모색해야 하며, 우리 인민의 근본적인 이익을 충족시킬 의무가 있습니다. 당 내부에 존재하고 있는 문제들 역시도 해결해야 할 것입니다. 세 가지 대표 사상을 견지하길 바란다고 요구한 것은 앞서 말한 문제들을 고려하였기 때문입니다."라고 말했다.

세 가지 대표라는 사상은 등소평이론을 계승하고 발전시킨 것으로 중국의 특색을 가진 사회주의 이론체계를 구성하는 주요부분이 되었다.

제5절 20세기 최후의 1년

20세기의 마지막 1년인 2000년이 되었다.

중국의 입장에서 보면 2000 년은 9 차 5 개년계획의 최후 1 년이기도 했으며 중국사회주의 현대화의 '싼부저우 (三步走)' 전략 중 제 2보의 최후 1 년이기도 했다 .

이해 , 중국의 경제상황은 최근 몇 년 들어 가장 안정적이었다 . 몇년에 걸쳐 실시해 온 주요 정책들의 효과가 층층이 누적되어 있다가이 시기쯤에 명확하게 드러났기 때문이다 . 국내 총 생산액은 9 조 위안이라는 문턱을 넘어섰으며 , 10 조 위안이라는 더 높은 단계를 향해 돌진했고 작년 대비 8.4% 성장했다 . 성장률은 지난해와 비교했을 때 약1% 포인트 성장했으며 경제성장률이 다시 상승하기 시작한 것은 1992년 이후 처음 있는 일이었다 .

중국이 2000 년에 이루어낸 성과는 앞에서 이미 언급한 적극적인재정정책과 안정적이면서도 건전한 재정정책 병행 , 투자 확대 , 인프라시설 확대 , 내수시장 견인 및 서부지역대개발 전략 외에도 몇 가지더 존재했다 .

첫째 , 국유기업은 3 년 안에 어려움을 탈피한다는 목표를 기본적으로 실현했다 . 대다수의 대 , 중형 국유기업은 적자 상황에서 벗어났으며 경제 기여도 역시 대폭 상승하여 현대 기업 제도의 기본적인 틀이 형성되었다 . 둘째 , 경제 구조조정을 적극적으로 추진하여 첨단 기술산업이 빠르게 발전했고 새로운 성장 동력이 되었다 . 셋째 , 아시아금융위기의 영향을 성공적으로 떨쳐냄과 동시에 수출액이 비약적으로 상승하기 시작했다 . 이는 중국 국내시장을 발전시키는 데에도 큰도움이 되었다 . 넷째 , 중국 전체의 재정수입이 크게 증가했다 . 다섯째 ,소비수요는 안정적으로 호전되었으며 인민의 생활수준 역시 지속적으로 개선되었다 .

몇 년간 지속적으로 노력한 덕분에 2000 년 중국의 국민경제상황은 이미 새로운 전환점을 맞이했다는 것을 알 수 있다 . 이는 10 차 5 개년계획을 실현하고 , 제 3 보 전략을 시행하기 위해 안정적인 기반을 마련했다는 뜻이기도 했다 . 연이은 희소식에 중국인들은 확신에 차 있었으며 , 곧 다가올 신세기를 위해 만반의 준비를 갖춘 상태였다 .

조금 더 넓게 본다면 개혁개방 이후 1978 년과 같은 세기이며 20 세기와 21 세기의 교체기이기도 한 2000 년과 비교해 볼 수 있겠다 . 중국이 역사적 변화를 겪었다는 사실을 더욱 더 명확하게 알아차릴 수 있다 .

20 여 년 간 국민경제는 한층 더 발전하였고 , 종합 국력과 국제적 영향력도 크게 증가했다 . 사회주의 시장경제체제는 기본적으로 구축되었으며 국가의 거시적 제어와 문제 대처 능력도 함께 상승되었다 . 중대형 국유기업은 현대 기업 제도를 구축하는 것과 동시에 개혁을 이룩해 냈다 . 중국은 공유제 경제 하나밖에 없던 상황에서 공유제를 주체로 하면서도 다양한 소유제 경제체제를 구축한 경제 공동 발전을 기본적으로 실현해 냈다 .

국민 생활수준도 눈에 띄게 개선되어 의식주가 부족했던 상황을 탈피해 소강수준에 도달하였는데 이는 역사적인 발전임이 분명했다 . 시장 상품은 더 다양해졌으며 인민들의 소비수준도 지속적으로 상승했고 , 소비구조도 그에 발맞추어 함께 발전했다 . 과학기술과 교육은 큰 발전을 이루어 냈으며 사회사업 또한 전반적으로 발전했다 . 국방사업 역시 현대화를 향한 중요한 발걸음을 내딛었다 .

2000 년 10 월 , 중국공산당 중앙위원회는 15 기 5 중전회를 개최했다 . 신세기를 맞이하기 위해 개최된 회의였다 . 해당 회의에서는 중국

이 21 세기 초에 '소강사회건설 전면추진'이라는 단계에 접어들게 될 것이라 밝혔다. 정식으로 선포한 것은 최초의 일이었다.

10 차 5 개년계획은 새로운 단계에 접어들기 위해 내딛어야 할 첫 걸음과도 같았다. 계획이 제시한 주요 목표는 다음과 같았다.

국민경제는 비교적 빠른 발전 속도를 유지하면서도 경제구조의 전략적조정이 효과를 볼 수 있도록 해야 한다. 경제성장의 경우 성장 수준과 효율 전부 높일 것이며 2010 년에는 국내 총 생산액이 약 두 배 증가할 수 있도록 든든한 기반을 다져 놓을 필요가 있다.

10 차 5 개년계획 기간 동안 국민경제와 사회발전이 나아갈 길을 명확하게 제시했다.

2000 년 12 월 31 일, 20 세기의 마지막 날이었다. 강택민 중국 국가 주석은 전국 인민과 전 세계를 향해 < 새로운 세기를 맞이하며 아름다운 미래를 함께 창조해 나가자 > 라는 신년사를 바쳤다.

곧 있으면 2001 년을 알리는 종소리가 울릴 것이며, 인류 사회라는 함선은 21 세기라는 새로운 노선을 따라 향해하게 될 것입니다.

신세기를 맞이한 중국 인민의 주요 목표는 현대화건설의 지속적인 추진이며, 조국통일의 실현과 동시에 세계의 평화를 유지하며 같이 발전해 나가는 것입니다. 중국 인민은 등소평 이론을 견지하고, 개혁과 경제건설을 흔들림 없이 추진할 것입니다.

'평화통일, 일국양제' 방침을 고수하면서 독립적이며 자주적인 평화 외교 정책을 견지할 것입니다. 이를 통

해 조국의 완전한 통일을 이루어 내는 것이 최종 목표이
며, 중화민족의 위대한 부흥을 실현하기 위해 쉼 없이 노
력할 것입니다. 또한 전 세계 인류를 위해 더 큰 기여를
할 것이라 약속드립니다.

새해를 알리는 종이 울렸다. 중국인민은 이와 같은 상황 속에서
도 자신의 의무를 다하며 중국 특색을 가진 사회주의 사회 건설이라는
역사적 사명을 위해 노력해온 것이다. 축사를 끝으로 중국은 전 세계
사람들과 함께 20세기와 고별하고 21세기를 향해 걸음을 내딛었다.

제 27 장
역사가 우리에게
남긴 메시지

　사람들은 흔히 실천만이 진리를 검증할 수 있는 유일한 기준이라고 말한다 . 역사는 한 집단의 기억이라 말할 수 있으며 , 인류가 실천해 온 모든 일들을 한 곳에 모아 놓은 집합체라고도 할 수 있겠다 . 다시 말해 20 세기 중국의 역사는 중국인들이 백 년간 실천해 온 것들이 기록된 기억의 집합체다 . 그 기간 동안 중국인들은 비참함에 젖어 본 적도 있으며 , 승리의 기쁨을 맛본 적도 있었다 . 승리를 쟁취하는 과정에서 거대한 성공을 이루어 냈지만 , 난관 앞에서 여러 번 좌절하고 꺾이기도 했다 . 모든 의견과 주장은 실제로 경험해 보고 직접 느껴 보며 도출해 낸 풍부한 경험이다 . 이는 백 마디 천 마디 말보다 더 정확하며 후대 사람들을 위해 무엇이 옳은 것인지 , 또 무엇이 그릇된 것인지에 대한 무궁무진한 메시지를 남겨 주었다 .

　사회의 치열하고 끊임없는 변화와 거대한 발전은 20 세기 중국 역사에서 두드러지는 특징이다 . 막 20 세기를 맞이한 당시 중국의 모습과 20 세기 말의 중국을 비교해 보자 . 환골탈태라는 말 외에는 형언할 길이 없다 .

　20 세기라는 막이 오르던 때 , 중국은 빈곤하고 쇠락한 국가였다 .

한 구석에 버려진 채 주목도 받지 못했으며, 곧 끊어질 것 같은 숨을 겨우 내쉬며 멸망하기만을 기다리는 상황이었다. 일부 오만한 서방 국가의 사람들은 중국민족을 열등하다고 비하하기까지 했다. 망국을 구원하는 것은 수천수만 명의 애국자들이 무엇보다 간절하게 바라는 최우선 목표가 되었다. 국가가 정말 멸망에 이른다면 아무리 좋은 일이 생긴다 하더라도 아무 짝에도 쓸모없는 것이 되어 버리기 때문이었다.

"나의 애국심은 마치 신궁의 화살이 꿰뚫고 지나간 것처럼 벗어나고자 해도 벗어날 수 없으며, 조국은 비바람과 폭풍우 속에서 빛을 잃어가고 있다. 이 뜻을 인민에게 알리고 싶으나, 인민들은 알아차리기 어려울 것이다. 조국을 위해서라면 내 정신, 내 체력, 내 일생을 기꺼이 바치리라." 20세기 초, 당시 젊은 나이였던 노신은 비통함에 젖어 한 구절, 한 구절 적어 내려갔다. 이 짧은 문장은 무수히 많은 애국자들의 목소리를 대표했다.

그러나 20세기의 막이 내릴 때쯤, 중국인들은 두 다리로 당당히 일어섰을 뿐만 아니라 중국 특색을 가진 사회주의를 건설하기 위해 주저 없이 나아가기 시작했다. 중국의 모습은 믿기 힘들 만큼 빠른 속도로 변화했으며, 인민들은 이미 소강(小康, 샤오캉) 수준의 생활을 하고 있었다. 확신에 찬 중국 사람들은 사회주의 현대화 실현과 중화민족의 위대한 부흥이라는 미래를 맞이하기 위해 걸음을 내딛었다. 전 세계는 중국의 비약적인 발전에 놀라 입을 다물지 못했으며 도대체 무슨 일을 벌였기에 가능했던 것인지 궁금해 하고, 대답을 갈망했다. 세계에 대한 중국의 인식은 변화했고, 중국에 대한 세계의 인식 역시 변화했다. 이는 20세기 초 애국자들로써는 상상하기 어려운 일임이 분명했다.

전 세계 인구의 약 4 분의 1 을 차지하는 대국인 중국이 , 백 년이
라는 짧은 기간 사이에 완전히 뒤바뀐 것은 인류 역사의 기적이라 불
릴 만했다 . 이 '기적'은 도대체 무엇을 계기로 발생하였으며 , 또 어떻
게 발전한 걸까 ? 이는 장본인인 중국 사람들 끊임없이 고민하고 있는
문제이며 , 세계의 이목을 이끌고 있는 문제이기도 하다 .

20 세기 , 중화민족이 한 걸음 , 한 걸음 걸어온 길을 되돌아보면
그중에서 특히 눈에 띄는 점 몇 가지를 꼽을 수 있다 .

제 1 절 중화민족의 위대한 부흥을 실현했다

중화민족의 부흥을 실현시키는 것은 20 세기 내내 무수히 많은 중
국의 애국 투사들이 무엇보다 간절히 , 끊임없이 추구해 온 목표였으
며 , 시대 흐름에서도 엿볼 수 있는 주제였다 . 혁명도 좋고 , 건설도 좋
고 , 개혁도 좋지만 그 모든 것의 목적은 민족 부흥 실현이라는 목표로
귀결되었다 . 이는 20 세기 중국 역사를 관철하는 기본노선이라 할 수
있겠다 .

민족부흥이라는 목표는 어떻게 이 길고 긴 세월 동안 몇 억 명에
달하는 중화 자녀의 마음속에서 끊임없이 계승되고 , 존재해 온 걸까 ?
우리는 이 현상을 어떻게 보아야 하는 걸까 ?

중국은 문명고국이며 , 중국민족은 과거에 찬란한 고대문명을 꽃
피우며 세계문명의 선두주자였다 . 이에 더해 중국 문명은 몇천 년 동
안 그 맥이 끊어진 적이 없으며 계속 전승되어 왔다 . 이는 세계가 인정
하는 사실이다 . 프랑스의 계몽주의 사상가인 볼테르 (Voltaire) 는 18

세기 중반에 중국 문명에 대해 "중국 민족은 전 세계에서 가장 긴 역사를 가진 민족이기에 이론과 도덕, 그리고 국가를 다스리는 것에 관해서는 그 어떤 국가보다 앞서 있다 할 수 있다."고 평가한 바 있다. 그러나 18세기와 19세기가 교차하던 과도기에 일어난 프랑스 대혁명과 영국의 산업혁명 이후, 서방국가들은 경제분야와 정치분야에서 큰 변화를 겪었다. 중국은 빠르게 뒤처졌으며, 시간이 흐름에 따라 서구권 국가 및 미국과의 격차는 점점 더 벌어져만 갔다.

1840년 아편전쟁 이후, 무력으로 무장한 서방국가들의 위협 속에서 중국은 울며 겨자 먹는 심정으로 남경조약을 체결했다. 이후, 중국은 한 국가로써의 독립적인 지위를 상실하며 결국에는 반식민지 반봉건국가가 되어 버렸다. 설상가상 곧 바로 이어진 제2차 아편전쟁, 청불전쟁 및 일련의 불평등 조약 탓에 중화민족은 서방열강들의 침략 앞에 속수무책으로 당하기만 했고, 가해지는 압박 속에서 점점 더 비참해져 갔다. 19세기와 20세기가 교차하던 때에 중국은 보다 더 빠른 속도로 추락하기 시작했다. 청일전쟁에서의 패배는 중국인들에게 큰 충격을 주었다. 20세기 중국 역사라는 기록의 첫 장을 넘겼을 때, 눈앞에 펼쳐지는 것은 차마 눈 뜨고 볼 수 없는 고통스럽고 비참한 광경뿐이었다. 서방국가 8개국의 연합군은 중국의 수도인 북경까지 점령하기에 이르렀고 약 1년 넘는 기간 동안 활개를 치고 다녔다.

중국은 정말 멸망하려는 걸까? 과거에 누렸던 영광과 외부인들에게 갈기갈기 찢기고 있는 현실 사이에서 강렬한 괴리감이 생겨났다. 피가 절절 끓는 중국 인민들은 이토록 모욕적인 상황을 겪으며 차마 눈을 뜰 수 없을 정도로 괴로워했고, 차마 견뎌낼 수 없었다. '중국을 부흥시키자(振興中國)'는 우렁찬 구호는 손문이 청일전쟁이 발발하던 그해에 외쳐지기 시작했다. 이 구호는 대대로 전해지고 계승되며 중국인들이 추구하는 목표가 되었고, 시대의 흐름에서 눈에 띄는 주제가 되었다.

그러나 중국이 나아가야 할 길은 평탄하지 않았다. 일본의 군국주의자들은 포악한 야심을 드러내며 중국을 대상으로 유례없는 수준의 야만적인 침략을 감행했다. 그들은 중국을 장악하겠다는 흑심을 품고 원세개(袁世凱) 정부에게 중국을 독점하기 위한 '21개조'를 뻔뻔하게 요구했다. 만주 사변부터 노구교사건이 발생하기까지, 일본 침략군이 말발굽으로 짓밟고 지나간 지역의 주민들은 생명과 재산도 보장받지 못하는 '망국의 노예'로 전락했다.

근대 중국이 맞이하고 있는 여러 모순 중, 제국주의와 중화민족 사이의 갈등이 가장 큰 모순이었다. 알다시피 조국의 독립과 민족의 해방을 떠나서는 개인의 앞날과 운명은 언급할 수조차 없다. 이는 전혀 이상하거나 특수한 일이 아니다. 당시 사람들이 "지금 중화민족은 역사상 가장 큰 위기를 맞이했다."라고 노래를 부를 때, 한족이든 외지에 거주하고 있는 형제자매들이든 모든 중국인들은 끓어오르는 피를 억누르지 못했다. 눈앞에 닥친 민족적 재난 앞에서는 팔로군(八路軍)도, 신사군(新四軍)도, 심지어는 국민당의 군대에 소속된 애국 장교와 사병까지도 민족의 생존을 위해 피를 흘렸고, 자신의 목숨마저도 기꺼이 바쳤다. 그들은 후대 사람들의 마음속에 영원히 살아 숨 쉬며 기억될 것이다. 외래의 침략은 중화민족을 오히려 더 끈끈하게 만들었으며 이익과 운명을 함께하는 공동체로 성장하게 했다. 중화민족 해방 역사에서 가장 빛나는 한 페이지라 할 수 있겠다.

백 년이 넘는 시간 동안 굴하지 않고 웃고, 울며 함께 노력한 덕분에 중국인들은 마침내 제국주의의 침략과 자국의 반동자들의 압박 속에서 벗어나 중화인민공화국을 설립했다. 새로운 시작을 알리는 전환점이었다. 신중국 설립 전날, 모택동은 엄숙한 목소리로 선포했다."우리 민족은 지금부터 평화와 자유를 사랑하는 세계민족이라는 대가정의 한 일원이 된 겁니다. 용감한 태도로 맡은 바 임무를 성실히 다하며 우리 민족만의 문명과 행복을 창조해 낼 것이고, 그와 동시에 세계의 평화와 자유를 수호하고 추진하기 위해 노력할 것입니다. 우리 민족은 이제 더 이상 다른 민족에게 모욕당하고 있지 않는다. 중화민족은 이미 이 땅에 발을 내딛고 일어섰습니다."

신중국의 설립은 중화민족의 위대한 부흥을 위해 첫 걸음을 내딛은 것과 같았다. 그러나 첫 걸음은 첫 걸음에 불과했다. 중국인들은 천신만고 끝에 정치적으로의 독립을 실현해 냈지만, 경제적으로는 여전히 낙후되어 있었다. 많은 인민들은 부유한 생활을 향유하지 못했으며, 당시 세계 역시도 불안정하여 새롭게 태어난 중화인민공화국의 주변에는 여전히 위험들이 도사리고 있었다. 거대한 경제적 능력이 없다면 국방 문제는 언급할 수조차 없었다. 다시 말해 경제적으로 독립하지 못한다면 정치적 독립도 그 기반을 공고히 다지지 못하며, 보장받을 수 없다는 뜻이다.

전쟁 탓에 심각하게 파괴되었던 국민경제를 회복한 이후, 모든 중국인민들은 개혁의 열망을 품은 채 조국의 품 안에서 대규모 경제건설을 진행하기 시작했다. 이는 중국 역사상 전례 없는 대규모 경제건설이었다. 비록 중간에 많은 우여곡절을 겪었지만 근본적으로는 중국의 모습을 바꾸는 데 성공했다. 1964 년 12 월, 주은래 총리는 제 3 기 전국인민대표대회 제 1 차 회의의 < 정부업무보고 > 를 발표할 당시,

중국인민들 앞에서 4 개 현대화라는 위대한 목표를 실현하기 위해 노력해야 한다고 강조했다 . 그는 다음과 같이 말했다 . "중국 인민은 게으르고 나약한 민족이 아닙니다 . 과거에도 그랬고 , 지금도 그렇고 , 미래에도 다른 민족에게 의존하여 살아가지 않을 것입니다 . 우리는 우리의 힘만으로 독립적이고 완벽하며 , 현대화된 국민경제체제를 건설해 낼 수 있습니다 . 이와 동시에 우리는 우리의 힘이 닿는 범위 내에서는 외국을 지원하고 , 국제주의에 공헌하기 위해 노력해야 합니다 ."

문화대혁명운동 이 진행된 10 년 동안 큰 혼란을 겪고 11 기 3 중전회가 개최된 이후에는 등소평을 핵심으로 한 당 지도층들이 출범했다 . 새로운 지도층은 업무 목표의 중점을 이동할 필요가 있다는 결단력 있는 결정을 내렸다 . 그 과정에서 장애물로 작용하는 모든 간섭은 제거하며 한마음 한뜻으로 경제건설을 추진하고 , 4 개 현대화 목표를 실현하기 위해 노력했다 . 등소평은 중국과 선진국 간에 존재하는 경제적 차이를 객관적으로 분석하였고 , 현대화라는 전략적 목표를 달성하기 위해 1980 년대부터 21 세기 중반까지 총 세 단계로 나누어 진행하는 발전전략을 제시했다 . 현대화라는 발전 목표가 생기자 전 당과 전국 인민들은 한 데 모일 수 있는 '집결지'가 생겼고 , 나아갈 방향도 정해졌다 . 사회주의 노선을 견지하는 것도 좋고 , 개혁개방을 진행하는 것도 좋고 , 독립적이며 자주적이고 평화로운 외교 정책을 시행하는 것도 좋다 . 그렇게 해야만 전략목표를 실현할 수 있고 , 중화민족의 위대한 부흥을 이루어 낼 수 있기 때문이다 .

중화민족의 부흥을 실현하는 것은 선대 중국인들이 백 년이 넘는 기간 동안 강렬하게 열망해 온 일이며 , 중국이 전 세계 인류를 위해 다해야만 하는 임무이기도 했다 . 중화민족은 평화를 사랑하는 민족이다. 중화민족은 민족 자존심과 자긍심을 갖고 있으며, 긴 세월 동안 투쟁하며 얻어 낸 독립적이며 자주적인 권리를 그 무엇보다 소중하게 여긴다. 등소평은 제 12 차 전국인민대표대회 개막사에서 다음과 같이 말했다. "그 어떤 국가도 중국이 자신들의 말에 복종할 것이라는 헛된 기대를 품어서는 안 됩니다. 중국이 자신의 이익을 해치는 쓴 잔을 달게 마실 것이라는 생각도 해서는 안 됩니다. 평등하고 상호 이익을 얻을 수 있다는 기본적인 원칙하에, 대외 교류를 적극적으로 확대해 나갈 것입니다." 중국인은 힘 있는 자가 힘없는 자를 다스리는 것에 대해 줄곧 반대 입장을 고수해 왔으며, 패권주의와 독재 정치에도 동의하지 않았다. 중국은 그저 세계평화와 인류의 발전 사업을 위해 자신이 할 수 있는 바를 다하며 기여하길 바랄 뿐이었다.

중화민족의 부흥을 실현한다는 것의 진정한 의미는, 모택동이 말한 것처럼 중국은 인류를 위해 큰 기여를 할 것이다. 이는 국제 교류에서 언급되는 대국주의와는 완전히 대립하는 개념이다. 평화로운 발전 전략을 고수하고, 이 세계에 존재하는 모든 국가와 민족 간의 우정과 협력을 소중히 여기며, 인류의 발전을 위해 더 큰 기여를 하는 것. 이것이 바로 중화민족의 위대한 부흥을 추구하는 중국 인민들이 견지하는 기본원칙이자 아름다운 바람이다.

제 2 절 혁명과 현대화의 관계를 주시할 필요가 있다

중국의 현대화를 실현하는 것은 시대와 관계없이 중국인들의 공통된 꿈이었다. 그러나 20 세기 전반기 동안 중국인민은 혁명과 투쟁에만 집중했으며, 민족의 독립과 인민 해방의 문제를 최우선 순위에 두고 이를 해결하기 위해 온힘을 다 쏟아 부었다. 일부 사람들이 생각하는 것처럼 중국인들은 그릇된 길로 빠져들었거나, 먼 길을 돌아가게 된 건 아닐까? 혁명을 위해 목숨까지도 내놓은 애국선열들의 희생이 헛되이 버려진 건 아닐까? 결론부터 말하자면 당연히 아니다.

이는 중국공산당 제 15 기 전국대표대회에서 공개된 보고가 명확하게 나타내고 있다. "아편전쟁 이후, 중국은 반식민지, 반봉건국가가 되었었다. 지금 중화민족은 두 가지 역사적 임무를 직면하고 있다. 첫 번째는 민족의 독립과 인민의 해방을 추구하는 것이며, 두 번째는 국가를 부강하게 하고, 번영케 하며 인민이 다 함께 부유한 삶을 향유할 수 있도록 노력하는 것이다. 그중 첫 번째 임무는 두 번째 임무를 위해 존재하는 장애물을 제거해 주는 역할을 동시에 수행하는 것이며, 두 번째 임무를 해 내기 위해 필요한 전제조건을 구비해 줄 것이다."

이 짧은 문단은 중화민족이 직면하고 있는 두 가지 역사적 임무의 관계를 무엇보다 명확하게 설명하고 있다. 전자는 후자의 전제조건이며 다시 말해 전자를 실현하며 장애물을 제거해야만 후자 역시 실현할 수 있다는 것이다. 이를 전제조건이라 부르는 것은 전제조건이기에 둘을 분리해서 생각할 수는 없는 것이며, 피해 갈 수도 없는 일이라는 점을 강조한다. 다시 말해 반드시 이렇게 해야만 하며, 기타 방법을 통해서는 목표를 실현할 수 없다는 말이다.

근대 중국의 실제상황을 살펴보면 상황은 더 명확해진다. 당시에는 중국의 운명이 중국인의 손에 달려 있지 않았으며, 중국을 통치하던 반동자들이 근본적인 변화를 거부하던 상황에서 대규모 현대화 건설을 진행한다는 것은 실속 없는 빈말에 불과했다. 평화로운 방법으로 해결할 수 있는 일이었다면, 앞으로 나아갈 수 있다는 희망이 실낱 만큼이라도 존재했다면, 그 많은 사람들이 혁명을 위해 피를 흘리고, 목숨까지 바치며 위대한 자기희생정신을 발휘했겠는가?

중국인들은 국가와 민족의 생존이 극도로 위협을 받을 때에만, 도무지 해결방법을 찾을 수 없는 상황에서만 목숨을 걸고 투쟁한다. 당시 백만, 천만의 애국선열들은 혁명을 위해 기꺼이 자신의 목숨을 내놓았다. 이는 누군가의 지시를 받아서도 아니며 당시 심각한 상황에 처해 있던 사회 탓에 벌어진 일들이었다.

손문은 다음과 같이 말한 바 있다. "건설은 혁명의 유일한 목적이 며, 건설을 바라지 않는다면, 파괴할 필요도 없으며 혁명은 언급할 필 요도 없다." 손문은 평화를 사랑하는 사람이었다. 혁명을 위해 행동하 기로 결정한 전날 밤에도, 그는 청나라 정부로부터 시작하여, 국민들 에게까지 퍼져 나갈 개혁 운동을 시행해 보고자 하는 작은 희망을 갖 고 있었다. 상서를 올린 것은 당시 권력을 쥐고 있던 이홍장을 시험해 보고자 하는 마음도 있었으며, 과연 평화로운 방법을 통해 해결할 수 있을지 알아보기 위함이었다.

그러나 희망은 물거품으로 돌아갔다. 손문은 조금도 망설이지 않 고 홍중회 (興中會) 를 구성하여 반청 (反淸) 혁명운동을 전개했다. 청 정부를 전복시킨 이후에도 손문은 사업 건설, 특히 철도 건설을 추 진하고자 몇 차례 마음먹었었다. 그러나 그가 철도 연구를 위해 일본 에 방문했을 때 원세개는 사람을 보내 당시 국민당 이사장을 대리하고 있었던 송교인 (宋敎仁) 을 암살했다. 당시 중국 국내에 있던 혁명 인 재들 역시 대부분 진압된 상태였다. 원세개는 이 틈을 놓치지 않고 군 주제를 선포하며 약 83 일간 홍헌황제 (洪憲皇帝) 로써 생활했다.

　　무정한 현실은 손문의 아름다운 바람을 산산조각 내 놓았다. 이러한 사건을 계기로 손문은 외국 열강과 중국 내의 반동자들이 중국을 통치하는 상황에서는 평화로운 방법을 통해 건설하는 것 자체가 불가능한 일임을 깨닫게 된다. 5·4 운동이 있은 후, 손문은 상해에서 <중국을 변화시키기 위한 첫 걸음> 이라는 제목의 연설을 진행했다.

　　이 첫걸음이란 무엇인가? 직설적으로 말하면 혁명밖에 없다는 것입니다.

　　우리는 위대한 건축물을 구상하는 설계사처럼 완전히 새로운 방법을 통해 사회를 건설해 나가야 합니다. 새로운 방법을 통한 건설이란, 높은 경지를 바랄수록 기반을 먼저 공고히 다짐을 의미합니다. 기반을 다지는 과정에서 생겨난 장애물은 멀리 옮겨 버려야 합니다.

　　8년이라는 세월 동안 중화민국과 국정 상황이 이 지경까지 악화된 것은 겉으로 드러난 문제를 해결하는 데 급급해 땅속에 파묻힌 뿌리를 건드리지는 못했기 때문입니다.

　　이는 손문이 평생 살아오며 수차례 고통 받고 실패하며 얻어낸 결론이었다.

　　모택동은 5·4 운동이 진행되던 그해에 《상강평론 (湘江評論)》을 통해 사회변혁의 필요성을 소리 높여 피력했지만 여전히 평화로운 방법을 채택했었다. 시간이 지난 이후에야 그는 "나는 러시아의 혁명을 보고 나서야 깨달았다. 무궁무진한 방법을 두고 괴팍한 방법을 선택하는 것이 아니라, 더 좋은 방법이 없기 때문에 무력을 통하여 혁명을 이룩해 낸 것이다."라고 결론을 내렸다. 중국공산당은 왜 갑자기 무기를 들고 무장 투쟁에 나선 걸까? 이는 장개석이 반공정변운동을 발동한 이후, 국민당 내부에서 진행된 피 비린내 나는 독재 정치를 보며 가만히 앉아 죽음을 기다릴 수 없다는 생각에 반격에 나선 것과 비슷한 일이었다.

혁명과 변혁을 위해 거대한 대가를 치루긴 하였으나, 단기간 내에 사회발전을 방해하는 구시대적인 문제들을 제거하는 데 큰 기여를 한 것은 부정할 수 없는 사실이었다. 이는 몇 년이 걸려도 이루어 내기 힘든 일이었으며, 무엇보다 확실한 방법이었다. 아울러 사회 경제의 빠른 발전이 나아갈 새로운 길을 열어 주기도 했다. 중화인민공화국 설립이후 약 반 세기 동안 진행된 역사에서 가장 힘 있는 행동이었다.

국제적으로 보자면 18 세기 말에는 미국의 독립전쟁과 프랑스대혁명이 발발했으며, 이 두 가지 사건과 중국의 혁명에는 공통점이 존재했다. 바로 몇 천, 몇 백만 민중들이 행동하며 기존의 낡은 사회질서와 타협하지 않고 격렬한 혁명운동을 펼친 것이며, 기존의 사회구조와 정치체제를 뒤엎고 새로운 사회구조와 정치체제를 구축한 점이다. 사람들은 새로운 사상 관념과 생활방식을 수립했으며, 그 과정에서 피를 흘리고, 상당한 대가를 치렀지만 그 혁명이 해당 국가들의 현대화 실현을 위해 나아갈 길을 닦아 준 점은 동일했다.

관련 국가들은 인류 사회의 발전을 위해 크게 기여했다. 이는 전세계가 인정하는 일이기도 했다. 이와 다르게 구시대적인 사회질서와 타협하고 혁명을 진행하지 않은 독일, 이탈리아, 일본과 같은 경우 잔존해 있던 기존의 사회질서 및 체제들이 이후 그들이 현대화를 진행하는 데 있어서 부정적인 영향을 끼쳤다. 이 국가들이 이후에 군국주의와 파시즘의 길을 걷게 된 것이 이와 아무 관련 없다고 말하기는 조금 어렵겠다.

20세기 중국 역사에서 혁명과 현대화는 서로 녹아들지 못하고 대립하는 관계가 아니었다. 혁명의 목표는 현대화를 실현하는 것이었기 때문이다. 반대로 현대화의 경우, 혁명이 우선적으로 진행되어야만 장애물이 제거되고 필요한 전제조건이 구비되기 때문에 필수불가결한 존재였다. 당시 혁명이 진행되면서 현대화 실현과 사회발전이라는 목표 하에, '정치개혁, 실업구국, 교육구국'과도 같은 주장들이 대거 등장했었다. 해당 주장들은 비록 중국의 근본적인 문제를 해결하지도 못했고, 시대 흐름에서 주도적 위치를 차지하지도 못했지만, 보이지 않는 부분에서 긍정적인 효과를 발휘했을 것이다.

이와 관련된 분야에서 실질적으로 큰 기여를 한 엄복(嚴復), 양계초, 장건(張謇), 채원배(蔡元培), 범욱동(范旭東), 오작부(吳作孚), 영종경(榮宗敬) 형제는 우리가 반드시 기억하고, 추모할 필요가 있다.

폭풍우처럼 몰아친 혁명은 당시 집권하던 반동자들의 핍박에 괴로워하던 인민들이 어쩔 수 없이 내린 선택에 가까웠다. 그 외에는 견딜 수 없을 만큼 괴로운 생활과 낡은 질서를 뒤바꿀 방법이 존재하지 않았기 때문이었다. 물론 모든 혁명의 발생은 역사적 조건을 갖고 있으며, 단계적으로 나타난다. 밑도 끝도 없이 혁명만을 추구할 수는 없는 일이다. 낡고 구시대적인 사회 제도가 더 이상 내부의 모순을 조절할 수 없을 만큼 쇠락했을 때, 더 이상 발전할 여지조차 남아 있지 않을 때, 새로운 사회 제도가 이미 준비되어 있고 등장할 시기만을 기다리고 있을 때, 사회가 대변혁을 위한 내재적 조건을 충분히 갖추고 있을 때. 앞서 서술한 상황에서 진행되는 혁명만이 새로운 사회 제도를 탄생시키는 산파 (産婆) 역할을 해 낼 수 있는 것이다.

위와 같은 객관적인 조건이 존재하지 않는다면 아무나 자기 마음대로, 뜻대로 행동하며 혁명을 핑계 삼아 개인의 주관적인 목표를 실현할 것이다.

역사적 조건이 갖추어진 상태에서 발생한 혁명이 승리를 거두었을 때, 해당 혁명은 사람들을 격려하고 힘을 돋운다. 그러나 문제는 마치 혁명이 모든 문제에 대한 대답이며, 모든 것은 혁명 (특히 혁명이 승리한 직후) 일정 기간 동안과도 같이 단기간 내에 이루어 낼 수 있으리라는 착각을 갖게 된다는 점이다.

객관적인 역사가 혁명단계에서 건설단계로 진입했을 때, 사람들의 심리상태와 사고방식이 혁명 단계에 머무른 채 발전하지 않는 일이 종종 발생한다. 혁명 단계에 익숙해진 탓에 자주 사용하는 방법을 통해 건설 단계에서 마주하게 되는 새로운 문제를 해결하고자 함이다. 실질적으로 보았을 때 이러한 행동은 맹목적이며 자각이 부족한 상태이다. 앞서 서술한 현상은 중국의 혁명이 승리를 거머쥔 이후에도 나타났으며, 중국뿐만 아니라 기타 국가에서도 나타난 바 있기에 깊게 고민해 볼 필요가 있다.

새로운 사회 제도가 생겨났을 때, 해당 사회 제도는 사실상 긴 시간 동안 안정적인 발전 시기를 거쳐야만 한다. 이 시기 동안에는 과학기술과 사회생산을 통한 발전을 주로 이루어 내며, 경제체제와 정치체제 정비, 사회인식과 생활방향 등을 천천히 실현시켜 나가야만 한다.

오래된 건물을 허무는 데 걸리는 시간은 그리 길지 않지만, 폐허 속에서 새로운 건물을 세우기 위해서는 반드시 차근차근 단계적으로 진행하여야 한다. 새로운 사회 제도의 경우 내부에는 여전히 많은 결점이 존재하며, 새로운 역사 조건에서는 새로운 부정적인 현상이 나타나기 마련이고, 많은 문제에 직면하는 게 당연하다. 사회 제도는 그 과정 속에서 자체적으로 제도를 정비하고, 발전하며, 개혁해 나가기 때문에 반드시 겪어야만 하는 일이기도 하다.

다시 말해 사회 제도의 개혁은 객관적인 조건 하에서 천천히 성숙해지고, 단계적으로 진행되어야만 하며 개혁, 발전 그리고 안정 이세 가지의 관계를 명확하게 처리할 필요가 있다. 개혁은 발전을 이끌 동력이며, 발전은 개혁의 목표이고, 안정은 전제조건이다.

만약 개혁하는 과정에서 성과를 얻는 것에만 급급해 일의 순서를 뒤바꾼다면, 바라던 것과는 다른 방향으로 뻗어 나갈 것이며 혼란스러워지는 것은 말하지 않아도 당연한 수순이다. 그렇게 되면 결과적으로는 크게 요동치다 속도에 급급해 성과는 얻지 못하는 상황을 초래하게 된다. 우리는 역사 경험을 본보기로 삼아 배울 필요가 있다.

제 3 절 나아갈 길을 탐색하는 과정 속에서도 멈추지 않고 계속 전진했다

나아갈 길을 탐색하며 전진한 것은 중화민족이 20 세기 내내 가시밭길을 걸어오며 드러난 주요특징이었다. 그와 동시에 이 시기의 역사 속에 존재했던 여러 주요문제들을 제대로 이해하기 위한 키포인트이기도 하다. 중국민족은 민족의 민주혁명을 진행하는 과정에서 끊임없이 진로를 모색했고, 사회주의 건설부터 개혁개방을 진행하는 동안에도 멈추지 않고 새로운 발전노선을 찾아 나섰다. 모색이라는 주요 특징을 제외한다면 당시 역사에 존재했던 수많은 사건들을 정확하게 이해하기란 어렵다.

그렇다면 모색은 왜 빠져서는 안 될 요소가 된 걸까? 중국은 서방 국가들과 완전히 다른 동방의 농업대국이다. 인구가 많고, 경제와 문화는 낙후되었으며 각 지역의 발전수준 차이가 존재했다. 이러한 국가에서 혁명을 진행하거나, 건설 혹은 개혁을 진행할 때 마주치게 되는 것들은 꼬리를 물고 이어지는 새로운 문제들뿐이었다. 이 새로운 문제들을 해결하기 위한 방법과 정답은 책이나 다른 나라의 경험에서도 찾아볼 수 없었다. 해결하기 위해서는 단 한 가지 방법만이 존재했다. 바로 중국인 자신의 경험을 통해 배우는 것이다. 중국의 실제상황을 고려하여 용감하게 나아갈 길을 모색하고, 성공과 실패의 경험 속에서 교훈을 얻으며 자신만의 길을 개척해 나가야만 하는 것이다. 중국 앞에 놓인 다른 길은 없었다.

나아갈 길을 모색할 때 당연히 모든 것을 전부 다 알고 시작할 수는 없는 것이며, 100%의 확신을 가지기도 힘든 게 현실이다. 게다가 주변의 상황 위급하고 급박하게 돌아가니. 당신이 만반의 준비를 갖춘 뒤에야 출발할 수 있도록 느긋하게 기다려 줄 리도 없다. 수많은 일들은 대략적인 방향만 정할 수 있었고, 용감하게 앞으로 나아가며 나아가는 과정 속에서 배울 수밖에 없었다. 그 과정에서 위기는 존재할 것이며, 많은 우여곡절을 겪게 될 것이다. 게다가 사람들의 인식은 객관적인 실제상황과 부합하지 않을 때가 종종 있기에 겸손하지 않거나 신중하지 못한 경우에는 아주 큰 대가를 치르게 될 수도 있다. 속되게 말해 '맨땅에 헤딩하다' 성과 없이 실패할 가능성이 높다는 말이다.

그러나 사람은 실천하는 과정 속에서 성공하고, 실패도 해 보며 겪은 경험을 종합해 교훈을 얻을 수밖에 없다. 문제를 발견하면 해결하고, 자신의 잘못을 발견하면 즉시 시정해야만 무엇을 어떻게 해야 좋을지에 대해 알게 된다. 길은 이렇게 만들어지는 것이다.

이는 기도로 물이 넘어갈까 봐 걱정하고, 위험에 처할까봐 두려워하며 물에 들어가지 않는 사람이 평생 수영을 배우지 못하는 것과 같다. 게다가 눈앞에 펼쳐진 것은 바닥이 보일 정도로 얕은 연못이 아닌 파도가 몰아치고, 얼마나 깊은지 알 수도 없는 급류였으니 말이다. 나아가는 과정에서 실수하거나 착오가 발생할 수도 있겠지만, 강물에 삼켜져 버리지만 않는다면 결국에는 맞은편 물가에 도달할 것이며 그 곳에는 커다란 성공이 기다리고 있을 것이다.

중국공산당은 민주 혁명 시기에 두 번의 실패를 경험했었다. 첫 번째 실패는 1927년 대혁명의 실패이며, 두 번째 실패는 1934년 제 5차 반토벌의 실패이다. 이 두 번의 실패 사유에는 당의 실책도 포함되어 있으며, 실패할 때마다 혁명의 성공가능성 희박해졌다. 이미 많은 사람들은 혁명이 실패했다 낙인을 찍어 놓은 상황이었다. 그러나 마지막으로 새로운 장을 펼쳤을 때, 결국에는 승리를 거머쥐었다.

사회주의 건설 시기 당시에도 당은 두 번의 실수를 저질렀었다. 하나는 성과를 얻어내는 것에 급급하여 단계를 초월하여 생산력의 발전 수준을 높이려고 했고, 객관적인 경제발전 규칙을 무시하고 대약진운동을 펼친 것이다. 또 다른 하나는 "계급투쟁을 기강으로 삼는다."는 잘못된 지도 이념 하에 진행된 문화대혁명이 가져온 10년의 소란이다. 이 두 번의 실수는 뼈아픈 교훈을 남았다.

그러나 중화민족은 심지가 굳고 지혜로우며 생기로 가득 찬 민족이다. 중국공산당은 우수한 과학적 지도 이론과 우수한 전통을 갖고 있으며, 중국인민들이 직접 세운 당이기에 인민에게 있어서도 한 가족과도 같은 정당이다. 그렇기에 기본적으로 당의 본질은 선하다 할 수 있겠다. 당이 처한 상황이 형언할 수 없을 정도로 어려웠던 적도 있었으며, 외부에서 거대한 압박을 가했던 적도 있다. 또한 과거에 많은 실수를 저질렀고 좌절을 겪기도 했지만 이 모든 것은 당의 깃발을 꺾지는 못했다. 공산당은 실패와 좌절을 겪으면서도 꿋꿋이 그 자리를 지켰을 뿐만 아니라 자신의 능력을 통해 저지른 실책들을 시정했다. 또한 몇 년 동안 겪은 경험을 종합하고, 그 속에서 교훈을 학습하여 당이 더더욱 성숙해지고, 현명해질 수 있도록 노력했다. 많은 일을 겪으며 치른 대가가 허비되지 않도록 하며 실천하는 과정에서 마침내 정확한 길을 모색해 냈다. 20세기 중국 역사가 이를 반복적으로 증명해 준다.

중국에는 예전부터 전해져 오는 말이 있다. "겪어 보기 전에는 그 일이 얼마나 어려운지 알 수 없다." 일이 벌어진 이후에 이러쿵저러쿵 말하며 '사후약방문'을 하기란 아주 쉬운 일이다. 많은 일들은 답이 매우 명확하지만, 정작 당사자가 되었을 때는 알아차리지 못하는 경우가 잦다. 이는 마치 한 척의 배가 항로 표지도 없는 수역에서 항해하는 것과 같다. 눈앞에는 바다와 몰아치는 파도만 보이고, 수면 아래에 암초나 소용돌이가 존재하는지 알 수 없으니 긴장의 끈을 놓치면 한순간에 침몰할 수도 있다.

주변의 환경은 눈 한 번 깜빡하는 사이에 다르게 변화하고, 답을 구할 수 없는 미지수와 예상 못한 변수들이 도처에 널려 있었으니. 혹은 진퇴양난의 상황에 처해 있는데 주변 상황은 계속해서 결정을 내리라 압박을 가하는 것이다. 앞서 서술한 상황에서 거대한 책임을 어깨에 진 책임자들이 얼마나 힘들었을지는 굳이 설명하지 않아도 알 수 있으리라 생각된다. 만약 어떤 사람이 주변의 환경을 슬쩍 보기만 해도 처음부터 끝까지 완전히 이해하고, 고민 하나 없이 가볍게 최선의 결정을 내릴 수 있으며, 모든 일이 아무런 고비 없이 그 사람이 예상한 대로만 흘러가게 할 수 있다면 그 사람은 사람이 아닌 신이리라.

이렇게 말한다고 해서 과거의 모든 실책을 용서하자는 뜻은 아니며, 과거의 일에서 교훈을 배우지 않아도 된다는 뜻은 더더욱 아니다. 그저 한 사건에 대해 이야기할 때는 당시의 구체적인 상황과 역사 조건을 고려하여 분석을 진행할 필요가 있다는 뜻이다. 당시에 존재하던 온갖 복잡한 요소들을 고려해야만 그 속에서 진정한 교훈을 찾을 수 있기 때문이다. 과거의 교훈이 우리에게 보내는 메시지 중 가장 중요한 것은 좋은 마음이나 선량한 바람에서 시작된 일이라고 하더라도 객관적이지 않고 주관적으로 행동하며 객관적인 규율을 어긴다면 반드시 그에 합당한 처벌을 받게 될 것이며, 심지어는 더 큰 대가를 치르게 될 것이라는 점이다.

인류는 항상 긍정적인 일과 부정적인 일 양쪽 모두를 겪으며 경험을 터득하고, 그 과정 속에서 한 발 한 발 나아가며 사물에 대해 더 객관적인 인식을 갖게 되기 마련이다. 이는 "실천만이 진리를 검증할 수 있는 유일한 기준이다."라는 말과 일맥상통한다. 실패를 겪고 나면 그만큼 현명해진다고들 한다. 과거의 역사와 특히 자신에게 발생했던 일에서 교훈을 얻는 것은 반면교사가 남겨 준 중요한 정신적 재산이라 할 수 있겠다. 무슨 일이 있어도 절대 잊어서는 안 되며, 경솔한 태도로 천하의 모든 일을 다 아는 양 행동하거나, 단순한 마음으로 임한다면 계속 발전한다 하더라도 전부 무의미한 일이 된다.

역사를 연구하는 과정에서 가장 중요한 것은 바로 분석이다. 역사의 발전이 시종일관 순조롭기란 있을 수 없는 일이다. 역사는 발전하는 과정에서 반드시 복잡하고 험난한 일들을 겪게 되며, 각종 요소의 제약을 받는 것은 당연한 일이다. 그리고 인류는 이 과정을 되돌아볼 때 반드시 객관적인 시선으로 보아야만 한다. 대략적인 방향이 명확해졌다 하더라도 구체적인 길은 실천하는 과정 속에서만 찾아낼 수 있으며, 실천하지 않는다면 모든 말은 탁상공론에 그칠 뿐이다. 역사는 종종 이런 부분에서 사람들에게 중요한 메시지를 던진다.

제 4 절　중국만의 특색을 가진 사회주의를 건설해 내는 데 성공했다

20 세기, 중화민족은 민족의 위대한 부흥을 위해 나아갈 길 모색하는 과정에서 시종일관 반드시 대답해야만 하는 문제와 걸음을 같이했다. "사회주의 도로를 따라 나가야 하는 것인가, 아니면 자본주의의 길을 걸어야 하는 것인가?"가 바로 그 문제다.

사회주의란 무엇인가? 무엇 때문에 중화민족의 위대한 부흥을 실현하기 위해서는 사회주의 도로를 걸어 나가야만 한다고 말하는 걸까? 등소평은 이 문제에 대해 간단명료하게 대답한 바 있다. "사회주의의 목적은 전 인민이 부유한 생활을 향유하도록 하는 것이지, 양극화를 조장하려는 것이 아닙니다." 사회가 발전하며 형성되는 물질적 재산과 문화 재산을 최종적으로는 어떻게 분배할 것인가, 소수 인원만 향유할 수 있도록 할 것인가 아니면 모두가 향유할 수 있도록 할 것인가. 이 문제는 계급의 철폐, 계급의 사회주의 사회 압박, 자본주의를 포함한 사회주의와 과거 계급이 통치하던 사회를 구분하는 근본적인 기준이다.

등소평은 다음과 같이 말했다. "사회주의는 특정 소수의 인원만이 부유해지고, 대다수는 빈곤한 생활을 유지하는 것이 아닙니다. 사회주의의 가장 큰 우월성은 바로 모두가 부유해진다는 것입니다. 이는 사회주의의 본질이기도 합니다." 이는 무엇이 사회주의인지, 사회주의와 자본주의의 본질은 무엇이 어떻게 다른지에 대해 근본적으로 설명해 주었다.

국제적인 관점에서 보자면 사회주의 이론은 자본주의 사회에서 살아가던 사람들이 빈부격차와 힘 있는 자가 약한 자를 다스리는 현상 등을 겪으며 발생한 불만이 낳은 산물이라 할 수 있겠다. 어느 순간 이유 없이 탄생한 것이 아닌, 사회배경과 깊은 관련이 있으며 객관적인 필연성에 의해 제시된 것이다. 이와 같은 욕구는 마르크스주의가 탄생하기 전부터 있어 왔으며, 마르크스주의는 사회주의학이 공상에서 과학으로 진화할 수 있도록 도와주었다.

중국인은 백 여 년 동안 빈곤이 무엇인지 충분히 경험했으며, 불평등한 사회구조와 외부에서 오는 압박으로 인한 괴로움이 무엇인지도 잘 알고 있었다. 그렇기에 사람이 사람을 압박하지 않고, 사람이 사람을 착취하지 않는 사회를 누구보다 강렬하게 바라 왔다.

오랜 기간 동안 고난을 겪어 온 중국인들이 모든 인민이 부유해지는 것이 목표인 사회주의 사상에 이끌린 것은 자연스러운 일이었다. 역사가 이제 막 20세기에 들어서고 중국공산당이 아직 생겨나지 않았을 때, 국가와 민족을 가엾게 여긴 지식인들은 사회주의라는 아름다운 미래를 향한 동경을 꾸밈없이 진솔하게 표현해내기 시작했다. 큰 대가를 치르며 혁명을 진행하고, 겨우 승리를 거머쥐었는데 다시 건설될 사회가 또다시 사람이 사람을 압박하는 사회가 아니길 간절하게 바란 것이다.

손문은 1903년 친구에게 보낸 서신에서 다음과 같이 적었다.

> 사회주의에 대해 고찰하다 보니 동생에게 연락을 하는 것마저도 잊어버렸네.
> 현재 유럽과 미국의 경제는 불균형한 상태일세. 미래에는 분명 이로 인한 문제가 발생할 것이며, 늦게나마 균형을 유지하기 위해 노력할 것이 분명하네. 단언하지. 우리나라의 개혁을 얘기할 때 어째서 빈부격차는 언급하지 않는 건지 모르겠네. 이 중요한 문제는 그냥 남겨 놓은 상태로 더 심각해지기만을 기다리겠다는 것인가?

손문은 민생주의를 사회주의로 말하기도 했다. 비록 민생주의학이 말하는 이론과 과학적인 사회주의는 전혀 다른 사상이지만, 손문이 개인적으로 사회주의를 동경하고 희망해 왔다는 것을 쉽게 엿볼 수 있는 대목이다.

중국공산당이 설립된 후에는 사회주의가 당의 목표가 되었다. 중국의 구체적인 국가 사정을 이해하며 중국공산당은 이상적인 사회는 하루아침에 실현할 수 없다는 것을 깨달았다. 중국은 여전히 반식민지 반봉건사회 국가를 탈피하지 못했으며, 당시에는 제국주의와 봉건 세력을 타파하는 것이 혁명의 중심이 될 수밖에 없었다. 실제 국가

사정을 고려하지 않고 사회주의 사회 건설을 목표로 삼아서는 안 된다는 것을 알아차린 것이다. 그러나 공산당은 민족의 민주 혁명을 요구하는 동시에 사회주의와 공산주의라는 원대한 목표를 마음속에 품고 있었다.

모택동은 다음과 같이 말했다. "민주주의 혁명은 사회주의 혁명을 진행하기 위해 반드시 해야만 하는 준비작업 중 하나입니다. 사회주의 혁명은 민주주의 혁명이 겪게 될 필연적인 결과입니다."

또한 그는 장기 목표와 현실의 수요가 뒤섞이게 해서는 안 된다고 명확하게 지적했다. 그러나 중국공산당의 당원들은 단 한 번도 사회주의와 공산주의라는 최고 목표를 잊지 않았다. 이는 대다수 인민의 근본이익과 직접적 연관이 있는 문제이기 때문이었다.

모택동은 < 연합 정부를 논하다 > 에서 다음과 같은 글을 남겼다. "우리 공산당은 우리의 정치적 입장을 숨긴 적이 단 한 번도 없다. 우리가 미래에 내세울 강령 및 최고 강령은 전부 중국이 사회주의 사회와 공산주의 사회로 나아갈 수 있도록 하기 위함이다. 이는 정확하며 의심할 필요 없는 사실이다. 우리의 당명과 마르크스주의라는 당의 정치 관념은 시종일관 이 아름답고 찬란한 최고 이상을 가리키고 있었다. 모든 공산당 당원은 입당할 때부터 마음속에 현재 진행 중인 신민주주의 혁명을 위해 분투하겠다는 마음과 미래에는 사회주의와 공산주의를 위해 노력하겠다는 두 가지 명확한 목표를 갖고 있었다."

신중국 설립 이후, 특히 1956 년 사회주의 기본 제도가 중국에 설립됨에 따라 중국 인민들은 사회주의를 건설하기 위한 노선을 착실히 걸어왔다. 그러나 중국 사람들에게 있어서 사회주의란 분명 낯설고 생소한 것이었으며, 실제로 경험해 보지 못했거나 드물게 접해 본 것이

었다 . 중국인민들은 사회주의를 강렬하게 열망했지만 , 무엇이 사회
주의이고 사회주의를 건설해야만 하는 이유에 대해서는 구체적으로
알지 못했다 . 이 문제들은 장기간 동안 풀리지 않고 의문으로 남아 있
었다 . 현재 중국이 아직도 발달하지 못한 사회주의 단계에 머물러 있
다는 것은 물론이고 , 사회주의의 장기성과 제한성에 대해서도 제대로
이해하지 못했다 . 그러다 보니 발전노선을 모색하는 과정에서 여러 실
수를 저질렀다 . 생산력이 발전수준을 초과하거나 성과에만 목을 매는
것 , 혹은 이미 사회주의 사회에 접어들었으나 상황이 변화했음에도 불
구하고 기존의 계급투쟁을 기반으로 한 기초 강령을 따르며 좌편향되
는 실수를 저지른 것이 그 예이다 .

　　등소평은 사회주의의 개혁개방과 현대화라는 역사적 발전을 추
진하면서 무엇이 사회주의고 , 어떻게 하면 사회주의를 건설할 수 있을
지에 대해 부단히 사고했다 . 고민 끝에 그는 시종일관 견지해야 할 네
가지 기본원칙을 내놓았다 . 첫 번째는 사회주의 도로를 끝까지 걸어
나가는 것이었다 .

　　그와 동시에 등소평은 사회주의와 다년간 분리되었던 사회 생산
력을 결합하여 추상적인 사회주의에 대해 설명을 했으며 , 오랜 기간
동안 생산력의 발전을 저해하고 사회주의의 본질적 속성은 가지고 있
지 않은 것들을 '사회주의 원칙 (社會主義原則)'이라 불렀다 .

　　사회주의 배경 하에 나타난 생산력 및 발전을 가속화시키는 데에
도움이 되는 요소들을 자본주의의 복귀라 부르며 반대해야 한다는 역
사적 교육을 실시했다 . 사상을 해방하길 제창하며 , 사실을 토대로 진
리를 추구하고 중국만의 특색을 가진 사회주의 노선을 걸어가야 한다
고 재차 강조했다 . 이후 , 그는 남방순화에서 다음과 같이 요약했다 "사

회주의의 본질은 생산력을 해방하는 것이며, 생산력을 발전시키는 것입니다. 또한 사람이 사람을 핍박하는 일이 없도록 하며, 양극화를 제거하고 최종적으로는 다 같이 부유해지는 사회의 건설이 우리의 목표입니다."

무엇이 사회주의냐는 질문에 정확히 대답하기 위해서는 우선 전 국민이 부유해지는 것과, 생산력의 발전 그리고 주류가 된 공유제 이 세 가지의 관계에 대해 이해할 필요가 있다. 등소평은 "사회주의 원칙은 첫째는 생산력을 발전시키는 것이며, 두 번째는 전 국민이 부유해지는 것입니다."라고 말했다. "공유제가 주류가 된다는 것은 다 같이 부유해진다는 뜻이며, 이는 우리가 반드시 견지해나가야 할 사회주의의 기본원칙입니다."라고 덧붙였다. 이 세 가지 항목은 서로 연관되어 있으며, 서로 의존하는 관계라 할 수 있겠다. 같이 부유해지는 것은 사회주의의 목적이다. 생산력을 발전시키지 않는다면 다 같이 빈곤해질 수밖에 없으며 같이 부유해지는 일은 일어나지 않는다. 공유제를 주류로 삼지 않는다면 생산력이 발전한다 하더라도 소수의 사람만이 부유한 삶을 향유할 수 있을 것이며, 대다수의 사람들은 빈곤을 탈피하지 못해 양극화 현상이 벌어지기 마련이다. 물론 이는 사회주의라 할 수 없다.

어떻게 하면 사회주의를 건설해낼 수 있을까? 등소평은 시종일관 당시 중국이 처해 있는 상황을 생각의 출발점으로 삼았다. 치열하게 변화하는 객관적 사실과 데이터에 의거하되, 고정된 모델이나 틀에 갇혀 생각하지 않았다. 오랜 고민 끝에 그는 중국이 현재 혹은 장기간 동안 사회주의 초급단계에 머무를 수도 있다는 현실을 고려하여 한 마음 한뜻으로 경제건설을 중심으로 삼되, 네 가지 기본원칙을 견지하며 개혁개방을 추진해야만 한다고 명확하게 짚어 냈다. 이게 바로 '하나의 중심, 두 개의 기본점'을 중심내용으로 삼는 중국공산당의 사회주의 초급단계의 기본노선인 것이다. 당은 이 기본노선의 요구에 따라 일련의 기본 방침 및 정책들을 제정했다. 중국처럼 경제와 문화 분야가 비교적 낙후된 국가는 어떻게 하면 사회주의 사회를 건설할 수 있을까와 관련된 일련의 기본 문제에 대해 등소평이 처음으로 체계적인 대답을 제시해 준 것이다.

인류 역사는 21세기를 향해 나아가고 있었고, 전 세계에서는 새로운 과학기술 혁명이 세계 경제를 빠른 속도로 견인하고 있었다. 이 속도는 점점 더 빨라졌으며 국제 경쟁을 직면한 중화민족은 큰 압박감을 느낄 수밖에 없었다. 강택민을 핵심으로 한 중국공산당 제3대 집권층들은 "시대의 흐름에 발맞추어 나아가야 한다."는 요구에 따라 국내외에서 벌어지는 정치 풍파와 경제 리스크, 심각한 자연 재해 등의 시험에 당당히 맞서면서도 당과 인민이 지키고자 하는 중국 특색의 사회주의 사회를 지켜냈다. 또한 사회주의 시장경제체제를 새로이 건설하고, 공유제를 주체로 하며, 다양한 소유 경제가 함께 발전하는 사회주의 초급단계의 기본 경제제도를 확정했다. 이는 전면개방이라는 새로운 흐름을 가져왔으며 당의 건설을 전면적으로 추진했다. 새로운 역사적 시기에 중국공산당이 반드시 견지해야 할 '세 가지 대표'라는 주요 사상도 이 시기에 제시되었다.

이후, 호금도(胡錦濤) 총서기를 핵심으로 한 중공중앙은 과학 발전 관념을 관철하는 주요 전략 사상을 제시했다. 이렇듯 사회주의와 마르크스주의는 중국이라는 대륙에서 생기를 얻고 꽃을 피우며 중국 인민에게 더 많은 혜택을 가져다주었다. 중화민족의 위대한 부흥이라는 꿈은 이미 중화민족의 눈앞에 눈부신 모습으로 나타나기 시작했다.

　중화민족이 20세기를 보내며 맞닥뜨린 문제점이 앞서 말한 몇 가지만 존재하는 것은 아니다. 미처 언급하지 못한 문제점도 있으며, 전부 언급하기란 사실상 불가능한 일이다. 그러나 앞서 언급된 문제점들의 경우, 중화민족이 발전하는 과정에서 여러 번 맞닥뜨렸거나 비교적 큰 대가를 치르고 정확한 인식을 얻게 된 사건들이다.

　백 년이라는 역사를 돌아봤을 때 첫째로는 중화민족의 독립과 해방, 둘째로는 혁명과 현대화의 관계를 정확히 처리하는 것, 셋째로는 끊임없이 노력하며 나아갈 길을 모색한 것, 마지막으로는 중국만의 특색을 가진 사회주의를 건설하고자 한 것. 이 네 가지 사건은 어떻게 해결한 것일까? 역사적 사실은 우리에게 정확한 메시지를 던져 주고 있다. 이 모든 사건은 중국공산당의 지도하에 이루어진 것이며, 기타 정치적 역량을 통해 해결된 일이 아니다.

　중국공산당이 탄생한 것과 공산당이 중국의 혁명, 건설, 개혁을 지도할 수 있는 능력을 갖게 된 것은 20세기 중국 역사가 발전하는 과정에서 얻어 낸 성과이다.

　공산당이 설립되기 이전에는 많은 중국인들이 모욕적인 상황과 망국의 노예라는 운명에서 벗어나기 위해 여러 시도를 했었고, 각자 다른 선택을 내렸었다. 그러나 남의 방법을 그대로 따르는 것과 현대화된 산업 기술만으로는 부패된 사회 제도를 근본적으로 뜯어 고치기란 어렵다는 것을 역사가 증명해 주고 있다.

　청나라 정부가 직접 나서서 진행했던 백일유신(百日維新) 운동은 계몽 효과를 발휘하긴 했지만 기존 세력들의 반대에 부딪혀 실패로 막을 내렸다. 의화단의 '청나라 정부를 지원하고 서양을 멸한다.(扶

淸滅洋)'식의 혁명운동 중국의 운명을 바꾸기에는 역부족이었다 .

20 세기에 들어선 이후 , 얼마 지나지 않아 손문이 이끈 신해혁명이 발발했다 . 몇 천 년간 지속되어 왔던 입헌군주제도는 마침내 무너졌고 , 근대 중국의 진정한 민족 민주 혁명이 새로운 장을 펼친 것이다 . 이는 굳게 닫혀 있던 중국의 문을 열어젖히는 데에는 성공하였지만 반식민지 , 반봉건주의 국가 당시 구축된 옛 중국의 사회구조와 중국인민의 비참한 상황을 개선하지는 못했다 .

이 고통스러운 사실은 지식인들을 고민에 빠져들게 만들었다 . 중화민족의 살길은 도대체 어디에서 찾을 수 있는 걸까 ?

중국인들은 실천하는 과정에서 마침내 중국에 남아 있는 기존 사회세력들을 몰아내기 위해서는 새로운 사회를 건설해야 하며 독립된 국가 , 부강한 국가 , 현대화된 국가를 실현해야만 한다는 것을 깨달았다 . 이를 위해서는 몇 가지 조건이 뒷받침되어야 했다 .

첫째 , 정확한 방향을 찾아 나아가며 인도자 역할을 해낼 혁명정당이 필요했다 . 해당 당은 반드시 정확한 이론을 지도 이론으로 삼아야 하며 , 중국의 구체적인 국가 사정에 대해 고려하고 그에 부합하는 분석을 내놓을 수 있는 당이어야만 했다 . 또한 정확한 강령과 노선 및 정책을 제시해 주어야 하며 , 그것을 실현하기 위해 쉬지 않고 노력할 당이 필요했다 .

둘째 , 해당 당은 핵심이 되어야 하며 국민들과 혈육관계처럼 끈끈한 사이를 유지하고 , 모든 사람을 단결시킬 만한 역량을 가져야만 했다 . 무엇도 막을 수 없고 , 무슨 일이든 극복해 낼 수 있는 힘이 필요했다 .

셋째 , 이 당은 반드시 공통된 이상을 갖고 엄격한 규율을 수호하며, 국민과 밀접한 연관이 있는 지식분자들로써 구성된 당이어야만 했다. 극단적이고 복잡하며 험난한 상황에서도 포기하지 않고 끝까지 분발할 인재들이 필요했다. 과거의 중국에서는 이런 당을 찾아볼 수 없었다. 중국이 전진하기 위해서는 반드시 새로운 길을 찾아내야만 했으며, 앞서 언급한 문제들을 해결해야만 했다.

이러한 객관적인 요구에 발맞추어 신해혁명이 발발한 이후 딱 열흘이 지난 때에, 중국공산당이 설립되었다. 공산당은 작은 당으로 시작하여 그 크기를 늘려나갔고, 미성숙하게 시작하여 성숙해지는 과정을 겪었다. 중화민족의 발전이 중요한 순간을 맞이할 때에도, 전례에 없었던 복잡한 난관을 맞이했을 때에도, 공산당은 중국이 나아가야 할 방향과 취해야 할 전략을 명확하게 제시했으며, 중국인민들을 이끄는 인도자 역할을 충실히 수행해 냈다.

당시 공산당은 발전하는 과정에서 좌절을 겪기도 했으며, 실책을 저지르기도 했지만 이 사실을 숨기지 않고 당당하게 자신을 비평하며 잘못을 즉시 시정했다. 중국이 세계에서 인구가 가장 많은 나라임에도 불구하고 그 많은 인민들을 한마음 한뜻으로 단결시켜 정확한 목표를 향해 나아갈 수 있도록 하는 데 성공한 것이다. 이는 각자의 의견만을 내세워서는 해낼 수 없는 일이며, 중국공산당만이 해 낼 수 있는 일임이 분명하다.

공산당의 탄생은 20세기 중국 역사가 얻어 낸 결론이며, 역사의 선택임과 동시에 중국인민의 선택이었다.

길은 사람이 한 걸음, 한 걸음 걸어 나가며 생겨나는 것이다. 20세기 중국의 역사는 파란만장하였으며, 짜임새 있는 한 권의 소설책과 같다. 중화민족은 백 년이라는 세월 동안 거친 파도를 뚫고, 가시밭

길을 걸었다. 성공의 기쁨과 좌절이라는 슬픔을 겪으며 마침내 분노와 고통으로 얼룩진 20 세기 전반기를 견뎌냈고, 자국의 운명을 다시 손에 쥔 채 빛과 희망이 가득 찬 21 세기로 발을 내딛었다. 선대 중국인들이 혁명, 건설, 개혁을 실현하기 위해 노력하지 않았더라면 오늘날의 중국은 존재하지 않았을 것이다. 이는 20 세기라는 100 년의 기간이 중국인에게 남겨 준 진귀한 유산이며 절대 잊어서는 안 될 기억들이다.

20 세기 중국사 강의

하권

ⓒ진충지 (金沖及)

초판 인쇄 2017 년 12 월 10 일

초판 발행 2017 년 12 월 12 일

지음 진충지 (金沖及)

옮김 김아영 (金兒英) 쑨핑 (孫萍)

기획 장원 (張園)

펴낸이 홍순창

펴낸곳 토담미디어

주소 : 서울 종로구 돈화문로 94, 3 층 (와룡동 , 동원빌딩)

전화번호 : 02-2271-3335

홈페이지 : www.todammedia.com

출판등록 2003. 08. 23 제 300-2013-111 호

북디자인 이도아

ISBN 979-11-6249-028-0 04910

ISBN 979-11-6249-025-9(세트)

＊원서 서지사항

二十世紀中國史綱 , 金沖及 , 社會科學文獻出版社 , 2009

책값은 뒷표지에 적혀 있습니다 .

잘못된 책은 구입하신 서점에서 바꾸어 드립니다 .